情報市場과 均衡

-憲法社會學的 接近-

김 주 영

景仁文化社

서 문

이 책은 저자의 박사학위논문인 "정보시장의 균형을 위한 정보의 공공성에 관한 헌법학적 연구"(서울대학교 대학원, 2007)를 수정·보완한 것으로서 현행 헌법이 상정하고 있는 국가의 정보개발의무 및 저작자 등의 권리보호가 가지는 의미를 현실 속의 '정보시장(情報市場; information market)' 및 '공유영역(公有領域; public domain)'의 관계설정을 통해 검토해 보고, 정보시장의 균형을 달성하기 위한 법제의 올바른 방향을 모색하는 것을 목표로 하고 있다.

전 세계적인 차원에서의 치열한 경제전쟁과 급격한 정보화의 소용돌이 속에서 중심적인 영역으로 떠오른 지적재산의 중요성은 다언(多言)을 요하지 않으나, 현재의 지적재산권법제의 변화의 방향에 대해서 무조건적인 동의를 보내기는 어렵다. 창작자의 권리의 보호영역의 확대와 보호기간의 연장으로 요약되는 현재의 지적재산권법제의 변화 경향은 창작자의 정보에 대한 지배권을 강화시켜준다는 측면에서 '정보의 사유화(私有化) 경향'으로 규정될 수 있을 것이다. 이러한 경향은 상당한 정도로 지적재산의 가치를 증가시키는 결과를 가져오게 되므로, 생산자들에게는 보다 큰 창작의 유인으로 기능하여 보다 활발한 창작을 촉진하고, 아울러 생산된 지적재산의 유통도 증가하는 등 이른바 '정보시장'의 확대를 가져오리라 예상해 볼 수 있다.

그렇지만, 이러한 경향이 초래할 우려가 있는 부작용들에 대해서도 주의를 기울일 필요가 있다. 즉 정보의 사유화 경향은 기존의 공유영역의 위축을 초래할 가능성이 크다는 것이다. 우선, 과도한 정보의 사유화는 일반적으로 정보의 상품화로 이어지고, 이는 경제적 약자들에게는 정보의 이용자체가 어려워지는 문제로 연결되어 이른바 '정보격차(digital divide)'의 심화를 초래할 수 있다. 이러한 정보격차는 '문화적 영역에서의 균등한 기회'를 위협하는 직접적인 결과를 가져올 뿐만 아니라, 더 나아가 사회계층의 분리를 통한 사회적 불평등을 심화시켜 결국 민주주의의 운영에도 적지 않은 장애로 기능할 가능성도 없지 않다.

한편 사회경제적 효율성의 차원에서도, 현재의 지적재산권법제가 취하고 있는 '인위적 독점(artificial monopoly)'의 설정방식은 필연적으로 반(反)경쟁적인 상황을 초래하게 마련이므로, 독점을 비롯한 불완전경쟁시장이 야기하기 마련인 사회적 비효율과 분배상의 왜곡을 최소화할 수 있는 적절한 조치의 마련여부를 검토해 볼 필요가 크다. 또한 지적재산권법제가 그 목적과는 달리, 기술의 발전에 제약으로 작용하는 경우도 없지 않고, 경우에 따라서는 정보를 전파하는 데에 장애로 기능하는 경우도 어렵지 않게 확인된다. 그 밖에도 지적재산권법제가 침해행위에 대한 형사제재도 부과할 수 있도록 규정하고 있음을 감안할 때, 상당수의 국민들을 범죄자로 만들어버리는 현재의 법제가 과연 우리 헌법의 의도를 적정하게 구현하고 있는가에 대해서도 고찰해 볼 필요성이 크다 할 것이다.

한편 지적재산권법제에 대한 보다 근본적인 문제제기도 지속적으로 제기되고 있음에도 주목할 필요가 있을 것인데, 이는 지적재산권의 본질을 둘러싼 논쟁이라 할 수 있다. 즉 현재의 지적재산권법제의 보호방식 자체가 지적 다양성을 파괴하고 정보의 자유로운 교환의 장애물로 기능하는 득보다 실이 많은 제도로서 자본주의의 착취기제의 결정판이라는 입장으로, 이른바 정보공유론에 입각한 문제제기라 할 수 있다.

이러한 사회 현실과 우리 헌법의 명시적인 접점이 헌법 제127조 제1항과 제22조 제2항이라 할 수 있다. 즉, 우리 헌법은 제127조 제1항에서 국가에 대한 정보의 개발의무를 부과하는 한편, 제22조 제2항에서 "저작자·발명가·과학기술자와 예술가의 권리는 법률로써 보호한다"고 하여 '저작자·발명가·과학기술자와 예술가'의 권리를 헌법상의 기본권 가운데 하나로 규정하고는 있으나, 보호의 방식을 법률에 유보하면서, 그 법제의 내용에 대해서는 아무런 지침을 제시하지 않고 있다. 결국, 헌법이 예정하고 있는 국가의 정보개발의무의 구체적인 내용 및 저작자 등의 권리의 보호 범위 및 방식은 헌법원리와 헌법질서, 기본권 체계 등을 종합적으로 고려하여 구체화해야만 할 것이다.

이러한 배경 하에서 본 연구는 기본적으로 헌법 제127조 제1항의 '국가의 정보개발의무'와 제22조 제2항의 '저작자 등의 권리'의 보호 범위 및 방식의 구체화를 위해서, 그와 관련되는 우리 헌법의 헌법원리와 헌법질서, 기본권 조항 등을 검토하고, 그의 실제적 구현이라 할 수 있는 정보시장의 구성과 운영 원리를 검토하고, 그에 관련된 하위 법률들을 살펴보고자 한다.

우선 논의를 위한 기초적인 작업으로 정보시장의 가장 기초적인 개념인 정보의 개념과 특성을 특히 공공성(公共性)과 상품성(商品性)을 중심으로 살펴보고, 정보생산자 및 정보이용자의 의의와 현행 법체제상의 보호 상황을 헌법적 차원과 법률적 차원에서 각각 살펴본다. 이러한 검토결과는 본격적인 논의를 위한 기본적인 관점목록(Topikkatalog)으로 기능하게 될 것이다. 이어 구체적인 문제장소(*Topos*)의 분석작업으로, 정보시장과 공유영역의 의의와 구조, 특징 등을 기존의 논의들을 중심으로 검토하고 양자의 관계 설정에 대한 기존의 논의를 살펴본 후, 현재의 상황이 어떻게 전개되고 있는지를 점검한 후 현재의 상황이 형성된 원인들을 검토한다. 마지막으로 정보시장의 균형을 위한 헌법이론을 모색하기 위해 정보시장의 균형개념을 검토하고, 현재의 정보시장의 사유화 경향에 대해 균형을 회복하기 위한 방안으로 정보공유론의 입론 가능성을 검토한 후, 현실적으로 실행 가능한 정책적인 수단들을 검토한다.

비록 국제적 차원의 정보의 사유화 경향, 그리고 우리 헌법이 상정하고 있는 경제체제하에서 완전한 수준의 정보공유론을 시행하기는 곤란한 점이 없지 않다고 할 것이나, 정보시장의 균형을 달성하기 위해 정보의 사유화 경향을 완화하는 조치들을 강구하고 실현할 필요성은 크다고 할 것이다.

이 책이 나오기까지 너무나도 많은 분들의 가르침과 도움이 있었기에 이 자리를 빌려 몇 분에게만이라도 감사의 말씀을 전하고자 한다. 우선 석사과정때 전공을 고민하던 제자를 따뜻하게 거두어 주신 뒤 지금까지도 변함없는 관심과 가르침을 주고 계신 최대권 교수님과 박사학위논문을 지도해주신 이래 줄곧 학자로서의 모범을 보여주고 계신 송석윤 교수님의 두 분 지도교수님과, 대학원 수업에서부터 박사논문심사과정, 그리고 지금까지도 뵐 때마다 깊이

vi

있는 헌법학과 인생의 여러 면모를 가르쳐 주시는 성낙인 교수님과 정종섭 교
수님, 대학원 생활 내내 많은 도움과 함께 지적재산권법 분야에 대한 상세한
가르침을 주신 정상조 교수님, 그리고 법학과 사회를 바라보는 여러 가지 관
점을 보여주시고 특히 박사논문심사과정에서 너무나도 섬세하게 많은 가르침
을 주신 한상희 교수님께 먼저 감사의 말씀을 전한다. 아울러 일찍이 학부 2
학년때에 이미 대학원 진학을 마음먹을 수 있도록 진정한 학자의 풍모를 보여
주신 최병조 교수님과, 대학원 내내 너무나도 많은 가르침을 주신 정긍식 교
수님, 조홍식 교수님, 김도균 교수님을 비롯한 여러 은사님께도 감사의 말씀을
전하고자 한다. 이러한 많은 분들의 가르침에도 불구하고 이 책의 여러 곳에
서 보이는 잘못들은 전적으로 본인의 부족함에 기인한 것임을 분명히 하면서
이후 배전의 노력으로 보완해 나갈 것을 다짐하려 한다.

끝으로 이 책의 교정을 도와준 명지대학교 대학원 석사과정의 김민지 양과
출판의 여러 작업을 책임져 주신 경인문화사의 관계자 여러분께도 심심한 감
사의 말씀을 전한다.

〈목 차〉

◇ 서 문

〈제5장〉 결론(結論) ◦ 331

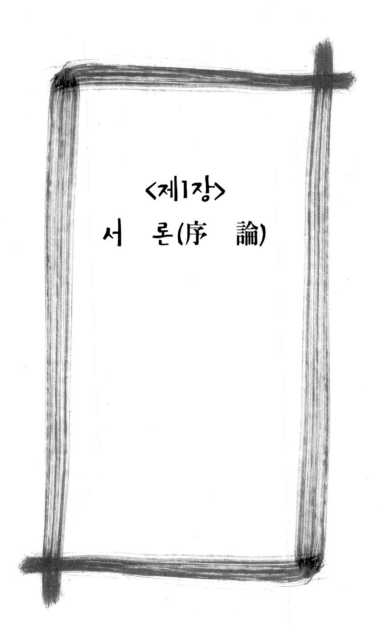

<제1장>

서 론(序 論)

제1절 연구의 배경과 목적

오늘날 '지적재산(知的財産; intellectual property)'[1]은 부(富)를 창출하는 동력(動力)으로, 과거의 토지, 노동, 자본과 같은 유형자산(有形資産)의 지위를 넘보고 있다는 주장이 낯설지 않다.[2] 기업의 자산가치의 평가에 있어서도, 지적재산이 물리적 자산의 가치를 넘어서 기업의 활력과 향후의 성과를 가늠하는 척도로 인정받고 있으며, 국가경제의 차원에서도, 지적재산은 '경제성장(經濟成長)을 위한 강력한 도구'로 인정되기 때문에,[3] 지적재산을 둘러싼 각 기업들간의, 그리고 각 국가들간의 경쟁은 '전쟁'에 비유되기까지 한다.[4]

일반적으로 지적재산은 '무형(無形)의 자산(資産)'으로, 기존의 재산권법(財産法)상의 물권법(物權法)의 대상인 '물건(物件)'[5]에 비해서 그 내용과 범위의

---

1) 'intellectual property'의 번역어로는, '지적재산(知的財産)', '지식재산(知識財産)', '무체재산(無體財産)' 등의 용어가 논자(論者)에 따라 사용되나, 본서에서는 가장 일반적인 용어라 판단되는 '지적재산(知的財産)'이라는 용어를 사용하기로 한다. 그렇지만, 'intellectual property'라는 개념은 그 자체에 이미 '재산(財産)(으로서의 속성(屬性))'을 함축하고 있기 때문에, '정보공유'를 주장하는 측은 중립적인 용어로 바꿀 것을 주장하기도 한다. 예를 들어, 정보공유론을 주장하는 대표적인 논자 중의 한 사람인 스톨만(Richard Stallman)은 'intellectual property'라는 말을 쓰면 안 된다고 주장하면서, 굳이 저작권, 상표권, 특허 등을 한 단어로 묶고 싶다면, 'artificial monopolies'를 써야 한다고 주장한다. 김영식 외(外) 9인, 『디지털은 자유다-인터넷과 지적재산권의 충돌』, 서울: 이후, 2000, 6면. 충분히 경청할만한 지적이라 생각하면서, 본 연구에서는 'artificial monopolies'를 '인위적 독점(人爲的 獨占)'으로 번역하기로 한다.

2) 예를 들어 정상조, 『지적재산권법』, 서울: 홍문사, 2004, 4면.

3) Kamil Idris, Intellectual Property-A Power Tool for Economic Growth, 안재현·이선택 공역, 『지식재산-경제성장을 위한 강력한 도구』, 대전: 특허청, 2005, 49~50면.

4) Fred Warshofsky, *The Patent Wars -The Battle to Own the World's Technology*, 특허청 특허분쟁연구회 역, 『특허전쟁』, 서울: 세종서적, 1996 등.

확정이 쉽지 않은데다가, 창조에 비해 모방이 쉬운 속성을 가지고 있기 때문에, 그의 성립 및 안정적인 수익의 창출을 위해서는 일반 재산법제와는 다른 특수한 법제를 요구하게 되는 바, 이른바 '지적재산권법제(知的財産權法制)'라 불리는 법영역이 바로 그러한 요구에 대응한 결과라 할 수 있다.

지적재산권법제의 형성은 15세기까지 소급하지만, 지적재산이 부의 창출에 본격적으로 동원되기 시작한 것은 1980년대 이후라 할 수 있다. 이러한 경향은 특히 미국에 의해서 주도되고 있는데, 미국은 1980년대 이후의 자국이 처한 경제적인 어려움을 해결하기 위한 방안으로, 다른 어느 분야보다도 경쟁력이 있는 분야인 첨단기술을 상품화하여 수익을 얻기 위해 지적재산권의 보호에 힘을 쏟아 자국내의 지적재산권법제와 국제 지적재산권법제를 정비하는 한편, 지적재산권이 많은 경우에 재화와 서비스에 수반해서 이전하게 된다는 점에 주목하여 지적재산권을 GATT(General Agreement of Tariff and Trade)의 무역협상 무대로 끌고 나와 WTO/TRIPs(World Trade Organization/Agreement on Trade-Related Aspects of Intellectual Property Rights)의 도출을 이끌어낸 바 있다. 게다가 지적재산권 보호가 미흡한 국가들을 상대로 양자 협상을 통한 보호 압력 역시 병행하여, 우리가 보통 '슈퍼 301조'로 기억하는, 무역법상의 조항들을[6] 통해 부족한 지적재산권 보호를 전반적인 무역제재와 연계시키는

---

5) 주지하다시피, 민법(民法)상 '물건(物件)'은 **유체물(有體物) 및 전기(電氣) 기타 관리(管理)할 수 있는 자연력(自然力)**으로 정의된다(민법 제98조, 강조는 필자). 정보의 재산적 가치의 증가에 따른 민법상의 물건개념의 확대에 관한 논의는 배대헌, "거래대상으로서 디지털 정보와 '물건' 개념 확대에 관한 검토", 『상사판례연구』 제14집(2003)을 참조. 배대헌은 '관리가능성설'에 입각하여 정보의 물건개념 내로의 포섭가능성을 타진하고 있다. 같은 논문, 344~346면.

6) 1974년 제정된 미국 『통상법(Trade Act of 1974)』의 제301조~제309조까지를 '일반 301조 (Regular 301조)'로 통칭하는 반면, 『1988년 종합무역법(The Omnibus Trade and Competitiveness Act of 1988)』에 의해 보복조항을 한층 강화한 제310조를 '슈퍼 301조(Super 301조)'라고 하고, 지적재산권에 대한 보호 및 시장접근 불량국에 대한 지정 절차 등을 규정한 제182조를 '스페셜 301조(Special 301조)'로 지칭하고 있다. 자세한 내용은 왕상한, 『미국 통상법의 허상과 실체』, 서울: 법문사, 2002, 179~190면 참조.

정책을 편 결과, 다수의 무역상대국들의 지적재산권법제의 개편을 가져오게
되었고, 그를 통하여 지적재산의 수익을 안정적으로 얻어낼 수 있는 토대를
마련했다. 이러한 미국의 사례는 다른 국가들에 커다란 영향을 미쳤고, 특히
OECD를 중심으로, 지적재산의 중요성에 관한 논의가 활발하게 이루어져, 이
른바 '지식기반경제(知識基盤經濟; Knowledge-based Economy)'[7]에 관한 담론
의 형성을 가져왔다. 이러한 흐름 속에서 지적재산권법제는, 지적재산권 보호
영역의 명확화 및 확대, 지적재산권의 침해에 대한 제재의 강화 및 보호기간
의 연장 등을 통해 지속적으로 강화 일로(强化一路)를 걷고 있다.

　이러한 변화의 흐름은 '정보기술(情報技術; information technology)'의 눈부
신 발전과 맞물려 더욱 복잡한 양상을 띠게 되었다. 1940년대 초반, 근대적 전
자식 컴퓨터의 출현 이후부터 본격적으로 발전하기 시작한 정보기술은 1960
년대 말 인터넷(Internet)의 출현으로 새로운 전기를 마련했고 1980년대 초반
의 개인용 컴퓨터(PC: Personal Computer)의 개발 및 확산을 통해서 종종 '정
보혁명(情報革命; information revolution)'이라 지칭되는 사회전반적인 변화의
주역으로 떠오르게 되었다. 이러한 정보기술은 기존의 정보의 '디지털화
(digitalization)'와 컴퓨터 등을 이용한 정보의 처리능력 및 '네트워크(network)'
를 통한 전송능력의 급속한 확장을 가능케 한 결과, 정보의 상품으로서의 가
치를 극대화할 수 있는 기술적인 기반이 마련되었지만, 다른 한편으로 디지털
정보의 손쉬운 복제 및 전파 가능성으로 인해, 정보의 상품가치의 보호를 위
한 새로운 노력이 필요하게 되었다. 이러한 상황에 대한 지적재산권법제의 현
재까지의 대응 역시, 디지털 환경에서 요구되는 권리 유형의 신설 및 기존 권
리의 확장과 새로운 권리보호방법의 마련 등으로 요약될 수 있는 지적재산권
의 강화로 나타나고 있다.

　이러한 지적재산권의 강화 경향은 우리나라에서도 확인된다. 일찍이 1948
년 제정 당시부터 지적재산권법제의 근거규정을 마련해 둔 바 있는[8] 『대한민

---

7) OECD, *The Knowledge-Based Economy*, Paris: OECD, 1996.
8) 건국헌법 제14조 제2문인 '저작자, 발명가와 예술가의 권리는 법률로써 보호한다'
　는 규정을 지적재산권법제의 근거규정으로 보는 데에는 이론(異論)이 없다. 이 조

국헌법』은 1987년 개정 과정에서 이러한 사회적인 변화를 반영하여, 헌법 제22조 제2항의 권리보호의 주체에 '과학기술자(科學技術者)'를 추가하는 한편, 제127조 제1항에서 "국가는 과학기술의 혁신과 정보 및 인력의 개발을 통하여 국민경제의 발전에 노력하여야 한다"는 규정을 신설하여 국민경제에 있어서의 '정보'의 가치를 인정하고, 국민경제의 발전을 위한 국가의 정보 개발 의무를 규정한 바 있다.

   이러한 헌법의 규정 하에 일찍부터 지적재산권법제를 마련하여 운영해 온 바 있는 우리나라는 다수의 개별적인 법령들과 함께 일반법의 성격을 띠는『정보화촉진기본법』의 제정을 통해서 정보화의 추진을 위한 법적인 토대를 마련하였고, '산업화는 늦었지만 정보화는 앞서가자'는 목표아래 그 어느 국가보다 강력하게 국가차원의 정보화를 추진해 왔다.[9] 이러한 정부의 노력은 2004년에 수립된 'u-Korea 기본계획'으로 집약되어 제시된 바 있다. 'u-Korea 기본계획(2006~2010년)'은 정보화촉진기본법 제5조에 근거하여 2003년에 수립된 'Broadband IT Korea Vision 207'의 연동계획으로 수립되었다. 상기 기본계획은 "IT 기술을 활용하여 새로운 사회경제적 수요에 대응하고, 변화하는 정보화 패러다임인 유비쿼터스(Ubiquitous) 시대에 발맞춰 세계 최고의 정보통신 강국으로 자리매김하기 위해 범국가적 차원의 혁신을 유도"하는 청사진을 제시하고 있다.[10]

   지난 20년간의 정부와 민간의 지속적인 노력으로 우리나라는 이제 세계 최고 수준의 IT(Information Technology)강국으로 세계의 주목을 받고 있다.[11]

항은 아주 근소한 수정만을 거친 채, 현행 헌법 제22조 제2항으로 이어지고 있다.
9) 『정보화촉진기본법』은 2009년 『국가정보화기본법』으로 전면 개정된 바 있다.
10) 이에 대한 보다 자세한 내용은 한국전산원, 『u-Korea 전략 연구』, 용인: 한국전산원, 2004; 한국전산원, 『국가정보화백서 2006』, 용인: 한국전산원, 2006, 29~39면을 참조. 여기에서의 'IT기술'이라는 용어는 원문대로 사용한 것으로, 실제로 자주 사용되는 용어이기는 하지만, 주지하다시피 IT가 'Information Technology'의 약자(略字)이기 때문에, 'IT기술'이라는 용어는 '기술'이란 단어가 중첩되기에 다소 부자연스럽다. 이하에서는 가급적 '정보기술(情報技術)'이라는 용어를 사용하도록 하겠다.
11) 단적인 예를 들어 살펴보자면, 1994년의 인터넷 상용화를 거쳐, 1998년에 두루넷

이른바 '정보산업(情報産業)'은 우리나라의 경제구조에 있어 가장 중요한 위치를 차지하는 산업 가운데 하나로 자리매김하는 한편, 그 중요성은 점차 증대해 가는 추세에 있다. 아울러 우리 지적재산권법제도 역시 지속적으로 강화되는 경향을 보이고 있다. 이러한 경향은 한편으로는 정보산업의 발전에 따른 주체적 대응이라고도 할 수 있겠지만, 다른 한편으로는 미국의 통상압력에의 굴복의 결과라는 측면도 부인하기 어려운 상황이라 할 것이다.12)

이처럼 전세계적인 차원에서의 치열한 경제전쟁과 급격한 정보화의 소용돌이 속에서 중심적인 영역으로 떠오른 지적재산의 중요성은 다언(多言)을 요하지 않으나, 현재의 지적재산권법제의 변화의 방향에 대해서는 무조건적인 동의를 보내기는 어렵다. 창작자의 권리의 보호영역의 확대와 보호기간의 연장으로 요약되는 현재의 지적재산권법제의 변화 경향은 창작자의 정보에 대한 지배권을 강화시켜준다는 측면에서 '정보의 사유화 경향(私有化 傾向)'으로 규정될 수 있을 것이다. 이러한 경향은 지적재산의 가치를 증가시키는 결과를 가져오게 되므로, 생산자들에게는 보다 큰 창작의 유인으로 기능하여 보다 활

등 초고속망 서비스가 본격 개시됨에 따라, 1998년 당시 300만 명에 머물던 인터넷 이용자 수가 기하급수적으로 증가하여 2005년 말 현재의 인터넷 이용자 수는 3,301만 명에 이르는 등 명실상부한 디지털 강국으로서의 면모를 과시하고 있다. 한국전산원, 『국가정보화백서 2006』, 용인: 한국전산원, 2006, 3면.

12) 우리나라에서 지적재산권의 보호가 중요하고 심각한 과제로 인식되기 시작한 것은 1980년대 중반부터라고 볼 수 있고, 특허법과 저작권법 등의 지적재산권법이 제정된 이래 대폭적인 개정은 1986년도에 있었는데, 이는 지적재산권의 보호가 미국 등 선진국과의 통상문제로 제기된 시점과 일치하고 있다. 정상조, 앞의 책, 18면. 이러한 상황은 현재에도 계속되어, 2007년 체결된 한미 FTA 협상에 의해 지적재산권의 보호기간은 자연인의 수명에 기초하는 경우 '저작자의 생존기간과 사후 70년 이상'으로, 자연인의 수명 이외의 것에 기초하는 경우 역시 '70년 이상'으로 연장하는 지적재산권법제의 개정이 이루어진 바 있다. 한편 2004년의 미국과 호주 간의 FTA협상의 결과, 호주의 지적재산권 보호체계는 미국의 지적재산권보호관련 법안(Digital Millennium Copyright Act)을 그대로 도입한 것과 다름없는 조치를 단행하여, 저작권 기한을 50년에서 70년으로 연장하였으며, 지적재산권보호법을 위반한 호주사람들에 대해 형사처벌을 가하기로 한 바 있다. 전창환, "한미 FTA 협상 결정의 배경과 그 파장", 『동향과 전망』 통권 67호, 2006.6, 168~169면.

발한 창작을 촉진하고, 아울러 생산된 지적재산의 유통도 증가하는 등 이른바 '정보시장(情報市場)'의 확대를 가져오리라 예상해 볼 수 있다.

그렇지만, 이러한 경향이 초래할 우려가 있는 부작용들에 대해서도 주의를 기울일 필요가 있다. 정보의 사유화 경향은 기존의 공유영역(公有領域; public domain)[13]의 위축을 초래할 가능성이 크고, 일반적으로 정보의 상품화로 이어지기 때문에, 특히 경제적 약자들에게는 정보의 이용자체가 어려워지는 문제로 연결되어 이른바 '정보격차(情報格差; digital divide)[14]의 심화를 초래할 수 있다. 이러한 정보격차는 정치, 경제, 사회 영역과 아울러, 특히 문화적 영역에서의 균등한 기회의 실현을 위협하는 직접적인 결과를 가져올 뿐만 아니라, 더 나아가 사회계층의 분리를 통한 사회적 불평등을 심화시켜 결국 민주주의의 운영에도 적지 않은 장애로 기능할 가능성도 없지 않다.

뿐만 아니라 사회경제적 효율성의 차원에서도, 현재의 지적재산권법제가 취하고 있는 '인위적 독점(人爲的 獨占; artificial monopoly)'의 설정방식은 필연적으로 반경쟁적(反競爭的)인 상황을 초래하게 되는 바,[15] 독점을 비롯한 불완전경쟁시장이 초래하게 되는 사회적 비효율과 분배상의 왜곡을 최소화할 수 있는 적절한 조치의 마련여부를 검토해 볼 필요가 크다. 또한 지적재산권법제가 그 목적과는 달리, 기술의 발전에 제약으로 작용하는 경우도 없지 않고, 경우에 따라서는 정보를 전파하는 데에 장애로 기능하는 경우도 어렵지 않게 확인된다. 이 문제는 특히 전자도서관(電子圖書館; digital library)의 구축과 운영에 있어서 다양하게 표출되고 있기 때문에, 지적재산권법학과 문헌정

---

13) 'public domain'의 번역어로는 '공유', '공유물', '공유영역', '일반 공중의 자유로운 사용의 대상', '공공 영역' 등이 논자에 따라 사용되는데, 본서에서는 'domain' 개념에 포함되어 있는 '소유'의 의미를 살려 '공유 영역'이라는 용어를 사용하기로 한다.

14) OECD, *Understanding the Digital Divide*, Paris: OECD, 2001.

15) 지적재산권법은 발명과 창작을 하도록 유인·장려하기 위하여 발명과 창작의 결과물을 배타적으로 사용·수익·처분할 수 있는 권리를 부여하고 있기 때문에 그러한 배타적 권리가 미치는 범위내에서는 자유로운 경쟁이 제한되는 결과를 초래한다. 정상조, 앞의 책, 27면.

보학 등의 관련 영역에서의 활발한 논의를 이끌어내고 있기도 하다.[16] 그 밖에도 지적재산권법제가 지적재산권의 침해행위에 대한 형사제재도 부과할 수 있도록 규정되어 있음을 감안할 때,[17] 지적재산권 침해행위의 범죄성에 대한 근본적인 고찰 역시 필요하다 할 것인 바, 현재의 법제가 과연 우리 헌법의 의도를 적정하게 구현하고 있는가에 대해서는 고찰해 볼 필요성이 크다 할 것이다.

한편 지적재산권법제에 대한 보다 근본적인 문제제기도 지속적으로 제기되고 있는 바, 이는 지적재산권의 본질을 둘러싼 논쟁이라 할 수 있다. 즉 현재의 지적재산권법제의 보호 방식 자체가 지적 다양성을 파괴하고, 정보의 자유로운 교환의 장애물로 기능하는 득보다 실이 많은 제도로, 자본주의의 착취기제의 결정판이라는 입장이다.[18] 이러한 차원에서의 문제제기는 이른바 '카피레프트(copyleft)'[19]로 상징되는, '자유소프트웨어재단(Free Software Foundation: FSF)'의 '누 프로젝트(GNU Project)'와 에릭 레이몬드(Eric Ramond)에 의해 주창된 바 있는 '공개 소스 소프트웨어(Open Source)' 운동에 의해 주도되는

---

16) 최병규, "디지털도서관의 저작권법상의 문제점", 『계간 저작권』 통권 제54호, 2001년 여름호 ; 유사라, "디지털환경에서의 지식재산권 관련 R&D 사업 규정의 실용성 분석", 『한국비블리아학회지』 제16권 제1호, 2005; Jana Varlejs, *The economics of information in the 1990s*, Jefferson, N.C and London: McFarland & Company, Inc., 1995; Sul H. Lee, *Research Collections and Digital Information*, New York: Haworth Information Press, 2000.

17) 지적재산권 침해의 형사적 제재와 관련한 자세한 내용은 강동세, 『지적재산권의 형사적 이해』(서울: 세창출판사, 2003)를 참조.

18) Vandana Shiva, *Biopiracy —The Plunder of Nature and Knowledge*, 한재각 역,『자연과 지식의 약탈자들』, 서울: 당대, 2000, 17~23면.

19) 'copyleft'에 대한 일반적인 번역용어는 아직 정립되지 않은 듯 하며, '저작권 공유' 등의 번역이 시도된 바 있으나, 현재는 '카피레프트'라는 외래어표기를 그대로 사용하는 것이 일반적이므로, 그를 따르기로 한다. 한편, copyleft는 저작권(copyright)에 대한 반대의 의미가 강하기 때문에, 전체 지적재산권(Intellectual property right)에 반대한다는 의미에서 IPLeft라는 개념도 사용되고 있다. IPLeft에 대해서는 정보공유연대의 홈페이지(http://www.ipleft.or.kr), 특히, 'IPLeft 선언문'을 참조. http://www.ipleft.or.kr/sun/sun00.html(accessed February 26, 2008).

정보공유운동에 의해 가장 활발히 진행되고 있다.[20]

이러한 사회 현실과 우리 헌법의 명시적인 접점은 이미 언급한 바 있는 헌법 제127조 제1항과 제22조 제2항이라 할 수 있다. 즉, 우리 헌법은 제127조 제1항에서 국가에 대한 정보의 개발의무를 부과하고 있고, 제22조 제2항에서 "저작자·발명가·과학기술자와 예술가의 권리는 법률로써 보호한다"고 하여 '저작자·발명가·과학기술자와 예술가(이하 '저작자 등'으로 표기)'의 권리를 헌법상의 기본적 권리로 규정하고는 있으나, 보호의 방식을 법률에 유보하면서 그 법제의 내용에 대해서는 아무런 지침을 제시하지 않고 있다. 결국, 헌법이 예정하고 있는 국가의 정보개발의무의 구체적인 내용 및 저작자 등의 권리의 보호 범위 및 방식은 헌법원리와 헌법질서, 기본권 조항 등을 전체적으로 고려하여 구체화해야만 할 것이다.

이에 본 연구는 헌법이 상정하고 있는 국가의 정보개발의무 및 저작자 등의 권리의 보호가 가지는 의미를 현실 속의 '정보시장' 및 '공유영역'의 관계 설정을 통해 검토해 보고, 정보시장의 균형(均衡; equilibrium or balance)의 달성을 위한 법제의 올바른 방향을 탐구하는 것을 목적으로 하고 있다.

---

20) 각국의 정보화 경쟁에 있어서의 이데올로기적 측면을 정보주의(情報主義)와 정보공유론(情報公有論)으로 대비시켜 분석하는 논의로는 홍성태, "정보화 경쟁의 이데올로기에 관한 연구－정보주의와 정보공유론을 중심으로－", 서울대학교 사회학박사학위논문, 1999. 이 후에도 홍성태 교수는 '정보공유론'의 입장에서 '현실정보사회'의 실체와 이데올로기에 대한 논의를 지속적으로 진행하고 있다. 홍성태 편, 『사이버공간, 사이버문화』, 서울: 문화과학사, 1996[1999print]; 홍성태, 『사이버사회의 문화와 정치』, 서울: 문화과학사, 2000[2001print]; 홍성태, 『현실정보사회의 이해』, 서울: 문화과학사, 2002; 홍성태, 『지식사회비판』, 서울: 문화과학사, 2005 등.

제2절 연구의 범위

성문헌법(成文憲法) 체제하의 우리나라의 헌법학의 연구대상이 일차적으로 『대한민국헌법』의 '텍스트(text)'[1]여야 함은 당연한 일임에도 불구하고, 그 동안 우리 헌법의 텍스트들[2])에 대한 충분한 연구가 이루어졌는가에 대해서는 자신 있는 답을 하기가 쉽지 않다.[3]) 그렇지만 전통적인 헌법해석의 가장 기본적인 방법이 '문리해석(文理解釋)'임을 감안한다면, 우리 헌법의 텍스트에 대한 검토는 헌법학 연구의 출발점을 이룬다고 할 수 있을 것이다.[4])

모름지기 헌법이란 그 자체가 한 국가의 기본틀에 관한 법이므로 이를 다루는 헌법학도 국가의 기본을 이루는 요소들에 관련된 모든 문제에 관하여 관심을 가져야 하겠기에,[5]) 헌법학의 대상으로서의 규범적 텍스트를 헌법전(憲法典)에 국한시킬 필요는 없다고 할 것이다.[6]) 뿐만 아니라 비록 전통적으로 헌

---

1) 우리말 표기로는 '문언(文言)' 혹은 '원문(原文)'이라는 용어가 적절하겠지만, 기호학과 해석학의 발전으로 '텍스트'라는 용어가 일반적으로 수용되고 있다는 전제하에, 본 연구에서도 텍스트라는 용어를 사용하기로 한다. 결과적으로 여기에서의 텍스트는 기호학적인 배경 속에서 '기호'보다 높은 차원에 위치하는, '해석을 위한 계기'를 의미하는 것으로 볼 수 있다. 기호학에서의 텍스트에 관한 보다 자세한 논의는 김경용, 『기호학이란 무엇인가 – 기호의 우리, 우리의 기호』, 서울: 민음사, 1994[2005print], 제8장을 참조.
2) 헌법의 규범적 텍스트의 범위를 어디까지 규정할 수 있는가에 대해서도 논란이 없지 않다. 이러한 입장은 일단 헌법의 외연(外延)을 어디까지 볼 것인가에 관한 논의를 통해 드러나는데, '실질적 의미의 헌법'과 '형식적 의미의 헌법'의 범위를 둘러싼 논의가 대표적인 예이다.
3) 뒤에 살펴보겠지만, 헌법 제119조 제2항 등의 '균형' 개념은 그 맥락상의 중요성에도 불구하고 기존 헌법학계에서는 거의 논의가 이루어지지 않고 있음이 확인된다.
4) 이러한 작업은 우리 헌법이 말하고 있는 것과 말하지 않는 것을 구분하는 것으로, 달리 표현하면 헌법의 법원(法源)을 확립하는 작업이라고도 할 수 있다.
5) 정종섭, 『헌법연구1』(제3판), 서울: 박영사, 2004, 21면.
6) 정종섭 교수도 "헌법학의 통합과학적 연구에서 헌법연구의 개방성은 한편으로는

법은 이른바 '공법(公法)'의 영역에 속하는 것으로 분류되어 왔지만,[7] 헌법학
의 대상이 공법의 영역 내에 국한될 필요도 없다. 공법체계상(公法體系上)의
법률은 물론, 사법체계상(私法體系上)의 법률 역시 헌법의 하위법규로서 헌법
재판소의 규범적 통제를 받는 '국가법(國家法)'체계의 일부이기에, '헌법정신
(憲法精神)'의 구현 여부에 대한 검토는 동일하게 적용될 필요가 있기 때문이
다.[8] 아울러 헌법학 연구는 규범적 텍스트의 분석뿐만 아니라 그 사회적 맥락

헌법학자로 하여금 종래의 헌법과 행정법, 헌법과 사회법을 가로지르고 있는 벽을
허물게 하여, 이를 통일적인 인식구도 속에서 재편하게 하고, 다른 한편에서는 이
에서 더 나아가 헌법과 하위법률의 관계를 중시하여 헌법질서 내에서 일어나고
있는 규범간의 모순관계를 극복하는 데 적극적인 태도를 지니게 한다"고 하여, 하
위법률에 대한 고찰의 필요성을 주장하고 있다. 정종섭, 앞의 책, 40면.

7) 전통적인 공·사법이원론에 대해서는 적지않은 의문이 제기되고 있다. 일찍이 켈젠
(Hans Kelsen)도 공법·사법의 대립을 법치국가의 개념을 통해 극복할 것을 주장한
바 있다. Hans Kelsen, *Allgemeine Staatslehre*, 민준기 역, 『일반국가학』, 서울: 민
음사, 1990, 121~136면. 최근의 논의로는 신원일, "공법·사법 이원론의 재검토:
공법·사법 이원론을 대체하는 법해석방법론의 모색과 몇 가지 환경법 문제에의
실험적 적용", 서울대학교 법학석사 학위논문, 2004을 참조. 한편, 국내 헌법학 교
과서 가운데 헌법이 공법임을 명시적으로 서술하고 있는 것은 의외로 많지 않다는
사실은 특기할만 하다 하겠다. 헌법이 공법임을 명시하고 있는 것들로는 강경근,
『(신판)헌법』, 서울: 법문사, 2004, 10면 주7; 김철수, 『헌법학개론』(제18전정신판),
서울: 박영사, 2006, 11면; 허영, 『헌법이론과 헌법』(신3판), 서울: 박영사, 2009,
3면 정도가 있을 뿐이다.

8) 정종섭 교수 역시 "헌법학을 종래와 같이 공법학(公法學)의 특정한 그리고 개별적
인 하나의 독자영역(獨自領域)이라고 생각하는 발상부터 청산할 필요가 있다. (중
략) 그렇다면 헌법학과 행정법학을 분리하여 독자성(獨自性)을 주장할 필요도 없
거니와 사법학(私法學)과 담을 쌓아 경계를 표시할 필요도 없다"고 한다. 정종섭,
앞의 책, 21면(강조는 필자). 다만, 여기에서 사용한 '국가법'이라는 용어는 다소
주의를 요한다. 일반적인 법사회학적 논의에서의 '국가법(國家法; state law)'의 개
념은 '국가'가 만들고 적용하고 해석하고 집행하는 법을 총체적으로 가리키는 것
으로, '국가 이외의 권위자'에 의한 '규제법(規制法; regulatory law)'이나, 사회속에
서 자생적으로 발생한 '관습법(慣習法; customary law)'에 대응하는 개념으로 사용
되는 것이라 할 수 있는데(김도현, "사회학적 법개념에 관한 연구－구조차원과 행
위차원의 법이중성－", 서울대학교 법학박사학위논문, 1996, 2장 참조), 헌법학계

에 대한 고찰 역시 게을리해서는 안 될 것이다.9)

이러한 배경하에서 본 연구는 기본적으로 헌법 제127조 제1항의 '국가(國家)의 정보개발의무(情報開發義務)'와 제22조 제2항의 '저작자 등의 권리'의 보호 범위 및 방식의 구체화를 위해서, 그와 관련되는 우리 헌법의 헌법원리와 헌법질서, 기본권 조항 등을 종합적으로 검토하고, 그의 실제적 구현이라 할 수 있는 정보시장의 구성과 운영원리를 검토하고, 그에 관련된 하위 법률들을 살펴 본다. 본 연구에서 살펴볼 하위법률들은 '정보의 사유화 경향'과 가장 직접적인 관련성을 갖는 지적재산권법제가 중점적으로 검토될 것이고 나머지 법제들은 정보시장과 관련을 갖는 범위 내에서 간단하게 언급될 것이다. 한편 지적재산권법제 역시 다양한 법들로 구성되는 바, 본격적인 분석은 그 가운데에서도 가장 급진적인 변화를 겪고 있는 영역이라 할 수 있는 『저작권법』을 중심으로 진행할 것이며, 다른 법제는 필요한 범위 내에서 고찰하도록 하겠다.10)

에서는 국가법의 개념을 "국가의 형태, 성질, 조직, 체계, 작용 등에 관한 법으로서, 국가에 관한 전체적인 법질서 가운데 한 부분을 차지하면서 국가권력의 법적 근거와 행사에 대하여 규율하는 동시에 국가작용에 관한 나머지 하위법규범의 생성과 효력의 전제를 이루는 법"이라 하여(정종섭, 『헌법학원론(제7판)』, 서울: 박영사, 2012, 5면(강조는 필자)), 훨씬 좁은 의미로 사용하고 있기 때문이다. 본 연구에서는 법사회학에서의 '국가법' 개념을 사용한다.

9) 헌법학의 대상과 관련한 논의는 일반적으로 헌법학의 연구방법을 둘러싼 논의, 특히 규범적 텍스트를 중심으로 하는 헌법해석학과 사회적 맥락을 중시하는 헌법사회학의 방법론상의 논의를 중심으로 진행되고 있다. 국내에서의 이러한 논의의 중심에는 단연 최대권 교수가 위치하는 바, 최교수는 헌법해석학 중심의 국내 헌법학에 대하여 헌법사회학적 견지에서의 비판을 계속해 오고 있고, 이러한 입장은 후학(後學)들에게 적지 않은 영향을 주고 있다. 최대권 교수의 최근의 헌법학 방법론적 논의에 관해서는 최대권, "법적 결정과 사회과학: 과외금지조치 위헌결정을 중심으로", 『서울대학교 법학』 제41권 제3호, 2000; 최대권, "헌법학 방법론의 문제-그 합리성 모색을 위한 담론-", 『서울대학교 법학』 제43권 제1호. 2002.

10) 법명의 표기와 관련해서, 과거에는 법명은 전부 붙어쓰기를 하였으나, 법제처가 2005년 1월 1일부터 법령명칭의 띄어쓰기를 추진하여 새로이 제·개정되는 법령에서부터는 제명띄어쓰기를 추진하고 있다. 그 결과 법제처는 법령명을 인용할 경우

제3절 연구의 방법

'놀라움(驚異, wonder, marvel; thauma)'에 의해 시작된 철학은 그 놀라움을 해결하기 위한 질문을 던지고, 그에 대한 답을 구하게 된다. 한 때는 철학이 모든 문제를 제기하고 그 문제를 해결할 수 있으리란 기대를 받던 시기도 없지 않았으나,[1] 오늘날에는 철학만으로 모든 문제를 해결할 수는 없다고 일반적으로 생각되고 있으며, 과학(科學; science)을 필두로 한 제반 학문영역에서, 문제의 해결을 위한 노력들을 경주하고 있다. 그렇지만, 여전히 질문을 던지고, 그에 대한 해답을 구하는 학문의 기본적인 틀은 변함이 없기 때문에, 이러한 맥락에서 헌법학이란 '(i)헌법학적 (ii)**질문에 대하여** (iii)헌법학적으로 (iv) **대답하는 것**'[2]이라는 개념 규정을 이해할 수 있게 된다(강조 및 번호부여는 필자).

　본 연구의 핵심적인 (ii)질문은 바로 헌법 제22조 제2항이 상정하고 있는 '법률의 내용'이 무엇이냐는 것이다. 이러한 질문에 대한 대답으로는 현행 법제의 내용의 단순한 기술(記述; description)도 나름의 대답이 될 수 있을 것이

　법령명칭을 다른 문장과 구분하기 위하여 법령명 앞·뒤에 낫표(『 』)를 사용하도록 기준을 정한 바 있다. 자세한 내용은 홍승진, "법령제명 띄어쓰기 추진경과", 『법제』, 2005.1 참조. 이하에서는 이러한 법제처의 의견을 존중하여 법명의 인용의 경우 낫표를 사용하기로 하되, 띄어쓰기의 경우는 2005년 이후 개정을 통하여 법명의 변경이 이뤄진 경우에만 실시하도록 한다. 즉, 연혁적 고찰에 있어서나, 2005년 이후의 개정에서도 띄어쓰기가 적용되지 않은 법률명은 기존의 붙여쓰기를 적용한다. 단, <표>의 법명은 낫표 없이 사용하기로 한다.

1) 김광웅, 『방법론강의─기초·원리·응용─』, 서울: 박영사, 1996, 17면.
2) 최대권, "헌법학방법론의 문제─그 합리성 모색을 위한 담론─", 『서울대학교 법학』 제43권 제1호, 2002, 52면. 물론 최교수 스스로도 이러한 개념규정의 '동어반복성'의 문제점을 지적하면서, '헌법적인' 것의 의미로, '헌법이란 무엇인가라는 질문에 의미심장하게 관련되어 있는 문제나 쟁점'이라는 느슨한 개념을 제시하고 있다.

다. 하지만, 일차적으로 규범학(規範學)으로서의 성격을 갖는 (i)헌법학은 이러한 질문 속에 당연히 가치의 판단을 포함하게 되므로, 이 질문은 결국 우리의 헌법의 체계 속에서 '올바른' 법률의 내용이 어떤 것이어야 하느냐를 의미하는 것이라 할 수 있다. 이러한 질문에 대한 (iv)대답은 규범학적 차원에서 해결되는 경우도 없지는 않겠지만, 대부분의 경우에는 헌법상의 텍스트를 넘어서는 사회적 가치 혹은 사회적 이익들의 고려를 통한 총체적(總體的)인 방법 (iii)을 통해 해결을 모색하게 될 것이다.

이러한 작업은 전통적인 법해석학적 방법에만 전적으로 의존해서 수행하기는 곤란하다. 무엇보다 해석의 자료 자체가 절대적으로 부족한 것이 그 이유가 되겠지만, 다른 한편 급격한 사회적인 변화 속에서 해석대상의 사회적 맥락 또한 급격하게 변화하고 있기 때문이다. 결국, 바람직한 해답을 얻어내기 위해서는 현실 사회 속에서 진행되고 있는 변화의 양상에 대한 균형 잡힌 인식을 토대로, 헌법에 대한 총체적·종합적인 고찰을 통해서 헌법이 추구하는 가치의 실현을 위한 올바른 지침을 도출해내는 작업이 수행되어야 하는 바, 헌법사회학적(憲法社會學的) 접근을 기초로 한, 주변 학문의 연구성과의 적극적인 수용이 필요하다 할 것이다.[3]

이러한 맥락에서의 본 연구는 헌법사회학적 접근방법을 중심으로 할 것이기에, 그 핵심적인 연구방법으로는 바로 '사회학적 상상력(社會學的 想像力; sociological imagination)'을 제시할 수 있을 것이다.[4] 이 개념은 사회학 연구

---

3) 김영수 교수가 적절하게 지적하고 있듯이 "헌법이 정치적 공동체에 있어서의 그 미래에의 설계를 의미하는 한, 그 헌법의 과거와 현실은 언제나 그 헌법의 성격을 규정하는 가장 중요한 요인이자 유전인자가 될 것이다. 이에 오늘날의 헌법규범의 의미와 내용을 파악하는 데에는 그 국가의 헌법사적(憲法史的)·헌법사상사적(憲法思想的) 그리고 헌법사회학적(憲法社會學的) 고찰이 필수적"이라 할 것이다. 김영수, 『한국헌법사』(수정증보), 서울: 학문사, 2001, 33면.

4) '사회학적 상상력'의 자세한 내용에 대해서는 Charles Wright Mills, *The Sociological Imagination*, 강희경·이해찬 공역, 『사회학적 상상력』(개정판), 서울: 돌배게, 2004을 참조. 역자(譯者)들은 "'sociological imagination'의 축어적(逐語的) 의미는 '사회학적 상상력'이겠지만 밀즈는 사회학적 쟁점을 중심으로 사회과학 전반에 걸친 문제를 다루고 있으므로 '사회과학적 상상력'이란 표현이 보다 적절한 듯하며, 또

방법론의 핵심적인 개념 가운데 하나로, 그 중요성만큼이나 다양한 의미를 띤
채 등장하는데,5) 이 개념의 창안자인 밀즈(Charles Wright Mills)에 따르면 기
본적으로 사회연구란 개인의 생활사와 역사를 사회구조 속에서 이해하려고
하고, 사회구조를 역사적(歷史的)이고 비교학적(比較學的)으로 고찰할 수 있는
안목을 가져야 한다고 주장하였다. 즉, 부분을 이해하기 위해서 전체를 고려하
고 전체를 이해하기 위해서 부분을 생각하는 노력, 다시 말해 개인 문제를 공
공문제로 공공 문제를 다양한 개인들의 문제로 전환하여 볼 수 있는 사회학적
상상력이 있어야 한다는 것이다.6) 필자는 이러한 밀즈의 권고를 염두에 두고,
이 개념을 '부분과 전체, 즉 행위자와 사회구조의 양 측면에 대한 고려'를 게
을리 하지 않는 가운데, '연구(研究)의 수행(隨行)을 위한 연구방법(研究方法)
의 채택(採擇)에 있어서의 유연성(柔軟性)'을 의미하는 것으로 이해하고자 한다.7)

이 책에서 말하는 상상력이란 사회문제의 의미와 그 맥락을 올바로 파악하는 안목
을 뜻하므로 달리 표현하면 통찰력이라고도 할 수 있을 것"이라고 밝히고 있으나
(같은 책, 5면), 본 연구에서는 (헌법)사회학적 입장에 보다 충실하고자 하는 의도
에서 '사회학적 상상력'이라는 용어를 그대로 사용한다.
5) 기든스(Anthony Giddens)에 의하면, 사회학 분야의 거의 모든 교재들이 이 단어를
강조하고 있다고 한다. Anthony Giddens, *Sociology*, 김미숙 外 7인 공역, 『현대사
회학』, 서울: 을유문화사, 1992, 40면. 실제로 필자가 검토한 사회학 관련(關聯)서
적들은 대개 이 개념에 대한 언급이 있었다. 김경동, 『현대의 사회학』(신정판), 서
울: 박영사, 1997, 8면; Charles H. Anderson, *Toward a new sociology*, 김동식·임
영일 역, 『새로운 사회학 – 비판적 현실조망을 위하여』, 서울: 돌배게, 1986, 38면
등. 그렇지만, 사회학계의 논의에서와는 달리, 국내의 법사회학 기본서들에 있어서
는 대부분 이 개념에 대한 직접적인 언급이 없다는 점은 특기할만 하다. 법사회학
저술로서 이에 대한 언급이 있는 저술로는 Roger Cotterrell, *The sociology of law*,
김광수 외 7인 공역, 『법사회학 입문』, 서울: 터, 1992, 19~20면.
6) Charles Wright Mills, 앞의 책, 11면.
7) 이러한 입장은 결과적으로, 세부적인 방법론에 한계를 두지 않게 된다. 결과적으로
"자기의 연구목적을 달성하기에 적합한 것이면 자기의 창의력·상상력이 미치는
모든 자료나 방법이 다 정당화될 수 있다"는 최대권, "법사회학이란 무엇을 어떻
게 하자는 학문인가", 최대권 외 10인, 『법사회학의 이론과 방법』, 서울: 일신사,
1995, 25면의 주장은 사실상 '사회학적 상상력'과 동일시해도 무방할 것이다. 한
편, "헌법연구의 개방성 요청에 따른 연구기법은 문헌적 연구, 경험적 연구, 통계

본 연구는 이러한 사회학적 상상력의 관점 하에서, 특정한 방법론의 일관된 적용에 치중하기 보다는 구체적인 문제상황의 해결에 적합한 방법론을 채택하여 연구를 수행하려 한다. 그렇지만 본 연구를 구성하는 다양한 연구방법 가운데에서 가장 기본적인 것으로는 정보시장을 규율하는 현행법체제를 구체화하기 위해, 개개의 구체적인 사안을 중심으로 이에 제기될 수 있는 여러 가지 관점을 출발점으로 하여 구체적인 사안의 해결에 가장 적합한 논증방식을 취하려는 해석방법이라 할 수 있는 '문제변증론적 접근(問題辨證論的 接近; topische Methode)'[8]을 들 수 있을 것이다. 문제변증론의 일반적 절차는, 일상

적 연구 등 매우 다양하겠지만, 연구의 기법이든 방법론이든 중요한 것은 기존의 틀에 얽매이지 않는 현실적이고 비판적인 자세를 취하는 것이며 특정한 이데올로기나 인식의 축에서 자유로워야 한다는 점"이라는 정종섭 교수의 견해 역시, 같은 맥락에서 이해할 수 있을 것이다. 정종섭, 『헌법연구1』(제3판) 서울:박영사, 2004, 41면.

8) 표명환, "독일에서의 헌법해석방법론에 관한 논의", 『헌법학연구』 제9집 제1호, 2003.5, 260~261면. 이러한 문제변증론은 '근거(Topos)를 지니고 있는 현존하는 지식, 논거 또는 규범의 존립을 전제로 하여, 이와 같은 존립구조로부터 현안의 사안에 적합한 해답을 이끌어 내려는 방법으로, 모든 영역으로부터 해답을 도출해 내는(per omnes locos tractare) 기술'이라고까지 평가받기도 한다. Reinhold Zippelius, *Einführung in die Juristische Methodenlehre (2. Aufl.)*, 김형배 역,『법학방법론』(3판), 서울: 삼영사, 1986[1990print], 122면. 한편 문제변증론은 그 번역에 있어서 그 의미를 정확하게 전달하기 어려운 점이 없지 않아, Topik이라는 원어를 그대로 이용하거나[강경선, "헌법해석 방법론에 관한 변증적 연구", 서울대학교 법학석사 학위논문, 1984, 70~72면; 장영민, "법발견 방법론에 관한 연구", 서울대학교 법학박사 학위논문, 1990, 100~106면(장영민은, '문제논의기법'이라는 용어를 사용하기도 한 바 있다. 같은 글, 100면)], '논상론(論想論)'[권영성, "헌법해석학의 방법론에 관한 연구", 『헌법연구』 제3집, 1975, 59면],' '법학관점론(Juristische Topik[김명재, "현대헌법해석방법론에 대한 비판적 고찰", 『공법연구』 제29집 제1호, 2000.11, 12~21면. 김명재는 "법학적 관점론이 오늘날 법학방법론으로서 지배적인 지위를 획득하였다"라고 적고 있다(같은 글, 14면); 허영, 『헌법이론과 헌법』(신3판), 서울: 박영사, 2009, 104~105면]),' '관점론적 방법론[김운용, "헌법의 해석-쟁점과 방법", 『성균관법학』 제3권 1호, 1990.12, 21~23면],' '문제중심의 접근방법(topical approach[최대권, 『(사례중심) 헌법학』(증보판), 서울: 박영사, 2001, 135면])' 혹은 '관련문제지향적인(die topische-problemorientierte)

적 경험으로부터 출발하여, 이러한 '현실적 견해'를 기초로 해서 일정한 지도
원칙(指導原則; Leitsätze)을 구성하고, 나아가서 관점목록(觀點目錄; Repertoire
von Gesichtspunkten; 혹은 문제목록(問題目錄; Topikkatalog)을 만들어낸 후,
이러한 문제와 관점목록의 변증적 고찰을 통해 가장 올바른 해답을 찾아내려
노력하게 된다.9)

한편 법학에 있어서 언어는 법의 매개체이자 테마이며 대상으로서 고찰될
수 있는데, 비록 법언어가 일상언어에 비하여 고도(高度)의 동질성(同質性)을

입장[Ernst-Wolfgang Böckenförde, 김효전 역, "헌법해석의 방법 – 재고와 비판
(Verfassungsinterpretation – Bestandsaufnahme und Kritik)", 『헌법학연구』 제8집 제
2호, 2002.8, 452~462면]' 등으로 번역되기도 하나, 여기에서는 가장 일반적으로
사용되는 '문제변증론'이란 용어를 사용한다. 계희열, "헌법의 해석", 『공법연구』
제20집, 1992, 181~186면. 계희열 교수는 "헌법규범의 구조나 체계를 고려할 때
헌법규범의 구체화 방법으로는 문제변증론이 매우 적합하다"고 한다. 계희열, 『헌
법학(상)』(신정2판), 서울: 박영사, 2005, 76면. 문제변증론에 관한 체계적인 논의는
계희열, 『헌법의 해석』, 서울: 고려대학교 출판부, 1993, 367면 이하; Martin Kriele,
Theorie der Rechtsgewinnung – entwickelt am Problem d. Verfassungsinterpretation,
홍성방 역, 『법 발견론』, 춘천: 한림대학교출판부, 1995, 제5장이 참고할만 하다.
9) Reinhold Zippelius, 위의 책, 4면. 이 부분은 역자인 김형배 교수가 정리한 문제변
증론의 일반적 절차이다. 한편 문제변증론적 해석의 일반적인 절차에 관하여 계희
열 교수는 ① 규범프로그램의 확인(조문해석) ② 규범영역의 분석 ③ 헌법해석의
원리에 따른 심사 및 문제해결에 맞는 관점의 선택으로 요약해 볼 수 있다고 하면
서 첫 번째 단계에 있어서는 전통적 해석방법이 큰 역할을 수행하게 되다, 두 번째
단계에 있어서는 존재적 요소가 주를 이루는 '생활사태의 현실'의 파악이 중요한
의미를 갖게 된다고 한다. 한편 이 두 절차를 통해 얻게 된 관점들은 헌법해석의
원리(Prinzipen der Verfassungsinterpretation)에 의해 심사 및 평가 후 채택되게 되
는데, 이러한 원리로는 i) 헌법의 통일성의 원리 ii) 실제적 조화의 원리 iii) 기능적
적정성의 원리 iv) 통합작용의 원리 v) 헌법의 규범력의 원리가 꼽힌다고 한다. 자
세한 내용은 계희열, 『헌법학(상)』(신정2판), 서울: 박영사, 2005, 78~83면을 참조.
그렇지만, 조문 자체에 대한 해석이 불충분할 때 그 구체화 원리로 적용되는 것이
문제변증론이기 때문에, 실제로 문제변증론을 적용하기 위해서는 구체화 대상으로
서의 규범의 확인은 극히 간단하게 이루어질 수밖에 없고, 문제장소에 대한 고찰
이 선행될 필요성이 크다고 하겠다. 그 이후의 관점목록의 제시를 통해서 적절한
규범의 구체화가 가능해지게 될 것이다.

가진다고 인정되지만,[10) 법언어 역시 완전한 동질성을 갖지는 못하기 때문에 법의 언어들에 대한 본격적인 연구가 필요하다. 이러한 맥락에서 연구에 필요한 기본적인 개념들의 검토를 위해서는 전문용어학(專門用語學; terminology)적 접근방법을 바탕으로[11) 연구의 진행을 위한 '개념도구(槪念道具)'들을 마련할 필요성이 크다 하겠다. 아울러 이러한 개념도구들을 통한 '정보시장'의 구성과 운영원리의 파악 및 균형(均衡)의 도출에 있어서는 기본적으로 '구조화론(構造化論; Structuation theory)'[12)에 입각하여, 구조(構造)의 이중성(二重

---

10) Klaus Günther, 박종수 역, "법과 언어", 『법철학연구』제4권 제2호, 2001, 229면. 그 밖에 법과 언어의 관계에 대해서는 Arthur Kaufmann, 심헌섭 역, "법과 언어 (Recht und Sprache)", 『서울대학교 법학』제25권 2·3호(1984)를 참조.

11) 전문용어학에 대한 일반적인 논의는 Alain Rey, translated by Juan C. Sager, *Essays on Terminology*, 최석두·박우석·남지순·송영빈 공역, 『전문용어학』, 서울: 한국문화사, 2003; 전문용어학의 일반적인 방법에 대해서는 Silvia Pavel and Diane Nolet, *Handbook of Terminology*, 최기선·황도삼 외 10인 공역, 『전문용어학 입문』, 서울: 한국문화사, 2005, 33~34면을 참조. 각 학문분야의 전문용어학의 발달 상황을 살펴보면, 의학을 필두로 한 자연과학분야의 경우 이러한 전문용어학이 비교적 잘 발달되어 있으나, 사회과학계열의 경우는 상대적으로 부진한 모습을 보이는 것으로 판단된다. 법학분야에서는 보통 법학용어사전의 형태로 많이 연구가 이루어지지만, 미국의 경우에는 법용어학이 초심자들의 입문을 위해서나[S. Whittington Brown, *Legal Terminology*, New York: Thompson Delmar Learning, 2006 등], 보다 전문적인 연구를 위한 길잡이로 이용되기도 한다[Thurston Greene and Stuart Berg Flexner, *The language of the Constitution*, New York: Greenwood Press, 1991 등].

12) 여기에서 언급한 구조화론(structuation theory)은 행위/구조, 개인/사회의 이원론(二元論; dualism)에 대한 지속적인 비판의 형식으로 제기된 바 있는 앤서니 기든스 (Anthony Giddens)의 이론이다. 기든스의 구조화이론에 대해서는 Anthony Giddens, *Central Problems in Social Theory —Action, Structure and Contradiction in Social Analysis*, 윤병철·박병래 공역, 『사회이론의 주요 쟁점』, 서울: 문예출판사, 1991[2003print], 74~130면; Anthony Giddens, *The Constitution of Society*, 황명주·정희태·권진현 공역, 『사회구성론』, 서울: 자작아카데미, 1998, 43~89면; Kenneth H. Tucker, *Anthony Giddens and Modern Social Theory*, 김용규·박형신 공역, 『앤서니 기든스와 현대사회이론』, 서울: 일신사, 1999; 김호기, "앤서니 기든스: 후기 현대성과 제3의 길", 김호기 편, 『현대 비판사회이론의 흐름』, 서울: 도서

性; duality of structure)[13]의 관점에서 구조차원과 행위차원의 밀접한 연관성을 염두에 두고 양 측면에서의 고찰을 시도하는 것을 중심으로, 다양한 사회과학 분야에서의 관련 성과들을 적극적으로 활용하고자 한다.

출판 한울, 2001[2002print], 99～104면 등을 참조.
13) 사회적 객체(구조)의 제국주의(제도이론; 객관주의)와 주체(행위자)의 제국주의(행위이론; 주관주의)를 동시에 거부하는 것이 기든스 이론의 출발점이라면, 결정론과 자원론에 내재된 이원론에 대한 대안적 개념이 바로 '구조의 이중성'이다. 여기서 구조의 이중성이란 사회구조가 반복적으로 조직하는 행위자의 실천의 '매개'이자 '결과'임을 의미한다. Anthony Giddens, *The Constitution of Society*, 황명주·정희태·권진현 공역, 『사회구성론』, 서울: 자작아카데미, 1998, 74～75면.

제4절 본서의 구성

본서는 정보시장의 균형을 도출하기 위한 헌법의 입장을 파악하기 위하여 이미 언급한 바와 같이 기본적으로는 문제변증론적 접근절차를 취한다. 즉, 문제장소(問題場所; *topoi*)를 먼저 분석하고, 그에 따르는 헌법상의 관점목록을 제시하며, 헌법과 하위 법제의 해석을 이끌어내는 과정을 거칠 것인데, 글의 구성에 있어서는 우선 개념도구를 마련하는 것이 선행될 필요가 있기 때문에, 그러한 작업을 수행하는 가운데, 필요한 한도 내에서 관점목록을 먼저 제시하고, 이후에 문제장소의 분석을 시도한 후, 법제를 분석 검토하는 순서를 취한다. 각 장에서 다루는 중심적인 내용은 다음과 같다.

제2장에서는 논의를 위한 기초적인 작업으로 정보시장의 가장 기본적인 개념인 정보의 개념과 특성을 특히 공공성과 상품성을 중심으로 살펴보고, 정보생산자 및 정보이용자의 의의와 현행 법체제상의 보호상황을 헌법적 차원과 법률적 차원에서 각각 살펴본다. 이러한 검토의 결과는 연구의 진행에 있어서의 기본적인 관점목록으로 기능하게 된다.

제3장에서는 전장에서 확인한 구체적인 문제장소의 분석작업으로, 정보시장과 공유영역의 의의와 구조, 특징 등을 기존의 논의들을 중심으로 검토하고 양자의 관계 설정에 대한 기존의 논의를 살펴본 후, 현재의 상황이 어떻게 전개되고 있는지를 점검한 후 현재의 상황이 형성된 원인들을 검토한다.

제4장에서는 정보의 공공성을 감안하는 가운데, 정보시장의 균형을 달성하기 위한 헌법이론을 모색하고자 한다. 이를 위해서 우선 정보시장의 균형의 의미를 고찰해 보고, 현재의 정보시장의 사유화 경향에 대한 균형을 회복하기 위한 방안으로, 사회적으로 활발히 논의되고 있는 정보공유론의 필요성을 중심으로 실제적인 입론가능성을 검토한 후, 현실적으로 실행 가능한 범위 내에서의 정책적인 수단들을 검토한다.

제5장에서는 본 연구의 논의를 요약하고, 결론을 제시한다.

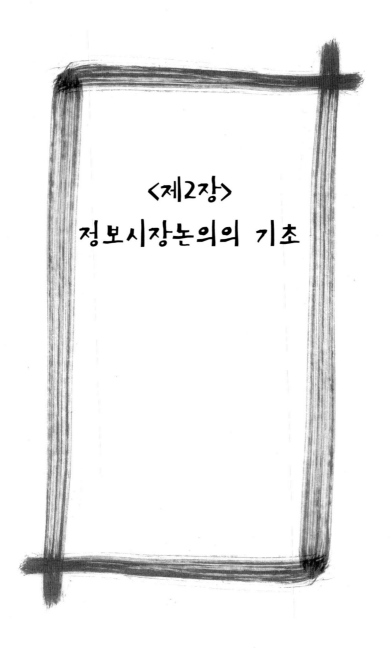

<제2장>
정보시장논의의 기초

 본 장에서는 본격적인 논의를 위한 기초작업으로 정보시장의 가장 기본적인 개념이라 할 수 있는 '정보'의 개념과 특성을, 특히 공공성과 상품성을 중심으로 살펴보고, 정보시장의 주체인 '정보생산자' 및 '정보이용자'의 의의와 현행 법체제상의 보호상황을 헌법적 차원과 법률적 차원에서 각각 살펴본다. 이러한 검토의 결과는 논의의 전개에 있어서 기본적인 관점목록으로 기능하게 된다.

 특히 본 장에서의 정보의 개념을 마련하기 위한 작업은 특히 '전문용어학(terminology)'의 관점하에서 진행될 것이다. 즉, 헌법상 수용되어 있는 '정보'라는 개념을, 실정법제를 주(主)텍스트(main text)로 하여 주변 학문의 성과를 충분히 고려하는 가운데 다양한 각도에서 검토해 봄으로써, 개념의 의미와 맥락을 분명히 하는 작업을 수행한다.[1] 일반적으로 명확한 법개념들은 모든 수범자(受範者)에게 법이 무엇인가를 알려주는 역할을 수행하게 되므로, '법치주의(法治主義)'의 출발점으로 기능하게 될 것이다.[2] 한편 실무적으로도 이러한 법용어학은 입법학(立法學)의 기초작업으로도 의미를 가질 수 있을 뿐만 아니

---

 1) 이러한 작업은 결과적으로 '법용어학(legal terminology)'의 일부를 형성하게 될 것이다.
 2) 언어(텍스트)와 법치주의간의 관계에 관한 고찰로는 Friedrich Müller, Ralph Christensen, and Michael Sokolowski, *Rechtstext und Textarbeit*, 이덕연 역,『법텍스트와 텍스트작업』, 서울: 법문사, 2005, 99면 이하 참조. 법치주의에 관한 일반적인 논의는 Albert Venn Dicey, *Introduction to the Study of the Law of the Constitution*, 안경환·김종철 공역,『헌법학입문』, 서울: 경세원, 1993, 106~123면; 장영수, "헌법의 기본원리로서의 법치주의",『안암법학』제2호, 1994; 김철수,『법과 정치』, 서울: 교육과학사, 1995, 28~95면; 이명구, "법치국가에 있어서의 법치주의와 법률주의",『헌법학연구』제4집 제2호, 1998.10; 최대권, "선한 사회의 조건-법치주의를 위한 담론",『서울대학교 법학』제40권 3호, 1999; 김상겸, "법치국가와 정의",『헌법학연구』제6집 제1호, 2000.5; 최봉철, "법치주의의 개념에 관한 서설",『성균관법학』제13권 1호(2001.4)를 참조.

라,3) 법해석학(法解釋學)에 있어서도 그 의의를 인정할 수 있다.4) 아울러 이러한 기본개념의 정리 작업은 정상과학(正常科學; normal science)5)으로서의 법학연구에 필수적인 요소인, 패러다임(paradigm)6) 형성의 출발점이 되기 때문에 더더욱 중요한 의미를 가진다고 하겠다.7) 물론 우리가 사용하는 일상언어(日常言語)의 다의성으로 인해 정확한 의사소통의 가능성에 대해서는 근본적인 회의가 있을 수 있고, 이는 개념의 정교화를 통한 패러다임의 형성이 과연 가능할 것인가라는 의문을 낳을 수 있다. 생각건대, 완전무결한 수준의 패러다임이라는 것은 어느 분야에서도 성립할 수 없는 이상일 것이기에, 법학에

---

3) 국내에서의 입법학에 대한 체계적인 연구로는 최대권, "입법의 원칙", 『서울대학교 법학』 제25권 4호, 1984.12; 최대권, "입법학연구 – 입법변론을 중심으로", 『서울대학교 법학』 제31권 1·2호, 1990.8; 최대권, "입법학 연구 – 입법안 작성을 중심으로", 『서울대학교 법학』 제35권 3·4호(1994)가 있다.

4) 일정한 법의 문제를 올바르게 해결하려는 것이 바로 법의 기능이라 할 수 있고, 해석학적 논의는 이와 같은 과제를 수행하는 것을 일차적인 목적으로 한다. 결국 해석학적 논의는 당면한 법적 문제에 대한 올바른 해답을 줄 수 있는 법률의 해석 문제에 도달하게 된다. 이 문제지향성은 개개의 법률용어의 이해에 이르기까지 작용하게 된다. Reinhold Zippelius, *Einführung in die Juristische Methodenlehre (2. Aufl.)*, 김형배 역, 『법학방법론』(3판), 서울: 삼영사, 1986[1990print], 25면.

5) 정상과학이란 '과거의 하나 이상의 과학적 성취에 확고히 기반을 둔 연구 활동'을 가리킨다. 자세한 논의는 Thomas S. Kuhn, *The Structure of Scientific Revolutions (2nd ed.)*, 김명자 역, 『과학혁명의 구조』, 서울: 동아출판사, 1992[1995print], 31~32면, 49~60면 등을 참조.

6) 패러다임이라는 개념은 매우 다양한 의미를 가지고 사용되며, 이를 일반화시킨 쿤 자신에 의해서도 다양한 의미로 사용되고 있다. 여기에서는 '방법들의 원천, 문제영역(problem field), 어느 주어진 시대의 어느 성숙한 과학자 사회에 의해 수용된 문제풀이의 표본[Thomas S. Kuhn, 위의 책, 155면]'의 의미로 사용한다.

7) 이러한 작업은 확인 가능한 패러다임을 매개로 하여 과학자 사회간의 소통가능성을 높일 수 있기 때문에, 모든 개별과학은 그와 관련된 인접학문의 이론적 성과들과 항상 의사소통을 하면서 체계화되어야 한다는 통합과학의 요구에도 부응하는 것이라 할 것인 바, 오늘날 인문·사회과학의 이론구성과 연구에 있어서 광범위하게 요구되는 '인접학문과의 의사소통적·종합적 방법(意思疏通的·綜合的 方法; interdisciplinary attitude)의 수행'[정종섭, 『헌법연구1』(제3판), 서울: 박영사, 2004, 23면]을 위해서도 반드시 필요한 것이라 하겠다.

있어서의 패러다임의 형성도, 지속적으로 수정되는 개념의 명확화를 위한 작업을 통해 끊임없이 개선시켜나가는 것을 일차적인 목표로 삼아야 할 것이고, 더 나아가 이러한 개념들을 바탕으로 법적 문제를 설정하는 방식과, 해결을 위한 방법론을 정립시켜 가능한 범위 내에서 완전한 형태의 패러다임을 구축하여, 이를 법학 연구자간에 공유하는 작업을 진행해야 할 것이다.

제1절 정 보

　　현대 사회에서 가장 중요한 의미를 가지고 등장하게 된 개념 가운데 하나라 할 수 있는 '정보(information)'에 대한 개념 정의는 일의적이지 않다. 정보는 그 용어가 쓰이는 상황에 따라 각기 다른 의미로 해석될 수 있기 때문이다. 결과적으로 정보라는 개념은 논자에 따라 매우 다양하게 사용되어[1] "최근에 들어와서는 그 개념의 범위가 너무 넓어서 세상의 모든 것이 정보라는 식"[2]이라는 지적이 나올 정도이다. 여기서는 먼저 기존의 논의와 관련 개념들간의 고찰을 통해, 정보에 대한 적극적인 정의를 시도해 보려 한다. 이는 단순한 이론적인 관심의 결과가 아닌, 우리 헌법 제127조 제1항에 규정된 바 있는 '정보'의 의미를 분명하게 하는 작업이기도 하다. 그리고 나서 항을 바꾸어 현행 법체계내의 정보에 대한 개념규정을 검토해 보려 한다.

제1항 정보의 의의

　　우리나라에서 아직까지는 '정보'라는 용어에 대한 본격적인 연구가 수행되지 않은 것으로 보인다. '정보'라는 용어의 우리나라로의 도입사(導入史)에 관한 연구도 존재하지 않으며, 영어권의 'information'[3]의 의미와,[4] 일본에서 전

---

1) 정보가 무엇인가에 대해서는 이론가의 수만큼 다른 대답이 있다고 할 정도로 그 정의가 다양하다는 지적도 있다. 임현진·서이종, "21세기 한국사회: 지식사회냐 정보사회냐", 『사회와 문학』 제12권 제1호, 2000.12.
2) 한복희·기민호 편저, 『정보사회론』, 대전: 충남대학교 출판부, 1993, 17면.
3) 영어의 'information'의 어원은 라틴어의 informatio로, in은 영어의 into(~에)에 해당하고 forma는 '외견상의 형태,' tio는 '행위 내지 과정'을 의미하여, 당시의 의미는 주어진 어떤 '형상,' '구성' 또는 '교시' 등을 뜻했다고 한다. 또한 프랑스에서는 주로 법적인 차원에서 '어떤 진상에 대한 수집 및 처리'의 의미로 사용되었다고

개된 '정보'의 도입과 관련한 논의를 소개하는 선에서 그치고 있다.[5]

일반적으로 '정보'라는 용어는 영어의 'information'의 번역어로 일본의 학자들이 택한 단어로 알려져 있지만, 실제로 1870년대 후반부터 일본에 도입된 '정보'라는 용어는 초창기에는 주로 군사적인 분야에 한정되는 뜻으로 사용되어,[6] 'information' 보다는 오히려 'intelligence'[7]의 번역어로 등장하였다고 할

한다. Fox, C. J. Information and Misinformation, Westport: Greenwood Press, 1983, pp.4～6; 전석호, 『정보사회론: 커뮤니케이션 혁명과 뉴미디어』(개정4판), 서울: 나남, 2004, 35면 주1)에서 재인용. 한편 『옥스퍼드 영어사전(Oxford English Dictionary: 이하 OED)』에 따르면 information의 라틴어는 informationem으로 '개요, 개념, 생각(outline, concept, idea)' 등의 의미를 가진 것으로 소개하고 있다. "information", OED. http://dictionary.oed.com/cgi/ entry/50116496 (accessed February 27, 2007). OED의 내용은 Oxford English Dictionary Online <http:// dictionary.oed.com> 의 내용을 참조한 것으로 OED Online은 The Oxford English Dictionary(2nd ed.) (Oxford University Press, 1989)의 내용 및 이후의 추가분이 반영되어 있다.

4) OED에 따르면, information의 의미는 크게 두 가지로 구분될 수 있는데, 바로 '전달되는 것'과 '전달되는 행위'의 부류가 그것이다. 보다 자세한 내용은 "information", *OED*.

5) 예를 들면, 이희수, "정보사회에서의 정보의 의미", 『한국교육』 제25권 제2호, 1998, 148～149면 등. 아울러, '정보'라는 단어의 유래에 대해서 국립국어원이 제공하는 '단어별 어원정보'에서는 정보는 '일본에서 만들어지고 한국과 중국에서 통용되고 있는 어휘'라는 강신항 교수의 설명을 추가하고 있다. 강신항, "일본 한자어", 『새국어생활』 제5권 제2호, 1995, 30면.

6) 일본에서의 '정보'라는 말의 기원에 대한 나가야마(長山泰介)의 조사에 의하면, 모리 오가이(森鷗外)가 1903년에 출판한, 클라우제비츠(Carl von Clausewitz)의 『전쟁론(Vom Kriege)』의 번역본인 『大戰原理』에서 'Nachricht'의 번역어로서 '정보'를 사용하여, "정보란 적과 적국에 관한 지식의 전체를 말한다"고 언급한 것을 최초로 꼽는다. 자세한 논의에 대해서는 折笠和文, 高度情報化社會の諸相 - 歷史·學問·人間·哲學·文化, 김재홍 역, 『고도 정보화사회의 여러 모습 - 역사, 학문, 인간, 철학, 문화』, 서울: 커뮤니케이션북스, 2004, 4～5면. 하지만 1990년대의 새로운 연구들은 '정보'라는 용어의 사용시기는 그보다 이른 시기라고 주장한다. 오토나리(音成行勇) 교수는 '정보'라는 말이 최초로 사용된 문헌은 1876년 사카이(酒井忠恕)가 번역한 『佛國步兵陳中 要務實地演習軌典』로, 'renseignement'라는 프랑스어를 '정보'라고 번역한 것이 현 시점(1990년)에서는 최초라고 한다. 上田修一·倉田敬子, 情報の 發生と傳達, 남태우·최희곤 공역, 『정보의 발생과 전달론』, 서울: 경

수 있다.8) 한편 현재와 같은 '알림'이라는 의미, 즉 영어의 'information'에 해
당하는 개념으로서의 정보라는 용어를 최초로 사용한 일본인은 후쿠자와 유
키치(福澤諭吉)로 알려져 있다.9)

인문화사, 1998, 2면. 오노 교수 역시 이를 확인하는 한편,『蔓朝報』에서도 1895년
의 청일전쟁 당시 '정보'라는 말이 사용되었고 그 후에도 군의 공보나 전보에서
사용되었다는 사실도 지적하고 있다. 小野厚夫, "明治九年,「情報」は産声－フラン
ス兵書の翻訳に語源－", 日本経済新聞(朝刊), 1990年 9月15日字.
http://ccs.cla.kobe-u.ac.jp/Jouhou/kyoukan/Ono/joho_rep/900915.html(accessed
February 15, 2007).

7) intelligence는 원래 지력, 이해력(the faculty of understanding)을 의미하는 용어였
으나, 점차 그 의미가 확대되면서 '알아냄 혹은 알아내는 사람'의 의미를 포함하게
되었고, '지식' 혹은 '정보'의 의미도 포함하게 되었다. intelligence가 information
과 거의 같은 의미를 가지고 사용되기도 하지만, 경우에 따라서는 '비밀이나 군사
적인 가치를 가지는 정보'라는 다소 특화된 의미를 가지기도 하며, 본 연구에서의
intelligence의미는 바로 이것을 의미하는 것이다. intelligence의 의미에 관한 자세
한 내용은 "intelligence", OED. <http://dictionary.oed.com/cgi/entry/50118615 (acce-
ssed February 27, 2007)>

8) information은 1862년 간행된『英和對譯袖珍辭典』에서는 '가르침, 고지, 수술, 양
해, 송사' 등으로, 또한 1873년의『附音揷圖英和字彙』에는 '소식, 교유, 보고, 소송,
지식' 등으로 번역하고 있는 등, 현재 사용되고 있는 '정보'라는 용어가 처음부터
information의 역어로서 나타난 것은 아니라는 것을 알 수 있다. 영일사전에서 처
음으로 '정보'가 나타난 것은 1915년의『熟語本位英和辭典』에 'intelligence'의 역어
로서 사용된 것이 처음이고, 이어서 1921년의『大英日辭典』에 'information'의 역
어로서 '정보'가 등장하게 되었지만 그것이 곧 일반화되었다고 볼 수도 없다고 한
다. 이는 1964년의『겐큐샤 발행 새 영어사전(Kenkyusha's New Dictionary of
English Collection)』에서도 information이 '통보, 고지, 음신, 소식, 지식, 견문, 고
발' 등으로, 정보라는 말은 나오지 않는 데서 확인할 수 있을 것이다. 上田修一・倉
田敬子, 앞의 책, 3~4면; 折笠和文, 주 13)의 책, 6면.

9) 후쿠자와 유키치는『民情一新』에서 "'지식'이란 것이 반드시 '사물의 이치를 생각
하고 궁리한다'는 뜻만 있는 것이 아니라 '견문을 넓히고 사물의 근본원리를 안다'
는 의미로도 생각할 수 있으며, 영어에 의하면 인포메이션의 뜻으로 풀이할 수 있
다"라고 언급한 바 있다. 折笠和文, 앞의 책, 5면. 이『民情一新』의 원(原)출판년도
는 明治12년(1879년)이다. 杉山伸也, "いつでもどこでも福沢諭吉－『民情一新』と「文
明の利器」－",『福沢諭吉 書簡集』第8卷 月報, 岩波書店, 2002年6月. http://www.

결국, 현재 활발하게 사용되고 있는 '정보'라는 용어는 자생적인 개념이 아닌
서구의 개념을 도입한 것으로, 이 과정에서 'information'과 'intelligence' 등의
개념상의 차이를 그다지 고려하지 않은 채, 모두 정보라는 용어를 사용해 왔다
는 사실을 확인 할 수 있었다. 그렇지만 보다 본질적인 문제는 'information'이
라는 용어 자체가 이미 매우 다양한 의미를 포함하고 있을 뿐만 아니라, 또한
계속해서 그 의미를 확장해 가고 있다는 점에서[10) 우리의 '정보'라는 용어가
과연 'information'이라는 용어의 모든 의미들을 완전하게 포함하고 있는가라
는 점에 대해서는 다소간의 의문을 제기할 수 밖에 없다.

따라서 이렇게 모호한 '정보'라는 용어와 관련된 논의를 위해서는, 우선적으
로 그 개념부터 명확하게 정리해야 할 것인 바, 이를 위해서는 먼저 정보의 개
념에 대한 기존의 일반적 논의들과 실정법제에서의 용례의 검토를 통해서 우리
의 언어관행상의 정보의 의미를 파악한 후, 논의의 진행에 필요한 범위 내에서
정보의 개념을 적절하게 '재개념화(再槪念化; reconceptualization)'[11)해야 할 것이다.

---

econ.keio.ac.jp/staff/sugiyama/fys8-geppo.html(accessed May 30, 2007) 다만 스기야
마 교수는, 다른 곳에서의 후쿠자와의 언급을 검토해보면 후쿠자와는 'information'
을 당시의 '新聞'과 유사한 의미(영어의 'intelligence'에 해당)로 사용한 것으로 해
석해 볼 여지도 있어, 이러한 견해를 재검토해 볼 필요성이 있음을 지적하고 있다.
10) OED에 의하면, 1920년대 이후, information은 다양한 단어들과 조합을 이루어, '정
보 내용(information content),' '정보관청(information bureau),' '정보처리(information
processing),' '정보기술(information technology)' 등의 수많은 복합어를 만들면서
보다 다양한 의미를 포함하게 되었다. OED의 2004년도의 추가분 초안(OED Draft
Additions March 2004)에는 '정보과잉(information overload),' '정보빈자/부자
(information-poor/rich),' '정보고속도로 (information superhighway),' '정보전쟁
(information war),' '정보복지(information welfare)' 등의 단어가 추가되었다.
11) 재개념화란 '모호한 개념을 보다 명확히 규정하는 과정'을 뜻하는 것으로 연구를
시작할 때 무엇이 문제인가를 알고, 그것을 풀어 나가기 위하여는 그 문제를 구성
하고 있는 기초개념을 바르게 '규정'하는 것이 중요하게 된다. 김광웅, 『방법론강
의-기초·원리·응용-』서울: 박영사, 1996, 202면. 이러한 '재개념화'는 과학적
연구에 있어서의 개념의 조작적 정의(operational definition)의 방식과 크게 다르지
않다. 조작적 정의에 관한 보다 자세한 설명은 Irving M. Copi, *Introduction to
Logic*, 민찬홍 역, 『논리학 입문』, 서울: 이론과 실천, 1988, 192면; Samuel D.

Ⅰ. 정보의 개념에 관한 일반적인 논의

그 동안의 정보를 둘러싼 무수한 논의들 속에서[12] 여러 학자들에 의해 다양하게 제시된 '정보'의 개념은 후속 학자들에 의해 여러 가지 기준으로 분류되어 정리되어 왔다. 여기에서는 그러한 분류 기준들 가운데에서, 정보의 개념 내의 '의미의 포함여부'에 따라 두 가지로 구분하는 입장을 취한다.[13]

1. 의미를 포함하는 정보개념

이는 정보의 개념에 특정한 의미를 부여하는 입장으로 의미론적(semantic) 접근 방법이라고 할 수 있다. 즉 '정보'는 어떤 의미가 있는 것이며 주제를 가지고 있는 것이다. 정보는 또한 사물이나 사람에 대한 지침이나 지시로서 등장한다.[14] '사정의 알림'으로 대표되는 정보에 대한 사전적 정의의 고전적인 부분은 바로 이러한 의미를 포함하는 개념이라고 해도 과언이 아니다. 무엇보

Guttenplan and Martin Tamny, *Logic −A Comprehensive Introduction*, 심철호 역, 『교양논리학』, 서울: 푸른산, 1992, 421면; Wesley C. Salmon, *Logic(3rd ed.)*, 곽강제 역, 『논리학』, 서울: 박영사, 2004, 304∼307면; 정병기, 『사회과학 글쓰기: 대학생을 위한 논문작성법』, 서울: 서울대학교출판부, 2005, 130면 등을 참조.

12) 정보에 관한 학문적인 논의는 1930년대까지 거슬러 올라간다. Friedrich A. Hayek, "Economics and Knowledge", 『Economica, N.S.』 Vol.4 (Feb.1937), pp.33∼54 등 참조. 한편, 정보의 경제성 개념이 구체적으로 언급되기 시작한 것은 미국의 경제학자 나이트(F. H. Knight)에 의해서라고 한다. Knight, F. H., *Risk, Uncertainty, and Profit*, Houghton Mifflin: Boston, 1921, p.261[유지성·최창곤·최동수, 『정보경제』, 서울: 박영사, 1999, 222면, 주7)에서 재인용]. 이에 의하면 정보에 대한 관심은 1920년대까지 소급될 수도 있겠지만, 나이트의 정보경제성 개념은 당시에 큰 관심을 끌지 못했다고 한다.

13) 이는 웹스터(Frank Webster)의 분류방식을 따른 것이다. 정보의 개념에 관한 웹스터의 논의는 Frank Webster, *Theories of the Information Society*, 조동기 역, 『정보사회이론』, 서울: 사회비평사, 1997, 57∼60면을 참조.

14) Frank Webster, 위의 책, 57면.

다도 이러한 견해는 우리의 정보에 대한 '상식'에 보다 부합한다고 평가 할 수
있으나, 그 개념의 불확정성으로 인한 외연의 확정이 곤란하다는 단점이 있다.

2. 의미를 포함하지 않는 정보개념

반면, 다른 입장은 '정보'의 개념 내에서 '의미'를 배제한다. 그 결과, 정보
의 질적인 차이에 대한 평가를 무시하고, 양적으로 정보를 취급하게 된다. 이
러한 입장이 소위 '정보사회론'의 대부분을 차지하고 있는데, 이는 다시 몇 가
지로 나누어 살펴볼 수 있다.

1) 정보이론적 정의

첫 번째로 살펴 볼 정보에 대한 접근방식은 '逆엔트로피'로서 정보를 취급
하는 '정보이론적 정의'이다. 이는 1950년대 위너(N. Wiener)의 '사이버네틱스
(cybernetics) 이론'[15]과 섀넌(C.E. Shannon), 위버(W. Weaver) 등의 '수학적 커

---

15) 사이버네틱스라는 학문분과는 1948년 위너의 '사이버네틱스(cybernetics)'라는 저
서의 출간으로 본격화되었다. Norbert Wiener, Cybernetics: or control and
communication in the animal and the machine, New York: Wiley, 1948. 위너는
사이버네틱스라는 용어를 그리스어 쿠베르네테스(kubernêtês), 즉 '키잡이(steerman)'
에서 끌어낸 바 있다고 밝히면서, 환류기제(feedback mechanism)에 관한 최초의
중요한 논문인 1868년 맥스웰(Clerk Maxwell)의 논문이 바로 정치인(governor)에
관한 것이며, 쿠베르네테스가 'governor'의 어원이기도 함을 소개하고 있다. 같은
책, p.19. 이는 사이버네틱스에 있어서의 '환류'의 중요성을 의미하는 것으로, 사이
버네틱스의 주요 논점은 사회는 그 사회에 속하는 메시지와 통신시설의 연구를
통해서 비로소 이해될 수 있다는 것이며, 또 이 메시지와 통신시설이 장차 개발됨
에 따라서 인간과 기계 간의, 기계와 인간 간의, 그리고 기계와 기계 간의 메시지
가 점점 큰 역할을 맡을 운명에 있다는 것이다. 그러므로 사이버네틱스의 목적은
제어(control)와 통신(communication) 전반의 문제를 실제로 다룰 수 있도록 할 수
있는 언어와 기술을 개발시키는 데 있을 뿐 아니라, 여러 가지 아이디어를 적당히
축적하는 것과, 어떤 개념 하에서 이들 아이디어가 갖는 특정한 의미를 분류하기
위한 기술을 찾는 데 있는 것이라고 한다. 위너는 이러한 논의를 생명체와 비생명

뮤니케이션 이론(The Mathematical Theory of Communication)'을 기초로 발전해 온 것이다.

1948년에 '정보량(amount of information)'을 '엔트로피(entropy)'와 연계시켜 설명한바 있는[16] 위너는 정보를 '우리가 외계에 적응하고 또 우리가 적응한 것을 외계로 하여금 감지하게 할 때 외계와 교환되는 내용에 붙인 이름'이라 정의한 바 있다.[17] 한편 정보이론의 가장 중요한 공헌자 가운데 한 사람으로 평가 받는 섀넌은[18] '자유롭게 메시지를 선택할 수 있는 하나의 수단'으로 정보를 정의하고 정보를 '비트(bit)'를 단위로 하는 수량적 관점으로 개념화 시켰다.[19] 섀넌은 커뮤니케이션의 가장 근본적인 문제는 "어떤 지점에서 수집된

체간의 교류에까지 확장시키기도 하는 등, 그 연구영역을 특정영역에 국한시키지 않았고, 제어와 통신이 이루어지는 분야는 모두 그 연구 대상으로 삼았다. 한편, 위너 자신은 사이버네틱스에 관한 보다 보편적인 이해를 위해서는 Norbert Wiener, *The Human Use of Human Beings: Cybernetics and Society*, Garden City: Doubleday, 1954[번역본은 Norbert Wiener, *The Human Use of Human Beings: Cybernetics and Society*, 최동철 역, 『인간활용: 싸이버네틱스와 사회』, 서울: 전파과학사, 1978] 쪽을 추천하고 있다. 사이버네틱스에 대한 간략한 설명은 홍성태, 『사이버사회의 문화와 정치』, 서울: 문화과학사, 2000[2001print], 19~27면이 참조할만 하다.

16) Norbert Wiener, *Cybernetics: or control and communication in the animal and the machine*, New York: Wiley, 1948, p.18.

17) Norbert Wiener, *The Human Use of Human Beings: Cybernetics and Society*, Garden City: Doubleday, 1954, p.17. 사이버네틱스에서 메시지는 그 자체가 패턴(pattern)과 조직의 한 형식이다. 이러한 메시지는 열역학에서의 '엔트로피'와의 유사점을 갖는데 엔트로피가 무질서(disorganization)의 척도인 것과 마찬가지로, 메시지가 운반하는 정보는 조직(organization)의 척도인 것이다. 사실상 메시지가 운반하는 정보를 본질적으로 그것의 엔트로피의 함수로, 그리고 그것을 확률의 음(-)의 로그함수(negative logarithm)로 해석하는 것이 가능하다고 하며, 이는 곧 메시지가 그럴듯하면 할 수록(메시지의 실현확률이 높을수록, 곧 메시지의 엔트로피가 적을수록) 그것이 주는 정보는 더 적어진다. 예를 들면 흔히 쓰이는 상투어는 훌륭한 시보다 우리를 일깨워주는 것이 적다는 것이다. 같은 책, p.21.

18) Alan L. Durham, "Copyright and Information Theory: Toward an Alternative Model of 'Authorship'", 『2004 B.Y.U. L. Rev. 69』, p.73.

19) Claude Elwood Shannon and Warren Weaver, *The Mathematical Theory of*

메시지를 정확하거나 혹은 비슷하게 재생산할 수 있느냐"라면서 정보를 확률
과정으로서 파악, 정보량을 확률과정론에 도입하여 넓은 의미로 정의하고, 잡
음 감소를 위한 코딩원리(source coding theorem)를 발견하였으며, 정보량으로
서의 엔트로피라든가 정보의 기초단위로서의 비트의 개념 등 많은 새로운 개
념을 도입하였고, 이러한 정보이론은 주지하다시피 컴퓨터 및 네트워크 기술
의 발전의 토대가 되었다.[20]

결국 이러한 정보이론이 제시하는 정보의 개념은 "'비트들(bits)'로 측정될
수 있는 양이며 상징이 발생할 확률"[21] 혹은 "통신채널을 통해 코드화된 메시
지가 전파 형태로의 변형을 통해 이루어지는 메시지 교환의 양적 단위"[22]로
정의될 수 있다. 이러한 개념을 사용하면 정보를 양화(量化)시킬 수는 있지만,
그 의미와 질을 포기해야 하는 대가를 치러야 한다.

이러한 접근방법들은 우선 정보를 형식적·양적 측면에서 정의하여 여러 분
야에 보편적으로 적용 가능한 정보개념을 만들어냄으로써 정보 및 통신공학
의 발달에 이론적 기틀을 제공하였고, 둘째, 의미론적으로 정보를 '사상의 불
확실성을 감소시켜주는 요인'으로 정의함으로써, 정보의 팽창에 대한 낙관론

Communication, Urbana: University of Illinois Press, 1998[originally published
1949].

20) 섀넌은 커뮤니케이션시스템 자체를 관찰한 결과, 전송하고자 하는 메시지를 만드
는 발생원에서 생성되는 정보의 양을 측정하는 방법과 마이크로파시스템, 재생기
(증폭기)를 갖춘 동축 케이블이나 광섬유 시스템 같은 통신채널의 정보전송용량을
측정하는 방법을 만들었고, 아울러 입력비율이 채널 용량보다 작거나 같으면 대체
로 발생원에서 생성된 정보는 오류 없이(정해진 오류율보다 작게) 채널로 전송된
다는 사실에 관한 기초이론을 증명하여 오류 정정부호의 존재를 보였고 이 오류
정정부호를 사용함으로써 사실상 잡음 있는 통신 채널을 이용해 무오류(無誤謬)
전송을 할 수 있게 하였다. John Robinson Pierce and A. Michael Noll, *Signals —
The Science of Telecommunications*, 변윤식 역, 『IT혁명의 구조』, 서울: 사이언스
북스, 2003, 86~87면.

21) Frank Webster, 앞의 책, 57면.

22) Theodore Roszak, *The Cult of Information —A Neo-Luddite Treatise on High Tech,
Artificial Intelligence, and the True Art of Thinking*, 정주현·정연식 공역, 『정보의
숭배』, 서울: 현대미학사, 2005, 77면.

적 견해와 긍정적 의미부여의 원천을 이루었다는 점에서 중요한 의미를 갖지만,23) 반면에 정보의 일반적인 의미와는 큰 차이를 보였기 때문에 그 논의의 이해에 있어서 적지 않은 혼란을 초래하기도 하였다.24)

2) 경제적 정의

두 번째로 살펴볼 접근방식은, '자원' 또는 '상품'으로서 정보를 파악하는 '경제적 정의'이다. 이러한 관점에서는 정보가 그 의미가 아닌 '가격'이라는 공통분모로 치환되어 버리게 되어, 정보란 기본적으로 '경제적 가치를 가지는 무형의 재화'로 파악되게 된다.

정보를 다룬 대표적인 경제학자인 매크럽(Fritz Machlup)은 정보는 '어떤 이의 마음속에 앎의 상태를 산출해내기 위한 알림의 행위'로 파악되거나 '의사소통된 것(알려진 것)'의 의미로 파악되는데 후자의 경우 '지식'과 동일시할 수 있다고 간략하게 정의한 후25) 정보에 관한 논의를 진행하는데, 그의 관심사는 정보 자체에 대한 탐구가 아니라, 경제활동에 있어서의 정보의 의미, 즉 불확실성의 제거 및 생산성의 증가와 직결되는 정보의 역할에 논의를 집중시키고 있다. 결국, '모든 정보는 지식이다'26)라는 다소 느슨한 정의를 토대로, 지식의 생산과 유통에 관련되는 다양한 사업을 '지식산업(knowledge-producing industry)'이라 명명하고, 이 지식산업에서 행해지고 있는 정보의 생산, 처리

---

23) 소영진, "정보사회의 개념정립을 위한 시론", 정보사회학회, 『정보사회의 이해』(개정증보판), 서울: 나남, 1998, 63면.

24) 이처럼 '정보의 전송'이라는 측면에서 큰 장점을 보이는 정보이론상의 정보는 실제 세계의 정보와 다른 의미를 가지기 때문에, 실세계의 정보를 처리함에 있어 정보표현 및 정보의 운영 및 접근에 있어서는 한계를 가질 수 밖에 없어, 의미구조를 고려한 정보모델에 대한 연구가 진행되고 있기도 하다. 강윤희·조성호·이원규, "의미구조를 기반으로 한 정보모델", 『한국정보관리학회 전국논문대회(제1회) 논문집』, 1994.

25) Fritz Machlup, *The production and distribution of knowledge in the United States*, Princeton, N.J.: Princeton University Press, 1962, p.15.

26) Fritz Machlup, 위의 책, p.8.

유통이 일련의 경제활동으로 이어지고 있다는 점에 착안하여 이론화를 시도
했고, 이러한 지식산업의 성장과 규모의 평가와 관련한 연구를 지속적으로 수
행했다.[27) 그 결과 정보는 그의 획득을 위해 소용되는 비용의 측면에서 파악
되어 '가격'이 매겨지게 되며, '경제적 재화'로 파악되게 되므로, 정보의 생산
및 분배와 관련한 '지식산업'에 관한 논의가 전개될 수 있게 되었다. 이러한
입장을 보다 발전시킨 포렛(Marc Uri Porat)은 정보를 '조직화되어 전달되는
데이터'라고 정의하고, 정보와 관련된 산업들에 대한 실증적인 연구를 진행한
바 있다.[28)

한편 경영학 분야에서도 일찍이 1960년대부터 경영학의 대부라 평가되는
드러커(Peter Drucker)가 "재화경제에서 지식경제로 변화하면서 지식이 현대경
제의 기초가 되었다"고 주장한 것처럼,[29) 경영의 실제에 있어서 정보의 중요
성 및 활용방법을 강조하는 연구가 많이 수행되었다. 이러한 연구의 선구는
바로 맥더너(Adrian M. McDonough)로, 1963년 출간된 저서를 통해[30) 경영정
보에 관한 '채널(channel)'에 대한 경영계에서의 점증하는 중요성을 규명하고,
그 원인들을 설명하고자, 정보에 소용되는 비용뿐만 아니라 정보의 가치들이
모든 사업에 있어 일반적인 기회와 위험이라는 맥락에서 고찰한다. 아울러 경

---

27) Fritz Machlup, *The branches of learning*, Princeton, N.J: Princeton University
   Press, 1982; Fritz Machlup, *The economics of information and human capital*,
   Princeton, N.J: Princeton University Press, 1984 등. 이러한 매크럽의 연구는 정보
   사회의 도래를 주장하는 중요한 근거중의 하나가 되어, 경제적인 관점에서 '정보
   사회'에 대한 측정도구를 만드는 과정에 기초적인 연구가 된 바 있다.
28) Marc Uri Porat, *The Information Economy*, 김윤철 역,『정보경제』, 서울: 통신정책
   연구소, 1985.
29) Peter Ferdinand Drucker, *The Age of Discontinuity: Guidelines to Our Changing
   Society*, New York: Harper, 1969, p.247; 번역본은 Peter Ferdinand Drucker, *The
   Age of Discontinuity: Guidelines to Our Changing Society*, 이재규 역,『단절의 시
   대』, 서울: 한국경제신문, 2003.
30) Adrian M. McDonough, *Information economics and management systems*, New
   York: McGraw-Hill, 1963. 맥더너는 이러한 분석방법을 정보의 수요와 공급 양측
   을 고려한다는 이유로, 정보 경제학이라 제시하고 있다.

영이론이 경영현실에 영향을 미치고, 또 영향을 받기도 한다는 전제하에, 정보
경제이론의 경영 시스템에의 적용을 보여주려 노력했다. 결국 맥더너에게서
정보는 모든 조직의 계획과, 조정의 중요한 공통분모(common denominator)로
취급되며 각각의 관리자들은 정보의 가치를 확인하는 기구(instrument)들이
다.31) 한편 맥더너가 시도한 데이터(data), 정보, 지식의 구분은 이후의 논의에
특히 많은 영향을 주었는데,32) 그에 따르면, 데이터란 개인이 이용할 수 있으
나 아직 특정상황 하에서는 그에게는 그것이 가진 가치가 평가되지 않은 메시
지를 말하는 것이고, 정보란 특정 상황 하에서 평가된 데이터에 대한 표시로
서 사용된다. 예를 들어 어떤 사람이 어떤 문제에 관해 그가 가진 데이터를
정보로 바꾸거나 혹은 정보를 데이터로부터 분리하게 된다. 즉 주어진 메시지
의 내용이 변하지 않은 상태에서 그리고 의사 결정을 위해 사용되었을 때, 데
이터가 정보로 바뀐다고 생각하는 것이다. 한편 지식이란 정보의 개념을 보다
일반적으로 표현한 것으로 그것은 정보의 보다 넓은 시간, 내용 속에서의 평
가를 의미하고 있다.33)

　이러한 접근방법들은 정보사회논의에 새로운 차원을 제공하여, 정보사회론
의 확장에 기여하였을 뿐만 아니라, OECD 등의 '지식기반경제론'의 출현에
직접적인 영향을 미쳤다고 판단되지만, '정보' 혹은 '지식'에 기반한 새로운
산업분류에의 시사점을 제공한다는 측면은 평가할 만하겠으나, 그 개념적 모
호함으로 인해 분석도구로서의 의미를 가지는 '정보' 혹은 '지식'의 개념을 제
공해주지는 못하고 있다는 점은 아쉬운 점이라 할 것이다.

---

31) Adrian M. McDonough, 위의 책, vii～viii면.
32) 데이터, 정보, 지식의 구분과 관련한 일반적인 논의의 상당수는 바로 이 맥더너의
　　구분에 기초하고 있다고 해도 과언이 아니다. 통신개발연구원 장기전략실, 『정보
　　사회와 통신』, 서울: 통신개발연구원, 1989, 8면; 신윤식 外 3인, 『정보사회론』, 서
　　울: 데이콤 출판사, 1992, 45면; 折笠和文, 앞의 책, 17면 등.
33) 이상의 내용은 다음과 같이 정리할 수 있을 것이다.
　　데이터 = 평가되지 않은 메시지
　　정보 = 데이터 + 특정상황에서의 평가
　　지식 = 데이터 + 장래의 일반적인 사용의 평가

3) 문화적 정의

마지막으로 살펴볼 정보의 개념정의로는 '문화적 정의'가 있는데, 이는 '우리는 그 자체가 정보적인 세계 속에 살고 있다'라는 모토로 표현할 수도 있는, 극단적인 포스트모더니스트들의 주장에 기인한 것이다. 이러한 입장에서의 정보는 곧 '기호자체'를 의미하는 것으로 인식된다. 그렇지만, 문화는 본질적으로 의미에 대한 것이고, 사람들이 살아가는 방식과 이유에 대한 것임에도 불구하고 극단적인 포스트모더니즘의 논의의 결과는 상징의 비준거적 특징을 지나치게 강조함으로써, 오히려 의미의 상실을 초래하게 되었다. 즉, 상징들은 도처에 있으며 항상 만들어지는 만큼 그 의미가 내파(內破; implode)되어 의미하는 기능을 상실하게 되어버린 것으로, 정보는 '기호자체'에 불과할 뿐 다른 어떤 의미를 가지지는 못하는 것으로 되어 버리고 만다.[34] 이러한 문화적 접근 방식은 그 철학적인 가치에 비해서 분석도구로서의 유용성은 상대적으로 인정하기 어렵다고 하겠다.

3. 평 가

이렇게 다양한 스펙트럼을 갖는 정보의 개념을 일의적으로 이해한다는 것은 적지 않은 무리가 따르는 일이다. 우리나라의 대표적인 국어사전이라 할 수 있는 국립국어연구원의 『표준국어대사전』은 '정보'를

> ① 관찰이나 측정을 통하여 수집한 자료를 실제 문제에 도움이 될 수 있도록 정리한 지식. 또는 그 자료. (예: 관광 정보/생활 정보/정보가 누설되다/다양한 정보가 있다/정보를 제공하다/정보를 수집하다/정보를 교환하다/경찰이 출동했다는 정보가 들어왔다) ② (군대용어) 일차적으로 수집한 첩보를 분석·평가하여 얻은, 적의 실정에 관한 구체적인 소식이나 자료. ③ (컴퓨터) 어떤 자료나 소식을 통하여 얻는 지식이나 상태의 총량. 정보 원천에서 발생하며 구체적 양, 즉 정보량으로 측정할 수 있다. 자동화 부문이나 응용 언어학 분야에서도 쓰인다.

---

34) Frank Webster, 앞의 책, 59면.

라고 정의하고 있는데,35) 이는 일반적인 'information'의 의미와 'intelligence' 의 의미, 그리고 특히 정보이론상의 정보개념을 함께 소개하고 있는 것으로 보인다. 이는 정보의 다의성과 함께 정보이론상의 정보개념이 얼마나 일반화 되었는가를 보여주는 자료라 할 수 있다.

물론 의미를 포함하지 않는 정보의 개념들도 나름의 존재가치를 가지고 있음을 부인하기는 어렵다. 그럼에도 불구하고, 이러한 양적인 측면에서의 정보 개념은 현실적으로 존재하는 각종 정보의 질적인 차이를 무시한 채 '양화(量化)'가 이루어진다는 결정적인 문제점을 포함하게 된다.36) 특히 법체제가 규율하는 대상인, 실제의 사람들의 사회생활에 있어서의 정보는 의미를 포함하고 있는 것이 일반적이기 때문에, 정보의 개념에서 의미를 제거하는 것은 받아들이기 곤란하다. 아울러, 정보에서 의미를 제거할 경우엔 여타의 개념들, 특히 기호(sign)나, 자료(data)와의 구분이 모호해질 수밖에 없다. 결국 이러한 상황은 좀 더 깊이 있는 정보의 개념에 대한 분석을 필요로 한다고 하겠다.

II. 법용어학적 논의

'정보'라는 용어는 이미 우리의 실정법체계에 수용되어 있다. 이미 언급한 바와 같이 현행헌법 제127조 제1항이 국가의 정보개발을 통한 국민경제의 발전에의 노력을 규정하여 헌법적 차원에서도 정보개념을 수용하고 있지만, 이러한 헌법의 규정이전에도 이미 정보라는 용어를 사용한 법제들이 존재하고 있었다. 최종적인 고찰에 앞서, 법용어학적 차원에서 실정법상 수용되어 있는 정보의 개념을 살펴보도록 한다.

---

35) 국립국어연구원 편, "정보", 『표준국어대사전』, 서울: 두산동아, 1999.
36) 아울러 이러한 논의들이 산출해낸 양적인 지표들이 질적인 수준의 사회변화를 기술하는 데에는 어느 정도 한계를 지니게 된다는 점도 어렵지 않게 인식할 수 있기 때문에, 이는 기존 사회와의 단절을 강조하면서, '정보사회'의 도래를 주장하는 다양한 견해들에 대한 비판의 단초로 작용한다고 하겠다.

1. 실정법상 용례

법제처가 제공하는 국가법령정보센터[37]의 자료에 따르면 우리 법제 내에 가장 먼저 '정보'라는 용어가 사용된 것은 1935년의 『사설무선전신무선전화규칙』으로, 'information'의 의미에서의 정보의 용례를 보여준다.[38] 한편 1941년의 『국방보안법』은 제8조에서 "국방상의 이익을 해할 용도로 사용할 목적이거나 그 용도로 사용될 우려가 있음을 알고 외국에 통보할 목적으로 외교, 재정, 경제 기타에 관한 정보를 탐지하거나 수집한 자는 10년 이하의 징역에 처한다"고 규정하여 'intelligence'에 가까운 의미로서의 정보의 용례를 보여주고 있다.[39]

우리 정부직제에 있어서는 1962년의 『정부조직법』 제32조에서 "공보처장은 법령의 공포·정보·선전·통계·인쇄·출판과 저작권에 관한 사무를 장리한다"고 규정하고 있는데, 여기에서의 정보개념은 일단 information에 가까운 것으로 보인다. 한편 1994년의 『정부조직법』 개정으로 기존의 '체신부'가 '정보통신부'로 바뀌어 2008년 2월까지 유지된 바 있다.[40] 이 정보통신부의 출현

---

37) 법제처 국가법령정보센터의 사이트 주소는 http://www.law.go.kr로, 본서에서 인용되는 법령의 내용은 기본적으로 이 사이트의 자료를 바탕으로 기술되고 있다.
38) 동규칙 제46조는 "사설무선전신·무선전화의 사용은 다음 각호에 따라야 한다. 다만, … 선박 또는 항공기에 시설한 사설무선전신·무선전화에서의 보시(報示)·기상보·수로고시·전염병 정보 기타 해상 또는 공중에서의 생명재산의 보전에 필요한 사항에 관한 일반 함선 또는 항공기 앞으로의 공보 방송을 수신하는 경우에는 그러하지 아니하다. (이하 생략)"라고 규정하고 있었으며, 이는 1948년 『사설무선전신무선전화규칙』을 거쳐, 1949년 『사설무선전신·무선전화 규칙』으로 이어졌다가, 1962년 『전파관리법』에 통합되었다.
39) 본격적인 'intelligence'의 의미로서의 정보의 개념은 1948년의 『국군조직법』으로, 제4조에서 '(최고국방위원회 소속)중앙정보국'의 설치를 규정하고 있었고, 이러한 용례는 1961년의 『중앙정보부법』 및 1980년의 『국가안전기획부법』, 그리고 1999년의 『국가 정보원법』 등으로 이어진다.
40) 정보통신부의 직무는 '정보통신·정보화·전파관리·우편·우편환·우편대체·우체국예금 및 우체국보험에 관한 사무'로 규정되어 있었다. 『정보통신부와그소속기관직

이후에 정보화의 맥락에서의 '정보'라는 용어가 본격적으로 법제 내에 포함되었다고 할 수 있는데, 현행법령가운데에도 『국가정보화기본법』, 『개인정보보호법』, 『공공기관의 정보공개에 관한 법률』, 『공간정보산업 진흥법』, 『국가공간정보에 관한 법률』, 『위치정보의 보호 및 이용 등에 관한 법률』, 『신용정보의 이용 및 보호에 관한 법률』 등 다수의 법률들에서 '정보'라는 용어가 사용되고 있다.

이 가운데에서 정보에 대한 정의규정을 제시하고 있는 것들을 살펴보면, 『국가정보화기본법』은 제3조 제1호에서 "'정보'란 특정목적을 위하여 광(光) 또는 전자적 방식으로 처리하여 부호, 문자, 음성, 음향 및 영상 등으로 표현한 **모든 종류의 자료 또는 지식**을 말한다"고 규정하고 있고,[41] 『공공기관의 정보공개에 관한 법률』 제2조 제1호는 "'정보'라 함은 공공기관이 직무상 작성 또는 취득하여 관리하고 있는 문서(전자문서를 포함한다. 이하 같다)·도면·사진·필름·테이프·슬라이드 및 그 밖에 이에 준하는 **매체 등에 기록된 사항**을 말한다"고 규정하고 있으며, 『전자정부법』 제2조 제6호는 "'행정정보'라 함은 행정기관이 직무상 작성 또는 취득하여 관리하고 있는 자료로서 전자적 방식으로 처리되어 부호·문자·음성·음향·영상 등으로 **표현된 것**을 말한다"[42]고 규정하고 있다. 한편, 『개인정보보호법』 제2조 제1호는 "'개인정보'란 살아 있는 개인에 관한 정보로서 성명, 주민등록번호 및 영상 등을 통하여 개인을 알아볼 수 있는 정보(해당 정보만으로는 특정 개인을 알아볼 수 없더라도 다른

제』 제3조.

41) 이는 구 『정보화촉진기본법』 제2조 제1호의 "'정보'라 함은 자연인 또는 법인이 특정목적을 위하여 광 또는 전자적 방식으로 처리하여 부호·문자·음성·음향 및 영상 등으로 표현한 모든 종류의 자료 또는 지식을 말한다"라는 규정을 그대로 이어 받은 것이라 할 수 있다.

42) 『전자정부법』은 구 『전자정부구현을위한행정업무등의전자화촉진에관한법률』의 명칭이 변경된 것으로, 이 제2조 제4호의 규정은 본래 1998년 제정된 『행정정보공동이용에관한 규정』 제2조 제2호의 "'행정정보'라 함은 행정기관이 직무상 작성 또는 취득하여 관리하고 있는 자료로서 광 또는 전자적 방식으로 처리되어 부호·문자·음성·음향·영상 등으로 표현된 것을 말한다"라는 내용을 모체로 한다.

정보와 쉽게 결합하여 알아볼 수 있는 것을 포함한다)를 말한다"고 하여, 정보의 개념에 대한 정의는 생략한 채, 정보 가운데에서의 '개인정보'의 외연을 구획하는 방식을 취하고 있다(강조는 필자).[43]

이러한 실정법제의 정보에 대한 용례를 검토해 보면 우선 우리 입법자들은 'information'과 'intelligence'의 개념을 엄밀하게 구분하고 있지는 않다는 점을 확인할 수 있다. 대표적인 예가 바로 '(구)정보통신부'와 '국가정보원'에서의 '정보'의 의미인데, 전자는 'information,' 후자는 'intelligence'의 의미를 가진다고 할 수 있다.[44] 보다 명확한 의미의 전달을 위해서, 더 나아가 각 부처의 역할을 분명히 한다는 차원에서는 양자의 개념을 구별할 필요성이 없지 않다고 하겠는데, 우리의 언어관행을 고려한다면 intelligence의 개념으로는 '첩보(諜報)'라는 용어를 사용하는 것이 더 적절할 것으로 보인다. 이미 우리 법제 내에서도 '첩보'라는 용어가 'intelligence'의 의미로 사용되고 있기 때문에[45] 법체계상의 통일성을 위해서도 용어의 구분이 바람직하다.[46]

---

43) "공간정보"를 '지상·지하·수상·수중 등 공간상에 존재하는 자연 또는 인공적인 객체에 대한 위치정보 및 이와 관련된 공간적 인지와 의사결정에 필요한 정보를 말한다'라고 규정하고 있는 『국가공간정보에 관한 법률』 제2조 제1호와 『공간정보산업 진흥법』 제2조 제1호 역시 같은 입장이라 할 수 있다.

44) 이는 각 부처의 영문표기에서도 명확하게 드러난다. 즉 구 정보통신부(http://www.mic.go.kr)의 영문표기는 'Ministry of Information and Communication'이였고, 국가정보원(http://www.nis.go.kr)의 영문표기는 'National Intelligence Service'이다. 이미 언급한대로 정보통신부는 2008년 2월 정부조직 개편에 따라 폐지되었다.

45) 『대통령 등의 경호에 관한 법률』는 대통령경호안전대책위원회의 관장사항의 하나로 '대통령 경호와 관련된 첩보·정보의 교환 및 분석'(제16조 제4항 제2호)을 들고 있다. 그 외에 '첩보'라는 용어가 사용된 법률로는 『관세법』의 수출입의 금지품목 규정 가운데의 '정부의 기밀을 누설하거나 첩보활동에 사용되는 물품'(제234조 제2호)과 같은 것들이 있으나, 그 숫자가 많지는 않다.

46) 특기할만한 사항은 『국가정보원법』은 '첩보'라는 용어를 전혀 사용하지 않고 있다는 것인데, 국가정보원의 주업무는 '국외정보 및 국내보안정보(대공·대정부전복·방첩·대테러 및 국제범죄조직)의 수집·작성 및 배포'(제3조 제1항 1호)로 규정되어 있는 바 여기에서의 '국가보안정보'라는 개념은 '첩보'로 바꾸어도 큰 문제가 생길 것으로 생각되지 않는다. 한편 국가정보원과 비교적 유사한 업무를 수행하는 것으로 볼 수 있는 군조직인 국군기무사령부의 직제인 『국군기무사령부령』은 '첩

　한편 현재의 실정법제상의 정보에 대한 정의항들을 검토해 보면, 우리 입법
자들은 정보에 대한 분명한 개념을 가지고 있지 못한 것이 아닌가 하는 의구
심을 갖지 않을 수 없다. 특히 정보의 '정의항(definiens)'의 선정에 있어서 어
떤 일관된 입장을 발견하기가 어렵다는 사실이 지적되어야 할 것이다.[47) 정보
자체에 대한 정의항들만을 살펴보자면, 종차로서 정보의 주체, 목적의 유무,
정보의 형식 및 존재형태를 제시하고 최근류로 '자료 및 지식'을 제시하고 있
는 것(『국가정보화기본법』 제2조 제1호)이 있는가 하면, 단순하게 '정보의 존
재방식'만을 종차로 제시하면서 '기록된 사항'이라는 포괄적인 지시어를 최근
류로 제시하고 있는 것(『공공기관의 정보공개에 관한 법률』 제2조 제1호), 그
밖에도 '정보의 형식과 존재형태'를 종차로 제시하면서 최근류를 극히 추상적
인 '것'이라는 의존명사를 제시하는 경우(『전자정부법』 제2조 제6호)도 있다.
이렇게 다양한 정의들은 정보의 외연을 확정하는 것을 곤란하게 만들고 있으
며, 앞에서 살펴본 바 있는 '정보'와 '자료' 그리고 '지식'의 관계에 대한 논란
을 가중시키고, '정보화', '정보산업' 등의 정보와 연관된 수많은 개념들의 이
해를 혼란스럽게 만든다. 결국 이러한 현재의 입법상의 난맥상은 적절한 정보
의 개념을 입법자로부터 얻을 수 있으리라는 희망을 좌절케 한다고 하겠다.

보'라는 용어만을 사용하고 있다(동령 제2조 1호, 3호). 이러한 측면을 감안한다면,
　우리 입법자는 민간차원의 'intelligence'는 '정보'로, 군사적 차원의 'intelligence'
　는 '첩보'로 보고 있는 것이 아닐까 하는 추측도 불가능하지는 않겠으나 일반화시
　키기는 무리가 따를 것이다.

47) 주지하다시피, 가장 유력한 정의(definition)의 방식은 '구분에 의한 정의' 혹은 '분
　석적 정의'라고 불리는 '유(類; genus)와 종차(種差; differentia specifica)에 의한 정
　의' 방식이다. 결국 성공적인 정의를 위해서는 정의항을 구성하게 될 올바른 '최근
　류(最近類; genus proximum)'의 선택과 적절한 종차의 제시가 필수적인 사항이라
　할 수 있을 것인데, 제시된 종차가 형성하게 될 '내포(內包; intension)'는 곧 '외연
　(外延; extension)'과 밀접한 관계를 가진다는 점을 주의해야 한다. 일반적으로 내
　포는 외연을 결정하게 되는 바, 내포가 증가하면 외연은 감소하게 되는 관계에 있
　다고 할 수 있다. 이와 관련한 자세한 논의는 Irving M. Copi, 앞의 책, 158∼202
　면; Wesley C. Salmon, 앞의 책, 298∼319면을 참조.

2. 판 례

정보에 대한 적극적인 개념정의를 설시하고 있는 우리 판례는 발견되지 않는다. 대법원이 『정보통신망이용촉진및정보보호등에관한법률』의 위반사례에서 "법 제49조는 '비밀 등의 보호'라는 제목 아래 누구든지 정보통신망에 의하여 처리·보관 또는 전송되는 타인의 정보를 훼손하거나 타인의 비밀을 침해·도용 또는 누설하여서는 아니 된다고 규정하고 있고, 법 제2조 제2항은 법에서 사용하는 용어의 정의는 제1항에서 정하는 것을 제외하고는 『정보화촉진기본법』이 정하는 바에 의한다고 규정하고 있으며, 『정보화촉진기본법』 제2조 제1호는 '정보'라 함은 자연인 또는 법인이 특정 목적을 위하여 광 또는 전자적 방식으로 처리하여 부호·문자·음성·음향 및 영상 등으로 표현한 모든 종류의 자료 또는 지식을 말한다고 규정하고 있다"[48]라면서, '정보'의 개념으로 구 『정보화촉진법』 제2조 제1호의 규정을 언급하고 있기는 하지만, 이는 단순히 『정보통신망 이용촉진 및 정보보호 등에 관한 법률』 제2조 제2항의 규정에 따른 것으로, 특별히 법원이 정보의 개념에 대한 정의를 내린 것은 아니다.

3. 학 설

사실 이러한 상황은 법제에만 국한되는 현상은 아니고, 법학계에서도 정보에 대한 정의의 곤란함을 호소하고 있다. 김영환 교수는 '정보'라는 개념을 적어도 법적으로 특정화하기 힘들다면서, 유형적인 재화와 달리 '정보'는 인간의 정신적인 측면과 직결된 개념이기 때문에 이에 관해서는 그 접근방식에 따라 다양한 개념이해가 가능하기에, 만약 정보의 구문론적인 차원에 집착한다면 '정보'는 이를 구성하는 세부적인 요소인 기호 혹은 신호 등으로 확인될 것이고, 또한 의미론적인 차원에 주목한다면 '정보'는 일정한 내용을 지니는

48) 대법원 2006.3.24. 2005도7309 공2006.5.1.(249), 773면.

데이터, 소식 혹은 뉴스 등과 같은 개념이 될 것이며, 더 나아가 화용론적인 차원에서 정보와 정보수용자의 관계에 주목한다면 정보는 이를 수용하는 자가 처분가능한 지식의 체계로 확인될 것임을 지적하고 있다.49)

그렇지만 법은 항상 '개념'을 통해 사회분쟁을 형식적 혹은 절차적으로 해결하고 있기 때문에,50) 법적용과정의 출발점이 되는 기초적인 개념을 확보하는 작업을 언제까지나 미룰 수는 없는 일이다. 생각건대 입법론적으로는 '물건'에 대한 입법례와 마찬가지로, 정보와 관련된 가장 일반적인 법률51)에 정보에 대한 기본적인 개념을 규정하고, 다른 입법에서는 그 정의를 원용하는 방식이 더 간명할 것으로 판단된다.52) 이는 정보에 대한 재개념화 작업의 입법론적 의의를 더해준다.

---

49) 김영환, "법의 대상으로서의 정보 - 소위 '정보법'의 이론적 착안점에 관하여 - ", 정보통신정책연구원, 『정보사회에 대비한 일반법연구』 II, 과천: 정보통신정책연구원, 1998, 347~348면.

50) 김영환, "정보사회에 따른 법이론적 문제들 - 특히 형법의 귀속원리의 변화를 중심으로 - ", 정보통신정책연구원, 『정보사회에 대비한 일반법연구』 I, 과천: 정보통신정책연구원, 1997, 38면.

51) 이러한 법률로는 『국가정보화 기본법』이 가장 유력한 상황이지만, 동법은 '광 또는 전자적 방식으로 처리된'이라는 속성을 추가함으로써 아날로그 정보들을 정의상 배제해버리고 있기 때문에 현재로서는 정보의 '일반법'으로서의 성격을 가지고 있지는 못하다고 할 수 있겠다. 뿐만 아니라, '자료와 지식'을 정보의 최근류로 제시함으로 인해 각각의 관계에 대한 체계적인 이해에도 도움이 되지 못한다고 할 수 있을 것이다.

52) 이러한 필자의 입장과는 달리, 정진명 교수는 정보에 대한 법적 지위 부여는 정보라는 개념의 다양성과 정보가 가지는 고유한 성격 때문에 법규범화 하기가 그리 쉽지 않다면서 정보개념은 각각의 차원에서 법적으로 다양한 개념으로 확인될 수밖에 없기 때문에 정보에 대한 법적 개념도 각각의 차원에서 달리 이루어져야 한다고 주장한다. 정진명, "사권의 대상으로서 정보의 개념과 정보관련권리", 『비교사법』 제7권 제2호, 통권 제13호, 2000.12., 298면.

III. 소 결(小 結)

정보의 재개념화 작업을 위해서는 몇 가지 사항이 고려되어야 한다고 본다. 일단, 정보가 다양한 분야에서 논제설정양식(論題設定樣式)으로 비교적 새롭게 등장한 사실에 주목하면서 특히 커뮤니케이션 과정에 있어서 정보가 중심적으로 등장하게 된다는 점을 강조해야 할 것이다. 루만(Niklas Luhmann)에 의하면 사회에는 고유의 세계의 복잡성을 감소시키는 역할을 수행하는 "체계가 존재"하며 사회의 존속과정에서 다양한 기능체계들이 탈분화(脫分化; de-differentiation)한다. 그 중에서도 중요한 것은 정치, 경제, 법, 학문, 종교와 예술이다.[53] 이 모든 것은 전체 사회체계가 이미 구성되어 있다는 것을 전제로 한다. 전체 사회체계는 루만이 커뮤니케이션이라고 말한 말, 글, 전자 매체와 도덕과 같은 상징적으로 일반화된 매체를 통해 수행되는 핵심적 조작에 기초하고 있다. 즉 전체 사회는 커뮤니케이션으로 이루어진다. 전체 사회는 커뮤니케이션 행위를 통해서만 성립되며, 또한 이를 통해서만 지속된다. 다른 한편 사회가 없는 커뮤니케이션은 생각할 수 없다. 루만에게 있어서 커뮤니케이션과 사회의 관계는 순환적이다. 커뮤니케이션과 사회는 서로를 전제한다. 그러므로 우리는 루만이 어떤 출발점에서 연역적으로 무언가를 도출하는 것이 아니라 처음에 순환을 설정하는 이론적 모델을 생각하고 있다는 것을 알 수 있다.[54] 전체 사회는 고유한 자기기술을 지니고 있으며, 스스로 기술하는 체계이다.[55] 아울러 '정보화'로 상징되는 사회전반적인 변화상의 주역으로서의

---

53) 자세한 내용은 Niklas Luhmann, *Soziologische Aufklärung: Aufsätze zur Theorie der Gesellschaft*, translated by Stephen Holmes and Charles Larmore, 『The Differentiation of Society』, New York: Columbia University Press, 1982, pp.229∼254를 참조.

54) Walter Reese-Schäfer, *Niklas Luhmann zur Einführung[4. Aufl.]*, 이남복 역, 『니클라스 루만의 사회사상』, 서울: 백의, 2002, 13∼14면.

55) Niklas Luhmann, *Essays on Self-reference*, New York: Columbia University Press, 1990, p.100. 루만의 커뮤니케이션에 관한 자세한 논의는 김성재, 『체계이론과 커뮤니케이션 - 루만의 커뮤니케이션이론』(개정판), 서울: 커뮤니케이션북스, 2005,

'정보'의 위상도 염두에 두면서, 정보이론적·경제적·문화적 접근방식의 결과 물들도 일정부분 수용할 수 있는가에 대해서도 고려해야 할 것이다. 특히 헌 법학적으로는 헌법 제127조 제1항의 '정보 및 인력의 개발'이라는 문언에 적 합한 정보의 개념이어야 함은 당연한 요청인 셈이다.

결국 이러한 다양한 논의를 수용해내기 위해서는 '정보' 자체의 개념을 가 능한 한 포괄적으로 구성할 필요성이 크다 하겠다. 이를 위해서는 '내포'를 최 소화하여 가능한 한 넓은 범위의 '외연'을 가지는 정보의 개념을 구축하는 작 업이 필요하다. 여기에서 정보에 대한 완전한 정의를 제시한다는 것은 불가능 한 일이겠지만, 필자가 생각하기에, 커뮤니케이션 과정 속에서 그 본래적 가치 를 가지는 정보가 가져야 할 필수적인 속성으로는 '전달가능성'과 '의미'의 두 가지를 들 수 있겠기에, 정보의 개념을 일응 '전달가능(傳達可能)한 의미(意 味) 있는 관념(觀念)'으로 정의해 보려 한다.56)

이를 좀 더 구체적으로 살펴보자면, 먼저 정보의 개념규정에 있어 가장 어 려운 부분이, 정보의 최근류로 무엇을 제시할 것인가라고 생각되는데, 기존의 정보에 대한 개념규정들이 자료나 지식 등과의 관련 속에서 혼란을 빚은 가장 큰 이유가 바로 적절한 정보의 최근류를 제시하는데 실패했기 때문이라고도 할 수 있기 때문이다. 더구나 이후에 살펴볼 정보의 각종 특성들이 온전하게 적용될 수 있어야 하기 때문에 더욱 최근류의 확정이 쉽지 않은 작업일 수밖 에 없다고 하겠다. 여기에서는 '관념(觀念)'을 정보의 최근류로 제시하면서,57)

26면 이하 참조. 커뮤니케이션과 관련한 일반적인 논의에 대해서는 John Fiske, *Introduction to Communication Studies(2nd ed.)*, 강태완·김선남 공역, 『커뮤니케이 션학이란 무엇인가』(서울: 커뮤니케이션북스, 2001)을 참고.

56) 장훈, "정보 민주주의론", 전석호 외 10인, 『정보정책론』, 서울: 나남출판, 1997, 183면은 '범주와 분류체계, 또는 그 밖의 양식들에 맞게 특정 목적을 위해서 정리 된 자료'라고 정보를 정의하고 있고, 구연상, 『매체 정보란 무엇인가』, 서울: 살림 출판사, 2004, 11면은 '정보는 아날로그나 디지털방식으로 전달될 수 있는 모든 것'으로 정의하고 있다(강조는 필자).

57) '관념'의 사전적 의미는 ① 어떤 일에 대한 견해나 생각 ② 현실에 의하지 않는 추상적이고 공상적인 생각 ③『불』마음을 가라앉혀 부처나 진리를 관찰하고 생 각함 ④『심』사고(思考)의 대상이 되는 의식의 내용, 심적형상(心的形象)을 통틀

일단 '인간 및 환경에 대한 인간의 정신적 활동의 총체'를 관념으로 규정하고
자 한다.58) 이는 매우 포괄적인 개념이기는 하지만, 정보가 관념의 일부임을
명시함으로써, 정보의 '무형성(無形性)'을 비롯한 제반 특성을 올바로 귀속시
킬 수 있으며, 지적재산권법제가 다루는 '지적재산'을 포함한,59) 각종의 다양
한 내용과 속성의 정보들을 포괄할 수 있게 될 것이다.

　　어 이르는 말 ⑤『철』어떤 대상에 관한 인식이나 의식 내용이다. 국립국어연구원
　　편, "관념", 『표준국어대사전』, 서울: 두산동아, 1999.
58) 주지하다시피 인간은 스스로를 반성할 수 있는 존재이기 때문에, '관념'의 대상은
　　다른 '관념'이 될 수도 있음을 고려하여, '인간'을 '환경'과 분리하여 적시하였다.
　　인간에게 있어서 반성의 범주를 넘어선 성찰성(reflexivity)과 관련한 다양한 사회
　　과학적 논의는 Malcolm Ashmore, *The Reflexive Thesis: Writing Sociology of
　　Scientific Knowledge*(Chicago: University of Chicago Press, 1989)를 참조.
59) 정상조 교수는 "'정보'라 함은 文字·數値·記號·圖形·음성·음향 및 영상 등으로
　　표현된 저작물, 事實, 思想, 기타 무형의 資料로서 지식을 포함하는 넓은 개념을
　　말한다"고 정의한 바 있다. 정상조, "정보는 누구의 소유인가", 방석호·정상조 편
　　저,『정보통신과 디지털법제』, 서울: 커뮤니케이션북스, 2004, 3면 주2). 한편 박성
　　호 교수는 "정보라는 관점에서 지적재산권을 파악하면, 특허는 기술정보(technical
　　information), 상표는 상징정보(symbolic information), 저작권은 표현정보(expressive
　　information)라 할 수 있다. 이러한 정보는 재산적 가치가 있기 때문에 권리의 대상
　　으로 포섭되는 것이고, 따라서 이것이 바로 지적재산권의 보호대상이 무체물"이라
　　하면서도, "정보의 함의는 원래 다양한 것이기 때문에 '법의 대상으로서의 정보
　　(Information als Gegenstand des Rechts)'를 개념적으로 분석·정리하는 것은 어려
　　운 과제"임을 고백하면서, "지적재산권의 보호대상인 정보(전자)와 정보공유운동
　　의 관점에서 접근하는 정보(후자)가 과연 개념적으로 동일한 것일까"에 대한 의문
　　을 제기하고 있기도 하다. 즉 "전자의 정보 개념은 '의미론적 차원(semantische
　　Ebene)'에서의 정보로서 정보에 대해 일정한 의미를 부여한 것에 초점을 맞춘 것
　　이고, 따라서 정보가 지닌 특정한 내용(Inhalt)이 중요하므로 그 내용을 해독하는
　　과정이 필요하게 된다. 이에 반하여 후자의 정보개념은 '화용론적 차원(pragmatische
　　Ebene)'에 중점을 둔 것으로서 정보와 인간행위의 상호관련성에 유의한다. 달리
　　말해 정보제공자가 그 행위에 의해 추구하는 목적이나 혹은 정보수신자가 정보를
　　통해 충족시키는 목적 등이 관심사가 된다"는 것이다. 박성호, "지적재산권과 정보
　　공유", 방석호·정상조 편저, 『정보통신과 디지털법제』, 서울: 커뮤니케이션북스,
　　2004, 86~87면.

한편 '전달가능성(傳達可能性)'은 전달을 위한 '변형가능성(變形可能性)' 내지는 '조작가능성(造作可能性)'을 포함하는 것으로 볼 수 있다. 이 전달가능성을 어떻게 보느냐에 따라 '정보'의 구체적인 외연이 결정되게 되는데, 정보의 전달가능성을 아주 높게 볼 경우, 디지털화되어 네트워크망을 통해 전달가능한 관념만을 정보로 볼 수도 있을 것이지만, 전달가능성을 낮추어 정보의 외연을 넓힐 수도 있다. 즉 디지털 네트워크 이외의 기존의 전화 등의 아날로그 방식의 텔레커뮤니케이션 매체나 신문, TV등의 올드미디어(Old Media)[60] 매체를 통해 전달 가능한 관념까지 포함시킬 수도 있으며, 보다 넓게는, 기존의 편지나 서적 등에 의한 정보의 교환이나, 더 나아가 대면적(對面的) 커뮤니케이션의 경우의 관념의 교환까지도 포함시킬 수 있을 것이고, 극단적으로는 잠재적으로 전달가능성을 보유한, 즉 현재는 전달이 불가능하지만 추후 전달능력의 신장으로 인해 전달될 수 있는 관념들, 예를 들어 '고통'과 같은 '개인적인 감정'도 정보의 개념 내에 포함시킬 수 있을 것이다. 가장 넓은 외연의 정보개념을 추구하는 필자로서는 당연히 잠재적 전달가능성까지 포함시켜야 한다는 입장을 취한다.[61]

---

60) 디지털 방식의 뉴미디어(New Media)에 대응하여, 기존의 미디어를 지칭하는 말이다. 뉴미디어에 관한 논의는 전석호, 앞의 책, 제4, 5장; 최동수, 『정보사회의 이해』(제3판), 서울: 법문사, 2005, 제12장 참조.

61) 이 '전달가능성'을 정보의 속성에 포함시킬 것인가에 대해서는 전달이 불가능한 관념이라는 것이 존재할 수 있는가라는 의문에 답해야만 할 것이다. 만약 모든 관념이 전달이 가능하다면 굳이 '전달가능성'을 언급할 필요성이 없어지기 때문이다. 여기에 답하기 위해서는 우선 '전달'이라는 개념을 분명하게 해야만 한다. '전달'이라는 과정 역시 그 정도가 나누어질 수 있는, 즉 완전한 전달과 불완전한 전달의 구분이 가능하기 때문이다. 여기에서는 정보의 수용자가 정보의 의미를 이해하는데 성공하는가를 기준으로 한 '완전한' 전달 혹은 '성공적인' 전달만을 전달의 개념으로 보려 하는데, 이러한 수준의 전달개념을 유지할 경우에는 전달불가능한 관념은 분명히 존재한다고 할 수 있을 것이다. 사실 커뮤니케이션에 있어서 완전한 수준의 전달은 근본적으로 불가능하다고도 할 수 있다고 할 것인바, 이는 이른바 '통약불가능성[通約不可能性 혹은 불가공약성(不可公約性); incommensurability]'의 존재에 기인한다고 하였다.
서로 다른 패러다임간에는 같은 용어가 종종 상이한 의미와 혹은 서로 일치하지 한편 '의미(意味)'는 정보의 제공자(提供者)와 수용자(受容者)의 측면에서 각각 평가되어야 할 것이다. 그러므로, 양측의 한 측면에 있어서만 '나름의' 의미를 가지는 정보도 있을 수 있을 수 있으며, 양측 모두 의미를 가지는 정보라 하더라도 그 구체적인 평가에 있어서는 차이가 날 수도 있기 때문에 여러 가지 다양한 정보의 유형이 생겨날 수 있게 된다. 예를 들면 개인정보의 경우, 그 주체에게 있어서는 프라이버시에 직결되는 사적으로 중대한 의미를 가지기 때문에 사회적인 유통을 허용하길 원치 않는데 반해, 특정한 기업에게는 마케팅을 위한 수단으로서의 경제적 가치가 인정되어 수집을 원하는 상황에 놓이는 등의 복잡한 관계를 형성하게 된다.

이러한 정보의 개념과 구분이 필요한 용어들은 여러 가지가 있는데, 이러한 용어들과의 차이를 살펴봄으로써 정보의 개념을 보다 명확하게 밝혀보기로 하자. 우선 정보와 자료(data)의 관계를 살펴 볼 필요가 있다. 이 두 개념은 흔히 크게 구분되지 않고 사용되기도 하지만, 양자를 구분하는 입장에서는 보통 자료는 단순히 정보를 산출하기 위한 원재료로서, 결국 자료는 정보의 모집단

않는 외연의 집합과 결부되어 있기 때문에 패러다임간의 의사소통에 있어서의 (적어도 부분적인) 장애를 초래하는 원인이 되는 통약불가능성은 1960년대 쿤(Thomas S. Kuhn), 파이어아벤트(Paul K. Feyerabend) 등에 의해 제기되어, 20세기 철학의 중심적 화두 가운데 하나로 등장하였다. 그로 인해 상대주의적 진리관이 다시 부각되었고, 과학의 합리성을 둘러싼 전통적 견해에 대한 반성이 촉발되었으며, 또 철학 외적으로는 과학에 대한 메타적 탐구에 있어 사회학적 접근이 중요한 항목으로 부상하는 계기가 마련되기도 했다. 불가공약성에 관한 논의는 Howard Sankey, *The Incommensurability Thesis*, Aldershot, [U.K.]: Ashgate Pub. Co., 1994; 고인석, "적응주의 대 반적응주의－공시적 통약불가능성의 한 사례－," 『철학』 제75집, 2003; 김보현, "통약불가능성 문제와 라우던의 도구주의적 해법", 『철학연구』 제88집, 2003.11; 노양진, "포스트모더니즘과 다원주의－로티와 리오타르," 『범한철학』 제34집, 2004년 가을 등을 참조. 법학에서도 통약불가능성의 중요성을 인식하고, 그에 관한 논의들을 진행해 왔는데, 가장 포괄적인 논의로는 1998년 2월 6～7일에 펜실베니아 법과대학(University of Pennsylvania Law School)에서 개최된 "Law and Incommensurability" 심포지엄을 들 수 있겠다. 이 심포지엄의 내용은 『University of Pennsylvania Law Review vol. 146, no. 5(1997～1998)』에 실려 있다.

이며 자료의 일부분이 정보가 되는 것이라고 한다.62) 그렇지만 엄밀하게 고찰해 보면, 자료는 '관념의 대상이 되는 모든 것'으로, 이러한 '자료'에 대한 '인간의 정신적 활동의 총체'가 바로 '정보'라고 할 수 있겠기에, 이러한 측면에서 정보와 자료는 엄연히 구분이 가능한 개념이라 할 수 있다. 즉 자료가 곧 정보인 것은 아니므로, 양자를 포함관계가 기본적으로는 성립하지 않는다. 그런 까닭에 '자료가 정보의 모집단'이라든가 '자료의 일부분이 정보가 되는 것'이라는 진술은 동의하기 어렵다. 하지만, 특정한 정보가 다른 정보를 위한 대상 - 이 경우의 정보는 자료로서 파악된다 - 으로 기능할 수도 있으므로, 자료와 정보의 관계는 상당히 유동적이라 할 수 있다.

아울러, 이러한 관점에서는, 정보를 '지식'과는 '차원'을 달리하는 개념으로 보게 된다. 즉, '정보'가 커뮤니케이션을 전제로 한, '전달'의 차원에서 접근하는 개념인데 반해, '지식'은 개별 주체의 '인식'의 차원에서 접근할 수 있는 개념으로 그 수준의 차이에 따라 '상식' 등과 구분되는 개념이라 할 수 있다.63)

---

62) 유지성·최창곤·최동수, 앞의 책, 3면 등.
63) '지식기반경제론'을 주도하고 있는 OECD의 논의에 있어서 지식은 크게 4가지로 구분된다. 첫째, 어떤 사실에 관한 지식(know-what), 둘째, 기술혁신에 있어 기반이 되는 사물의 이치나 현상의 원인에 대한 과학적 지식(know-why), 셋째, 주어진 일을 효율적으로 처리하는 기능을 의미하는 노하우(know-how), 마지막으로 누가 무엇을 알고 누가 어떤 기술과 능력을 가지고 있는가에 대한 지식을 지칭하는 사람에 관한 지식(know-who)가 그것이다. 특히 사람에 관한 지식은 사람들 간의 능력의 다양한 편차로 인해서, 조직의 운영에 있어서 그 중요성이 크며, 사회변화의 속도가 증대함에 따라 중요성은 점점 증가하고 있다. 아울러 OECD에 따르면, 모든 지식은 코드화되어 정보로 변형될 수 있다고 한다. 즉 정보는 코드화된 지식(codified knowledge)이라고 정의할 수 있고, 이는 기본적으로 '전달가능성'으로 특징지어진다고 할 수 있을 것이다. OECD, *The Knowledge-Based Economy*, Paris: OECD, 1996, pp.12~13. 한편 지식과 정보의 차이에 관한 흥미있는 설명으로는 "첫째 지식은 대개 그 인식주체(knower)를 필요로 한다는 것으로 사람들은 정보를 그 소유자와는 별개의 독립적인 대상으로 다루는 반면 지식의 경우는 그 소유자와 연관지어 생각하는 경향이 있다고 한다. 둘째, 지식과 주체가 결합되어 있기 때문에 지식과 그 소유자도 분리해 생각하기는 어렵다. 정보는 그 자체로 하나의 완성품으로 간주되는 반면 지식은 물건처럼 주고받으며 수량화하는 개념과 거리가 멀

하지만 전달가능한 지식의 경우에는 정보로 파악할 수 있으며, 다양한 정보가 지식의 기반이 되는 경우가 있다. 뿐만 아니라, 지식은 결국 정보의 형태로 다른 이에게 전달되게 되므로, 양자는 매우 밀접한 관계에 있다고 할 수 있을 것이다. 한편, 앎의 대상이 되는 것 역시 '자료'로 표현되는 경우가 많은 것이 언어관용이기 때문에, '자료'는 양자가 공유할 수 있는 개념으로 볼 수 있을 것이다.

　오히려 정보에 관한 논의에 있어서 구분의 필요성이 큰 관련개념으로는 '메시지(message)'와 '상징(象徵; symbol),' '매체(媒體; medium)' 등을 구분할 필요가 있다. '메시지'는 커뮤니케이션 이론에서 주로 사용하는 개념으로 발신자가 수신자에게 '보내는(혹은 보낸)' 정보라 할 수 있다. 즉, '메시지'는 '전달가능성이 현실화(現實化)된 정보(情報)'라고 할 수 있을 것이다.[64] 한편, 메시지는 실제적으로는 일정한 '상징'으로서, '약호화(略號化; codification)'되어 '매체'를 통해 존재 혹은 전달되기 때문에, '약호(略號; code)'와 '매체'의 구분이 필요하다. '매체'는 '메시지가 채널(channel)을 통해 전달될 수 있도록 하나의 신호로 전환하는 기술적인 혹은 물리적인 수단'이라고 할 수 있고, '약호'란 '한 문화 또는 하위 문화의 성원에게 공통적인 의미체계'로서, '기호(sign: 자신 외의 어떤 것을 지칭하는 물리적인 신호)'와 이러한 기호가 사용되는 방식이나 상황, 그리고 보다 복잡한 메시지를 형성하기 위한 기호들의 결합방식을 결정짓는 규칙이나 관습들로 구성된다.[65] 이러한 차원에서 '정보'는 '약호

다. 셋째, 지식의 교환이 어려운 이유는 지식은 단순히 어딘가에서 획득해 움켜쥐고 있는 것이 아니라 소유자 내부에서 직접 소화, 이해 과정을 거쳐야 하기 때문" 이라는 견해가 있다. John Seely Brown and Duguid Paul, *The Social Life of Information*, 이진우 역, 『비트에서 인간으로』, 서울: 거름, 2001, 142~143면.

64) John Fiske, 앞의 책, 25면 이하는 커뮤니케이션 연구를 주도해 온 두개의 학파, 즉 '과정학파(process school)'과 '기호학파'의 '메시지'에 대한 이해가 다르다면서, 전자는 '커뮤니케이션에 의해 전달되는 것'을, 후자는 '기호의 구성체(construction of signs)'를 각각 메시지로 본다고 한다.

65) John Fiske, 위의 책, 49, 53면. 한편, '채널'은 단순히 신호가 전달되는 물리적인 수단을 말한다.

화되는 바' 즉, '약호의 의미(意味)'로 기능한다고 할 수 있을 것이다.

이러한 관점 하에서, 기존의 정보이론들을 평가해 본다면, 정보이론적 정보
개념의 경우에는 전달가능성에 주안점을 둔 나머지, 정보의 전달가능한 변형
과 전달자체와 관련한 효율적인 측면만을 강조한 견해로 볼 수 있고, 경제적
정보개념은 정보가 가지는 의미에서 도출되는 '효용(경제적 가치)'에만 주안
점을 둔 것으로, 그리고 문화적 정보개념은 정보의 상징적 측면에만 주안점을
둔 것으로 볼 수 있다.

최종적으로 이러한 정보개념을 헌법 제127조 제1항의 '정보의 개발'에 적용
해 보면, 정보의 개발은 곧 정보의 전달가능성의 제고(전달능력의 개발)와 의미
있는 정보의 증가(개발)을 의미하는 것으로, 큰 무리 없이 적용이 가능함을 확인
할 수 있다. 아울러 '정보화'의 개념 역시 이러한 차원에서, 즉 정보의 전달가능
성의 제고와 의미 있는 정보의 증가의 맥락에서 생각해 볼 수 있을 것이다.

제2항 정보의 특성

정보가 가지는 특성은 논자에 따라 다양하게 제시되고 있는데, 정보경제학
에서의 논의를 빌면 정보는 일반적으로 ① 무형성(無形性)[66] ② 적시성(適時
性)[67] ③ 독점성(獨占性)[68] ④ 비소모성(非消耗性) ⑤ 비이전성(非移轉性)[69]

---

66) 정보는 일정한 형태가 없고 유동적이다. 정보 자체는 물리적인 형태를 갖고 있지
   않고, 다만 표현된 내용으로만 존재하기 때문에 정보 그 자체는 형태가 없다.
67) 정보는 수요자가 원하는 시간에 전달되어야 하며, 원하는 시간에 전달되지 않는
   경우는 정보로서의 가치가 없다. 정보는 전달속도(speed)와 획득시점(timing)이 중
   요한 요소가 된다.
68) 정보는 공개되고 나면 가치가 급감하기 때문에 정보의 효용을 높이기 위한 비밀리
   의 수집, 생산을 요하는 독점성의 속성을 가진다. 정보의 가치는 일반적으로 '공개
   정보 < 반공개정보 < 비공개정보'인 경우가 많다.
69) 물리적 이전 가능한 일반상품과는 달리, 한 개인이 소유하던 정보가 다른 사람에
   게 양도되어도 소유주에게는 원래의 정보가 그대로 남아 있기 때문에 하나의 정보

⑥ 가치(價値)의 다양성(多樣性)[70] ⑦ 결합성(結合性)[71] ⑧ 누적가치성(累積 價値性)[72] ⑨ 비분할성(非分割性)[73] ⑩ 매체의존성(媒體依存性)[74] ⑪ 결과지 향성(結果志向性)[75] 등의 특성을 본질적으로 가진다고 한다.[76]

본 연구는 이러한 다양한 특성을 보유하는 정보가 특히 '공공성(公共性)'을 보유하고 있음을 주목하고자 한다. 그렇지만 다른 한편으로, 자본주의의 진전 에 따른 상품화의 경향 속에서 정보 역시 상품으로서의 성격도 보유하게 된다 는 사실 역시 간과할 수 없기에, 이하에서 차례로 살펴본다.

I. 정보의 공공성(公共性)

정보의 공공성은 경제학적 논의에 있어서는 '공공재(公共財)'의 형태로, 비 경제학적 논의에 있어서는 '공공적 가치(public value)' 등으로 표현되기도 한 다.[77] 이하에서는 우선 공공성의 의미를 확인해 봄으로써 정보에 있어서의 공

를 동시에 여러 사람이 이용 가능하다. 즉, 일반상품이 소유권을 중심으로 한 개념 이라면 정보는 사용권을 중심으로 한 개념이다.

70) 정보가 독점생산자 또는 사용자에게 효용을 줄 수 있으나, 제3자에게는 효용을 주 지 못하는 경우가 있기 때문에, 자본주의 시장경제원리에 따라서 하나의 상품에는 하나의 가격이 형성된다는 일물일가의 법칙이 정보에는 적용 안 될 수도 있다.

71) 정보는 결합되고 가공되어 보다 높은 차원의 정보가 되는 특성을 보유한다.

72) 정보는 생산·축적되면 될수록 가치가 커진다.

73) 일반상품은 여러 사람들에게 분할되어 공급되지만, 정보는 항상 데이터의 집합체 로서 전달·사용된다.

74) 정보는 그 자체가 어떤 형태를 갖지 못하는 것이므로 정보가 전달되기 위해서는 어떤 전달매체를 통해서만이 가능하다.

75) 정보는 노력의 세계가 아니고 결과의 세계로, 아무리 노력과 시간을 투입하더라도 좋은 결과를 얻지 못하면 무용지물이다.

76) 유지성·최창곤·최동수, 앞의 책, 6~7면. 이러한 정보의 본질적 특성에서 유추되 는 사항은 ① 정보활동은 연속적으로 수행될수록 ② 정보의 축적이 많을수록 ③ 정보의 채널이 원활할수록 ④ 정보는 빨리 전달될수록 유리하며, 아울러 ⑤ 다양 한 정보를 취급하는 사람이 정보의 판단 및 생산에 있어 유리하다는 것이다.

77) 정보는 본질적으로 공공적 가치를 내재하고 있다. 유지성·최창곤·최동수, 위의 책,

공성을 살펴보고, 다양한 측면에서 파악될 수 있는 정보의 공공성의 여러 차
원들을 고찰한다.

1. 공공성의 의의

비교적 익숙하게 사용되는 개념임에도 불구하고 공공성의 의미를 명확하게
정의하는 것은 쉬운 일이 아니다. 이는 기본적으로 공공성 개념의 다의성에서
비롯되는데,[78] 공공성의 개념이 맥락에 따라 다양하게 변용되기 때문이다.[79]
이러한 다의성은 공공성에 대한 일의적 파악을 곤란하게 하고, 개념적 혼란을
부추긴다.

소영진은 언어 관용상 공공성 개념이 일의적인 것은 아님을 지적하고 ①
전체 또는 다수에 관한 일(public as group affairs) ② 권위(public as authority)
③ 정부(public as government) ④ 전유불가능성(public as non- exclusiveness)
⑤ 이타성(public as altruistic interest)의 다섯 가지 의미를 가질 수 있는데 그
동안의 행정학에서의 공공성은 세 번째의 의미였다고 지적하면서,[80] 공공성
의 개념은 '공익추구'를 중심으로 삼아야 한다고 주장한다.[81] 그렇지만, 이처

11면; 전석호, 앞의 책, 42면.

78) '공공성'의 어원 및 개념의 역사적 변천에 관한 논의는 이광필, "공공성과 형량문
제", 『공법연구』 제24집 제2호, 1996.6, 111~115면; 임의영, "공공성의 개념, 위
기, 활성화 조건", 『(고려대학교 정부학연구소) 정부학연구』 제9권 제1호, 2003,
25~27면; 조한상, "헌법에 있어서 공공성의 의미", 『공법학연구』 제7권 제3호,
2006, 253~259면을 참조.

79) '공공성'에 관한 논의는 철학, 사회학, 정치학, 경제학, 교육학, 문헌정보학, 언론정
보학, 토지법학, 행정학, 행정법학 등의 다양한 학문분야에서 진행된다. 오히려 사
회과학계의 논의에 비해 법학에서의 연구는 상대적으로 부족한 것으로 느껴진다
는 지적도 있다. 조한상, 위의 논문, 252면.

80) 기존의 법학계에 있어서의 공공의 의미는 상대적으로 ③의 의미에 치우쳐있었다
고 할 수 있으나 오늘날에는 ⑤의 의미를 중심으로 한 다양한 논의들이 제기되고
있다. 조한상, 위의 논문, 259면 이하 참조.

81) 소영진, "행정학의 위기와 공공성 문제", 『정부학연구』 제9권 제1호, 2003, 6~7면.

럼 공공성의 개념을 공익추구로 삼는 것은 다시 '공익'이란 무엇인가라는 문제를 낳기 때문에, 결국 공공성의 개념정의를 공익의 정의로 미루는 것에 불과하다.82)

공공성의 개념 이해를 위해 보다 일반적으로 논의되는 '공익(公益)'의 개념을 살펴보기로 하자. 사전적으로는 "사회 전체의 이익"83)으로 정의되는 공익이란 개념 역시, 그 간명한 정의에 비해, 그다지 쉽게 그 의미를 확정 짓기 곤란한데,84) '사회 전체의 이익'이라는 것이 '사회 구성원 개개인의 이익의 총합'으로 볼 것인지, 아니면 '개인을 넘어서는 실체적 존재로서의 사회전체'의 이익으로 볼 것인지가 문제될 수 있기 때문이다.85) 이러한 문제에 답하기 위해 수많은 노력이 경주되어 왔지만, 지금껏 완전한 해결을 보지 못해서, 이른바 '보편타당한 공익개념'은 아직까지 제시되지 못하고 있다. 결국 '공익'에 대한 논의는 불확실한 추상적 공익개념의 설정을 위한 노력보다는 개별적인 사태에 있어 공익판단의 절차적인 기준을 정하는 '공익개념 결정의 절차적 기준 획정'의 문제로 전환될 것이 요청된다고 한다.86) 이러한 접근법은 결국 공익판단의 문제를 '이익형량'의 문제로 치환하는 결과를 가져온다고도 할 수 있을 것이다.87)

---

82) 공익에 대한 국내의 가장 포괄적인 논의는 최송화, 『공익론 – 공법적 탐구』, 서울: 서울대학교출판부, 2002[2004print]를 참조. 한편 헌법학에 있어서는 '공익'의 개념보다는 헌법 제37조 제2항 등에 규정된 '공공복리'를 중심으로 논의가 전개되고 있다. '공공복리'에 관한 연구로는 신기하, "헌법상 공공복리에 관한 연구 – 그 개념의 해석과 적용을 중심으로", 한양대학교 법학박사 학위논문, 1993; 조한상, "헌법 제37조 제2항 '공공복리' 개념에 관한 고찰", 『헌법학연구』 제12권 제5호, 2006.12를 참조. 이광필, "공공성과 형량문제", 『공법연구』 제24집 제2호, 1996.6, 123면 이하는 공공성의 구체화 개념으로 '공익'을 상정하고 있기도 하다.

83) 국립국어연구원 편, "공익", 『표준국어대사전』, 서울: 두산동아, 1999.

84) '공공' '이익' 등의 개념에 대한 구체적인 분석은 이기철, "공공복리 내지 공익의 개념", 『토지공법연구』 제18집, 2003.6, 149∼163면 참조.

85) 이러한 측면은 각각 '절차적 공익관'과 '실체적 공익관'의 견지에서 논의되고 있다. 지성우, "법학적 의미에서의 '공익'개념에 대한 고찰", 『성균관법학』 제18권 제3호, 2006.12, 225면 이하 참조.

86) 지성우, 위의 논문, 229면; 최송화, 앞의 책, 196면 이하.

결국 '공익'의 개념은 정보의 '속성'으로서의 공공성의 개념요소로는 완전한 의미를 부여하기 어렵기 때문에, 이러한 맥락에서 본 연구에서는 공공성의 개념을 굳이 '공익의 추구'로 국한시키지 않으며, '공공성'의 사전적 의미인 **"한 개인이나 단체가 아닌 일반 사회 구성원 전체에 두루 관련되는 성질,"**[88] 을 바탕으로 하여, 다양한 맥락에서의 정보가, 소영진이 정리한 바 있는 공공성의 각각의 속성들을 어느 범위까지 포함하고 있는가를 파악해 보고자 한다.

결과적으로 본 연구에서 사용하는 '공공성'의 개념은 이익의 차원에서는 중립적인 것으로 사용하려 하며,[89] 특별히 '이익'의 차원에서의 가치평가가 필요한 경우에는 공공성의 개념이 아닌 '공익' 혹은 헌법적인 용어로 '공공복리'의 개념을 사용하려고 한다. 다시 말해서 본 연구의 논의는 기본적으로 정보가 가지는 공공성, 즉 '사적(私的) 성격(性格)'에 대비되는 측면으로서의 '공공적(公共的) 성격(性格)'을 검토하는 데 목적이 있을 뿐, 이러한 정보가 가지는 공공성에 대한 긍정적 가치판단을 전제하고 있는 것은 아님을 주의할 필요가 있다.

2. 정보의 공공성의 여러 차원

이러한 공공성의 개념을 바탕으로 할 때, '유의미성'과 '전달가능성'으로 특징지워지는 정보는 수인(數人)간의 의사소통과정에서 그 본질적인 존재의의를 가지는 속성상 필연적으로 공공성을 보유하게 된다. 특히 사회체제의 유지가

---

87) 최송화, 위의 책, 193~196면 참조.

88) 국립국어연구원 편, "공공성", 『표준국어대사전』, 서울: 두산동아, 1999. 이는 소영진의 공공성의 개념 지표 가운데 ①에 해당한다고 볼 수 있을 것이다. '공공성'의 사전적 개념에 관한 자세한 논의는 임의영, 위의 논문, 27~29면 참조.

89) 이러한 입장은 헌법학에서의 '공공성'의 개념이 '사회적 법치국가,' '민주적 법치국가,' '공공복리' 개념 등과 결합하여 '긍정적인 가치판단'이 결부되는 것과는 다소간의 거리가 있는 것이다. 특히 조한상, 앞의 논문, 268면 이하는 사회적 법치국가 헌법질서의 핵심요소로 '공공성'을 제시하고 있다. 그렇지만 '공공의 문제' 등의 어법에서 보듯, '공공(성)' 개념 자체는 이익 개념을 포함하지 않을 수도 있음을 감안하여, 본 연구에서는 중립적인 개념으로 사용하려고 하는 것이다.

커뮤니케이션에 의해 달성될 수 있는 만큼, 체제 구성원들에게 있어서의 충분한 정보의 소통은 필수적인 사항이고, 이러한 정보의 소통 필요성은 곧 정보가 가지는 공공성으로 파악될 수 있을 것이다.

그렇지만 이미 살펴본 바와 같이 공공성의 개념 자체가 다양한 층위를 보유하고 있기 때문에, 정보의 공공성은 다양한 실체적 맥락에서 각각의 층위에 따라 검토될 필요성이 있다. 이하에서는 우선적으로 본질적 차원에서의 정보의 공공성을 검토해 보고, 이어서 경제적 차원, 정치적 차원, 사회적 차원 및 문화적 차원에서의 정보의 공공성을 다루어 보려 한다.[90]

1) 본질적 차원

본 연구가 취하고 있는 정보에 대한 정의, 즉 '전달가능한 의미 있는 관념'은 필연적으로 '개인이 아닌 다수의 사람들에게 관련된'이라는 가장 포괄적인 의미에서의 '공공성'을 함축하고 있다고 볼 수 있다. 즉 정보는 그 자체, 본질적으로 '공공성'을 보유한다. '전달가능성'은 말 그대로 전달의 상대방을 상정하고 있는 것이고,[91] '의미'의 경우 역시 이미 살펴보았듯이 제공자와 수용자

---

90) 이는 우리 헌법 전문 및 헌법 제11조에서 보이는 것과 같은 '정치·경제·사회·문화'라는 일반적인 언급순서로부터는 이탈된 것인데, 이러한 순서를 취하는 이유는 '공공재'로서의 성격을 중심으로 하는 경제적 차원의 공공성 개념이 가장 간명한 분석틀을 갖추고 있을 뿐만 아니라, 경제적 차원의 논의에서 부각된 정보의 공공(재)적 특성이 다른 분야에서의 논의의 기초로 원용될 수 있기 때문이다. 그렇지만, 정치·경제와 구분되는 사회·문화의 차원이 구체적으로 무엇을 의미하는가에 대해서는 의문이 제기될 수 있다. 사회와 문화의 경우 매우 다의적인 개념이기 때문에, 그 의미의 확정이 쉽지 않기 때문이다. 그렇지만, 우리 헌법이 전문 및 제11조에서 '정치·경제·사회·문화'의 구분을 규정하고 있고, 또 제32조에서 '사회적·경제적 방법'의 구분을 하고 있기 때문에, 체계적인 해석을 통해 각각을 구분해야 할 필요성이 있다고 하겠다. 각각 해당되는 곳에서 간략히 개념을 검토해보기로 한다.

91) 물론, '일기' 같은 경우는 전달의 상대방 역시 '자신'이라는 면에서 여기에서 제외되는 것으로 볼 수도 있을 것이나, 이 경우에도 시간적으로 파악할 경우에는 '미래의 자신'이라는 상대방을 상정하고 있는 것으로도 파악해 볼 수도 있고, 아울러

의 측면에서 각각 평가될 수 있는 것이기에, 정보는 그 개념의 기본적인 측면에 있어서부터 공공성을 가질 수 밖에 없다고 할 것이다. 그렇지만 보다 근본적인 측면은 '관념' 자체도 사회적인 형성을 거치기 때문에 정보의 공공성은 본질적인 차원에서부터 인정할 수 있음에 큰 무리가 없을 것이다.

물론, 정보의 개념이 가지는 광범위한 외연으로 인해서 전적으로 사적인 성격만을 보유하는 정보의 존재도 상정할 수 있다. 즉, 가장 근원적인 형태의 정보는 정보주체의 인식에서부터 출발하기 때문에 환경에 대한 주체의 인식을 통해 생겨난 관념이라는 차원에서는 분명 엄밀한 의미에서도 사적(私的)인 형태를 띨 수도 있을 것이다.[92] 그렇지만 사회적인 차원에서 의미를 가지는 정보는 대부분 그 발생 자체에서부터 여러 가지 측면에서 타인의 존재를 전제하고 있기 때문에, 정보가 공공성을 가진다고 평가하는 것은 큰 무리가 따르지 않는다고 할 수 있을 것이다. 이는 가장 기본적인 사고의 형식적 도구인 '기호'가 이미 사회적인 존재라는 사실에서도 확인할 수 있으나, 그 내용적인 측면에서도 어느 정도는 확인해 볼 수 있다. 이는 어느 면에서는 '정보의 집적물'이라고도 볼 수 있는 문화의 발생이 이미 기존의 문화를 전제해야 가능하다는 것을 보아도 알 수 있다.[93]

이러한 측면은 특히 '지적재산'이 중심이 되는 정보상품의 경우에 더욱 현저하다. 어떠한 작가도 무에서 유를 창조하는 것이 아니며, 자신의 노동에 의해서만 작품을 창출한 것이 아니라는 것이다. 사실상 모든 작가들이 예술적 공동체와 사회공동체 성원으로서 살아가고 작업을 하고 있음을 상기한다면 예술적 공동체와 사회공동체의 문화유산, 가치들 및 경험들은 작가의 창작적 관점의 일부분을 형성하는 것이고, 작가는 자신의 경험으로부터 얻은 그러한 것들을 의식적이든 무의식적이든 흡수하고 변형하여 창작을 하는 것이다.[94]

잠재적 전달가능성은 상존하기 때문에, 논의에 대한 절대적인 반증이 되기는 어려울 것이다.

92) 쉽게 생각해 볼 수 있는 이러한 정보의 예는 갓 태어난 아이가 얻게 되는 각종 '감각 정보'일 것이다.

93) 한정석, 『문화철학의 연구』, 서울: 경문사, 1995[1996print], 147면 이하, 특히 247면 이하 참조.

이러한 측면은 특히 지적재산의 사유화의 진전에 대한 근본적인 문제제기의
근거를 제공한다.

2) 경제적 차원

  무한한 욕망에 대한 만족을 극대화하기 위해 희소한 자원을 어떻게 배분해
야 하는가라는 경제문제[95])를 해결하기 위한 경제적 차원에서의 정보의 공공
성은 '재화'[96])로서의 정보가 가지는 성격의 문제로, 이른바 소비재로서의 '공
공재' 혹은 생산재로서의 '공유자원'[97])의 측면에서 각각 파악할 수 있다.

---

94) 이는 리트만(Jessica Litman) 교수가 말하는 '삼투의 원리(the principle of seepage)'
   의 본질적인 부분이며, 이로 인해 재산권(property)의 귀속에 대한 판단이 매우 어
   려워진다고 한다. Jessica Litman, "The Public Domain", 『39 Emory L.J. 965』,
   Fall, 1990, pp.1016~1017. 리트만 교수는 '독창성(originality)'은 '법적 허구(legal
   fiction)'라 잘라 말한다(p.969).

95) 한상완·노영희, 『경제학의 핵심 지식정보원』, 서울: 연세대학교 출판부, 2005, 2면.
   경제학은 인간의 물질적 욕구를 충족시키기 위해 희소한 자원을 어떻게 활용할
   것인가를 연구하는 학문으로 전통적으로 상품의 생산, 교환, 소비와 관련된 문제를
   연구하는 학문으로 인식되어 왔다. 그러나 요즈음의 추세를 보면 경제학은 그 범
   위를 훨씬 벗어나는 현상에까지도 관심의 영역을 넓혀가고 있기도 하다. 이준구·
   이창용, 『경제학원론』(제3판), 서울: 법문사, 2005, 5면.

96) 일반적으로 재화는 '자유재(free goods)'와 '경제재(economic goods)'로 구분되는
   데, 이는 재화를 얻는데 어떠한 대가 내지 희생이 수반되느냐의 여부에 따라서 분
   류한 것이다. 자유재는 물이나 공기와 같이 사용가치(value in use)는 있으나 존재
   량이 무한대에 가까워서 하등의 대가나 희생을 치르지 않아도 손쉽게 얻을 수 있
   는 것을 의미한다. 그러나 대부분의 재화는 존재량이 욕망에 비하여 크게 제한되
   어 있으므로 어떠한 대가(교환가치, value in exchange) 내지 희생(노동이나 생산
   비)을 치뤄야만 얻을 수 있는 경제재라 하겠다. 경제학은 기본적으로 경제재만을
   취급하며, 자유재는 고려대상에서 제외된다. 한편 경제재는 그 사용목적에 입각하
   여 소비재와 생산재로 분류할 수 있다. 소비재는 가계에서 일상 소비생활을 하는
   데 필요한 필수품과 사치품, 기호품 등이다. 한편 생산재는 기업이 소비재를 생산
   하기 위하여 필요로 하는 모든 재화(원료, 기계, 반제품)를 의미한다. 한상완·노영
   희, 앞의 책, 9면.

97) 엄밀하게는 자원과 생산재는 구분이 가능한 개념이나, 여기에서는 '생산에 필요한

보통 공공재와 공유자원을 동일시하거나 또는 양자의 차이점에 대해 모호한 개념을 가지고 있는 경우가 적지 않은데,[98] 비록 양자가 매우 흡사한 속성을 가지고 있기는 하나, 공유자원은 후술하듯 경합성을 가지고 있지는 않기 때문에 양자의 취급은 분명히 다른 차원에서 접근이 이루어져야 하기 때문에, 이는 정책입안가들이 반드시 인식하고 있어야 할 중요한 개념이라 할 수 있다.

(1) 공공재로서의 정보

① 공공재의 개념

공공재(public goods)는 사적재(私的財; private goods)[99]에 대한 대칭개념으로 보통은 공공부문에서 공급되는 재화를 가리키는 용어로 사용되며, 사회재(social goods) 혹은 집합재(collective goods)라고도 불린다.[100] 이렇게 재화를 구분하는 것은 두 가지 기준에 따른 것이다. 하나는 '배제성(excludability)'으로 사람들이 재화를 소비하는 것을 막을 수 있는 가능성이고, 또 다른 하나는 '경합성(rivalry)'으로 한 사람이 재화를 소비하면 다른 사람이 소비에 제한을 받는 속성을 말한다.[101] 한편 '비분할성(indivisibility: 재화가 분할될 수 없음)'과 '비배제성원칙(nonexclusion principle: 잠재적 소비자의 배제가 불가능함)'을 공공재와 사적재의 구분기준으로 제시하는 견해도 있지만,[102] 비분할성은 사적재도 보유할 수 있는 속성이기에(예, 골동품), 경합성과 배제성이 사적재와 공공재를 구분하는 기준으로 보다 적합하다 하겠다.

재화 등'이라는 차원에서 동일하게 취급하고 있다.

98) 김일중, 『규제와 재산권 - 법경제학적 시각으로 본 정부 3부의 역할』, 서울: 자유기업센터, 1995[1998print], 62면.

99) Private goods는 사용재(私用財)라고도 불리지만(이준구·이창용, 앞의 책, 335면), 사적재(私的財)가 보다 일반적으로 사용된다. 소병희, 『공공부문의 경제학』, 서울: 박영사, 2004, 5면 등.

100) 이필우, 『재정학 - 재정 및 공공선택이론 - 』, 서울: 법문사, 1995, 64~65면.

101) N. Gregory Mankiw, *Principles of Economics(3rd Ed.)*, 김경환·김종석 공역, 『맨큐의 경제학』, 서울: 교보문고, 2005, 256면; 소병희, 앞의 책, 5면.

102) 이필우, 앞의 책, 65면.

결국, 공공재는 '여러 사람의 공동소비를 위해 생산된 재화나 서비스'를 의미하게 되며 소비에서의 비경합성(non-rivalry)과 배제불가능성(non-excludability)의 특성을 갖고 있다. 소비에서의 비경합성은 소비하는 사람이 늘어도 비용이 더 커지지 않는다는 것을 뜻하므로, 다시 말해 추가적인 한 사람을 공공재의 소비에 참여하게 만드는 데 드는 비용, 즉 한계비용이 0이라는 뜻이다. 일반적으로는 가격이 한계비용과 같아야 효율적인 자원배분이 이루어진다. 따라서 공공재의 경우에는 가격을 0으로 만들어 누구나 마음대로 소비할 수 있게 만드는 것이 가장 바람직하다고 할 수 있다. 한편 배제불가능성은 대가를 치르지 않는 사람이라도 소비에서 배제할 수 없다는 성격을 말하게 되는데, 공공재가 갖는 이 두 성격 때문에 이에 대해 양(+)의 가격을 매기는 것이 가능하지도 않고 바람직하지도 않게 된다. 즉 비경합성이 있으므로 사람들로 하여금 아무 대가도 내지 않고 자유로이 소비하게 만드는 것이 바람직하며, 또한 배제불가능성 때문에 대가를 받기 위해서는 추가적인 비용이 필요하다.

사람들은 이 사실을 인식하고 공공재 생산에 드는 비용을 부담하지 않으면서 소비에는 참여하고 싶어하는 경향을 보이게 된다. 즉 이른바 '무임승차자의 문제(free-rider problem)'가 나타나게 되는데, 사람들이 공공재가 배제불가능성을 가졌다는 사실을 알고 공공재 생산에 드는 비용을 부담하지 않으면서 소비에는 참여하고 싶어하는 경향을 보이기 때문에 발생하는 문제이다. 이 무임승차자의 문제 때문에 공공재의 공급을 시장기능에 내맡기면 사회적으로 적정한 수준에 훨씬 못 미치는 결과가 나타날 가능성이 크다.[103] 즉 공공재의 경우에는 '과소생산의 문제'가 발생하기 쉽다.

이러한 문제는 시장기구를 통해서는 해결하기가 쉽지 않기 때문에, 결과적으로 정부는 강제적 수단을 사용해 공공재를 직접 생산, 공급해야 할 필요를 느끼게 된다. 그런데 정부가 어떤 공공재의 생산·공급을 맡기로 결정했을 때, 과연 얼마만큼 생산하는 것이 적절한지가 문제로 등장하게 된다. 이의 해결을 위해서 구체적으로 어떤 방법을 써야 하는가에 대해 뾰족한 답을 찾기 힘들어

---

103) 이준구·이창용, 앞의 책, 335면. 사람들이 공공재의 소비를 원하면서도 비용은 부담하려 들지 않기 때문에 공공재가 생산, 공급될 수 없는 상황이 빚어지는 것이다.

어려운 숙제로 남을 수밖에 없다.[104]

② 정보의 공공재적 성격

이미 살펴본 바와 같이 정보가 가지는 일반적 특성 가운데 무형성, 비소모성, 비이전성 등의 특성은 비배제성과 비경합성을 초래할 가능성이 매우 높기 때문에, 정보는 일반적으로 공공재적 속성을 가진다고 평가된다.[105] 즉 정보가 가지는 가장 중요한 특징의 하나는 정보의 생산에 드는 비용에 비해, 그 정보를 복제하고, 제3자에게 이전하는 비용이 상대적으로 적다는 점이다. 따라서 정보를 생산하기 위해 비용을 지불한 사람이 그 생산물을 판매하면 그 노력에 대한 대가를 회수하기가 곤란하다. 왜냐하면 일단 정보를 구매한 사람들이 제3자에게 그 정보를 복제하여 판매함으로써 쉽게 경쟁자로 등장할 수 있기 때문이다. 결국 대부분의 지적생산물의 소비자들은 가능하다면 서로가 무임승차를 하려 들게 된다. 정보를 생산자로부터 직접 구입하지 않고 이전비용만 지불하고 구매자로부터 구입하려고 노력을 하게 되므로, 이는 소비에 있

---

104) 이준구·이창용, 위의 책, 346~347면. 공공재 공급의 사회적 비용과 편익을 비교하는 연구·분석방법 가운데 하나가 바로 '비용편익분석(cost-benefit analysis)'인데, 공공재 공급에 있어서의 비용편익분석은 그다지 쉬운 일이 아니다. 예를 들어, 고속도로는 누구에게나 무료로 개방될 것이므로 고속도로 이용의 가치를 측정할 가격이 존재하지 않으며, 실제 사람들에게 고속도로 이용료를 얼마나 낼 용의가 있는지 물어보는 방식은 신빙성이 낮다. 그 이유는 첫째, 설문을 통해 계량화하는 것은 어렵고 둘째, 응답자가 진실을 말할 유인이 없기 때문이다. 고속도로를 이용할 용의가 있는 사람들은 혜택을 과장할 유인이 큰 반면, 고속도로의 건설로 인해 손해를 볼 사람들은 자기들이 부담하는 비용을 과장할 유인이 있다. 따라서 공공재의 적정 공급량은 사적 재화에 비해 본질적으로 결정하기가 어렵다. 공공사업의 비용과 편익은 기껏해야 추정치라고밖에 할 수 없다. N. Gregory Mankiw, 앞의 책, 262~263면.

105) 이준구, 『미시경제학』(제4판), 서울: 법문사, 2002, 611면. 정상조 교수도 "오늘날 금은보화보다 더 많은 경제적 가치를 가지게 된 아이디어와 정보는 소위 무체재산 또는 지적재산으로서 토지나 금은보화 같은 물적재산과는 다른 특징을 가지고 오히려 공기나 물과 같은 공공재(public goods)에 더 가까운 속성을 가진 것처럼 보인다는 점으로부터 법제도적 또는 경제철학적 고민이 시작되는 것"이라 적고 있다. 정상조, 『지적재산권법』, 서울: 홍문사, 2004, 4면.

어 배제성이 약하다고 할 수 있다.

정보가 가지는 두 번째 특징은 많은 사람들이 사용하면 할수록 그 가치가 증대한다는 점이다. 일단 생산된 정보의 사회적 가치란 결국 보다 많은 사람들이 이를 사용하여 효용을 올릴수록 커진다고 볼 수 있다. 이는 결국 나의 소비가 남의 소비를 방해하지 않기 때문에 나타나는 현상이다. 환언하면 소비에 있어서 비경합성이 있다고 할 수 있다. 결국 정보는 전형적인 공공재적 성격을 가지고 있다고 볼 수 있다.106) 그러므로 정보 역시 일반적인 공공재와 마찬가지로 과소생산의 문제를 안고 있다고 할 수 있으며, 이 문제는 시장기구를 통한 완전한 해결이 불가능하기 때문에 정부의 역할이 중요한 의미를 갖게 된다.

그렇지만, 이러한 비배제성과 비경합성은 여러 가지 방법을 통해 제어할 수 있기 때문에, 정보의 공공재적 성격을 완화시켜 사유재로 만드는 것이 전혀 불가능한 것은 아니다. 이른바 지적재산권법제가 마련하고 있는 '인위적 독점'의 설정방식이 그 가운데 하나로, 이러한 법제의 도움으로 인해 정보의 사유화 및 상품화가 본격화 될 수 있게 되었다.

(2) 공유자원으로서의 정보

① 공유자원

'공유자원(common resource)'은 '여러 사람이 공동으로 사용할 수 있는 자원'으로서, 재화의 생산을 위한 사용을 원하는 누구든지 사용이 가능한 자원을 의미한다. 이러한 공유자원도 공공재와 같이 배제성이 없다. 그러나 공유자원은 일반적으로 소비에는 경합성이 있다.107) 즉, 한 사람이 공유자원을 사용

---

106) 박세일, 『법경제학』(개정판), 서울: 박영사, 2000, 176～177면. 박교수의 논의는 '지적 생산물'을 중심으로 이루어지고 있으나, 이를 정보 전반으로 확대시켜도 큰 무리가 없을 것이다.

107) 공유자원은 '공유재'로 번역되기도 한다. 예를 들어 배득종, "공유재 이론의 적용 대상 확대", 『한국행정학보』 제38권 제4호, 2004.8. 배득종 역시 '배제성은 없지만 경합성이 있는 재화'로 공유재를 정의하고 있다. 같은 논문, 148면 이하.

하면 다른 사람이 사용에 제한을 받게 된다. 이는 본질적으로 희소성을 전제
하는 '경제재'의 속성에서 비롯되는 결과라 할 수 있다. 따라서 공유자원은 새
로운 형태의 문제를 야기한다.

이 문제는 보통 '공유의 비극(Tragedy of the Commons)'으로 지칭되는
데,[108] 이 공유의 비극은 이른바 부정적 외부효과(external effects) 때문에 발
생한다.[109] 일반적으로 다수의 목장주가 존재하는 경우의 공동목초지를 예로
들면 한 목장주가 가축을 추가시킴으로 인해 얻는 이익은 그 목장주에 집중되
는 반면, '목장의 황폐화'라는 비용(부정적 외부효과)은 구성원 전체에게 분산
된다. 이런 부정적인 외부효과 때문에 공유자원이 과도하게 사용되는 것이다.
즉 공유자원의 경우는 공공재와는 달리, '과잉소비의 문제'가 발생하게 된다.

그렇기 때문에 정부는 공유자원의 사용량에 대해 관심을 가져야만 한다. 정
부는 이 문제를 규제 혹은 세금 등을 통해 해결하거나, 공유재산을 사유재산
으로 만들어 해결할 수 있다.[110] 그렇지만, 공유자원에 있어서 외부효과의 발
생이 반드시 내부화의 필요성을 도출하지는 않는데, 예를 들어 자원자체가 다
량이고 풍부하여 수요와 공급의 관계에서 과다사용이라든가 과다착취의 문제
가 발생하지 않을 경우에는, 비록 외부효과가 발생한다고 해도 내부화를 서두

---

108) '공유의 비극'이라는 말을 처음으로 사용한 사람은 하딘(Garrett Hardin)으로 알려
    져 있다. Garrett Hardin, "The Tragedy of the Commons", Science, New Series,
    Vol. 162, No. 3859, Dec. 13, 1968, pp.1243~1248.
109) 경제주체의 소비행위 또는 생산행위가 다른 소비자 또는 생산자에게 가격기구를
    이탈한 외부효과(external effects)를 줄 때, 우리는 '외부성(externalities)'이라고 말
    한다. 따라서 '외부성'의 특징은 가격기구내에서는 해명될 수 없는 '비가격효과
    (nonprice effects)'라고 할 수 있다. '파급(spillovers)' 또는 '인근효과(neighborhood
    effects)'라고도 한다. 긍정적 외부성(positive externalities)은 외부경제(external
    economies), 부정적 외부성(negative externalities)은 외부불경제(external diseconomies)
    라고도 한다. 이필우, 앞의 책, 77면.
110) 이 교훈은 이미 수천년 전부터 알려져 있어, 고대 그리스 철학자 아리스토텔레스
    (Aristotle)는 공유자원의 문제를 다음과 같이 지적했다고 한다. "사람들은 여러 사
    람과 공유하고 있는 재산은 잘 간수하지 않는다. 왜냐하면 누구든지 다른 사람과
    공유한 물건보다 자기가 가진 물건에 더 관심을 가지기 때문이다." N. Gregory
    Mankiw, 앞의 책, 265~266면.

를 필요는 없다고 한다.[111]

② 정보의 공유자원적 성격

정보는 일반적으로는 소비재로서 이용되지만, 생산재, 즉 자원으로서도 이용될 수 있다. 정보는 이미 살펴본 바와 같이 '비배제성'과 '비경합성'의 양쪽을 모두 보유하는 공공재적 속성을 갖기 때문에, '비배제성'만으로 인정 가능한 공유자원으로서의 성격을 기본적으로 가진다고 할 수 있을 것이다.[112]

이러한 공유자원으로서의 정보의 성격은 정보의 공공성을 가장 극대화하는 측면이라고도 할 수 있다. 왜냐하면 정보는 배제성을 가지지 않음은 물론이거니와, 일반적인 공유자원과는 달리 경합성도 가지지 않기 때문이다. 즉 아무리 소비자가 늘어나도 정보는 고갈되지 않는다는 것이다. 이러한 차원에서 정보는 진정한 의미에서의 공유자원이라 할 수 있을 것이며, 뒤에서 살펴볼 '공유영역'은 바로 이러한 정보의 공유자원성에 가장 깊은 관련을 가지는 사항이라고 할 수 있다.

3) 정치적 차원

사회성원 전체에게 받아들여질 수 있는 통일적인 결정 – 공공정책의 달성을

---

111) 박세일, 앞의 책, 128면 주11).
112) 정보경제학 논의에서의 정보의 자원으로서의 특성을 살펴보자면 ① 정보자원은 그 자체로서 가치를 구현하는 경우보다는 다른 자원들과 결합하여 사용될 때 그 가치가 배가되는 경우가 일반적이므로, 정보자원은 하나의 지식으로서 언제나 다른 자원의 응용과 평가를 위해 필요한 것이지, 석유나 석탄 같은 자원을 의미하지는 않는다. ② 정보자원은 분배를 해도 감소되지 않고, 오히려 새로운 사용자가 발생함으로써 그 가치가 더욱 증대되는 경향을 갖는다. ③ 정보는 하나의 상품으로 생산, 가공, 판매 가능하며, 시장에서 판매되지 않으면 하나의 측정불가능한 지식에 불과하다. ④ 정보는 교환이라는 형식을 가질 수 밖에 없는 유일한 자원으로 역동적이며 새로운 형태의 취약점을 보유한다. ⑤ 정보는 자기 규제적이고 자체조직적이며, 정보간 융합이 쉽다. ⑥ 정보는 소멸되거나 완전히 통제되지 않고 오히려 새로운 정보와 지식을 개발하는 데 중요한 역할을 수행하므로, 사회 내에서 무한한 성장이 가능하다는 점들을 지적할 수 있다. 유지성·최창곤·최동수, 앞의 책, 5면.

둘러싸고 발생하는 공공적 의사결정 - 을 만들어내는[113] 정치적 차원에서의
정보는 정책 형성의 기반을 이룰 뿐만 아니라, 형성된 정책 자체의 존재형태
및 실현수단을 이루기도 하다. 그렇기 때문에, 정부는 다양한 정보를 수집하
고, 가공하며, 생산한 정보를 국민들에게 제공한다. 이러한 정부의 활동은 시
장의 실패를 시정하기 위한 작업의 일환으로 행해지는 경우가 대부분이지만,
정부 자체의 존재이유와 관련하여서도 정보와 관련한 작업을 수행한다.[114] 이
러한 활동과 관련된 정보는 대부분 큰 공공성을 가지며 보통 '공공정보'라는
명칭으로 지칭되기도 한다.[115] 이러한 맥락의 공공성은 정부가 직접 관여함으
로써 유래되는 공공성이라 할 수 있다.

이 외에도 정치과정상의 지도적 원리인 민주주의 원리에 의해서도 정보의
공공성이 인정되는데, 대의 민주주의의 정치제도의 요소 가운데 하나로 '선택
의 여지가 있는 정보원(情報源)에의 접근'[116]이 제시될 만큼, 민주주의의 운영
에 있어서 정보는 중요하다. 이러한 정보는 모든 국민들에게 평등하게 제시되
어야 하므로, 역시 공공성을 보유하게 된다. 이러한 정보는 정치적 과정에의
효과적 참여를 가능하게 하고, 사안에 대한 이해가능성을 높이며, 의제에 대한
통제를 가능하게 만든다.[117] 특히 근대적 헌법체제의 임무를 넘어선 사회정의

---

113) 이극찬, 『정치학』(제6전정판), 서울: 법문사, 1999, 126면.
114) 이러한 맥락에서, 근대국가의 출현과 정보를 연계시키는 기든스의 논의를 이해할
    수 있다. Anthony Giddens, *Nation-state and Violence*, 진덕규 역, 『민족국가와 폭
    력』, 서울: 삼지원, 1991.
115) 우리 법제는 『온라인 디지털콘텐츠산업 발전법』제15조 및 『이러닝(전자학습)산업
    발전법』제2조 제6호 등에서 '공공정보'라는 용어를 사용하고 있다. 특히 『이러닝
    (전자학습) 산업발전법』제2조 제6호는 "'공공정보'라 함은 공공기관이 직무상 작
    성 또는 취득하여 관리하고 있는 문서·도면·사진·필름·테이프·슬라이드 및 컴퓨
    터에 의하여 처리되는 매체 등에 기록된 사항을 말한다"고 정의내리고 있다.
116) Robert Alan Dahl, *On Democracy*, 김왕식 외 3인 공역, 『민주주의』, 서울: 동명사,
    1999[2004print], 120면. 달(Robert A. Dahl)은 이상적인 민주주의의 본질적인 부
    분으로 '본질적 평등'과 '시민적 능력'을 제시하고 있다. 같은 책, 89~113면.
117) 위의 책, 127면. 로버트 달의 민주주의에 관한 보다 상세한 논의는 Robert Alan
    Dahl, *Democracy and its Critics*, 조기제 역, 『민주주의와 그 비판자들』(서울: 문
    학과지성사, 1999)를 참조.

의 실현을 이념으로 삼는 한편, 환경문제를 위시한 각종 사회적 위험이 상존하는 '위험사회(Risikogesellschaft)'[118]에 대처해야 하는 현대적 헌법체제가 요구하는 정치체제는 더욱 고양된 차원의 체제구성원을 요구할 수 밖에 없다고 할 것이기에, 개개 구성원들의 자질을 향상시키기 위한 다양한 정보를 요구하게 된다.

　한편 정치적 차원에서의 정보의 공공성은 특히 정부와 시민사회를 매개하는 장(場)으로서의 공론장(public sphere; Öffentlichkeit)에 관한 논의에서 두드러진다.[119] 공론장은 사회의 공익사항에 대한 다측면적 정보를 전달하면서 동시에 이 공익사항에 관한 발언을 통해 따지고 여론적 압력으로 정부의 정책결정을 통제하고 추적, 폭로, 칭찬과 비판, 책임추궁, 악평과 호평 등에 입각하여 개인들, 사회적 권력자, 국가관리들의 반(反)공익적 권력남용을 제재하는 쟁론적 논의의 장으로 잠정 정의할 수 있는데, 이러한 공론장은 소식전달의 기능

---

118) 위험사회에 관한 논의는 강내희, "위험사회, 노동사회, 문화사회", 『문화과학』 제35호, 2003.9; 이재열, 『위험사회와 생태적·사회적 안전』, 과천: 정보통신정책연구원, 2004; Ulrich Beck, *Risikogesellschaft — auf dem Weg in eine andere Moderne*, 홍성태 역, 『위험사회 — 새로운 근대(성)을 향하여』, 서울: 새물결, 1997; Niklas Luhmann, *Soziologie des Risikos*, translated by Rhodes Barrett, 『Risk — A Sociological Theory』(New Brunswick, N.J: Aldine Transaction, 2005[2006print])을 참조.

119) 공론장 논의의 중심에는 단연 하버마스(Jürgen Habermas)가 위치한다. 특히 Jügen Habermas, *Strukturwandel der Öfentlichkeit*, translated by Thomas Burger[with assistance of Frederick Lawrence], 『The Structural Transformation of the Public Sphere — An Inquiry into a Category of Bourgeois Society』(Cambridge, Mass: MIT Press, 1989)를 참조. 공론장에 관한 국내의 논의는 황태연, "하버마스의 공론장 이론과 푸코 비판", 『문화과학』 통권 7호, 1995.2; 김경희, "공론장 이론의 정치적 이해 — 아렌트, 하버마스, 월쩌를 중심으로 —", 서울대학교 정치학 석사 학위논문, 1996; 윤평중, "'정치적인 것'의 이념과 공론장", 『철학연구』 제53집, 2001; 장명학, "하버마스의 공론장 이론과 토의민주주의", 『한국정치연구』 제12집 제2호, 2003; 주선미, "공론장의 정치사회적 함의", 『한국사회와 행정연구』 제14권 제1호, 2003.5; 김종길, "사이버공론장의 분화와 숙의민주주의의 조건", 『한국사회학』 제39집 제2호, 2005; 배영, "사이버 공간의 공론장과 공익의 증진에 관한 연구", 『사이버커뮤니케이션학보』 통권 제17호(2006)를 참조.

과 아울러 정치적 영향력 또는 권력의 기능을 행하고 또한 국가재판소의 심판 행위를 전후하여 정치규범적 제재기능(소위 '언론재판')을 수행하며, 문제와 사안에 따른 다측면적인 논의들(Diskurse)을 담고 있다. 이 논의들은 어떤 특정 국면에서가 아니라 이상적으로 무한히 지속되는 쟁론과정 속에서 일반적 기준이 되는 인식적 진리성과 윤리적 규범구속성 및 공정성을 밝히고 갱신하고 전수할 수 있는 내재적 힘을 발휘하게 되는 바, 이러한 공론장에 있어서의 정보 역시 높은 수준의 공공성을 띠게 된다.

4) 사회적 차원

'사회'라는 개념은 매우 다의적이기 때문에 그 명확한 의미를 밝히는 작업이 그다지 수월하지 않다.[120] 사회학적 관점에서 사회는 대체적으로 '상호의존하는 인간들이 구성하는 인간 결합체(Menschenfiguration)'를 의미하는 것이라 할 수 있지만,[121] 헌법학에 있어서의 '사회'의 개념은, 비록 명시적인 논의가 활발하게 이루어져 있지는 않으나, 일반적으로는 이러한 사회학적 관점을 '넘어서는' 의미로 사용되는 것으로 보인다. 물론 헌법전에서의 '사회'의 용례는 사회학적 맥락에서 파악해도 괜찮을법한 용례가 없지는 않지만(예를 들어, 전문의 '사회적 폐습'이나, 제11조의 '사회적 신분' 등), '사회국가(Sozialstaat)의 원리' 혹은 '사회적 시장경제질서'에 있어서의 '사회'의 개념은 사회학적인 차원의 '인간결합체'의 의미가 아니라, '서로 의지하고 의존하는 공동체'를 형성한다는 것, 즉 그 공동체 안에서 서로에게 힘이 되는 존재가 되어 있음을

---

120) '사회'의 사전적 의미는 "① 같은 무리끼리 모여 이루는 집단. 상류 사회/학생 사회 ② 학생이나 군인, 죄수 들이 자기가 속한 영역 이외의 영역을 이르는 말. 사회에 진출하다/사회에 적응하다/앞으로 사회에 나가면 무슨 일을 할 작정이냐? ③『사』 공동생활을 영위하는 모든 형태의 인간 집단. 가족, 마을, 조합, 교회, 계급, 국가, 정당, 회사 따위가 그 주요 형태이다" 등이다. 국립국어연구원 편, "사회",『표준국어 대사전』, 서울: 두산동아, 1999.

121) Norbert Elias, *Was ist Soziologie?(3. Aufl.)*, 최재현 역,『사회학이란 무엇인가』, 서울: 나남, 1987, 12면.

의미하는 '연대성(連帶性; Solidarität)'122)의 의미를 포함하는 것이라 할 수 있다.123) 이러한 맥락에서 사회적 차원에서의 정보의 공공성은 사회구성원들의 연대적, 생존의 차원에서의 정보의 공공적 성질이라 규정해 볼 수 있을 것이다. 이에 대한 고찰은 역시 개개의 구성원의 차원 즉 개별적인 인간에게 있어서 정보의 의미를 살펴보는 것에서부터 시작하는 것이 필요할 것이다.124)

우리 헌법이 상정하고 있는 인간상은 정태적인 차원에 머무르는 것이 아니라 출생 이후, 성장과정을 통해 타인 및 환경과의 유기적이고 연속적인 관계 속에서 동태적으로 파악해야 할 필요성이 큰 개념으로,125) 특히 사회적 존재로서의 인간의 인격의 핵심을 이루는 자아형성에 있어서의 '학습'의 중심을 이루는 문화적 요소 및 타인과의 커뮤니케이션의 중요성은 새삼 강조할 필요

---

122) 장영수, 『헌법학』(제2판), 서울: 홍문사, 2007, 213면.

123) 홍성방 교수에 의하면 "'사회적'이라는 개념은 초기에는 물질적 필요와 관련된 제한적 의미로 사용되었으며, 이러한 의미에서 '사회적'이라는 용어는 지금까지도 '생존기반(Existenzgrundlage)'의 보호와 필수적 생활수요의 해결과 관계되어 있다. 그러나 시간이 흐르면서 이 개념에는 기회균등, 복지, 정의 등에 대한 요청이 첨가된다. 그와 함께 사람들은 '사회적'이라는 말을 사회문제, 노동자문제, 사회개혁, 사회입법 등과 결합시키게 되었다. 따라서 오늘날 '사회적'이라는 말은 일반적으로 '빈곤, 부적절한 복지수준의 차이 및 종속에 반대하는' 또는 '모든 사람에게 인간의 존엄에 적합한 생존을 보장하고 복지수준의 차이를 균형되도록 하며 종속관계를 완화시키고 제거하는 방향의'라는 의미로 사용되고 있다"면서 "간단하게 말한다면 '사회적'이라는 말은 빈곤으로부터의 자유라는 의미로 사용되고 있다"고 한다. 홍성방, 『헌법학』(개정3판), 서울: 현암사, 2006, 156면.

124) 사회국가원리 등의 구체적인 목표는 역시 '인간다운 생활(헌법 제34조 제1항)'의 보장이라 할 수 있을 것인데, 인간다운 생활의 의미를 파악하기 위해서 우선적으로 '인간다움'의 의미를 파악해야 함이 당연한 수순이기 때문이다. 같은 접근 방식은 한병호, "인간다운 생존의 헌법적 보장에 관한 연구 - 구체적 권리로서의 실현 가능성을 중심으로", 서울대학교 법학박사 학위논문, 1993, 26~28면 참조.

125) 한상희, "민주주의와 경제질서", 『민주법학』제14호, 1998, 19면. 한교수는 "인간의 개념을 다른 모든 사람들이나 상황과의 유기적이고 연속적인 관계 속에서 자신의 동일성을 추구하는 인간으로 상정할 필요"가 있다면서, "인간이 인간다울 수 있는 조건들, 즉 그들이 생활하는 구체적인 시·공간속에서 그들을 파악하고 이해하는 관점의 혁신"을 요구하고 있다.

가 없을 정도이기에, 문화 및 커뮤니케이션 과정의 중심을 이루는 '정보'는 인간상의 이해에서부터 분리해서 생각할 수 없을만큼 중요한 요소라 할 수 있다. 아울러 '인정욕구(esteem needs)'나 '자아실현욕구(self-actualization needs)'의 충족에 있어서도, 정보의 중요성은 절대적이라 할 수 있다.[126] 법체제는 이러한 기본적인 욕구들을 가능한 범위 내에서 실현시킬 수 있도록 노력할 필요가 있다. 결국 법체제의 근본을 형성하는 헌법이 상정하고 있는 인간상은 인간의 특정한 면만을 강조하는 단면적 인간상이어서는 안 되며, 존재론적인 차원의 인간의 모습을 충실히 반영하는 총체적인 인간상이어야 할 것이다.[127] 이렇게 개개의 인간들에 있어 중요성을 가지는 정보의 공공적 가치는 어렵지 않게 인정될 수 있을 것이며, 이러한 인간들의 상호작용의 결과로 생겨나는 '사회'에 있어서도 그에 못지않은 중요성을 가지게 됨은 물론이다.

비록 우리 헌법이 명시적으로 사회국가원리를 선언하고 있지는 않지만, '사회정의'의 실현을 목표로 하는 사회국가(Sozialstaat)원리는, '사회정의의 실현'을 경제질서의 기본으로 삼았던[128] 건국헌법이래 우리 헌법의 '기본원리(verfassungrechtliche Leitgrundsätze, verfassungsrechtliche Leitprinzipien)' 또는 '국가목표규정(Staatszielbestimmungen)'으로 규정되어 있음은 의심할 여지가 없다.[129] 헌법의 인간상은 헌법 제10조와 제34조 제1항의 규정 등을 종합하여

---

126) 심리학자 매슬로우(Abraham H. Maslow)에 의하면 개인의 기본적인 욕구는 5단계로 나뉜다. 즉, 생리적 욕구(biogenic drives), 안전의 욕구(safety needs), 소속과 애정의 욕구(belongingness and love needs), 인정을 받고자 하는 욕구(esteem needs), 자아실현의 욕구(self-actualization needs)가 그것이다. 이홍탁, 『사회학원론: 사회학의 제이론 및 방법론』, 서울: 법문사, 1995, 113면.

127) 같은 의견은 한병호, 앞의 논문, 36~37면; 한병호, "헌법에서의 인간문제에 관한 소고", 『해사법연구』 제5호, 1993, 329~330면. 헌법은 국가의 기본법·최고법으로서 국가사회의 법질서 전체의 기본적 사항을 규율하기 때문에 헌법에서의 인간상은 그것이 현상적인 것이든 바람직한 것이든 그 법질서 속에서 살아가야 할 모든 인간을 포괄할 수 있도록 총체적이지 않으면 안 된다. 한편 인간은 곧 교섭관계적 존재이고, 유의의성(有意義性; Bedeutsamkeit)을 본질적 징표로 삼는 '유의의적 존재(有意義的 存在)'라는 견해로는 한정석, 앞의 책, 155면.

128) 유진오, 『(신고)헌법해의』, 서울: 일조각, 1957, 257면.

볼 때, 목적적 존재로서의 위치와, 존재론적 차원에서의 안전 및 기본적인 물질적 생활의 충족과 더 나아가 문화적인 생활의 보장도 기본 전제로 삼고 있기 때문에, 사회국가원리는 이러한 인간상을 "실질적으로" 충족시키기 위한 국가의 운영원리 혹은 목표로 기능해야만 하므로,130) 정보에 대한 개개인의 수요는 사회적 차원에서도 관심을 기울여야 하는 중요한 과제라 할 수 있다.

---

129) 보통 헌법의 기본원리와 국가목표조항은 엄밀한 구분없이 사용되는 것이 일반적이지만, 양자는 이미 사전적으로 구분이 가능한 개념이기도 하거니와, 실질적인 차이점도 인정할 수도 있다고 생각하기에, 본서에서는 구분하여 사용한다. 즉 헌법의 기본원리는 이미 헌법에 반영되어, 국가 및 하부체제의 조직과 운용에 적용되고 있는 근본 이치나 행위의 규범인데 반해, 국가목표조항은 헌법에는 규정되어 있으나, 아직 완전한 실현이 이루어지지 못한 것으로, 장차 실현을 목표로 국가 및 하부체제가 운용되어야 할 방향을 제시하는 것이다. 이러한 구분은 특히 실천적인 의미를 가질 수 있는데, 헌법의 기본원리들을 헌법현실에서의 실현여부를 중심으로 검토하여 국가목표조항으로의 재설정할 필요성이 있다고 할 것이다. 일례로, 이른바 '민주화'의 오랜 노력을 경주해 온 우리사회의 현실에 비추어 볼 때, 그 동안의 헌법학계에서 추상적으로 논의해 온 '국민주권원리'나 '자유민주주의원리'가 헌법전에 규정되어 있는 것에 만족하지 않고, 헌법현실 속에 구현되어 있는가에 대해서도 관심을 기울이는 출발점으로 작용하게 될 것이다.

130) 유사한 맥락에서 김선택 교수는 우리 헌법상의 기본권이 그 출발점으로 삼고 있는 인간관은 개인과 공동체의 상호연관 속에서 균형을 잡고 있는 인격체(Person)이고, 국가관은 개인의 자유에 초점이 있는 자유민주적 법치국가(freiheitlich-demokratischer Rechtsstaat)이면서 동시에 동료인간들(Mitmenschen)에 대한 배려에 초점이 있는 사회국가(Sozialstaat - 문화국가의 개념을 포함하는 개념)이므로, 우리 헌법상의 기본권을 해석함에 있어서 개인절대주의적 또는 국가절대주의적 편향은 허용되지 않으며, 따라서 예컨대 "의심이 있을 때에는 자유에 유리하게(in dubio pro libertate)"라는 개인우선의 명제가 일반적 해석원칙으로 무조건 정당화될 수는 없고, "개인의 이익과 공동체의 이익이 균형을 잡도록" 기본권이 해석되어야 하므로 법치국가적 측면을 앞세워 사회적 약자의 사정을 고려하지 아니하는 기본권주장이 허용될 수 없으며, 사회국가적 측면에 의한 보정이 기본권차원에서도 이루어져, "사회적 약자에게 - 어쨌든 부분적으로나마 - 유리한 방향으로" 기본권해석이 이루어져야 한다고 주장한다. 김선택, "기본권체계", 『헌법논총』 제10집, 1999.12, 166~167면.

5) 문화적 차원

'문화'라는 말은 '경작하다' 또는 '돌보다'라는 뜻을 가진 라틴어 'cultura'에 그 어원을 두고 있다. 이렇게 문화를 자연에 인간의 활동이 가해진 것으로 볼 때에는 문화란 사회학에서 일반적으로 사용되듯이 "사회 내의 전형적인 생활양식, 가치관 및 행위양식을 총칭"하는 것일 수밖에 없다.[131] 그렇지만, 우리가 헌법에서 특히 '문화국가(Kulturstaat)'를 논의할 때의 '문화'는 이처럼 넓은 의미로 사용하지는 않으며, 오히려 국가공동체 내의 다른 영역들, 즉 정치·경제·사회의 영역들과 구분되는 좁은 의미의 문화개념을 전제하는 것이다.[132] 홍성방 교수에 의하면 포괄적인 문화개념을 가지고는 문화의 보호·육성·진흥·전수라는 특수한 과제를 그 밖의 공공의 과제들과 명확하게 구별할 수 없을 뿐만 아니라 국가와 문화의 관계에 대한 물음은 이러한 기초 위에서는 충분하게 논의될 수 없으며, 더구나 법적인 맥락으로는 나갈 수 없기 때문에, 법학에서 문화는 "국가와 특별한 관계를 가지고 있는 인간의 정신적·창조적 활동영역"으로 정의되고 전통적으로 이러한 문화의 범주에 속하는 것으로는 교육, 학문, 예술, 종교를 들 수 있다고 한다.[133]

그렇지만 이처럼 전통적 영역만을 문화의 범주로 이해한다면, 일반대중문화나 특히 대항문화 등은 문화영역의 대상으로서 고려의 대상이 되기 어렵다.

---

131) 홍성방, 앞의 책, 172면. 문화의 개념에 관한 국내의 표준적인 논의로는 백종현, "문화란 무엇인가", 우리사상연구소 편,『우리말 철학사전 1 - 과학·인간·존재 -』(서울: 지식산업사, 2001)를 참조. 문화의 생성과 그 성격에 관한 논의는 한정석, 앞의 책, 151면 이하 참조. 한정석에 의하면 문화는 결국 '유의의성(有意義性)'으로부터 전화되는 '유의지대(意義地帶)'로 등장하게 된다고 한다. 같은 책, 197면 이하. 문화연구의 현대적 경향에 관한 논의로는 Stuart Hall, *Cultural Studies*, 임영호 편역,『스튜어트 홀의 문화 이론』, 서울: 한나래, 1996, 135면 이하 참조.

132) 장영수, 앞의 책, 229면.

133) 홍성방, 앞의 책, 172면. 성낙인 교수에 의하면 문화국가원리에서 지칭하는 문화의 정확한 개념에 대해서는 논란이 있지만, 헌법상 문화란 교육·학문·문학·예술 등 "인간의 정신적·창조적 활동영역"이라고 정의할 수 있다고 한다. 성낙인,『헌법학』(제12판), 파주: 법문사, 2012, 286면.

결국 문화의 실체는 고정적이지 않고 변하는 것이기 때문에 그 개념도 유동적일 수밖에 없다. 그렇지만 이러한 문화의 개념은 전통적인 문화영역 외에 새로운 문화영역도 포괄할 수 있는 것이어야 한다. 따라서 협의의 법학적 문화개념은 문화의 기능을 '공동체의 관념적 재생산'으로 보고, 문화에 세계해석, 의미형성, 가치정당성, 가치전승, 가치비판과 그것들의 상징적 표현을 포함시키는 견해를 통하여 보완되지 않으면 안 된다. 그렇게 되면 문화에는 전통적으로 문화영역에 속했던 생활영역 외에도 사회의 관념적 재생산이라는 기능을 수행하는 영역들이 포함된다.[134]

이러한 포괄적인 문화개념을 바탕으로 하는 '문화국가 원리'는 일차적으로는 헌법체제가, 국가의 모든 영역의 '공동체의 관념적 재생산' 과정에서의 의미적 차원에서의 풍요로움을 양적·질적으로 증가시키는 방향으로 운용되어야 함을 의미하는 것으로 이해할 수 있을 것이고,[135] 아울러 이른바 '문화적 제국주의(cultural imperialism)'로 일컬어지는 문화영역이 직면한 현대적인 상황에 있어서[136] '문화적 다양성'을 확보하는 방향으로 나아가야 할 것이다.[137]

---

134) 따라서 교육, 학문, 예술, 종교 외에도 방송, 신문, 저작권, 기념물과 문화재보호, 스포츠, 청소년보호 등이 문화영역의 대상으로 된다. 김수갑, "헌법상 문화국가원리에 관한 연구", 고려대학교 법학박사학위논문, 1993, 28~29면. 정종섭 교수 역시 "국가는 국민의 생활양식과 이를 형성하는 요소들을 적극적으로 조성하거나 변경하거나 통제할 수 없다"라거나, "인간의 생활양식은 국가가 정해주는 것이 아니라 사회영역 또는 생활세계에서 자율적으로 형성되는 것이므로 이러한 자율적인 생활영역에 국가가 개입하거나 침투하는 것을 방어해줌으로써 문화는 형성되고 창달된다"는 언급으로 미루어 볼 때, 문화의 개념을 '인간의 생활양식'이라는 총체론적 관점을 취하고 있는 것으로 보인다. 정종섭, 『헌법학원론』(제7판), 서울: 박영사, 2012, 241, 243면.

135) 이러한 맥락에서 "바람직한 문화정책의 목표는 다수 사회성원들의 문화적 능력의 열악한 배치상태에 함몰되어 있는 상태에서 다수의 성원들이 문화적 능력의 풍부한 배치상태를 유지하는 상태로 전환하는 데에 있다고 할 수 있다"는 제언을 이해할 수 있다. 심광현, "문화사회를 위한 문화개념의 재구성", 『문화과학』 제38호, 2004, 69면.

136) '문화 제국주의'에 대한 일반적인 논의는 Herbert I. Schiller, *Communication and Cultural Domination*, 강현두 역, 『커뮤니케이션과 문화제국주의』(서울: 현암사,

우리 헌법 제9조는 특히 후자의 측면에서의 국가의 목표를 명시적으로 제시하고 있는 것이라 할 수 있는데, 물론 이 규정은 전자의 목표 역시 포함하고 있는 것으로 보아도 무방할 것이다.

정보의 공공성의 본질적 차원에서도 간단히 언급한 바 있지만, 문화와 정보는 매우 밀접한 관련을 맺고 있기 때문에 정보의 본질적 차원에서의 공공성은 곧 문화적 차원에서의 공공성과도 연결된다고 해도 무리가 따르지 않을 것이다. 특히 전통적인 문화영역 외에 새로운 문화영역도 포괄할 수 있도록, 문화의 기능을 '공동체의 관념적 재생산'으로 보고, 문화에 세계해석, 의미형성, 가치정당성, 가치전승, 가치비판과 그것들의 상징적 표현을 포함시키는 견해를 통하여 보완을 시도하는 협의의 법학적 문화개념은 결국 '전달가능한 의미 있는 관념'인 정보의 형태를 빌어 존재하게 되는 것이 일반적인 형태이므로, 정보의 중요성이 가장 크게 부각되는 부분 가운데 하나가 바로 문화적 영역이고, 사회국가원리에 의해서 이러한 문화적 영역에서도 일정 수준 이상의 수준이 보장되게 되므로, 정보는 상당한 수준의 공공성을 보유하게 된다.

6) 소결(小結)

이상에서 살펴본 바와 같이 정보는 다양한 맥락에서 다양한 층위의 공공성을 보유하고 있음을 확인할 수 있었다. 이를 구체적으로 정리해보면, 경제적 차원에서의 정보의 공공성은 공공성의 개념 가운데에서 특히 '④ 전유불가능성(public as non-exclusiveness)'의 맥락이 두드러지는 경우로 정보의 공공성에 관한 논의가 가장 활발히 논의되는 차원이라 할 수 있으며, 정치적 차원에서의 정보의 공공성은 '① 전체 또는 다수에 관한 일(public as group affairs) ②

1984)를 참조. 한편 인권적 관점에서 문화 제국주의를 논의하고 있는 것으로는 정종섭, "기본권의 개념", 『헌법연구』 5, 서울: 박영사, 2005, 81면 이하.

137) 한상희, "정보화와 인권 그리고 헌법", 『문화과학』 제36호, 2003.12, 77면 역시 문화적 다양성의 보전·보장의무를 문화국가원리에서 도출하고 있으며, 이를 제10조와 결합시킴으로써 국민들의 다양한 문화적 생활을 누릴 수 있는 권리라는 '기본권적 권리'를 확보 할 수도 있다고 적고 있다.

권위(public as authority) ③ 정부(public as government) ⑤ 이타성(public as altruistic interest)'의 다양한 맥락이 두드러지는 경우라 할 수 있고, 사회·문화적 차원에서의 정보의 공공성은 '① 전체 또는 다수에 관한 일'의 맥락이 두드러지는 경우이나, 특히 사회적 차원의 경우에는 '⑤ 이타성'의 맥락도 상당부분 정도 강조된다고 할 수 있을 것이다.

주의할 점은 정보의 공공성은 모든 정보에 균일하게 인정되는 것은 아니며, 공공성의 정도의 차이가 존재하기 마련이라는 점이다. 즉 보다 공공성이 큰 정보와 그렇지 못한 정보가 있을 수 있음을 염두에 둘 필요가 있다. 결과적으로 정보의 공공성에 기반한 정책결정에 있어서는 개별 정보의 구체적인 성격을 고려할 필요성이 크다는 점을 고려해야 한다.

한편 일반적으로 정보의 사유화는 이러한 정보의 공공성에 대한 제한으로 기능하게 되기 때문에, 정보의 사유화에 관한 논의는 반드시 정보의 공공성에 관한 고려를 통해 균형잡힌 결론을 도출할 수 있도록 노력해야만 할 것이다.

II. 정보의 상품성(商品性)

위에서 살펴본 바와 같이 정보는 공공적 성격을 갖지만, 다른 한편으로 상품으로 거래가 가능한 속성도 가지고 있다. 이는 본질적으로는 정보가 가지는 '유의미성'에 기인하는 것이지만, '전달가능성'에 대한 통제로 보다 강화되게 된다. 이러한 측면에 대해 정보경제학계에서는 "정보를 공공재보다는 사유재로서 취급하려는 것은 정보의 사유재적 상품화가 시장성을 이루는 근간이 되고 있기 때문이다. 더구나 정보욕구의 다양화 또는 전문화에 따른 '정보의 개별성'이 불가피한만큼 정보의 상품화는 기정사실로 받아들일 수 밖에 없다"라고 주장한다.[138]

---

138) 유지성·최창곤·최동수, 앞의 책, 9면.

1. 상품성의 의미

'상품성'이란 말 그대로 '상거래를 목적으로 하는 상품(commodity)으로서의 가치를 가진 성질'이라 할 수 있다.[139] 그러므로 상품성의 이해를 위해서는 우선 상품이 무엇인가부터 살펴보아야 한다. 이러한 상품에 대한 논의는 주류 경제학과 마르크스 경제학의 견지에서 각각 살펴볼 수 있다.

주류경제학적인 견지에서 상품의 개념을 이해하기 위해서는 우선 경제적 자원(economic resources)에 대해 이해해야 한다. 넓은 의미에서의 경제적 자원이란 우리가 아껴 써야 하는 모든 것을 뜻한다. 즉 희소하게 주어져 있으며 쓸모 있다고 생각되는 것들을 모두 포함하는 개념으로 경제적 자원을 이해할 수 있다. 반면 좁은 의미에서의 경제적 자원은 노동이나 자본처럼 생산과정에 투입되어 우리가 소비하는 상품으로 변화될 수 있는 생산요소(factors of production)를 뜻한다. 이러한 경제적 자원들은 생산과정을 거쳐 상품으로 변화한다. 즉 상품은 사람들이 소비하기를 원해 시장에서 사고파는 모든 물건을 뜻한다. 상품에는 눈에 보이는 재화(goods)와 보이지 않는 서비스(services)의 두 종류가 포함되어 있다.[140] 이러한 상품개념은 결국 시장에서의 수요와 공급의 일치로 나타나는 '교환가치(exchange value)'의 관점에서 상품을 파악하게 된다.

한편 자본주의 경제체제의 분석의 선두에 서 있는[141] 마르크스(Karl Marx)는

> 상품은 우선 우리의 외부에 있는 하나의 대상이며, 그 속성들에 의해 인간의 온갖 욕망을 충족시켜 주는 물건이다. 이 욕망의 성질이 어떠한가, 예컨대 욕망이 위로부터 나오는가 또는 환상으로부터 생기는가는 전혀 문제가 되지 않는다. 또한 물건이 인간의 욕망을 어떻게 만족시키는가, 즉 생활수단(소비재)으로서 직

---

139) 국립국어연구원 편, "상품성",『표준국어대사전』, 서울: 두산동아, 1999.
140) 이준구·이창용, 앞의 책, 10면.
141) 김수행 교수는 마르크스경제학이 자본주의를 가장 정확하게 분석하고 있다는 '믿음'을 보인다. 김수행,『'자본론'의 현대적 해석』(제1개정판), 서울: 서울대학교출판부, 2004, vi면.

접적으로 만족시키는가, 아니면 생산수단으로서 간접적으로 만족시키는가도 전
혀 문제가 되지 않는다.

라고 하면서 상품은 '사용가치(value in use)'와 '교환가치'를 가진다고 한
다.142) 한편, 마르크스는 '노동생산물(product of labour)'에 관해서도 언급하고
있는데143) 인간의 노동이 투입되어 생산된 모든 것은 '노동생산물'이라 할 수
있고 노동생산물들이 시장에 나가 매매되는 경우에 바로 상품으로 되는 것이
라고 한다.144)

  본 연구는 기본적으로 마르크스적 맥락에서 상품의 개념을 이해하려 하며,
그에 따라서 '정보'와 '정보상품'의 개념을 구분한다. 즉 '정보'는 곧 '노동생
산물'의 관점에서 파악하고, '정보상품'은 '(정보)시장에서 매매(賣買)를 통해
교환이 이루어지는 정보'라 파악해 볼 수 있을 것이다. 원래 정보는 사용가치
의 형태로 존재하여 왔고, 상품으로 공급되지는 않았다.145) 전통적으로는 국
가의 지원을 받는 대학이나 연구소가 이러한 사용가치를 제공하는 역할을 담
당하여 왔다. 그리고 지금도 상당량(相當量)의 정보는 상품이 아닌 형태로 공
급되고 있다.146) 그렇기 때문에 본 연구에서는 개념적으로 '정보'와 '정보상
품'을 구별하는 입장을 취한다. 즉 정보상품은 정보 가운데에서 상품으로 취
급되는, 즉 일반적으로 '매매' 등의 형식을 통해 교환되는 것을 지칭하는 개념

---

142) Karl Marx, *Das Kapital*, 김수행 역, 『자본론 - 정치경제학 비판 제1권 - 자본의 생
    산과정(상)』(제2개역판), 서울: 비봉출판사, 2001[2006print], 43~45면. 한 물건의
    유용성은 그 물건으로 하여금 사용가치가 되게 하며, 사용가치는 오직 사용 또는
    소비에서만 실현된다고 한다. 한편 교환가치는 양적 관계, 즉 어떤 종류의 사용가
    치가 다른 종류의 사용가치와 교환되는 비율로 나타난다.
143) Karl Marx, 위의 책, 47면.
144) 김수행, 앞의 책, 40면.
145) 정보의 경제적 가치에 대한 보다 자세한 고찰은 고영만, "정보의 경제성에 대한
    담론", 『한국문헌정보학회지』 제37권 제4호, 2003, 58~61면.
146) 그렇기 때문에 정보를 토지나 노동과 같이 자본주의적으로 생산되지 않는 상품으
    로 간주하려는 의견도 있다. 류동민, "디지털 네트워크 경제의 특성에 대한 정치경
    제학적 분석", 노동가치론연구회 워킹페이퍼, 2000; 강남훈, 『정보혁명의 정치경제
    학』, 서울: 문화과학사, 2002, 46면에서 재인용.

으로 정보의 특수한 경우라 할 수 있다.[147] 결국 정보와 정보상품의 구분은 기본적으로는 정보의 전달에 매매의 형식을 취할 것인가, 즉 대가를 요구할 것인가에 대한 정보생산자(혹은 유통자)의 의사에 따라 구분된다고 할 수 있다. 한편 정보가 별도의 재화 상품으로 되기 위해서는 흔히 특정한 매체(媒體)에 담기거나 일정한 형태를 가져야 한다. 이 경우에도 본질적인 것은 외피(外皮)가 아니라 내용이다.[148]

이러한 상품성 역시 단순한 유무(有無)의 문제뿐 아니라, 그 정도의 차이가 존재할 수 있음을 주의할 필요가 있다. 즉 상품성이 있더라도, 그 상품성이 높고 낮을 수 있다는 것인데, 이러한 상품성의 고저(高低)는 시장에서의 수요자의 선호와 직접적인 관계를 가지고 있다고 할 수 있다. 즉 상품성이 높은 상품의 경우에는 시장에서 쉽게 판매가 이루어지지만, 상품성이 낮은 상품의 경우는 시장에서의 판매가 쉽지 않기 때문에, 생산에 투입된 비용의 회수나, 이윤의 창출에 있어서 편차가 발생하게 된다. 이러한 측면은 시장에 의한 정보생산의 유인의 유효성을 좌우한다. 즉, 상품성이 낮은 정보들은 아무리 상품화가 잘 이루어진다 하더라도 시장에 의한 생산의 유인이 발생하기 어렵다.

2. 정보의 상품화 경향

한 사회의 본원적인 부(富)는 그 사회가 소비할 수 있는 사용가치의 집합으

---

147) 폴라니(Karl Polanyi)적인 관점하의 시장에서는 정보와 정보상품 모두 교환이 이루어진다고 보아도 무방하다.

148) 강남훈, 앞의 책, 46면. 한편 장영민 교수 역시 정보사회를 대량의 정보유통의 사회로 파악하고, 이때의 정보는 일종의 '상품'으로서의 지위를 갖고 유통되는 기제를 형성할 것으로 예측하고 있다. 그런데 이상의 상품으로서의 정보는 종래의 지적재산권의 대상으로 보호되던 개인의 창작물과 같은 지적소산 뿐 아니라, 종래에는 자료에 불과하였던 개인의 신상자료, 소득자료 등과 같은 것도 정보로 탈바꿈하여, '상품'(의사결정의 자료)으로서 유통되게 된다고 한다. 장영민, "법철학적 관점에서 본 정보사회의 제문제", 정보통신정책연구원 편, 『정보사회에 대비한 일반법연구』 I, 과천: 정보통신정책연구원, 1997, 68면.

로, 자본주의 사회란 이 사용가치 중의 상당한 부분을 자본에 의해서 상품 형
태로 생산하고 유통, 소비하는 사회라고 정의할 수 있다. 이러한 자본주의적
생산이 지배하는 사회의 부는 거대한 상품의 집적으로 나타난다.[149] 일반적으
로 자본주의 사회에서는 상품의 생산이 끊임없이 증가하는 경향을 갖는다. 이
경향은 두 가지 방향으로 나타나는데, 하나는 기존에 상품 형태로 제공되던
사용가치의 양이 증가하는 것이고, 다른 하나는 기존에 상품이 아닌 형태로
제공되던 사용가치를 상품의 형태로 전환하는 방향이다. 전자를 '상품(자체)의
발달(혹은 생산량의 증가)'이라고 한다면, 후자는 '상품화(commoditification)'
라고 할 수 있을 것이다. 본 연구는 이 가운데 특히 상품화에 주목하고 있다.

실제로 '상품화 경향'은 자본주의 경제의 가장 기본적인 경향 중의 하나라
고 할 수 있다. 즉 자본주의 이전의 경제에서는 많은 재화와 용역이 상품이
아닌 형태로 제공되었지만,[150] 자본주의의 성립이후 많은 재화와 용역이 상품
의 형태로 변화되었다. 이처럼 자본주의가 성립하면서 비로소 상품으로 된 중
요한 것으로서는 토지와 노동력을 들 수 있다.[151] 정보 역시 이러한 흐름 속

---

149) Karl Marx, 앞의 책, 43면 이하.
150) 강남훈 교수는 폴라니를 원용하여, 인류의 역사를 통하여 많은 재화들이 교환 형태
가 아니라 호혜(reciprocity), 재분배(redistribution), 가사(householding)의 형태로
제공되었다고 적고 있으나, 폴라니의 실제 주장은 '호혜', '재분배' 그리고 '교환
(exchange)'의 형태이다. Karl Polanyi, *The Great Transformation: the political
and economic origins of our time*, 박현수 역, 『거대한 변환: 우리 시대의 정치적,
경제적 기원』, 서울: 민음사, 1991, 67면 이하에서는 '호혜'와 '재분배'만을 들고
있으나, Karl Polanyi, *Trade and Market in the Early Empires*, 이종욱 역, 『초기제
국에 있어서의 교역과 시장』, 서울: 민음사, 1994, 323면 이하; Karl Polanyi, *The
Livelihood of Man(I)*, 박현수 역, 『사람의 살림살이(I)-시장사회의 허구성』,
서울: 풀빛, 1998, 98면 이하는 세 가지를 모두 들고 있다.
151) 토지는 '인클로저 운동'을 통하여, 노동력은 폭력과 수탈을 동반하는 '본원적 축적
과정'에서 상품으로 전환되었다. 영국에서의 2차 인클로저 운동을 전후한 시기의
노동자계급의 출현 및 계급의식의 형성과정에 관해서는 Edward Palmer
Thompson, *The Making of the English Working Class*, 나종일·노서경·김인중·유
재건·김경옥·한정숙 공역, 『영국 노동계급의 형성』(상·하), 서울: 창작과비평사,
2000[2002print]을, '본원적 축적과정'에 대해서는 Karl Marx, *Das Kapital*, 김수

에서 상품화의 경향을 띠게 된다고 할 수 있다.[152] 흥미로운 점은 이러한 상
품화 경향에 일정한 방향성이 발견된다는 것으로 처음에는 물리적인 형태를
가진 재화가 상품으로 판매되었지만 다음에는 본질적으로는 무체물이지만 유
체물에 담겨야 판매될 수 있는 것들이(예, 음반, 비디오 등) 상품으로 만들어
지고, 마침내는 반드시 유체물에 담길 수 없는 것들까지도(예, 실연, 컨설팅
등) 상품으로 제공된다. 결국 이와 같이 상품화 경향은 대체적으로 유체물에
서 무체물로, 무생물에서 생물로, 인간에서 먼 것에서 인간에게 가까운 것으로
진행되었다는 것을 알 수 있다.[153]

　이러한 논의에 덧붙여야 할 것은 이러한 정보의 상품성에 대한 국제사회 내
에서의 상반된 견해이다. 정보를 주도적으로 생산하여 제공하는 입장의 자본
주의 경제체제하의 선진국가들과 그것을 주로 입수·활용하는 입장의 개발도
상국가군들이 보이는 정보관에는 현저한 차이가 있게 된다. 비동맹운동권을
중심으로 한 개발도상국들은 정보가 교환가치를 가지는 '상품'이어서는 안 되
며 정보는 "국가발전, 특히 개발도상국들의 국가발전에 이바지하는 사회적 공
유 자산"으로 간주되어야 하며, 따라서 사회적 자산으로서의 정보는 "비동맹
중립제국 및 기타 개발도상국들의 경제적, 정치적 및 문화적 독립과 밀접히
연계"된다는 정보관을 펴고 있다. 반면 제공자편에 속하는 선진국가들은 정보
의 '상품성'을 강조하지는 않지만 정보가 교환가치를 갖는 상품화하고 있다는
점을 부인하지 않는다.[154]

　　행 역, 『자본론 - 정치경제학 비판 제1권 - 자본의 생산과정(하)』(제2개역판), 서울:
　　비봉출판사, 2001[2002print], 979면 이하를 참조.

152) 정보를 '인간노동의 산물'로 보고, 정보사회 내에서 정보가 상품이면서 사회의 중
　　요한 요소로 등장하게 된 이유와 그러한 정보상품이 자본주의사회 속에서 어떤 의
　　미를 갖는가에 대한 연구로는 이병섭, "정보화사회에 있어서의 정보의 상품성에
　　대한 연구", 서울대학교 문학석사학위논문, 1987을 참조. 이병섭은 결론적으로 "정
　　보화사회는 사회의 엄청난 생산력과 확대된 사유화, 상품화가 인간의 정신영역인
　　정보생산영역에 까지 확대된 것으로, 많은 변혁의 가능성을 지니고 있지만 자본주
　　의 경제법칙이 여전히 관철되고 있는 사회로 이해되는 것이 보다 타당할 것으로
　　보인다."고 적고 있다. 같은 논문, 70면.

153) 강남훈, 앞의 책, 43~46면.

제3항 정보의 종류

정보는 다양한 방식으로 분류될 수 있는 바, 우선 정보경제학의 논의를 중심으로 정보의 종류를 살펴보고, 이어서 법적인 차원에서 의미가 있는 정보의 종류를 살펴본다.

Ⅰ. 정보경제학상의 정보의 종류

정보경제학상의 정보의 분류를 살펴보면, 정보가 미치는 경제적 영향이 서로 다른 경우에 정보의 분류 가치를 두고 있으며, 아울러 불확실성의 종류 역시 정보의 분류와 관련을 가진다. 여기에서는 이러한 정보의 분류에 관한 정보경제학상의 논의결과를 몇 가지 소개하기로 한다.

먼저, '완전(完全)한 정보(perfect information)'와 '불완전(不完全)한 정보(imperfect information)'를 들 수 있는데, 완전한 정보는 하나의 정보신호가 주어지면 어떠한 상태가 실현될지 여부를 확실하게 알 수 있는 정보를 말하고, 불완전한 정보는 하나의 정보신호가 주어지는 경우 몇 개의 불확실한 상태 가운데 하나가 실현될 것은 확실하지만 그 중 어떤 상태가 실현될지는 알 수 없는 정보를 말한다. 한편, '완비(完備)된 정보(complete information)'와 '불완비(不完備)된 정보(incomplete information)'의 구분도 가능한데, 이는 '게임이론'에서 도출된 것으로, 정보주체들에게만 정보가 완전하게 구비되지 못한 상황에서의 분류이다.

---

154) 이러한 정보유통을 둘러싼 선진국과 후진국간의 갈등을 '문화제국주의' 혹은 '정보제국주의'로 규정하고 논의를 진행시킨 것에는 Herbert I. Schiller, *Communication and Cultural Domination*, 강현두 역, 『커뮤니케이션과 문화제국주의』, 서울: 현암사, 1984; 김지운, "정보제국주의와 이데올로기", 성균관대학교 사회연구소 편, 『이데올로기와 정보화사회』, 서울: 성균관대학교출판부, 1990 등이 있다.

정보를 알고 있는 경제주체들의 범위에 따라서 '공적 정보(public information)'와 '사적 정보(private information)'의 구분이 가능하다. '공적 정보'는 모든 경제주체들이 다 알고 있는 정보로, '대칭정보(symmetric information),' '동질적 정보(homogeneous information)'라고도 하고, '사적 정보'는 특정 경제주체들만 알고 있는 정보로 '비대칭정보(asymmetric information),' '이질적 정보(heterogeneous information)'라고도 한다. '대칭정보'와 '비대칭정보'는 경제주체들이 동일한 정보를 가지고 있는가 아니면 어느 한 쪽이 다른 쪽보다 우월한 정보를 가지고 있는가를 기준으로 나누는 것이다. 한편 '비용이 소요되는 정보'와 '비용이 소요되지 않는 정보'는 정보를 이용하기 위해서 비용을 지불해야 하는가를 기준으로 구분한 것이다.155)

II. 법적 차원에서의 정보의 종류

실정법제상으로는 정보의 형태를 기준으로 한 것과, 가치의 차원을 기준으로 구분한 정보의 종류가 의미를 가질 수 있다. 이는 『온라인 디지털콘텐츠법』 등의 디지털 정보를 규율하는 법제와 『개인정보보호법』 등의 특정한 가치 차원의 정보를 규율하는 법제들이 존재하기 때문이다.

---

155) 이영환, 『정보경제학』, 서울: 율곡출판사, 1999, 95~105면. 그 밖에도 '사전적 정보(ex ante information)'와 '사후적 정보(ex post information)'는 정보의 내용의 발생 전후를 기준으로 구분한 것으로, 정보란 경제여건이나 다른 경제주체의 행동과 관련해서 불확실한 상태에 직면한 경제주체가 자신의 의사결정의 결과에 내재된 위험을 축소하기 위해서 이용하는 것이므로 기본적으로 사전적(ex ante) 성격을 갖는다. 즉 정보에 기초해서 계획을 세우는 데 그 의의가 있는 것이다. 그렇지만 구속력 있는 계약을 체결하기 전에 정보를 이용할 수 있는가 아니면 구속력 있는 계약을 체결한 이후에만 이용할 수 있는가에 따라서 정보를 사전적 정보와 사후적 정보로 분류할 수 있다. 이것은 결국 정보를 이용할 수 있는 시점에 따른 분류라 할 수 있다.

1. 정보의 형태를 기준으로

정보는 특히, 컴퓨터와 관련하여, '디지털화 여부(與否)'를 기준으로, '아날로그(analog) 정보'와 '디지털(digital) 정보'로 구분할 수 있다. 컴퓨터는 내부적으로는 디지털화된 정보만을 '처리'할 수 있기 때문이다. 컴퓨터가 등장하기 이전의 통신 및 저장매체들은 '아날로그' 방식을 사용하여 정보를 변형해서 전송·저장 등의 처리를 수행해 왔다. 그렇지만 컴퓨터와 관련한 논의에 있어서, 기존의 아날로그 방식으로 변형된 정보는, 변형되기 이전의 정보들과 다를 바 없이 디지털화156)의 과정을 거쳐야 하기 때문에 '디지털화 여부'를 기준으로 한 본 논의에서는 같은 부류로 취급하려 한다. 즉, 오늘날 컴퓨터에 입력될 수 있는 정보는 크게 디지털화되기 전의 '자연적 정보'와 디지털화된 '디지털 정보'로 나눌 수 있다.

이와 관련하여, 반드시 언급해야 할 사항은, 비록 컴퓨터는 '정보'의 처리를 위해서 어떠한 형태의 정보든지 '디지털 정보'로 변환하여, 여러 가지 조작을 가하지만, 이렇게 처리된 정보는 다시, 정보의 성격에 맞는 '자연적' 형태로 변형되어야만 인간에게 있어서 정보로 인지될 수 있다는 사실이다. 디지털 세계의 확장에도 불구하고 아날로그가 여전히 의미가 있을 수밖에 없음은 근본적으로 여기에 기인한다.

2. 정보의 가치의 차원을 기준으로

법적으로 보다 의미 있는 정보의 종류는 바로 가치의 차원을 기준으로 한 것이다. 이는 우선 사적 가치(private value)와 공적 가치(public value)로 크게 구분해 볼 수 있을 것이다.157) 이렇게 구분된 정보들은 상반된 국가의 역할을

---

156) 디지털의 구현방식에 대해서는 Nicholas Negroponte, *Being Digital*, 백욱인 역,『디지털이다』, 서울: 커뮤니케이션북스, 1995[1996print], 15~18면; 강남훈, 앞의 책, 30면.

요구하게 되는 바, 정보의 사적 가치에 있어서 국가의 역할은 보호를 중심으로 한 침해의 금지로 대표되는 반면, 공적 가치에 있어서의 국가의 역할은 적극적인 급부로 대표된다 하겠다. 정보의 사적 가치는 다시 개인적 가치와 경제적 가치로 구분해 볼 수 있다. 여기에서 주의할 것은 실제의 정보는 어느 한 가지 범주의 가치만을 가지지 않는다는 것으로, 각각의 차원을 어느 정도씩은 공유하고 있다는 것이다.

1) 정보의 사적(私的) 가치

(1) 개인적 가치

정보의 의미가 특정 정보주체들에게만 국한되는 경우의 정보를 개인적 가치를 가지는 정보라 할 수 있다. 이른바 '프라이버시(privacy)'로 대표되는 개인정보(personal information)[158]가 대표적인 예라 할 수 있는데, 이러한 정보에 대해서는 정보의 전달가능성을 제한해야 할 요청이 큰 것이 특징이다.[159] 정보기술의 발전에 따른 정보의 전달가능성의 제고는 이러한 정보의 개인적 가치에 대한 보호의 문제를 더욱 부각시키고 있다.

---

157) 정보의 가치를 상업적 가치·개인적 가치·공공적 가치로 구분하여 살펴보는 견해로는 유지성·최창곤·최동수, 앞의 책, 8~12면; 전석호, 앞의 책, 41~42면. 정보를 국정정보·개인정보·재산적 정보로 구분하는 입장도 이와 크게 다르지 않다고 할 것이다. 박용상, 『표현의 자유』, 서울: 현암사, 2002, 61면 이하.

158) '개인정보'는 다시 프라이버시와 관련된 것으로 파악하는 '사적인 정보'와 개인의 자율성, 인격성의 관점에서 파악하는 '개인에 관한 정보'로 구분할 수도 있다(권건보, "자기정보통제권에 관한 연구 - 공공부문에서의 개인정보보호를 중심으로 -", 서울대학교 대학원 법학박사 학위논문, 2004, 18면). 다만 여기에서는 양자를 다 포함하는 포괄적인 개념으로 사용한다.

159) 이러한 요청에 부응하여 각 개인에게는 자신과 관련한 사적 정보가 외부의 남용에 의해 초래될 수 있는 불이익으로부터 보호받을 권리가 인정되고 있는 바, '자기정보통제권(결정권)'이 대표적인 예이다. 이러한 '자기정보통제권'에 관한 논의는 권건보, 위의 논문 참조.

(2) 정보의 경제적 가치

정보는 생산에 필요한 '자원(resource)'으로서 혹은 생산의 '기술(technology)'
로서도 중요한 가치를 가질 뿐만 아니라 그 자체가 '상품'으로서 성립할 수
있는 가치를 가지기도 한다. 이러한 경제적 가치의 원천은 기본적으로 정보주
체들이 부여하는 '의미'라 할 수 있을 것이고 이러한 정보주체들이 특정인에
국한되는 것이 아니기 때문에 일종의 '사회적 가치'를 갖는다고 할 수 있을
것이다. 정보주체들에 의해 정보에 부여된 의미는 정보주체로 하여금 그 정보
를 향유하고자 하는 욕구를 불러 일으키고 이러한 욕구는 결국 정보에 경제적
가치를 부여하게 된다. 이러한 정보들에 대해서는 정보의 의미를 유지시킬 수
있도록 해야 할 요청이 크다. 이른바 지적재산권법제의 존재는 바로 이러한
정보의 경제적 가치를 보호하기 위한 것이라 할 수 있고 이른바 '정보상품'은
바로 이 정보의 경제적 가치에 기반한 것이라 할 수 있다.

뿐만 아니라 전달가능성에 따라서도 경제적 가치가 차이가 날 수도 있다.
일반적으로는 전달가능성이 높은 정보가 높은 경제적 가치를 보유하게 될 가
능성이 크지만, 지나치게 높은 전달가능성은 정보의 특성 가운데 하나인 '독
점성'의 유지에 걸림돌이 되기도 한다.

한편 "정보의 가치는 특별히 개인적으로 국한시켜 이용할 목적으로 정보의
기밀성을 포함한다. 이를테면 기업간의 경쟁에서 각자의 고유한 특정 기업정
보를 외부로 배출되지 않도록 통제를 가한다. 이런 경우에 정보는 개인적 가
치(private value)로서 '자산(property)'의 성격을 갖는데 특허나 저작권과 같은
법적 보호의 형식을 취하기도 한다"[160]라고 하여 영업비밀이나 지적재산권의
대상을 개인적 가치의 범주에서 설명하는 견해도 있으나, 영업비밀이 가지는
가치는 특정 경제주체에게 국한되는 것이 아니라 사회 일반적으로 가치를 가
지는 것이기 때문에 경제적 가치의 차원에서 논의하는 것이 적절하다 하겠다.[161]

---

160) 전석호, 앞의 책, 42면.
161) 사회일반적으로 가치를 가지는 정보의 가치 개인적으로 독점하고자 하는 것이 '영
　　　업비밀'이라면, 개인적인 정보는 그 개인에게만 중요한 가치를 가진다는 점에서 결
　　　정적인 차이가 있다고 할 수 있을 것이다.

2) 정보의 공공적 가치

정보의 접근이 용이함에 따라 정보가 특정 다수인에게 알려짐으로써 갖게 되는 정보의 가치를 정보의 공공적 가치라고 한다.[162] 이미 살펴본 바와 같이 정보는 본질적으로 공공성을 띠기 때문에, 정보가 공공적 가치를 가짐은 그 속성상 당연한 것일 수 있다. 그렇지만 정보의 의미에 따라서 공공성의 정도는 차이가 날 수 있으므로, 공공적 가치 역시 차이를 보이게 된다. 정보의 의미가 거의 모든 정보주체에게 비교적 균일하게 인정되며, 어느 범위에서는 필요성까지 인정되는 경우에는 특히 큰 공공적 가치 – 이러한 경우는 단순히 '공공성'의 차원을 넘어 '공익'에 해당한다고도 볼 수 있을 것이다 – 가 인정될 수 있을 것이고, 이러한 차원의 정보에 있어서는 국가에 의한 적극적인 정보의 공중에의 전달이 요구된다. 예컨대 도서관, 학교, 박물관 등 누구나 정보를 접할 수 있는 공공시설이 요구되며 자유로운 정보유통체제가 확립될 수 있도록 제도상으로 장려되기도 한다. 이는 곧 정보의 공공적 가치를 실현하는 작업의 일환이라 할 수 있다. 아울러 언론의 자유나 의사표현의 자유, 정보접촉과 정보이용의 자유 등은 정보의 공공적 가치와 밀접한 관련을 갖는다.

3) 정 리

위와 같이 분류되는 정보의 상업적 가치, 개인적 가치, 공공적 가치는 각기 고유의 속성을 유지하여, 관념적으로는 구분이 가능하지만 현실적으로 개별 정보는 각각의 성격을 공유하고 있기 마련이므로, 개별 정보들을 그의 가치의 속성에 따라 엄격하게 구분하는 것은 거의 불가능할 뿐만, 각 가치간의 이해관계 사이에는 상호대립도 불가피한 경우도 발생한다. 이와 같은 대립관계는 각 정보가치가 추구하는 이해의 범위가 서로 상충되기 때문이다.

이를테면 정보의 자유로운 접근과 유통을 주장하는 정보의 개인적 가치와 국가보안을 명분으로 비밀리에 실시되는 정보수집이나 정보통제를 엄격히 유

---

162) 유지성·최창곤·최동수, 앞의 책, 11면.

지하려는 정보의 공공적 가치는 서로 상치된다. 또한 상업적 가치로서 기업이 이루어 놓은 연구개발에 관한 정보는 비밀정보로서 다루어질 수 있는 반면에 학술적인 목적이나 일반개인의 지식습득을 위해 학교나 도서관을 통해 공개되어야만 하는 공공적 가치와 대치된다 하겠다. 그리고 기업의 목적상 소비자 정보를 수집하기 위해서 개인의 사적 정보를 수집할 수 있는데, 이 경우 개인의 사적 정보는 상업적 가치를 띠게 된다. 이에 대해 개인적 가치로서의 사생활 정보는 프라이버시 침해를 보호하기 위해 제도적으로 보호받을 권리를 갖는다. 이 경우에도 정보의 상업적 가치와 개인적 가치 사이에 대립관계가 성립된다. 이러한 정보가치의 갈등관계는 사회의 정보화가 진척되어 갈수록 더욱 심화될 것으로 예상되는 바,163) 이후에 살펴볼 정보사유론과 정보공유론의 대립은 바로 이러한 맥락에서 이해할 수 있는 사태라 할 것이다.

---

163) 유지성·최창곤·최동수, 앞의 책, 11~12면; 전석호, 앞의 책, 42~43면.

제2절 정보생산자

'전달가능한 의미 있는 관념'으로서의 정보는 본질적으로 인간의 개입이 없이는 생겨날 수 없다.[1] 비록 정보의 산출에 있어서의 인간의 개입의 정도는 다양한 편차를 보이지만, 아직까지는 인간 이외의 존재가 인간의 개입이 전혀 없이 정보를 만들어낼 수는 없다.[2] 인간 이외의 존재들은 기껏해야 자료를 만

---

1) '인간사회의 객관적 실재의 관념적인 반영물은 인간정신의 인식활동의 결과'인 것이다. 이병섭, "정보화사회에 있어서의 정보의 상품성에 대한 연구", 서울대학교 문학석사학위 논문, 1987, 13면.

2) 이는 곧 지금까지의 컴퓨터 등의 정보기기는 '의미'를 이해하지 못한다는 것을 의미한다. 이는 정보기기의 출현의 원동력이 된 정보이론상의 정보개념이 의미가 배제된 것이기 때문에 당연한 귀결일 수 있을 것이다. 의미를 이해할 수 있는 보다 발전된 정보기기에 대한 연구가 바로 '인공지능(Artificial Intelligence: A.I.)'에 대한 연구라 할 수 있을 것이다. A.I.란 여러 형태의 지능(intelligence)을 구현하는 시스템을 연구하고 개발하는 컴퓨터 과학(computer science)의 한 분야로, 이와 같은 지능적 시스템의 예를 들어보면, 새로운 개념과 과업을 배우는 시스템, 우리 주변의 여러 가지 상황에 대하여 추론하고 유용한 결론을 내릴 수 있는 시스템, 자연언어를 이해할 수 있고 가시적인 광경을 인지하고 파악할 수 있는 시스템, 기타 인간적인 기능을 요구하는 일을 수행하는 시스템이 있다. Dan W. Patterson, *Introduction to artificial intelligence and expert systems*, Englewood Cliffs, N.J.: Prentice Hall, 1990, p.5. 일찍부터 차세대 컴퓨터의 개발을 시도해 온 일본의 경우, A.I.에 대해 대단히 낙관적인 전망을 피력한 견해도 존재한다. 즉 일부의 견해에 의하면, 컴퓨터가 산업화된 지 어언 40년이 지난 지금, 앞으로의 10년 동안에는 인공지능형의 생각하는 추론 컴퓨터나 사물을 인식하는 컴퓨터도 실용화 단계에 접어들 것으로 예측된다고 기술하고 있다. 栗田昭平, 한국전자통신연구소 기술정보센터 역, 『2000년의 컴퓨터 사회』, 대전: 한국전자통신연구소, 1993, 9면. 그렇지만, 재래형 컴퓨터 역시 소멸하지는 않고, A.I.와 보완관계로 존속하게 될 것이라 예측하고 있다. 같은 책, 25면. 그렇지만 2012년 현재, 이러한 예상은 틀린 것으로 확인되며, 여전히 A.I.에 대한 연구가 진행중이다. 특기할 만한 사실은 "지금까지의 인공지능 연구를 통해서 얻은 교훈 중의 하나는 컴퓨터로 하여금 어른 수준의

들어낼 수 있을 뿐이고, 그로부터 정보를 산출해내는 것은 바로 인간이다. 이러한 측면을 염두에 두고, 이하에서는 먼저 정보의 생산주체의 측면에서 특히 그에 대한 법적인 보호내용을 중심으로 살펴보기로 한다.

제1항 의의

정보생산자는 정보를 생산해내는 역할을 수행하는 자들을 말한다. 즉 각종 대상들(자료)로부터 전달가능한 의미 있는 관념을 산출해내는 작업을 수행하는 이들이 바로 정보생산자라 할 수 있다. 이러한 작업은 대상의 인식을 기초로 하여 수행되지만, 더 나아가 기존의 각종 자료들을 편집 및 재구성하는 작업뿐만 아니라, '창작'이라는 명칭에 걸맞는 단계의 작업까지를 포함한다. 아울러 본 연구에서는 '정보'와 '정보상품'을 구분하는 입장을 취하고 있기 때문에, 정보생산자는 상품으로서의 정보, 즉 정보상품의 생산자와 상품이 아닌 정보의 생산자를 모두 포함하는 개념이라 할 수 있다.

이러한 정보의 생산주체들로는 개인들뿐만 아니라, 기업을 비롯한 단체들과 국가 역시 정보경제에 있어서 생산자로 기능할 수 있다. 그렇지만, 기업 등의 단체가 생산자로 기능하는 경우에도 정보를 생산하는 것은 기업 자체가 아닌, 기업체에 종사하고 있는 개인들이다. 비록 오늘날의 다양한 형태의 정보들은 다수의 사람들의 협업을 통해 생산되는 것들이 적지 않지만, 정보의 생산주체가 실제적인 인간들이라는 사실에는 변함이 없다. 정보산업의 발전 속에서 정보를 생산하는 기업체들의 숫자가 증가하고 있는 추세이기 때문에, 직접

전문적인 지식을 요하는 문제를 해결하도록 하는 것은 비교적 쉬우나, 오히려 유아 수준의 지능을 흉내내는 것은 매우 어렵다는 것"으로, 그 이유 중의 하나는 아마도 "인간의 뇌가 오랜 동안 진화를 통해서 찾아낸 정보처리 구조와 어린 아이가 성장하면서 경험으로부터 지식을 습득해 온 학습과정을 고려하지 않고, 단지 그 결과 즉 지식 그 자체만을 컴퓨터 프로그램에 주입하려고만 하였기 때문일 것"이 거론된다. 이상용, 『인공지능 – 이론 및 응용』, 서울: 상조사, 2004, 39~40면.

정보를 생산하는 개인과 그 개인이 속한 단체와의 관계를 규율하는 것이 중요한 문제 중의 하나로 부각된 바 있다.[3]

한편, 전통적으로 생산자의 범주에 유통업자들을 포함하는 것이 일반적이기 때문에, 정보의 생산자에도 창작뿐만 아니라, 유통업무를 담당하는 자들도 정보생산자의 범주에 넣을 수 있을 것이다. 그렇지만, 이러한 유통업자들의 경우는 순수한 창작자들과는 달리, 창작의 유인에 기반한 각종 정책적 혜택이 부여될 여지가 거의 없다고 할 수 있다. 이들은 일반적인 상품의 유통업자들과 동등한 취급을 하는 것이 오히려 평등원리에 적합한 것이라 할 수 있을 것이다.

정보시장의 주체들에 있어서는 특히 행위자들의 독특한 관계가 눈길을 끈다. 정보의 생산을 위해서는 다른 정보를 자료로서 활용하는 경우가 일반적이기 때문에 정보생산자와 후술하는 정보이용자와의 구분이 그다지 쉽지 않다. 뿐만 아니라, 정보의 소비과정에서 쉽게 재생산 혹은 유통이 가능해지기 때문에, 이른바 '생산소비자(prosumer)'[4]라 불리는 생산자와 소비자의 경계가 모호해지는 현상은 무엇보다도 정보시장에서 활발하게 나타날 가능성이 크기 때문이다.[5] 결국 정보의 무형성과 상대적으로 수월한 복제·전송가능성으로 인해 정보상품은 다른 시장에 비해 보다 많은 정부의 역할을 요구한다고 할 수 있다.

---

3) 현행 저작권법제는 대부분 특약이 없는 한, 실제의 창작자가 아닌 기업체를 지적재산권자로 하는 규정을 마련하고 있다(예를 들어 『저작권법』 제9조 등). 한편 산업재산권법제는 등록절차에서 재산권자가 명기되기 때문에, 특별히 이러한 규정을 둘 필요가 없다.

4) 이는 미래학자 토플러(Alvin Toffler)가 처음으로 만들어낸 것으로 이후 널리 사용되게 된 개념이다. Alvin Toffler, *The Third Wave*, 이규행 역, 『(앨빈 토플러) 제3물결』, 서울: 한국경제신문사, 1989, 327면 이하. 그렇지만 토플러는 원래 정보상품에 있어서 이 개념을 사용한 것이 아니라 DIY(Do-It-Yourself)나, 혹은 자신의 지식에 기반한 소비활동 등을 지칭하기 위해 이 개념을 만들어낸 바 있기 때문에, 현재의 용례와 완전히 일치하는 것은 아니라는 점은 지적할 필요가 있다.

5) 최근 많이 논의되고 있는 P2P(Peer-to-Peer) 서비스의 예를 들면, 상당수의 P2P서비스가 전송받는 폴더와 전송해주는 폴더를 같은 폴더로 지정하는 것을 기본으로 하기 때문에 다른 사람의 컴퓨터로부터 파일을 다운로드 받는 순간(소비자의 지위)부터 다른 사람에게 그 파일을 제공해줄 수 있는 위치(생산자 혹은 유통자의 지위)에 설 수 있게 된다.

본 연구에서는 정보 및 정보상품의 생산여부를 기준으로 하여, 단순한 소비과정에 있거나, 혹은 정보 및 정보상품의 생산과정에 있는 사람들을 '정보이용자'로, 정보 및 정보상품의 생산을 완료한 자를 '정보생산자'로 구분하여 논의를 진행하기로 한다.

제2항 정보생산자의 보호

현행 헌법상의 적지 않은 규정들, 즉 기본권 조항을 비롯하여, 헌법의 기본원리 및 국가목표조항들로부터 정보생산자를 보호하기 위한 근거들을 도출해낼 수 있고, 여기에 기반하여 지적재산권법제가 제정되어 운용되고 있다고 할 수 있다. 이러한 헌법적 차원의 근거규정들은 정보시장에 관한 문제변증론적 접근에 있어서 기본적인 관점목록의 의미를 가진다고 할 수 있다. 이하에서는 특히 정보생산자가 누리는 헌법상의 기본적 권리를 중심으로 살펴보도록 한다.

I. 헌법적 차원의 보호

헌법적 차원에서 정보생산자를 보호하는 가장 대표적인 규정은 바로 헌법 제22조 제2항이라 할 수 있다.6) 그렇지만, 이 조항 이외에도 헌법 제23조의 재산권조항, 표현의 자유를 비롯한 문화적 권리, 그리고 이른바 정보기본권이라 지칭되는 새로운 기본권 역시 정보생산자의 보호를 위해 고려될 수 있는 기본적 권리라 할 수 있다. 이하에서는 가장 중심적인 조항인 헌법 제22조 제2항의 해석론을 중점적으로 살펴보고, 나머지 조항들도 간단히 검토해 보기로 한다.

---

6) 이는 지적재산권법학계의 통설적 견해이다. 정상조, 앞의 책, 35면; 송영식·이상정, 『지적재산법』(7정판), 서울: 세창출판사, 2005, 11면; 윤선희, 『지적재산권법』(8정판), 서울: 세창출판사, 2006, 4면 등.

1. 저작자 등의 권리

현행헌법 제22조 제2항은 "저작자·발명가·과학기술자와 예술가의 권리는 법률로써 보호한다"고 규정하고 있다. 이미 언급한 바와 같이 건국헌법부터 이러한 내용의 규정이 마련되어 있었음에도 불구하고, 그 동안 헌법학계는 이 조항에 대해 큰 관심을 기울인 것으로 보이지는 않으며,[7] 다만 저작자 등의 권리를 헌법 제23조 제1항의 재산권의 일종으로 취급하고, 그에 대한 중첩적 보장을 규정하고 있다는 것이 다수의 의견이라 할 수 있다. 하지만 저작자 등의 권리의 재산권적 속성은 인정하지만, 그 권리들의 자유권적 속성을 보다 강조해야 한다는 주장이 한때 제기된 적도 있고, 최근에는 제23조 제1항을 우선시키면 족하므로, 제22조 제2항의 존재의의가 거의 없다는 주장도 제기된 바 있는가 하면, 제22조 제2항에 대한 적극적인 의미 부여를 통해 현재의 지적재산권법제에 대한 제한을 시도하고자 하는 해석론도 제기되고 있는 등 조금씩 논의가 진행되고 있는 추세라 할 수 있다. 이하에서는 먼저 이 조항의 문리적인 차원의 의미를 분명히 하고, 논리·체계적 해석적 차원에서 제기된 기존의 학설들을 검토한 후, 역사적 해석을 추가하여 적절한 해석론의 도출을 시도해 보고자 한다.

1) 문리해석

헌법 제22조 제2항의 문리적 이해에 있어서 구문상 큰 난점은 발견되지 않

---

7) 헌법 등의 입장에서 지적재산권법제를 검토하고 있는 것으로는 육종수, "헌법상 무체재산권의 보장", 『공법연구』 제15집, 1987.8; 이시우, "지적재산권의 헌법적 의미에 관한 소고", 『계간 저작권』 1996년 여름호, 1996; 박민영, "공법상 지적재산권개념의 재조명", 『청주대학교 법학논집』 제19집, 2002; 이인호, "지적재산권의 헌법적 한계", 『CLIS Monthly』, KISDI, 2003.10 등의 소수의 논문만이 이 주제를 다루고 있었다. 다만 2007년 필자의 박사학위논문이 나온 이후에 정필운, "정보사회에서 지적재산의 보호와 이용에 관한 헌법학적 연구: 저작물을 중심으로", 연세대학교 법학박사학위논문, 2009가 나오는 등 이에 대한 지속적인 연구가 진행중이라고 평가할 수 있을 것이다.

는다. 다만, 저작자와 예술가의 관계가 다소 모호하다는 점이 가장 큰 문제로 지적될 수 있을 것이다.[8] 하지만, 이는 체계적 해석을 통해 적절히 조절을 해야 할 문제일 뿐, 해석상 결정적인 문제라 할 수는 없을 것이다. 진정한 문제는 '…권리는 법률로써 보호한다'라는 문언으로, 텍스트가 전적으로 개방적으로 규정되어 있는 관계로 법률의 내용이 어떠한 것이어야 하는가에 대해서는 문리적으로는 '법률에 의한 권리의 보호'라는 당위적 명령 이외에는 얻을 수가 없다. 결국 논리·체계적 해석 등을 통한 구체화가 필요하다 하겠다.

한편 '…법률로써 보호한다'는 구문과 제23조 제1항의 '재산권은 보장된다. 그 내용과 한계는 법률로 정한다'라는 구문과의 차이점을 들어 저작자 등의 권리가 법률에 의해서 비로소 형성되는 권리이고, 그 만큼 입법자가 이 권리를 '창설'함에 있어 보다 넓은 입법형성권을 가진다는 논의도 있으나,[9] 적어도 규범구조만으로는 정당화하기 어려운 주장이라 하겠다.

2) 논리·체계적 해석

위에서 살펴 본 바와 같이 저작자 등의 권리를 보호하는 법률의 내용은 헌법 제22조 제2항의 문리해석만으로는 부족하기에 헌법체계 속에서 구체화해야 한다. 이에 대한 기존의 논의들은 대체적으로 저작자 등의 권리를 재산권의 일종으로 보는 견해가 주류를 이루고 있으나, 최근에는 재산권으로 보기를 거부하는 견해도 등장하고 있다. 이하에서 차례로 살펴보기로 한다.

---

8) 과거의 『저작권법』은 저작물을 '문학·학술 또는 예술의 범위에 속하는 창작물'로 규정하고(제2조 제1호), 저작자를 '저작물을 창작한 자'로 규정했기 때문에(제2조 제2호), 저작자는 예술가를 포함하는 개념으로 볼 수 있었고, 사실 이것이 일반적인 언어 관행에도 합치하는 것이다. 물론 『저작권법』상의 문학·학술 또는 예술의 범위라는 구문도 이해에 있어 난점이 없지 않았기 때문에, 현행 『저작권법』은 '저작물을 인간이 사상 또는 감정을 표현한 창작물'로 정의하고 있다(제2조 제1호). 하지만, 여전히 저작자는 예술가를 포함하는 개념으로 볼 수 있다고 할 것이다.
9) 이인호, "지적재산권의 헌법적 한계", 앞의 논문, 12면.

(1) 재산권설

통설적 견해는 헌법 제22조 제2항의 저작자 등의 권리를 재산권의 일종으로 보고 있다. 그러므로 제23조의 재산권 규정 이외에 제22조 제2항을 따로 둔 이유에 대한 설명이 필요하게 된다. 이에 대해서는 중첩적 보장설이 가장 주류를 이루고 있으나, 다른 견해도 제시되고 있다.

① 중첩적 보장설

이는 헌법 제23조 제2항을 지적재산권의 보호를 규정하고 있는 조항으로서, 이 조항에 근거하여 『저작권법』등의 보호가 성립하게 되는 것으로 보는 한편, 헌법 제23조 제1항의 '재산권'의 개념 내에도 지적재산권이 포함되는 것으로 보아 지적재산권은 양 조항에 의해 중첩적으로 보장을 받는다[10] 주장으로 현재의 헌법학계의 통설적인 견해라 할 수 있다.[11]

이러한 입장의 대표적인 견해라 할 수 있는 권영성 교수의 의견을 소개해 보면 다음과 같다.

> 지적재산권이라 함은 문학·예술·과학·기술 등 인간의 정신적 창작활동의 결과 생산되는 무형의 산물에 대한 배타적 권리를 말하며, 이러한 지적재산권은 『저작권법』·『과학기술진흥법』·『발명보호법』·『특허법』·『문화예술진흥법』 등에 의하여 보호되고 있다. 지적재산권의 종류는 다양하지만 저작권과 산업소유권 그리고 제3의 권리로 대별된다. 저작권은 예술적·인문과학적 창작의 산물인 저작물에 대하여 저작자가 가지는 일신전속적 권리로서, 저작인격권과 저작재산권을 주된 내용으로 한다. 산업소유권은 특허권·실용신안권·의장권·상표권 등 산업적 무체재산권을 총칭하는 개념이다. 제3의 유형의 권리로는 현대 정보화사회의 출현에 따라 새로이 생성되는 컴퓨터 소프트웨어·반도체칩·데이터베이스·영업비밀 등이 있으며, 이들은 날이 갈수록 그 중요성이 증대되고 있는 실정이다.[12] 이러한 지적재산권도 헌법상의 재산권에 속하지만 헌법은 지적 재산권에 대하여는

---

10) 권영성, 『헌법학원론』(개정판, 2010년판), 파주: 법문사, 2010, 552, 559면.
11) 김철수, 『헌법학개론』(제18전정신판), 서울: 박영사, 2006, 638, 709면; 계희열, 『헌법학(중)』(신정판), 서울: 박영사, 2004, 536면; 허영, 『한국헌법론』(전정8판), 서울: 박영사, 2012, 443면 이하, 493면 등.
12) 권영성, 앞의 책, 552면.

이를 학문 및 예술의 자유와 관련하여 별도로 규정하고 있다.[13]

② 자유권 우선설

한편 일부 견해는 저작자 등의 권리가 재산적인 속성을 가지는 것은 분명하지만, 헌법 제23조의 재산권이 사회권적 성격을 가지는데 대하여, 헌법 제22조 제2항의 지적재산권은 자연권적 자유권의 성격이 강하기 때문에 보다 고도의 보호가 요청된다고 주장하면서 지적재산권을 자연법적인 권리로 이해하고 있다. 이와 함께 지적재산권은 자연권적인 주관적 권리로서의 차원을 넘어서 객관적 법질서로서의 성격도 함께 가지고 있다고 한다. 즉 지적 재산권의 보장은 국민들의 자유로운 사회생활의 물질적인 터전을 확보해준다는 것이다.[14]

③ 재산권 우선설

최근에는 오늘날과 같이 지적재산권의 보호가 일반화되어 있고 그에 대한 법률이 정비되어 있는데, 헌법에서 다른 재산권과 구별하여 이를 특별히 규정하여야 할 필요가 있는지에 대해서 의문을 제기하는 견해도 등장한 바 있다.[15] 즉 표현행위의 결과를 권리로 보장할 필요가 있으면 이를 권리로 보장하면 충분하고 따로 예술가의 권리라는 것을 설정할 필요도 없고, 가능하지도 않다면서, 예술이나 과학의 기반이 미약한 사회에서는 이를 독려하고 강조하기 위하여 선언적 의미로 헌법에서 정할 수도 있으나, 헌법이 실효성을 가지는 법규범임에 비추어 보면, 예술가이든 과학자이든 저작자이든 일반 국민이든 그의 지적재산권이 동일하게 보호되는 상황에서는 예술가나 과학자 등의 권리가 보호된다는 것은 명시할 필요가 없기에, 헌법 제22조 제2항과 같은 문언(文言)은 재검토할 필요가 있다는 것이다.[16]

---

13) 권영성, 위의 책, 559면.
14) 육종수, 앞의 논문, 134~135, 142~143면 참조. 반면 김철수, 앞의 책, 709면은 저작자 등의 권리는 "그 성질상 자유권 그 자체는 아니나, 학문과 예술의 연구 및 발전을 도모하고 문화적인 창작을 장려하기 위하여 보호된다"라고 서술하고 있어, 정반대의 입장이라 할 수 있을 것이다.
15) 정종섭,『헌법학원론』(제7판), 서울: 박영사, 2012, 679면.

이는 헌법 제22조 제2항이 지적재산권을 특별히 보호하고 있는 것은 사실이지만, 지적재산권은 기본적으로 재산권에 속하는 권리이기 때문에, 지적재산권의 보호가 일반화되어 있고 그에 대한 법률이 정비되어 있는 상황에서 지적재산권의 보호는 규정의 체계상 헌법 제22조 제1항의 규정으로 충분하기 때문에, 헌법 제22조 제2항의 규정은 불필요하다는 주장이라 볼 수 있다.

(2) 비재산권설

반면 지적재산권법제의 과도한 사유화 경향에 대한 제한을 위해서, 일부의 견해는 저작자 등의 권리가 재산권이 아닌 독자적인 권리임을 주장한다. 즉, 저작자 등의 권리가 헌법 제22조 제2항으로 제1항의 학문과 예술의 자유와 함께 규정되어 있음에 주목하여, 저작자 등의 권리를 천부인권성을 갖는 재산권이 아닌 법률에 의해서 비로소 형성되는 독자적인 권리로 규정하고자 하는 입장으로, 재산권에 비해 보다 넓은 입법형성권을 입법자에게 부여하고자 하는 이론이라 할 수 있다(이하 '실정권설').[17] 실정권설은 저작자 등의 권리 조항을 언론자유조항의 이념, 즉 자유로운 정보유통을 궁극적으로 촉진하기 위한 수단적 성격을 가진다고 보며, 지적재산권의 입법적 형성에 있어서의 헌법적 한계가 바로 언론자유조항이 될 것이라고 한다.[18]

필자 역시 기본적으로는 비재산권적 입장을 취하지만, 재산권적 속성을 거부한다고 해서 반드시 실정법상의 권리로 인정해야 할 필요는 없으므로 저작자 등의 권리가 실정법에 의해 비로소 창설된다는 데에는 동의하지 않기 때문에, 위의 실정권설과는 조금 다른 입장이라 할 수 있다. 즉 **저작자 등의 권리는 기본적으로 학문과 예술의 자유와 같은 선상에서 파악할 수 있는 자유권의 일종으로 이해**하려는 것이다(이하 '자유권설').[19] 이러한 입장 역시 기본적으

---

16) 정종섭, 위의 책, 576면.

17) 이인호, 앞의 논문, 11~13면; 김송옥, "지적재산권의 제한원리", 『중앙대학교 법정논집』 제39집, 2004, 94면 이하.

18) 이인호, 위의 논문, 15면.

19) 필자는 재산권과 전통적 자유권을 구분하는 입장을 취하고 있지만, 재산권 역시

로 헌법조문의 체계, 즉 이 조항이 '(자유권의 목록인) 헌법 제22조 제2항에 규정되어 있다는 사실'에 기본적으로 주목한 결과라 할 수 있다. 필자는 일단, 논리·체계적 해석의 차원에서는 저작자 등의 권리를 재산권이 아닌 권리로 보면서, 그 본질은 '자유권'임을 밝히고 이후 역사적 해석을 추가적으로 검토한 후 결론을 제시하도록 하겠다.

3) 역사적 고찰

본 조항의 보다 적절한 해석의 결과를 얻기 위해, 전통적 해석방법 가운데 하나인 역사적 해석방법의 일환으로 우리 헌법의 제정 당시의 논의[20]와 건국 헌법안의 기초에 가장 중요한 역할을 담당한 것으로 평가되는 유진오 교수[21] 의 견해를 살펴보는 것은 의미가 있을 것이다.

(1) 제헌국회에서의 논의

현행헌법 제22조에 해당하는 건국헌법의 조항은 제14조로 '모든 국민은 학문과 예술의 자유를 가진다. 저작자 발명가와 예술가의 권리는 법률로써 보호한다'라 규정되어 있었다. 제헌국회에서 제14조에 관한 논의는 헌법안 제2독회(1948년 7월 2일 제23차 회의)에서 이루어진 바 있다.[22] 여기에서는 헌법기초위원회가 제안한 **'모든 국민은 학문과 예술의 자유를 가진다. 저작자 발명**

자유권의 일종으로 보는 견해가 적지 않기 때문에 '재산권설'과 '자유권설'이 본질적인 차이를 나타낼 수 있는가가 문제될 수 있다. 후자의 경우에는 '경제적 자유권(설)'과 '정신적 자유권(설)'로 명칭을 바꾸어 볼 수 있으리라 생각한다.

20) 국회도서관입법조사국, 『헌법제정회의록: 제헌국회』, 서울: 국회도서관 입법조사국, 1967.

21) 유진오 교수의 헌법사상에 관해서는 이영록, "유진오 헌법사상의 형성과 전개", 서울대학교 법학박사 학위논문, 2000. 아울러 건국헌법의 제정과정에서의 유진오 교수의 역할에 관한 논의는 김수용, "해방 후 헌법논의와 1948년 헌법제정에 관한 연구", 서울대학교 법학박사 학위논문, 2007, 137면 이하 참조.

22) 국회도서관입법조사국, 앞의 책, 426면 이하.

가와 예술가의 권리는 법률로써 보호한다'라는 초안의 내용에 더하여 세 가지
수정안이 더 제안되어 토론이 이루어진 바 있다.

우선 이진수의원 외 17인이 제안한 제1수정안은 "모든 국민은 학문과 예술
의 자유를 가진다. 과학 기타 유용한 기술의 진보를 조성하기 위하여 저작자
발명가와 예술가에 대하여 일정한 기간 그 저작물 발명품을 전용하는 권리를
법률로써 此를 보호한다"로 그 제안이유는 선진국가의 과학에의 치중을 통한
부국강병 및 국리민복의 추구에 대해서, 우리는 우리의 조상이 사대사상과 유
교의 결합으로 과학에 치중하지 않았기에 작금의 어려움에 처했음을 토로한
후, 선진국가에서는 과학과 발명과 제작의 권리에 대한 것을 제정하고 국가가
보호하며 장려한 까닭에 그 나라에서는 산업이 발달된 것이 사실이기에, 독일,
이탈리아, 미국의 헌법의 예를 들면서, **과학의 발전을 통한 민생문제의 해결이
라는 목표를 보다 명확하게 반영할 것을 주장**하였다(강조는 필자).23)

두번째로 유래완의원 외 11인의 제2수정안은 원안의 후단은 그대로 두고
전단의 "모든 국민의 학문과 예술의 자유를 가진다"에 대해서 학문과 예술 외
에 "직업선택"을 추가하고, 이 학문과 예술과 직업선택의 자유를 갖는다는데
공공의 복리와 또는 선량한 양풍미속에 해하지 않는 자유를 가져야 하겠다는
수정을 가한 것으로 그 제안이유로는 아무리 좋은 학문과 예술과 직업이라 할
지라도 공공의 복리 또는 선량한 풍속에 위반이 된다고 할 것 같으면 긍정할
수 없는 것이고, 아울러 우리나라에는 반만년의 문화가 있고 전통적으로 내려

---

23) 국회도서관입법조사국, 앞의 책, 427~429면. 제1수정안의 문구는 이진수 의원의
발언내용 가운데에서는 수정안의 내용이 정확하게 언급되고 있지 않지만, 이 후의
황두연의원의 발언내용 가운데 그 문구가 언급되고 있어 그 내용을 적시하였다.
이진수 의원이 언급한 내용 가운데 이탈리아 헌법(제9조), 미국헌법(제8조)과는 달
리 독일 헌법은 조문에 대한 언급이 없이 내용이 언급되고 있는데, 이의원이 언급
한 '발명 기타 공유한 기업을 진보적으로 조성하기 위하여 제작자, 발명가, 예술가
에 대하여 그 적용하는 권리를 허용한다'라는 내용은 적어도 바이마르헌법의 것은
아니다. 독일의 헌법 및 헌법이론은 중국과 일본을 통해서 이미 1900년대 초반부
터 국내에 전해져 있었기 때문에, 프로이센 헌법이나 독일제국헌법의 내용 등을
참고했을 가능성이 크다. 독일헌법이론의 초창기 수용과정에 관한 내용은 김효전,
『서양 헌법이론의 초기수용』, 서울: 철학과 현실사, 1996, 제4장의 내용을 참조.

오는 양풍미속이 세계에 시범이 될 것이 많이 있음에도 불구하고 그 좋은 미풍양속이 전적으로 상실되고 단지 외래사상에 맹종하는 경향이 있는 까닭에 이와 같은 수정을 제안했다고 한다.[24]

세번째인 황두연의원 외 17인이 제안한 제3수정안은 문구가 조금 간략할 뿐, 제1수정안과 거의 같은 내용으로 되어있었다고 한다. 황두원 의원이 강조하는 바는 제2항에 "과학 기타 유용한 기술"이라는 문구를 추가함으로써, 국가에 유용하지 않은, 즉 양풍미속을 해할만한 학문이나 예술은 용인되지 않을 것이라는 점으로, 제1수정안이나 제3수정안은 제2수정안이 제기하고 있는 문제점에 대한 해결책을 이미 포함하고 있다고 주장하였다.[25]

이러한 각각의 수정안들은 약간의 찬반 논의를 거친 뒤,[26] 거수표결의 방법을 통해서 재석의원 152명에 106명의 찬성, 1명의 반대로 토론을 종결하고, 각 수정안을 표결에 붙인 바, 원안이 채택되었다.[27]

---

24) 국회도서관입법조사국, 앞의 책, 429면. 제2수정안의 정확한 문구는 회의록 상으로는 확인이 되지 않는다. 다만, 유래완 의원의 발언내용에 미루어 보면, 초안의 전단을 '모든 국민은 학문, 예술과 직업선택의 자유를 가지나, 공공의 복리 또는 선량한 양풍미속을 해하지 않아야 한다' 정도로 추측해 볼 수 있을 것이다.

25) 국회도서관입법조사국, 위의 책, 429~431면. 제3수정안의 정확한 문구 역시 회의록 상으로는 확인되지 않는다. 다만, 황두연 의원의 발언 내용을 종합해 보면, 초안의 후문을 '과학 기타 유용한 기술의 진보를 조성하기 위하여 저작자, 발명가와 예술가의 권리를 법률로서 보호한다' 정도가 아니었을까 추측해 본다. 황두연 의원의 발언 가운데에서 특히 "진보를 조성하기 위해서 법률로써 보호해 준다[sic]"는 구절이 이러한 추측을 뒷받침해 준다고 하겠다.

26) 박종환의원과 서이환의원이 원안에의 찬성 의견을, 김웅진의원이 제1 수정안에의 찬성 의견을, 이석주의원이 '공공복리와 선량풍속은 해하지 않는 범위내에서'의 문구를 추가할 것을 전제로 제1수정안에 찬성한다는 의견을 제시하였다. 국회도서관입법조사국, 위의 책, 431면.

27) 국회도서관입법조사국, 위의 책, 433면. 각각의 표결 결과는 다음과 같다.
  황두연의원 외 17인의 제3수정안: 재석의원 152, 가 1, 부 114, 부결
  류래완 외 11명의 제2수정안: 재석의원 152, 가 3, 부 103, 부결
  이진수 외 17명 제1수정안: 재석의원 152, 가 25, 부 107 부결
  원안: 재석의원 152, 가 123, 부 8, 원안대로 가결
  제1수정안을 제외하고는 찬성의견이 제안인의 숫자에도 못 미친다는 점은 특기할

이상의 논의를 검토해 보면, 건국헌법 당시 이 조항을 규정한 목적은 '저작자 등의 권리'의 보장 그 자체라기보다는 '과학의 발전을 통한 민생문제의 해결'이었음을 확인할 수 있다. 이는 기본적으로 대부분의 기본권, 특히 자유권적 기본권이 인간의 존엄과 가치를 그 목표로 삼고 있는 것에 비하면 오히려 사회적 기본권의 성격을 많이 띠고 있었다고도 평가할 수 있을 것이다.

(2) 유진오 교수의 견해

건국헌법 제14조 '모든 국민은 학문과 예술의 자유를 가진다. 저작자, 발명가와 예술가의 권리는 법률로써 보호한다'에 관하여 유진오 교수는 "전단은 학문과 예술의 자유를, 후단은 저작자, 발명가, 예술가를 국가가 특별히 보호할 것을 규정하였는데, 학문과 예술의 자유는 연구의 자유뿐 아니라 발표의 자유와 교수의 자유도 포함되어 있다. 이것은 종래와 같이 학원(특히 대학)이 관권의 지배를 받아서 그에 좌우되는 것을 방지하며, 또 예술가가 그러한 지배를 받아 어용예술가가 되는 것을 방지하고자 한 규정이다. 학문과 예술의 자유도 신앙과 양심의 자유와 같이 본조에서 법률로써도 제한할 수 없게 규정되었으나, 이 자유도 만일 그것을 악용하여 풍기문란 등 법률에 저촉되는 경우에는 그대로 방임되지 아니 할 것이다"라고 하면서, "저작자, 발명가, 예술가의 권리를 국가가 특히 보호한다는 규정을 헌법에 설치한 것은 각국에 그 예가 많지 아니하나(와이말 헌법 제142조, 미국헌법 제1조 제8절 참조), 우리나라 헌법은 그 중요성을 특히 인식하고, **과학, 예술, 기술의 발달을 조장하기 위하여** 본조를 설치한 것이다"라고 설명하고 있다([sic.] 강조는 필자).[28] 이러한 설명은 특히 동 조항의 '국가목표조항'으로서의 성격을 읽어낼 수도 있으리라 생각된다.

만 하다.
28) 유진오, 앞의 책, 76~77면.

4) 사 견(私見)

앞에서도 간략하게나마 소개한 바 있지만, 기본적으로 헌법 제22조 제2항은 '자유권'으로 해석을 해야 한다는 것이 필자의 입장이다. 이는 기본적으로 헌법상의 조문을 그저 중복적인 규정으로 보거나 아니면 불필요한 규정으로 보기 보다는 가능한 한 그 의미를 살릴 수 있는 방향으로 해석하는 것이 입헌주의 국가에서의 기본적인 '헌법 존중의 자세'라는 측면에서 보다 의미 있는 작업이라고 생각하기 때문이다.

아울러 역사적인 고찰을 통해 드러난 측면, 즉 과학·예술·기술 등(이하 '과학 등')의 발전을 조장하기 위한 구체적인 '국가목표조항'으로서의 성격을 이 조항의 해석에 반영하는 것이 바람직할 것이라고 본다.29) 이는 제22조 제1항이 "모든 국민은 학문과 예술의 자유를 가진다"라고 하여, '자유'라는 개념을 사용하고 있는 데 반해, 제2항은 "(저작자 등의) 권리"라는 개념을 사용하고 있다는 점에서도 그 단초를 발견할 수 있다고 본다. 즉 우리 헌법은 자유권적 기본권의 경우 대부분 '자유를 가진다'라거나 '~할 수 있다"라고 규정하고 있고, 청구권적 기본권이나 사회적 기본권이 경우 주로 '권리를 가진다'라는 방식으로 규정하고 있음을 감안할 때, '저작자 등의 권리'라는 규정은 단순한 자유권 이상의 어떤 것으로 해석할 수 있는 여지를 주고 있다고 보는 것이 지나친 억지는 아닐 것이다.30)

이를 정리하면, 헌법 제22조 제2항은 단순하게 '저작자 등'의 권리를 법률

---

29) 헌법재판소 역시 "헌법 제22조 제2항은 … 과학기술자의 특별보호를 명시하고 있으나 이는 과학·기술의 자유롭고 창조적인 연구개발을 촉진하여 이론과 실제 양면에 있어서 그 연구와 소산(所産)을 보호함으로써 문화창달을 제고하려는 데 그 목적이 있는 것이며 이에 의한 하위법률로써 저작권법, 발명보호법, 특허법, 과학기술진흥법, 국가기술자격법 등이 있는 것"이라 판시하고 있다. 헌법재판소 1993. 11.25, 92헌마87, 판례집 5-2, 468, 477면.

30) 사실은 이러한 논리전개 자체가 일종의 목적론적 해석의 일환이라는 사실을 고백해야 할 것이다. 즉 정보시장의 균형을 헌법적으로 근거지우기 위한 목적을 달성하기 위하여 헌법 제22조 제2항을 이렇게 적극적인 의미부여를 하고 있는 것이다.

로써 보호한다는 문장으로 읽어내는 것에 그칠 것이 아니라, '과학 등'의 발전
을 조장하기 위하여 '저작자 등'의 권리를 법률로써 보호한다로 읽어야 하며,
이러한 해석은 굳이 지칭하자면 **'자유권 및 국가목표조항설'**로 명명할 수 있을
것이다.31) 그리고 이 조항이 제시하는 국가목표는 '문화국가원리'와 '사회국
가원리' 양쪽에 모두 연결되는 내용이라 할 수 있다.

한편, 한가지 더 언급해 둘 사항이 있는데 그것은 바로, **'저작자 등'의 개념**
이라 할 수 있을 것이다. '저작자 등'은 일반적으로 '저작물 등을 만들어낸 사
람' 즉 **'창작을 끝낸 사람'**이라는 측면에서 이해하는 것이 일반적인 해석이라
할 수 있을 것인데32) 헌법의 영역에서 굳이 그러한 저작자 등의 개념을 유지
할 필요가 있을지에 대해서 의문을 갖고 있다. 즉 그러한 개념하에서 저작자
등의 권리는 곧 지적재산권을 의미하는 것으로 볼 수 있는 측면이 매우 강한
데, **'과학 등의 발전'을 조장하기 위한 목표를 달성하기 위해서는 지적재산권**
이외의 권리들 역시 보호의 필요성이 요구되기 때문이다. 이러한 의문은 특히
현행 헌법에서 제22조 제2항에 '과학기술자'가 추가됨으로써 더욱 강해지게
되었는데, 저작자와 발명가와 구분되어 규정된 과학기술자의 권리는 일반적으
로 지적재산권법제에 의해서 보호되는 것이 아니기 때문이라 할 수 있다.33)

특히 정보의 생산과정은 일반적으로 창작과정을 거쳐 결과물이 완성되는
일련의 연속적인 과정이라 할 수 있는데, 헌법 제22조 제2항을 결과물의 완성

---

31) 물론, 모든 기본권 규정은, 기본권 자체가 국가가 실현해야 할 목표라는 차원에서
   일종의 국가목표조항으로서의 성격을 가진다고 할 수 있을 것이나, 이 조항의 경
   우는 특별히 구체적인 목표를 제시하고 있는 규정이라는 차원에서 다소 다르게
   구분해 볼 수 있을 것이다.
32) 이는『저작권법』등의 저작자에 대한 정의(제2조 제2호 "저작자"는 저작물을 창작
   한 자를 말한다)가 거꾸로 헌법영역에 반영된 것이라 할 수 있을 것이다.
33) 이는 통설적 견해에서도 명확하게 의식하지는 못한 가운데 어느 정도 인정하고
   있는 사실이라 할 수 있다. 이미 소개한 바 있듯, 권영성 교수는 "지적재산권은
   『저작권법』·『과학기술진흥법』·『발명보호법』·『특허법』·『문화예술진흥법』 등에
   의하여 보호되고 있다"고 소개하고 있지만, 이 가운데『과학기술진흥법』,『발명보
   호법』,『문화예술진흥법』 등은 전통적인 지적재산권법제에는 포함되지 않는 것들
   이다.

이후의 저작자 등만을 보호하는 것으로 해석해야 할 필요성이 있을지 의문이며, 저작자 등의 창작과정에 대한 보호 역시 헌법 제22조 제2항의 저작자 등의 권리를 통한 보호를 받는다고 해석하는 것이 헌법의 개방성에 비추어 보다 적절하리라 생각한다. 이러한 해석은 특히 헌법 제22조 제2항이 "문화의 향상 발전"을 목표로 "저작자의 권리 등과 저작물의 공정한 이용을 도모"하는 현재의 『저작권법』 등의 근거로서 부족함이 없게 해주는 해석이라고 할 수 있을 것이기에, 지적재산권법제의 균형 잡힌 검토를 위해서는 보다 적합한 해석이라 할 수 있을 것이다. 물론, 이러한 해석만으로 저작자 등의 권리의 보호의 내용이 어떠한 것인가를 완전하게 알 수는 없기 때문에, 그 내용에 대한 구체화 작업이 요청된다고 하겠다.

2. 재산권

헌법 제23조는 재산권의 보장을 규정하고 있다. 일반적으로 헌법이 보장하는 재산권은 '경제적 가치가 있는 모든 공법상·사법상의 권리'를 의미한다.[34] 저작자 등의 권리에 대하여 재산권설을 취하는 경우, 특히 중첩적 보장설을 취하는 경우에는 재산권 조항이 정보생산자의 권리의 보호를 위한 헌법상의 근거로 작용하게 됨은 물론이지만, 자유권설을 취한다고 해서 언제나 저작자 등의 권리가 재산적 속성을 가지는 것을 반대하는 것도 아니다. 즉 지적재산권법제 등에 의해 인정되는 저작자 등의 구체적인 권리가 경제적 가치가 인정될 경우 재산권이 될 수 있기 때문에, 재산권 조항은 정보생산자의 권리의 측면에 있어서 중요한 근거 조항이 될 수 있다.

이러한 측면에서는 지적재산권법제의 상당한 부분은 재산권법제의 일부로 자리매김하게 되며, 정보생산자, 특히 정보상품의 생산자의 경우는 일반적인

---

34) 권영성, 앞의 책, 558면. "우리 헌법이 보장하고 있는 재산권은 경제적 가치가 있는 모든 공법상·사법상의 권리를 뜻한다." 헌법재판소 1992. 6. 26. 90헌바26, 판례집 4, 362, 372면.

재산권 보장의 법리의 지도하에, 특별법적 지위를 가지는 지적재산권법제의
내용에 따른 보장을 누릴 수 있게 된다. 그렇지만, 정보생산자의 권리는 지적
재산권법제의 내용에 한정되는 경향이 있기 때문에, 일반 재산권법제의 보충
적 적용이 이뤄지는 경우는 그다지 많지 않다.

한편, 우리 헌법이 명시적으로 사회국가원리를 선언하고 있지는 않지만,
'사회정의'[35])의 실현을 목표로 하는 사회국가원리는, '사회정의의 실현'을 경
제질서의 기본으로 삼았던[36]) 건국헌법이래 우리 헌법의 기본원리 또는 국가
목표규정으로 규정되어 있음은 의심할 여지가 없다.[37]) 이러한 사회국가원리
에 따라 재산권의 사회적 구속성이 강조되기 때문에 재산권에 기한 정보생산
자의 보호 요청은 공공복리에 기반한 공공적 제한의 가능성이 상당부분 열려
있음을 특히 주의할 필요가 있다.

3. 표현의 자유

표현의 자유는 사상이나 의견을 외부에 표현하는 자유로서 개인적 표현의
자유인 언론·출판의 자유와 집단적 표현의 자유인 집회·결사의 자유를 총칭
하는 개념이다. 그러므로 표현의 자유는 언론·출판의 자유보다 넓은 개념이
다.[38]) 헌법 제21조에서는 언론·출판·집회·결사의 자유를 동일한 조문에서 규
정하고 있다. 한편 헌법 제17조 사생활의 비밀과 자유·제19조 양심의 자유·제
20조 종교의 자유·제22조 학문과 예술의 자유도 표현의 자유와 밀접한 관련
을 갖고 있다.[39])

우리 헌법이 명시적으로 표현의 자유를 규정하고 있지는 않은 관계로, 일반

---

35) 사회정의에 관한 일반적인 논의는 John Rawls, *A Theory of Justice, Revised
Edition*, 황경식 역, 『정의론』, 서울: 이학사, 2003[2005print].
36) 유진오, 앞의 책, 257면.
37) 사회국가원리의 구체적인 내용에 관해서는 권영성, 앞의 책, 140~141면; 허영, 『한
국헌법론』(전정8판), 서울: 박영사, 2012, 161면 이하 등을 참조.
38) 권영성, 위의 책, 495면.
39) 성낙인, 『헌법학』(제12판), 파주: 법문사, 2012, 551면.

적으로는 언론·출판의 자유를 중심으로 논의가 전개되어 왔다. 고전적 의미에서 언론·출판의 자유는 자신의 생각 또는 의견을 언어·문자 등으로 불특정 다수인에게 표명하거나 전달하는 의사표현의 자유를 말한다.[40] 종래 헌법 제21조에서 보장하고 있는 언론·출판의 자유는 국가권력으로부터의 자유를 의미하는 소극적 자유권으로 이해되어 왔으나 정보화의 가속화와 더불어 언론·출판의 자유는 적극적인 정보의 수집·처리·유통까지를 포괄하는 정보의 자유(알 권리)까지 내포하는 것으로 이해되고 있다.[41] 즉, 언론(言論)이라 함은 구두에 의한 표현을 말하고, 출판이라 함은 문자 및 상형에 의한 표현을 말하는 것이지만, 일반적으로 언론·출판의 자유의 내용으로서는 의사표현·전파의 자유, 정보의 자유, 신문의 자유 및 방송·방영의 자유 등을 포함하며, 이러한 언론·출판의 자유 가운데 의사표현·전파의 자유에 있어서 의사표현 또는 전파의 매개체는 어떠한 형태이건 가능하며 그 제한이 없으므로, 담화·연설·토론·연극·방송·음악·영화·가요 등과 문서·소설·시가·도화·사진·조각·서화 등 모든 형상의 의사표현 또는 의사전파의 매개체를 포함하게 된다.[42]

이러한 표현의 자유는 첫째, 개인의 자기실현을 보장하고, 둘째, 진리에 도달하는 수단으로서 기능하며, 셋째, 자유로운 의견표현을 통하여 개인이 공동

---

40) "헌법 제21조에서 보장하고 있는 언론·출판의 자유 즉 표현의 자유는 전통적으로는 사상 또는 의견의 자유로운 표명(발표의 자유)과 그것을 전파할 자유(전달의 자유)를 의미하고, 개인이 인간으로서의 존엄과 가치를 유지하고 행복을 추구하며 국민주권을 실현하는데 필수불가결한 것으로서, 종교의 자유, 양심의 자유, 학문과 예술의 자유 등의 정신적인 자유를 외부적으로 표현하는 자유라고 할 수 있다" 헌법재판소 1989. 9. 4. 88헌마22, 판례집 1, 176, 188; 헌법재판소 1992. 11. 12. 89헌마88, 판례집 4, 739, 758~759면; 헌법재판소 2002. 4. 25. 2001헌가27, 판례집 14-1, 251, 265면.
41) 성낙인, 앞의 책, 552면.
42) 헌법재판소 2002. 4. 25. 2001헌가27, 판례집 14-1, 251, 265면. "의사표현의 자유는 언론·출판의 자유에 속하고, 여기서 의사표현의 매개체는 어떠한 형태이건 그 제한이 없다." 헌법재판소 1993. 5. 13. 91헌바17, 판례집 5-1, 275, 284면; 헌법재판소 1996. 10. 31. 94헌가6, 판례집 8-2, 395, 401면; 헌법재판소 2002. 2. 28. 99헌바117, 판례집 14-1, 118, 124면; 헌법재판소 2001. 8. 30. 2000헌가9, 판례집 13-2, 134, 148면 등 참조.

사회결정에 참여하는 방편을 마련하고, 넷째, 사회적 변화에서 안정을 유지하는 수단으로서의 가치를 가진다.[43] 같은 맥락에서 언론·출판의 자유는 자유로운 인격발현의 수단이고, 합리적이고 건설적인 의사형성 및 진리발견의 수단이며, 민주주의 국가의 존립과 발전에 필수불가결한 기본권으로서 중요성이 인정된다.[44] 이에 근거하여 언론·출판의 자유는 다른 기본권보다 우월적 지위가 보장되어야 한다.[45]

오늘날의 정보기술의 발전, 특히 인터넷으로 상징되는 새로운 차원의 커뮤니케이션 방식의 등장은 인터넷이 제공하는 광범위한 표현의 자유에 대한 규제와 관련한 다양한 논의들을 낳은 바 있다.[46] 이러한 논의들은 주로 국가(정부) 대 개인의 관계에서 논의되는 것인데,[47] 정보생산자는 생산된 정보의 표현에 있어서 이러한 표현의 자유의 법리에 따른 보호를 주장할 수 있음은 당연한 결과라 할 수 있다. 즉 정보의 생산자는 표현의 자유가 보장하는 범위 내에서 본인이 생산한 정보의 외피(매체)를 자유롭게 선택할 수 있고, 이러한

---

43) Thomas I. Emerson, "Toward a General Theory of the First Amendment", 『72 Yale L. J. 877』, 1962~1963, pp.878~893.

44) "우리나라는 헌법 제21조에 언론·출판의 자유 즉, 표현의 자유를 규정하고 있는데 이 자유는 전통적으로는 사상 또는 의견의 자유로운 표명(발표의 자유)과 그것을 전파할 자유(전달의 자유)를 의미하는 것으로서 개인이 인간으로서의 존엄과 가치를 유지하고 행복을 추구하며 국민주권을 실현하는데 필수불가결한 것으로 오늘날 민주국가에서 국민이 갖는 가장 중요한 기본권의 하나로 인식되고 있는 것이다." 헌법재판소 1992. 2. 25. 89헌가104, 판례집 4, 64, 93면.

45) 성낙인, 앞의 책, 551면. 한편 표현의 자유의 우월적 지위에 기반하여 그에 대한 제한은 필요최소한에 그쳐야 한다는 주장에 대해서는 "(표현의 자유가) 다른 기본권에 비하여 항상 우월적 지위에 있는 것은 아니다. 다른 기본권과 충돌이 발생하는 경우에는 기본권 충돌의 문제로 돌아간다"는 주장이 제기되고 있다. 정종섭, 앞의 책, 583~584면.

46) 예를 들어 박선영, 『언론정보법연구 I -21세기 표현의 자유』, 서울: 법문사, 2002; 황승흠·황성기, 『인터넷은 자유공간인가? -사이버공간의 규제와 표현의 자유』, 서울: 커뮤니케이션북스, 2003.

47) 물론, 정보생산자 역시 경우에 따라서는 사인과의 관계에서 표현의 자유의 보호가 문제되는 상황이 발생할 수 있다. 예를 들어, 공인의 사생활보호와 언론의 자유가 충돌하는 것 등을 생각해 볼 수 있다.

정보를 자유롭게 전파할 수 있는 자유를 가진다. 물론 표현의 자유 역시 무제한 보호되는 것은 아니어서 헌법 제37조 제2항의 제한을 받게 되므로 역시 공공복리에 기반한 공공적 제한의 가능성이 상당부분 열려 있다.

4. 문화적 권리

우리 헌법은 전통적으로 문화의 영역으로 간주되는 분야에 관한 기본권들을 자유권적 기본권 또는 사회적 기본권으로 규정하고 있다. 즉 학문과 예술의 자유(제22조 제1항), 종교의 자유(제20조) 그리고 교육을 받을 권리(제31조)[48]가 이에 해당한다.[49] 이러한 권리들을 특히 '문화적 기본권'이라고 부르기도 한다.[50] 이 밖에도 양심의 자유(제19조)는 문화적 자율성의 기초가 된다는 점에서, 언론·출판의 자유(제21조)는 문화활동에 있어서의 주요한 표현매체라는 점에서 중요한 문화적 기본권으로 꼽는다. 특히 방송·신문·출판물 등이 일반대중에게 갖는 문화적 영향을 고려할 때, 그 중요성은 대단히 크다고

---

48) 헌법재판소는 "교육을 받을 권리는 우리헌법이 지향하는 문화국가·민주복지국가의 이념을 실현하는 방법의 기초이며, 다른 기본권의 기초가 되는 기본권"이라 하면서, 그 이유로는 "교육을 받을 권리가 교육제도를 통하여 충분히 실현될 때에 비로소 모든 국민은 모든 영역에 있어서 각인의 기회를 균등히 하고 능력을 최고도로 발휘하게 되어 국민생활의 균등한 향상을 기할 수 있고, 인간으로서의 존엄과 가치를 가지며, 행복을 추구할 수 있기 때문"이라고 한다. 헌법재판소 1991.02.11, 90헌가27, 판례집 제3권, 18면.

49) 헌법재판소는 "헌법은 문화국가를 실현하기 위하여 보장되어야 할 정신적 기본권으로 양심과 사상의 자유, 종교의 자유, 언론·출판의 자유, 학문과 예술의 자유 등을 규정"하고 있다고 설시한 바 있다. 헌법재판소 2004.05.27, 2003헌가1, 판례집 제16권 1집, 679면; 헌법재판소 2000. 4. 27. 98헌가16, 98헌마429(병합), 427, 445~446 참조.

50) 계희열, 『헌법학(상)』(신정2판), 서울: 박영사, 2005, 430면; 성낙인, 앞의 책, 289면; 홍성방, 앞의 책, 178면. 문화적 기본권의 독자적 지위는 기존의 자유권과 사회적 기본권의 분류체계 속에서는 체계적으로 파악하기 곤란하기 때문에 생활영역 또는 생활이익에 따른 분류가 필요하며, 이에 대한 체계적인 연구가 필요함을 강조하는 견해로는 김수갑, 앞의 논문, 82~84면.

할 수 있을 것이다.51) 이러한 문화적 권리는 특히 UN의『경제·사회·문화적
권리에 대한 국제협약(International Covenant on Economic, Social and Cultural
Rights)』등의 일련의 국제조약을 통해 강력하게 주장되어 온 바 있기에, 이른
바 '형성중인 기본권'으로서의 성격도 부여할 수 있을 것이다.52)

　　정보생산자들은 이러한 문화적 기본권과 아울러, 문화국가 원리에 의한 국
가적 차원의 문화조성노력에 부응한 문화적 참여권 등의 기본권을 누리게 되
며, 이는 정보의 생산에 있어 기본적인 보호 영역을 제공한다고 할 수 있다.

II. 지적재산권법제상의 보호

　　이러한 헌법적 근거들을 바탕으로 정보생산자의 권리를 보호하기 위하여
형성된 법제가 바로 지적재산권법제라 할 수 있다. 각각의 지적재산권법은 제
1조에서 그 법의 목적을 규정하고 있는데, 그 구체적인 조항들은 다음과 같다.

〈표 1〉 지적재산권법의 목적규정

구 분		제1조 [목적]
저작권법		이 법은 저작자의 권리와 이에 인접하는 권리를 보호하고 저작물의 공정한 이용을 도모함으로써 문화 및 관련산업의 향상발전에 이바지함을 목적으로 한다.
산업재산권법	특허법	이 법은 발명을 보호·장려하고 그 이용을 도모함으로써 기술의 발전을 촉진하여 산업발전에 이바지함을 목적으로 한다.
	실용신안법	이 법은 실용적인 고안을 보호·장려하고 그 이용을 도모함으로써 기술의 발전을 촉진하여 산업발전에 이바지함을 목적으로 한다.

51) 김수갑, 위의 논문, 127면.
52) '문화권'의 형성에 관한 자세한 논의는 Halina Niec, 최순호 역, "문화권: 세계문화
　　발전 10개년을 마치며(Cultural Rights: At the End of the World Decade for
　　Culutral Development)",『유네스코포럼』제5호, 1998 여름 참조.

	상표법	이 법은 상표를 보호함으로써 상표사용자의 업무상의 신용유지를 도모하여 산업발전에 이바지함과 아울러 수요자의 이익을 보호함을 목적으로 한다.
	디자인보호법	이 법은 디자인의 보호 및 이용을 도모함으로써 디자인의 창작을 장려하여 산업발전에 이바지함을 목적으로 한다.
	부정경쟁방지 및 영업비밀에 관한 법률	이 법은 국내에 널리 알려진 타인의 상표·상호 등을 부정하게 사용하는 등의 부정경쟁행위와 타인의 영업비밀을 침해하는 행위를 방지하여 건전한 거래질서를 유지함을 목적으로 한다.
신지적재산권법	반도체집적회로의 배치설계에 관한 법률	이 법은 반도체집적회로의 배치설계에 관한 창작자의 권리를 보호하고 배치설계의 공정한 이용을 도모하여 반도체 관련산업과 기술을 진흥함으로써 국민경제의 건전한 발전에 이바지함을 목적으로 한다.

이러한 각각의 지적재산권법의 목적규정들을 문언에 따라 분석해 본 결과가 <표 2> 지적재산권법의 목적규정의 분석>이다.

〈표 2〉 지적재산권법의 목적규정의 분석

구 분		권리자이익	이용자이익	부수적목표	최종 목표
저작권법		저작자의 권리와 이에 인접한 권리	저작물의 공정한 이용		문화 및 관련산업의 향상발전
산업재산권법	특허법	발명 보호·장려	발명의 이용		산업발전
	실용신안법	실용적인 고안 보호·장려	실용적인 고안의 이용	기술 발전	산업발전
	상표법	상표보호/상표사용자의 업무상의 신용유지	수요자의 이익		산업발전
	디자인보호법	디자인 보호	디자인 이용		산업발전
	부정경쟁방지및 영업비밀에관한 법률	정당한 경쟁의 유지와 영업비밀	(정당한 경쟁의 이익)		건전한 거래질서 유지
신지적재산권법	반도체집적회로의배치설계에관한법률	창작자의 권리	배치설계의 공정한 이용	관련산업과 기술의 진흥	국민경제의 건전한 발전

이러한 목적조항들을 검토해 보면, 대부분 특정한 입법목적(『저작권법』은 문화 및 관련 산업의 향상발전, 산업재산권법의 경우는 산업발전과 기타 수요자의 이익보호, 건전한 거래질서의 유지 등)의 달성을 궁극의 목표로 제시하고 있지만, 그 목표의 달성을 위한 기본적인 수단이 바로 '인위적 독점권'의 설정이라 할 수 있기 때문에, 지적재산권법제는 기본적으로 정보생산자의 권리를 보호하는 체제라고 할 수 있을 것이다.

1. 권리의 종류 및 내용

지적재산권법제상의 개별법제들은 각각의 개별적인 지적재산권을 규정하고 있는 바, 그 내용들은 개별적인 권리에 따라 조금씩 차이를 보인다. 『저작권법』의 경우는 'copyright'라는 명칭에 걸맞게 복제를 중심으로 부수적인 권리들이 규정되는 구조를 취하고 있는 반면, 산업재산권법제는 재산권의 '실시'를 중심으로 권리들이 규정되어 있다. 각각의 지적재산권의 종류와 내용을 간략히 정리하면 아래 <표 3 지적재산권의 종류와 내용, 존속기간>과 같다.

〈표 3〉 지적재산권의 종류와 내용, 존속기간

구 분	종 류		내 용	인정 시기	기간(기산일)
저작권법	저작 권	저작 인격권	공표권, 성명표시권, 동일성유지권, 출판에 관한 수정·증감권, 명예권	저작시	저작자 생존 중
		저작 재산권	복제권, 공연권, 공중송신권, 전시권, 배포권, 대여권, 2차적 저작물 작성권	저작시	저작자 사망 후 50년(개정. 저작자 사후 70년 시행일(2013.7.1))
	저작 인접 권	실연자의 권리	인격권(성명표시권, 동일성유지권), 복제권, 배포권, 대여권, 공연권, 방송권, 전송권, 2차사용료징수권	실연	50년(시작 다음해) * 음반의 경우, 최초고정 익년부터 기산하여 50년까지
		음반	복제·배포권, 대여권,	발행	미발행시엔 처음

		제작자의 권리		2차사용료징수권, 보상금청구권		고정한 때부터 기산
		방송사업자의 권리		복제·동시중계방송권	방송	고정한 때부터 기산
		출판권		원작 그대로 출판할 권리		3년 (최초출판일)
		영상제작자의 권리		영상저작물을 복제·배포·공개상영·방송·전송 그 밖의 방법으로 이용할 권리	약정일	약정 * 특약없으면 5년
		데이터베이스 제작자의 권리		데이터베이스의 전부 또는 상당한 부분의 복제·배포·방송·전송권	제작 완료	5년 (시작다음해)
산업재산권법	특허법	발명권	발명권자의 권리	실시 * 재산적권리는 양도성인정 / 담보설정 불가		
		특허권	특허권자	실시	설정 등록일	20년(출원일)
			특허실시권	전용실시권·통상실시권		
	실용신안법	실용신안권	실용신안권자	실시	설정 등록일	10년(출원일)
			실용신안실시권자	전용실시권·통상실시권		
	상표법	상표권		전용사용권·통상사용권	설정 등록일	10년 * 만료 1년전 10년씩 갱신가능(반영구적)
	디자인보호법	디자인권	디자인권자	실시	설정 등록일	15년 * 유사디자인의 디자인권은 기본디자인의 디자인권의 만료일
			디자인실시권자	전용실시권·통상실시권		
	부정경쟁방지및영업비밀에관한법률	부정경쟁행위의 금지 등		금지청구·손해배상청구		
		영업비밀보호권		금지청구·손해배상청구권		
신지적재산권법	반도체집적회로의 배치설계에관한법률	배치설계권		복제/회로제조/제조물품의 양도·대여·전시·수입: 이용허락 (전용이용권·통상이용권)	설정 등록일	10년 * 최초 이용일로부터10년/창작일로부터 15년 초과불가

2. 권리의 보호기간

『저작권법』은 저작재산권에 대해서만 권리의 존속기간을 두고 있는데 그
내용은 위의 <표 2 지적재산권의 종류와 내용, 존속기간>에서 확인할 수 있
다. 원래 저작권은 저작자 및 그 가족의 생계유지를 위하여 인정된 측면이 없
지 않아, 원칙적으로 저작자 사후에까지 일정기간 존속된다. 그러나 저작자가
누구인지 모르는 경우, 저작자의 사망시점을 모르는 경우, 저작물이 아닌 저작
인접물 또는 데이터베이스에 대해서는 다른 기준이 적용된다.[53]

한편 1986년의 전문개정 이전의 『저작권법』(1957년 1월 28일 법률 제432
호)은 저작인격권의 존속기간을 영구적인 것으로 규정하고 있었지만,[54] 이후
의 개정에서 영구존속규정이 삭제되면서 일신전속성 규정[55]이 생겼기 때문에,
저작인격권은 저작자 본인에게만 적용되는 일신전속권으로 저작자의 사망과
함께 소멸된다고 보는 것이 자연스러울 것이다. 그렇지만 저작자 사망 후의
인격적 이익의 보호에 관한 규정들을 보면,[56] 저작인격권은 저작자의 사망 후
에도 계속 보호되는 결과를 가져온다. 생각건대 저작인격권 가운데 성명표시
권이나 동일성유지권의 경우, 저작자 사후라도 계속 인정해주는 것이 바람직
할 것이므로 존속기간을 제한할 필요성이 없어, 영구히 존속하는 것으로 보는
것이 무방할 것으로 보인다. 이는 저작재산권 특히 2차적 저작물 작성권의 소
멸로 인해 타인의 창작의 자유가 억압될 이유가 없기 때문이다. 오히려 창작
에 있어 영감을 얻은 다른 작품에 대한 저작인격권의 존중은 권장될만한 사항
이라 할 수 있다. 다만 공표권의 경우는 저작자의 사망으로 소멸하는 것으로
보되, 저작물의 공표가 사망자의 명예훼손에 해당될 정도에 이르게 될 경우에
는 그러하지 않은 것으로 보아야 할 것이다.[57]

---

53) 박준우, 『지적재산권법』, 서울: 박영사, 2005, 467~468면 참조.
54) 구 『저작권법』(1957년 1월 28일 법률 제432호) 제29조.
55) 개정 『저작권법』 제14조 제1항. 이 조항은 1986년 개정으로 생긴 것이다.
56) 개정 『저작권법』 제14조 제2항, 제128조 참조.
57) 이렇게 볼 경우, '명예훼손여부'는 성명표시권이나 동일성유지권의 경우에는 침해

산업재산권의 경우는, 상표권은 설정등록이 있는 날부터 10년의 존속기간을 가지지만, 식별력을 갖추고 있으면서, 다른 부등록사유가 없는 한 영원히 사용할 수 있다. 다만 상표권의 존속기간갱신 등록출원에 의하여 10년마다 갱신하여야 한다(『상표법』 제42조). 이는 상표의 특성상 당연히 인정되어야 할 결과라 할 수 있다. 그렇지만 상표권을 제외한 각종 산업재산권은 시간적 제한이 있다. 즉 일정시점을 기준으로 하여 일정기간이 경과하면, 더 이상 지적재산권자의 허락이 없이도 제3자가 그 지적재산을 이용할 수 있게 된다. 앞에서 설명한 바와 같이 저작권은 원칙적으로 저작물의 창작시부터 발생하지만, 산업재산권은 등록을 하여야 비로소 권리가 발생하므로 산업재산권의 존속기간은 설정등록일로부터 시작된다.[58] 산업재산권의 존속기간 역시 위의 <표 2 지적재산권의 종류와 내용, 존속기간>에서 확인할 수 있다. 주의할 점은 존속기간은 설정등록일에 시작하지만, 존속기간 만료의 기산점은 설정등록일이 아니라는 것이다. 결과적으로 산업재산권자가 완전한 배타적 권리를 실질적으로 누릴 수 있는 기간은 보통 정해진 존속기간보다 짧아지게 된다. 즉 출원일로부터 설정등록일 또는 발명의 실시시작일 중 늦은 날의 기간만큼 짧아지게 된다.[59] 한편, 산업재산권 가운데 특허권은 일부의 경우에 한해 5년의 연장이 가능한 경우가 있다.[60]

자의 면책규정으로, 즉 명예훼손에 이르지 않았을 경우에는 저작인격권의 침해가 되지 않게 되는 것으로 기능하게 되고, 공표권의 경우에는 침해의 구성요건으로, 즉 명예훼손에 이르렀을 경우에만 저작인격권의 침해로 보게 되는 것으로 기능하게 된다.

58) 박준우, 앞의 책, 465면.
59) 박준우, 위의 책, 465~466면.
60) 『특허법』 제89조(특허권의 존속기간의 연장) 특허발명을 실시하기 위하여 다른 법령의 규정에 의하여 허가를 받거나 등록등을 하여야 하고, 그 허가 또는 등록등(이하 "허가 등"이라 한다)을 위하여 필요한 활성·안전성 등의 시험으로 인하여 장기간이 소요되는 대통령령이 정하는 발명인 경우에는 제88조 제1항(특허권의 존속기간)의 규정에 불구하고 그 실시할 수 없었던 기간에 대하여 5년의 기간내에서 당해 특허권의 존속기간을 연장할 수 있다. 한편, 특허권의 존속기간이 연장된 특허권의 효력은 그 연장등록의 이유가 된 허가 등의 대상물건(그 허가 등에 있어

3. 권리의 보호방법

지적재산권을 보호하는 방식으로는 크게 두 가지 방법이 있다. 하나는 물권적 보호방식이고, 다른 하나는 행위규제적 보호방식이다.[61] '물권적 보호방식(property rule)'이란, 지적재산 자체에 물권(소유권) 유사의 권리를 일정한 기간 동안 부여하여 이에 배타적인 사용·수익·처분이 가능하도록 하고, 예외적으로 일정한 경우 그 권리를 제한하는 방식으로 지적재산을 보호하는 것이고, '행위규제적 보호방식(liability rule)'이란 적법한 취득과정에 의한 인격적 이익을 훼손하지 않는 지적재산의 이용은 원칙상 자유라는 전제하에 공정한 경쟁을 해칠 우려가 있는 일정한 행위를 제한적으로 규정하여 이를 규제하는 것이다.

우리 현행법제는 기본적으로 물권적 보호방식을 취하고 있다. 그렇기 때문에 지적재산권자의 허락을 받아야 이용할 수 있는 지적재산을 허락 없이 이용하면 지적재산권의 침해가 된다.[62] 즉 특허·실용신안·디자인권자의 허락 없이 특허발명·등록실용신안·등록(또는 유사) 디자인을 업으로서 실시하는 경우, 상표권자의 허락 없이 등록상표와 동일 또는 유사한 상표를 등록상표의 지정상품과 동일 또는 유사한 상품에 사용하는 경우, 저작권자 등의 허락 없이 저작물의 복제 등을 하는 경우는 지적재산권의 침해이다. 이를 지적재산권의 '직접침해'라 한다.

그런데 지적재산은 그 무형성으로 인해 그 침해의 입증이 쉽지 아니하다. 그러므로 지적재산권법은 지적재산의 침해에 필요한 행위 등을 하면 침해를 한 것으로 보는 규정을 두었는데, 이를 지적재산권의 '간접침해'라 한다.[63]

물건이 특정의 용도가 정하여져 있는 경우에 있어서는 그 용도에 사용되는 물건)에 관한 그 특허발명의 실시 외의 행위에는 미치지 아니한다(『특허법』 제95조).
61) 박승용, "지적재산권의 보호에 관한 고찰", 『평택대학교 논문집』 제18집, 2004, 151~154면. 이 논의는 기본적으로 재산권의 보호방식에 관한 논의인 박세일, 앞의 책, 145~152면에 의존하고 있는 것이다.
62) 박준우, 앞의 책, 제4장의 내용을 바탕으로 개정법률의 내용을 반영하였다.
63) 박준우, 위의 책, 511면.

 이러한 지적재산권침해에 대한 구제에 대해서는 크게 민사적 구제방법과 형사적 구제방법, 그리고 과태료의 부과로 나누어 볼 수 있는데 민사적 구제 방법으로는 침해금지·예방 청구권, 손해배상청구권, 신용회복조치권 등이 있 고, 형사적 구제방법으로는 산업재산권의 경우에는 ① 침해죄, ② 위증죄, ③ 허위표시의 죄, ④ 사위행위의 죄, ⑤ 비밀누설죄 등을 처벌하며, 양벌규정 및 몰수의 병과가 가능하도록 규정하고 있으며, 저작권 등의 경우도 산업재산권 법과 유사한 형사적 구제규정을 두고 있다.64) 그 밖에도 산업재산권과 저작권 모두 행정벌인 과태료가 부과되기도 하며,65) 『저작권법』에는 부정복제물 등 의 수거조치도 부과될 수 있게끔 되어 있다.66)

4. 권리의 인정근거

 시기에 따라 혹은 생성된 역사적 배경에 따라 각국마다 지적재산권법제의 근거에 대한 다양한 논의들이 제기되었는데, 이들은 크게 '자연권설(自然權說; natural right theory; property theory)'과 '유인설(誘引說; incentive theory)'로 나 누어 볼 수 있다.

1) 자연권설

 자연권설은 다시 '노동권설(labor theory)'과 '인격권설(personality theory)'로 나누어 볼 수 있다.

 노동권설은 17세기 말 로크(John Locke)의 이론에 기초하고 있는 것으로,

---

64) 산업재산권에 비해 『저작권법』의 형사적 구제에 있어서 '친고죄'의 비율이 높았으 나, 『저작권법』의 개정이 거듭될수록 『저작권법』상의 침해에 대한 형사적 구제의 비친고죄화(非親告罪化)가 진행되고 있다.

65) 『저작권법』의 경우 2006년 12월 28일 개정(법률 제8101호, 시행일 2007년 6월 29 일)부터 온라인서비스제공자의 의무태만 등에 대한 과태료규정(개정 저작권법 제 140조)이 신설되었다.

66) 『저작권법』 제133조.

소유권의 근거를 권리자가 노동을 가한 것에서 구한다. 저작자가 정신적 노동을 가한 결과가 저작물이므로, 마치 노동자가 자기의 노동에 대하여 대가를 받는 것처럼 자신의 지적 노력에 의한 산물에 대하여 권리를 인정받고 이러한 권리는 자연권으로서 천부불가양의 성질을 가진다는 것이다.[67] 이는 프랑스 대혁명 이후 적극적으로 지지를 받게 된 이론이지만, 이 이론은 지적재산권의 근거에 대한 이론으로서는 상당한 설명을 제공하는 반면 지적재산권의 한계 내지 제한에 관한 근거를 제공하지 못한다는 약점을 가지기 때문에 지나친 권리 보호의 위험성이 지적되고 있다.[68]

인격권설은 19세기 초 헤겔 등의 이론에 기초하고 있는 것으로, 저작자 등이 갖는 배타적 권리를 인격권에서 구한다. 즉 사람이 자기의 인격에 대하여 배타적 권리를 갖고 있고, 저작물은 저작자의 인격을 나타내는 것이기 때문에 저작자가 저작물에 대하여 배타적 권리를 갖는다는 것이 이 이론의 요지이다. 그렇지만 이 견해는 저작인격권을 설명하는 데는 유용하지만, 경제적 권리로서의 저작재산권의 배타적 귀속성을 설명하는 데는 난점을 보인다. 즉 사람의 인격은 일신전속적으로 양도·포기가 불가능하지만, 저작물의 이용과 관련한 경제적 권리는 일신전속적이지 않으며, 양도·포기 등이 가능하기 때문이다.[69]

2) 유인설

유인설은 '장려설(encouragement theory)' 혹은 '정책설(policy theory)'이라고도 불린다. 자연권설이 지적재산권을 법정책 이전에 이미 발생하여 존재하는 권리로 보는 데 반해, 유인설은 지적재산권은 법정책적으로 만들어지는 것이라고 본다. 이는 지적재산이 비배타적이고, 공공적 성질을 갖기 때문에 원래는 누구나 자유롭게 이용할 수 있어야 함이 원칙이지만, 특정한 정책적 이유로

---

67) John Locke, *The Second Treatise of Government*, 이극찬 역, 『시민정부론』, 서울: 연세대학교 출판부, 1970[2004print], 45~59면.
68) Peter Drahos, *A philosophy of intellectual property*, Aldershot Brookfield, USA: Dartmouth, 1996, pp.41~69.
69) Peter Drahos, 위의 책, pp.73~91.

인해 그렇지 못하게 된 것이라는 이론을 전개한다. 즉 지적재산에 대하여 창작자에게 그 이용에 대한 일정 기간의 독점권을 부여함으로써 창작활동을 촉진할 수 있도록 하는 유인으로서 지적재산권을 인정하는 것이다. 이는 창작자에게 일정기간의 독점권을 부여함으로써 발생하는 사회적 비용보다 창작활동의 촉진을 통해 얻을 수 있는 이익이 보다 크다는 판단 하에서 가능한 것이라 할 수 있다.

그렇지만 어떠한 객체를 보호대상으로 하여 재산권을 부여하여도 그로부터 생산된 재산을 활용하여 효용을 증가시킬 수 있는 시장이 없으면 재산권은 그 기능을 다하지 못하게 되므로, 역시 재산권의 일종인 지적재산권도 지적재산권자가 배타적 재산권을 활용하여 지적재산의 생산에 투하된 자본을 회수할 수 있는 시장이 존재하지 아니하면 그 기능을 다할 수 없다.[70] 이러한 측면은 특히 유인설의 실질적 의미를 반감시키는 결과를 초래한다고 할 수 있다. 즉 아무리 지적재산권이 넓은 범위에서 유효하게 설정되고, 오랜 기간 동안 보호된다고 하더라도 시장성이 작은 정보상품의 경우에는 지적재산권은 유인으로서의 성격을 거의 갖지 못하기 때문이다.

3) 평 가

이러한 지적재산권법제의 정당화 논거에 대한 오늘날의 지적재산권법학계의 일반적인 평가는 어느 견해를 따르든지 입법이나 해석에 있어서 큰 차이가 없기 때문에 이를 논할 실익은 크지 않다는 것으로 요약된다. 즉 지적소유권의 본질에 관한 노동설, 인격권설, 유인설 등의 논쟁은 어느 한쪽에 치우쳐있어 완전한 설명으로는 적절하지 않다는 것인데, 보호대상인 지적재화에는 창조력있는 인간의 고유의 가치가 있을 뿐만 아니라 발명가, 예술가, 기업가의 경제적 이익도 무시할 수 없으므로 인격적 측면과 재산적 측면을 함께 고려하여야 함이 타당하고 또한 그것이 경제거래계에 유통되는 경우에는 경쟁법적 측면도 중요하다고 보아야 할 것이므로 이러한 요소를 가진 재산적 권리로 이

---

70) 박준우, 앞의 책, 17∼18면.

해하면 충분할 것이라는 것이다.71)

　그렇지만, 오늘날의 지적재산권법제의 강화 경향에 비추어 볼 때, 지적재산권법제의 근거에 대한 고찰은 지적재산권법제가 어디까지 강화될 수 있는가를 검토해 볼 수 있는 중요한 단서가 될 수 있다고 생각한다. 특히 유인설의 경우, 실질적인 유인의 효과와 그로 인해 창출되는 개인적인 이익과 사회적 폐해에 대한 비교 형량이 반드시 필요하다는 점을 기억해 둘 필요가 있다.

---

71) 송영식·이상정·황종환, 『지적소유권법(상)』(제9판), 서울: 육법사, 2005, 55～56면.

제3절 정보이용자

여기에서는 정보생산자에 대응하는 측면에서의 정보이용자의 의의 및 정보이용자에 대한 법적 보호를 살펴보도록 한다.

제1항 정보이용자의 의의

정보이용자는 정보생산자에 의해 생산된 정보 및 정보상품을 소비하는 자들을 말하는데, 정보상품의 소비는 다른 상품의 소비와는 달리, 감가상각이 발생하지 않기 때문에, '써서 없앤다'는 의미의 소비가 아닌, 상품을 '향유(享有)'한다는 측면이 강하다.[1] 그렇기 때문에 정보소비자라는 명칭 대신 '정보이용자'로 지칭하기로 한다.

정보 및 정보상품의 이용의 양태를 살펴보면, 예를 들어 책이나 음악·영화의 감상과 같이, 정보 및 정보상품의 순수한 이용에 그치는 경우도 적지 않지만, 상당한 경우에는 새로운 정보를 만들어내기 위해서 기존의 정보를 이용하게 된다. 예를 들어 새로운 논문을 작성하기 위해서 기존의 책들을 읽는다든가, 영화평을 작성하는 경우가 그 예라 할 수 있다.

이미 언급한 바와 같이, 정보의 생산에는 기존의 정보를 이용하는 경우가 거의 일반적인 경우라 할 수 있기 때문에 양자를 엄밀하게 구분한다는 것이 그다지 수월한 것은 아니지만, 본 연구에서는 정보 및 정보상품의 단순한 이

---

1) '향유(享有)'는 '누리어 가짐'의 의미로, 소유와 유사한 의미를 가지기도 하지만, '자유,' '문화생활,' '예술' 등을 향유한다고 할 때는 소유 이상의 의미를 가진다고 할 수 있을 것이다. 국립국어연구원 편, "향유", 『표준국어대사전』, 서울: 두산동아, 1999.

용이나, 정보 및 정보상품의 생산에 이르는 과정까지의 단계에 있는 사람을 정보이용자로 분류한다. 물론 정보상품의 생산에 이르는 과정에 있는 사람 역시 정보생산자로 분류하는 것이 언어관용상 더 자연스러울 것으로 생각되긴 하지만, 적용되는 보호법제를 기준으로 살펴 볼 경우에는, 지적재산권법제가 완성된 지적재산을 중심으로 규율되기 때문에 이러한 분류가 보다 적절하다고 평가할 수 있을 것이다.

제2항 정보이용자의 보호

헌법상의 적지 않은 규정들이 정보생산자의 보호에 못지않게, 정보이용자를 보호하기 위하여 동원될 수 있다. 그렇지만 이러한 헌법상의 규정들에도 불구하고 현재의 지적재산권법제는 상대적으로 정보이용자의 보호에 미흡한 모습을 보이고 있다고 생각된다. 이하에서 차례로 살펴보도록 한다.

I. 헌법적 차원의 보호

이미 살펴본 바와 같이 헌법적 차원에서 정보생산자를 보호하는 대표적인 규정이라 할 수 있는 헌법 제22조 제2항은 정보이용자의 보호를 위해서도 원용될 수 있다고 하겠다. 그렇지만, 이 조항 이외에도 인간다운 생활을 위한 사회적 기본권, 표현의 자유를 비롯한 문화적 권리, 그리고 이른바 정보기본권이라 지칭되는 새로운 기본권 역시 정보이용자의 보호를 위해 고려될 수 있는 기본적 권리라 할 수 있다. 이하에서 간단히 살펴보기로 한다.

1. 저작자 등의 권리

이미 살펴본 바와 같이 헌법 제22조 제2항의 '저작자 등'의 개념을 '창작을 완료한 자'에 국한시키지 않고, '창작을 행하는 자'로 확장할 경우에는 저작자 등의 권리 보호 규정이 정보이용자의 보호에도 원용될 수 있다. 즉 정보의 생산과정은 일반적으로 창작과정을 거쳐 결과물이 완성되는 일련의 과정이라 할 수 있는데, 저작자 등의 창작과정에 대한 보호 역시 헌법 제22조 제2항의 저작자 등의 권리를 통한 보호를 받는다고 해석하는 것이 헌법의 개방성에 비추어 보다 적절하기 때문이다. 이러한 해석은 특히 헌법 제22조 제2항이 "문화의 향상발전"을 목표로 "저작자의 권리 등과 저작물의 공정한 이용을 도모"하는 현재의 『저작권법』 등의 근거로서 부족함이 없게 해주는 해석이라고 할 수 있을 것이기에, 지적재산권법제의 균형 잡힌 검토를 위해서는 보다 적합한 해석이라 할 수 있을 것이다. 뿐만 아니라, 적극적으로 입법자에 대해서 정보이용자에 대한 보호를 요청할 수 있는 근거를 제공해줄 수 있는 해석이기도 하다.

물론, 이러한 해석만으로 저작자 등의 권리의 보호의 내용이 어떠한 것인가를 완전하게 알 수는 없기 때문에, 그 내용에 대한 구체화 작업이 요청됨도 이미 언급한 바와 같다.

2. 재산권

저작자 등의 권리의 본질에 있어서 재산권설을 취할 경우에는 지적재산권법제는 재산권법제의 하나로 자리매김하게 됨은 당연한 결과이지만, 비재산권설을 취할 경우에도 이미 재산적 가치가 인정되는 저작자 등의 권리에 대해서는 재산권법제의 규율을 받게 되므로, 재산권법제의 법리에 따른 정당한 대가를 통해 정보를 이용하게 되는 정보이용자, 특히 정보상품의 이용자의 경우는 일반적인 재산권 보장의 법리의 지도하에 지적재산권법제의 내용에 따른 보장을 누릴 수 있게 된다.[2]

이미 살펴본 바와 같이 정보생산자의 권리가 비교적 상세하게 지적재산권

---

2) 이 경우, 재산권설과 비재산권설의 차이는, 전자가 저작자 등의 권리가 본래 재산권의 속성을 가진다고 보는 반면, 후자는 저작자 등의 권리 가운데 일부가, '재산적 가치의 여부'에 따라 재산권으로서의 속성을 가지게 된다는 데 있다.

법제에 규정되어 있기 때문에, 정보생산자의 권리는 그 내용에 한정되는 경향이 있는 반면에, 상대적으로 보호규정이 마련되어 있지 않은 정보이용자의 경우에는 일반 재산권법제의 법리에 의한 보호를 원용할 필요성이 적지 않다. 대표적인 경우가 바로 적극적 채권침해, 하자담보책임, 불법행위에 의한 손해배상책임, 제조물책임 등의 법리 등이 정보이용자가 재산권에 기한 보호를 원용할 수 있는 경우라 할 수 있을 것이다.

3. 표현의 자유

정보생산자에게 있어서 표현의 자유에 의한 보호는 주로 국가(정부)와의 관계에서 논의되는 것인데 비해, 정보이용자의 경우에는 국가(정부)와의 관계에서의 표현의 자유의 보호문제 이 외에도 개인 대 개인의 관계에서의 표현의 자유가 문제될 수 있다. 즉 정보의 생산을 위해서는 일반적으로 기존의 정보를 이용할 수 있어야만 하기 때문에, 과도한 정보의 사유화는 표현의 자유에 대한 억압으로 작용할 수 있기 때문에 사인간의 기본권의 충돌의 문제가 발생할 수 있게 되는 것이다. 정보에 대한 독점적 권리를 부여하면 다른 사람의 언론의 자유를 비롯한 표현의 자유를 제한하는 결과를 가져오기 마련이다.3)

이처럼 표현의 자유는 정보이용자 역시 원용할 수 있는 주요한 기본적 권리라 할 수 있는데,4) 정보이용자의 표현의 자유가 정보생산자의 인위적 독점권과 충돌할 경우, 정보생산자의 권리의 강한 재산권적 속성을 고려하면, 다른 기본권보다 우월적 지위가 보장되어야 하는5) 정보이용자의 표현의 자유를 가급적 우선시할 필요성이 크지 않을까 생각한다.

---

3) 방석호, 『미디어법학』, 서울: 법문사, 1995, 302면; 손수호, "디지털 환경과 저작권 패러다임의 변화에 대한 연구", 『한국출판학연구』 통권 제51호, 2006.12, 219면.
4) 이러한 측면이 Lawrence Lessig, *Free culture*, New York: Penguin Press, 2004[국내번역서는 Lawrence Lessig, *Free Culture*, 이주명 역, 『자유문화: 인터넷 시대의 창작과 저작권 문제』, 서울: 필맥, 2005]의 기본적인 관점이라 할 수 있을 것이다.
5) 성낙인, 『헌법학』(제12판), 파주: 법문사, 2012, 551면.

4. 사회적·문화적 기본권

사회국가원리에 따라서 인간다운 생활에 대한 보장이 마련되어야 하는 현행 헌법체제하에서, 인간다운 생활이 물질적 생활의 보장을 넘어선 문화적 생활의 보장을 의미한다는 관점에서는,6) 인간다운 생활을 할 권리를 비롯한 각종 사회적 기본권들은 정보이용자의 권리로 원용될 수 있는 가능성이 크다. 다만 사회국가원리를 지배하는 '사회정의'라는 목표의 추상적인 성격으로 인해 사회국가원리의 실질적인 내용은 구체화에 있어서 여러 가지 난점을 겪게 되는데, 사회국가원리의 구체화는 정부의 독단적인 시책의 차원에서 시도되어서는 안되고, 시민사회와의 밀접한 협력 속에서 실질적인 수준에서 이루어져야 할 것이다.7)

이와 관련하여 헌법재판소는 "모든 국민은 인간다운 생활을 할 권리를 가지며 국가는 생활능력 없는 국민을 보호할 의무가 있다는 헌법의 규정은 입법부와 행정부에 대하여는 국민소득, 국가의 재정능력과 정책 등을 고려하여 가능한 범위 안에서 최대한으로 모든 국민이 물질적인 최저생활을 넘어서 인간의 존엄성에 맞는 건강하고 문화적인 생활을 누릴 수 있도록 하여야 한다는 행위의 지침 즉 행위규범으로서 작용"한다고 판시한 바 있다. 아울러 '인간다운 생활'의 구현에 있어 "'인간다운 생활'이란 그 자체가 추상적이고 상대적인 개념으로서 그 나라의 문화의 발달, 역사적·사회적·경제적 여건에 따라 어느 정도는 달라질 수 있는 것일 뿐만 아니라, 국가가 이를 보장하기 위한 생계보호 수준을 구체적으로 결정함에 있어서는 국민 전체의 소득수준과 생활수준,

---

6) 헌법재판소 2001. 4. 26. 2000헌마390, 판례집 13-1, 977, 989면.
7) 한상희, "사회국가의 의의",『경성법학』창간호, 1991.12, 84면. 한교수는 사회국가원리를 이러한 새로운 형태의 국가론의 단초로 삼을 수 있다면서, "국가에 대하여 사회형성적 권한과 동시에 그 의무를 부여하고 그의 결과로서 현실세계에 있어서의 인간의 참모습을 구현하고자 하는 Humanism적 의미를 발견하고 이로부터 시민사회의 현실적 작동과정 속에서 기능하는 국가, 나아가 그 속에서 귀납될 수 있는 국가를 구축하여 나갈 수 있는 '국가이념(raison d'État)' 내지 국가정향을 이 사회국가조항속에서 모색하여야 하는 것"이라 언급하고 있다.

국가의 재정규모와 정책, 국민 각 계층의 상충하는 갖가지 이해관계 등 복잡하고도 다양한 요소들을 함께 고려하여야 한다"[8]면서 "생계보호의 구체적 수준을 결정하는 것은 입법부 또는 입법에 의하여 다시 위임을 받은 행정부 등 해당 기관의 광범위한 재량에 맡겨져 있다고 보아야 한다"고 하여 광범위한 입법형성의 자유를 인정하고 있으며,[9] 그 사법심사에 있어서는 "헌법재판에 있어서는 다른 국가기관 즉 입법부나 행정부가 국민으로 하여금 인간다운 생활을 영위하도록 하기 위하여 객관적으로 필요한 최소한의 조치를 취할 의무를 다하였는지의 여부를 기준으로 국가기관의 행위의 합헌성을 심사하여야 한다는 통제규범으로 작용하는 것이다. 그러므로 국가가 인간다운 생활을 보장하기 위한 헌법적인 의무를 다하였는지의 여부가 사법적 심사의 대상이 된 경우에는, 국가가 생계보호에 관한 입법을 전혀 하지 아니하였다든가 그 내용이 현저히 불합리하여 헌법상 용인될 수 있는 재량의 범위를 명백히 일탈한 경우에 한하여 헌법에 위반된다고 할 수 있다"[10]고 하여 '과소보호금지(Untermaßverbot)'[11]의 원칙'을 적용하고 있는 것으로 보인다.

이러한 사회국가 원리 및 헌법재판소의 입장을 고려하면, 정보이용자들은 정보의 이용에 있어서의 최소한도의 보장을 입법에 반영할 수 있도록 요구할 수 있는 권리를 기본으로 하여, 보다 적극적인 정보에 대한 권리를 도출해 낼 수 있는 여지가 있다고 할 수 있을 것이다. 아울러 이미 살펴본 바와 같이 우리 헌법은 전통적으로 문화의 영역으로 간주되는 분야에 관한 기본권들을 자유권적 기본권 또는 사회적 기본권으로 규정하여 다양한 '문화적 기본권'을 보장하고 있는 바, 이러한 문화국가 원리와 사회국가 원리에 의해서 정보이용자들은 문화적 참여권 등의 문화적 기본권을 누리게 되기 때문에, 정보이용자

---

8) 헌법재판소 1997.5.29, 94헌마33, 판례집 9-1, 543, 554~555면.

9) 위 판결; 헌법재판소 2001. 9. 27. 2000헌마342, 판례집 13-2, 422, 433면.

10) 헌법재판소 1997.5.29, 94헌마33, 판례집 9-1, 543, 554~555면; 헌법재판소 2001. 4. 26. 2000헌마390, 판례집 13-1, 977, 989면.

11) 과소보호금지의 원칙에 관해서는 송기춘, "국가의 기본권보장의무에 관한 연구", 서울대학교 법학박사 학위논문, 1999, 146~149면; 성낙인, 앞의 책, 389면; 계희열, 앞의 책, 113면.

들은 적극적으로 국가(정부)에 대해 문화적 기본수요에 대한 충족을 요구할 수 있는 근거를 보유하고 있다. 아울러 이러한 문화적 권리는 경우에 따라 인위적 독점을 형성하고 있는 정보생산자의 권리와 충돌하는 경우도 발생할 수 있음을 어렵지 않게 예상할 수 있다.

5. 정보기본권

정보화의 진전에 따라 기존의 표현의 자유영역에서 논의되던 알 권리 등을 포괄하는 새로운 독자적 기본권으로서의 '정보기본권'이 논의되고 있는 바,12) '정보통신의 안전과 비밀보장, 정보제공권, 알 권리, 자기정보통제권'을 포함하는 포괄적인 성격의 기본권으로 형성되고 있다. 이러한 정보기본권은 정보이용자가 향유할 수 있는 기본적 권리가운데 하나일 수 있다.

이와 관련하여 헌법재판소는 "사상 또는 의견의 자유로운 표명은 자유로운 의사의 형성을 전제로 하는데, 자유로운 의사의 형성은 충분한 정보에의 접근

---

12) 과거에는 '(개인)정보자기결정권'[김일환, "정보자기결정권의 헌법상 근거와 보호에 관한 연구", 『공법연구』 제29집 제3호, 2001.5; 임규철, "정보화사회에서의 개인정보자기 결정권에 대한 연구 - 독일에서의 논의를 중심으로", 『헌법학연구』 제8집 제3호, 2002.10; 김승환, "정보자기결정권", 『헌법학연구』 제9집 제3호, 2003.10; 백윤철, "헌법상 자기결정권과 개인정보자기결정권", 『헌법학연구』 제9집 제3호, 2003.10] 혹은 '자기정보통제권'[권건보, "자기정보통제에 관한 연구 - 공공부문에서의 개인정보보호를 중심으로 -", 서울대학교 대학원 법학박사 학위논문, 2004; 권형준, "자기정보통제권에 관한 고찰", 『헌법학연구』 제10집 제2호, 2004.6] 등의 개별적인 기본권으로 논의되었으나, 현재는 '정보기본권'이라는 포괄적인 형태로 논의되고 있는 추세이다. 김배원, "정보기본권(상)", 『고시계』 2002년 9월호, 2002.8; 김배원, "정보기본권(하)", 『고시계』 2002년 10월호, 2002.9; 이인호, "디지털시대의 정보법질서와 정보기본권", 『중앙대학교 법학논문집』 제26집 제2호, 2002.11; 정영화, "생성되고 있는 정보기본권에 관한 고찰", 『세계헌법연구』 제7호, 2003.5; 김배원, "정보기본권의 독자성과 타당범위에 대한 고찰 - 헌법개정과 관련한 체계구성을 중심으로 -", 『헌법학연구』 제12권 제4호, 2006.11; 김현철, "정보기본권에 관한 연구", 동국대학교 법학박사학위논문, 2011 등.

이 보장됨으로써 비로소 가능한 것이며, 다른 한편으로 자유로운 표명은 자유로운 수용 또는 접수와 불가분의 관계에 있다고 할 것이다. 그러한 의미에서 정보에의 접근·수집·처리의 자유 즉 '알 권리'는 표현의 자유에 당연히 포함되는 것으로 보아야 하는 것이다. … 이 권리의 핵심은 정부가 보유하고 있는 정보에 대한 국민의 알 권리 즉, 국민의 정부에 대한 일반적 정보공개를 구할 권리(청구권적 기본권)라고 할 것이며, 또한 자유민주적 기본질서를 천명하고 있는 헌법 전문과 제1조 및 제4조의 해석상 당연한 것이라고 봐야 할 것이다. … 그 이외에도 자유민주주의 국가에서 국민주권을 실현하는 핵심이 되는 기본권이라는 점에서 국민주권주의(제1조), 각 개인의 지식의 연마, 인격의 도야에는 가급적 많은 정보에 접할 수 있어야 한다는 의미에서 인간으로서의 존엄과 가치(제10조) 및 인간다운 생활을 할 권리(제34조 제1항)와 관련이 있다 할 것이다"라고 하여 알 권리의 의의 및 헌법상의 근거에 대한 논의를 설시하고 있는데,13) 이는 기본적으로 정보기본권의 의미와 근거로 확장할 수 있을 것이다.

한편 헌법재판소는 "정보에의 접근·수집·처리의 자유, 즉 '알 권리'는 표현의 자유와 표리일체의 관계에 있으며 자유권적 성질과 청구권적 성질을 공유하는 것이다. 자유권적 성질은 일반적으로 정보에 접근하고 수집·처리함에 있어서 국가권력의 방해를 받지 아니한다는 것을 말하며, 청구권적 성질은 의사형성이나 여론형성에 필요한 정보를 적극적으로 수집하고 수집을 방해하는 방해제거를 청구할 수 있다는 것을 의미하는 바 이는 정보수집권 또는 정보공개청구권으로 나타난다"14)라고 하여 정보기본권의 성격에 대하여도 설시하고 있다.

이러한 정보기본권은 정보에 대한 독점적 지배를 중심으로 하는 정보생산자의 권리와 충돌할 가능성이 적지 않음은 쉽게 예상할 수 있다. 아울러, 정보

---

13) 헌법재판소 1989. 9. 4. 88헌마22, 판례집 1, 176, 188면; 헌법재판소1991. 5. 13. 90헌마133, 판례집 3, 234, 245~247면; 헌법재판소 1992. 2. 25. 89헌가104, 판례집 4, 64, 93면.

14) 헌법재판소 1991. 5. 13. 90헌마133, 판례집 3, 234, 246면; 헌법재판소 1998. 10. 29. 98헌마4, 판례집 10-2, 637, 645면.

기본권 역시 기본권에 대한 일반적 법률유보(헌법 제37조 제2항)에 의하여 제한될 수 있음은 물론이다.[15)

II. 지적재산권법제상의 보호

이미 살펴본 바와 같이 상당수의 지적재산권법제는 이용자의 이익과 관련한 내용을 목적에 규정하고 있다. 즉 지적재산권법제는 지적재산권자의 이익의 보장을 통한 유인의 제공의 역할과 아울러, 이용자들의 이익을 보호함으로써 양자의 균형을 추구하고자 하는 것이라 할 수 있다. 그렇지만 이러한 목적규정의 내용과는 달리 지적재산권법제에 있어서 이용자의 권리는 지적재산권자의 권리에 대한 규정들처럼 적극적으로 규정된 것이 아니라 지적재산권이 제한되는 경우에 반사적으로 인정되는 듯한 느낌을 지울 수 없다.[16)

1. 정보이용자의 보호내용

지적재산권이 제한되는 경우는 저작권과 산업재산권 모두 규정되어 있는데, 산업재산권의 경우는 상대적으로 적은 경우가 규정되어 있는 반면(재심에 의하여 회복된 산업재산권의 효력의 제한, 등록료의 추가납부 또는 보전에 의한 출원과 산업재산권의 회복 등에 있어서의 제한, 산업재산권의 효력이 미치지 않는 범위의 규정 등), 저작권법제에는 저작재산권에 대해서는 비교적 다양한 제한사유를 규정하고 있다. 특히 저작권법제에서의 이용자의 권리는 전통적으

---

15) 알 권리에 대한 제한의 정도는 청구인에게 이해관계가 있고 공익에 장애가 되지 않는다면 널리 인정해야 할 것으로 생각하며, 적어도 직접의 이해관계가 있는 자에 대하여서는 의무적으로 공개하여야 한다는 점에 대하여는 이론의 여지가 없을 것이다. 헌법재판소 1989. 9. 4. 88헌마22, 판례집 1, 176, 190면.
16) 『저작권법』의 예를 들면, 저작자의 권리 등은 "~의 권리를 가진다"의 형식으로 규정되어 있는 반면(예, 제10조, 제11~13조 등), 이용자의 권리에 해당되는 사항은 '저작재산권의 제한'이라는 표제하에 "~할 수 있다"의 형식으로 규정되어 있다(『저작권법』 제4절 제2관, 제23~36조).

로 '공정 이용'을 중심으로 활발하게 논의되어 왔다. 그 밖에도 강제실시권 및 한정된 권리보호기간이 정보이용자의 보호를 위해 마련되어 있는 제도라 할 수 있다.

1) 공정이용

'공정이용(公正利用; fair use)'이라고 함은 저작재산권자로부터 이용 허락을 받지 않고 저작물을 이용하는 행위가 저작권의 침해를 구성하지 않는 특수한 경우를 말한다. 영국법에서는 'fair dealing,' 미국법에서는 'fair use'라고 하며, 우리 저작권법은 '저작재산권의 제한'이라고 규정하고 있다(『저작권법』 제23~36조). 즉 이는 저작재산권에 관한 것으로, 이에 관한 각 규정이 저작인격권에 영향을 미치는 것으로 해석하여서는 안 된다(『저작권법』 제38조). 저작인격권에 관해서는 별도의 내부적 제한에 관한 규정을 스스로 두고 있다(『저작권법』 제11조, 제15조).[17]

이 공정이용의 법리는 1710년 영국에서 『앤 여왕법(Statute of Anne)』의 제정을 통해 저작권 개념이 형성된 이래 저작자의 승인 없이는 저작물이 개작될 수 없도록 인정되었음에도 불구하고, 법원에 의해서 개작이 '공정한 침해(fair abridgment)'라 인정될 경우에는 저작권 침해가 아니라는 판례상의 원칙이 수립됨에 따라 형성되게 되었다. 이러한 판례상의 원칙은 1976년 미국 저작권법 제107조에서 명문화되었는데, 이 조항은 공정이용으로 인정되기 위해서는 ① 저작물 사용의 목적 및 성격(영리성 등이 중요한 판단기준이 된다), ② 저작물의 성질, ③ 사용된 부분이 저작물 전체에서 차지하는 양적 비율 및 본질적 부분인지 여부, ④ 저작물의 잠재적 시장 또는 가격에 대하여 미치는 영향의 4가지 기준을 고려할 것을 규정하고 있다.

이렇게 영미법상의 공정이용은 공정이용에 관한 포괄적 규정에 의해서 융통성있게 운용되는데 반해서, 우리 『저작권법』은 공정이용에 관한 단일의 포

---

[17] 공정이용에 관한 일반적인 논의는 박익환, "미국저작권법상 Fair Use Doctrine에 관한 소고", 서울대학교 법학석사 학위논문, 1989을 참조.

괄적 규정을 두는 대신에 다수의 유형별 공정이용에 관한 규정들을 두는 방식을 취하고 있었지만,[18] 2011년 개정을 통해 제35조의 3을 신설함으로써[19] 영미법상의 공정이용 조항에 가까운 규정을 마련하게 되었으므로, 이후의 운용 상황을 주의깊게 지켜볼 필요가 있다고 할 것이다.

2) 강제실시권

일정한 경우에 지적재산권자의 허락 없이 강제로 지적재산권을 사용할 수 있도록 하는 지적재산권의 제약의 일종인 강제실시권이 존재하는 바, 산업재산권의 경우 공익상 필요에 의한 강제실시권 제도가 『특허법』(제107조), 『실용신안법』(제42조)에서 인정되고(디자인이나 상표의 경우는 이러한 제도 없음), 권리 상호간에 이용·저촉관계에 있어 산업재산권정책상 제3자와의 이익 조정이 필요한 경우의 강제실시권이 『특허법』(제98조, 제138조), 『실용신안법』(제39조, 제53조), 『디자인보호법』(제45조, 제70조)에서 인정되고 있다. 모두 법에 규정된 절차를 밟아야 하고 정당한 사용료(대가)를 지급하거나 공탁하여야 한다. 그렇지만 이러한 제도의 시행에 있어서 저개발국가들은 강제실시권 제도를 넓게 허용하여야 한다고 주장하고 선진국들은 이를 부정하거나 불가

---

18) 정상조, 앞의 책, 367면. 이미 살펴본 바와 같이 우리 지적재산권법제는 기본적으로 물권적 보호방식을 취하고 있지만 부분적으로 행위규제적 보호방식을 도입하고 있는데, 그 예가 바로 공정이용이라 할 수 있다.

19) 『저작권법』 제35조의3(저작물의 공정한 이용) ① 제23조부터 제35조의2까지, 제101조의3부터 제101조의5까지의 경우 외에 저작물의 통상적인 이용 방법과 충돌하지 아니하고 저작자의 정당한 이익을 부당하게 해치지 아니하는 경우에는 보도·비평·교육·연구 등을 위하여 저작물을 이용할 수 있다.

② 저작물 이용 행위가 제1항에 해당하는지를 판단할 때에는 다음 각 호의 사항등을 고려하여야 한다.

1. 영리성 또는 비영리성 등 이용의 목적 및 성격
2. 저작물의 종류 및 용도
3. 이용된 부분이 저작물 전체에서 차지하는 비중과 그 중요성
4. 저작물의 이용이 그 저작물의 현재 시장 또는 가치나 잠재적인 시장 또는 가치에 미치는 영향

피한 경우에 국한하여야 한다고 하여 국제적인 쟁점이 되고 있는 사항이다.[20]

한편 문화 및 산업정책상 타인의 저작권이나 특허권 등을 무료 또는 유상으로 이용할 필요가 있는 경우에 자유이용 또는 법정실시권 제도를 인정한다. 직무발명, 고안(『특허법』제39조, 『실용신안법』제20조, 『디자인보호법』제24조), 선사용(『특허법』제103조, 『실용신안법』제42조, 『디자인보호법』제50조), 유효한 권리에 기한 정당한 사용이 후에 그 권리가 없어져 계속 사용을 인정할 필요가 있는 경우(『특허법』제104～105조, 제122조, 제181～182조, 『실용신안법』제40～42조, 제56조, 『디자인보호법』제51～52조, 제58조, 제74～75조, 『상표법』제85조) 등 법정 사유가 발생하면 특별한 절차 없이 자유이용이 가능하다. 이때 직무발명이나 선사용 등은 무료이고, 특허의 중용권(中用權)에 의한 이용 등은 유료이다.

『저작권법』은 제5절에서 저작물이용의 법정허락을 규정하고 있는데, 『저작권법』제50조의 경우는 '상당한 노력을 기울였어도 공표된 저작물의 지적재산권자나 그의 거소를 알 수 없어 그 저작물의 이용허락을 받을 수 없는 경우'에는 보상금을 공탁한 후 저작물을 이용할 수 있게 하였고, 공표된 저작물의 방송과 관련한 제51조의 경우에는 '공익상 필요에 의하여 방송하고자 하는 방송사업자가 그 저작재산권자와 협의하였으나 협의가 성립되지 아니하는 경우'에도 법정허락을 허용하였고, 판매용 음반의 제작과 관련한 제52조는 '음반이 우리나라에서 처음으로 판매되어 3년이 경과한 경우 그 음반에 녹음된 저작물을 녹음하여 다른 판매용 음반을 제작하고자 하는 자가 그 저작재산권자와 협의하였으나 협의가 성립되지 아니하는 때'에도 법정허락을 이용할 수 있게 규정하고 있다. 『반도체집적회로의배치설계에관한법률』제13조도 유사한 내용

20) 이에 관한 자세한 내용은 송영식·이상정·황종환, 앞의 책, 59～60면; 이호흥, "저작권 관련 국제조약상 선진국과 개발도상국의 이해관계 충돌규정에 관한 연구", 동국대학교 법학박사 학위논문, 2004, 114～118면. 특허발명의 강제실시에 관한 비판적 고찰은 남희섭, "특허발명의 강제실시－공익을 위한 통상실시권 설정의 재정을 중심으로", IPLeft 편, 『왼쪽에서 보는 지적재산』, 2003. http://www. ipleft. or.kr/maybbs/view.php?db=ip&code=pds1&n=456&page=1(accessed July 15, 2007)을 참조

을 규정하고 있다.

3) 한정된 보호기간

지적재산권은 일반적인 재산권, 특히 유체물에 대한 '소유권'과는 달리 그 존속기간이 '한정'되어 있다. 그렇지만 산업재산권의 경우 대부분 20년 이내의 보호기간을 두고 있어, 이러한 한정된 보호기간의 적용이 의미를 가진다고 할 수 있겠으나, 저작권의 경우, 최초의 『저작권법』이 14년의 보호를 규정하고 있었던 반면,[21] 현재의 『저작권법』은 기본적으로 저작자의 생존기간 및 사후 50년을 보장하고 있으며, 이 기간 또한 『저작권법』의 2011년의 개정에 의해 2013년 7월부터는 사후 70년으로 연장되게 되었다. 이렇게 연장된 보호기간을 고려할 때,[22] 그 '한정'의 의미가 다소 쉽게 와 닿지는 않지만, 지적재산권법학분야에서는 이러한 한정된 보호기간이 정보의 공공성의 반영의 결과라 이야기하고 있음은 분명한 사실이다.[23]

2. 정보이용자보호의 근거

정보이용자 측에서 저작권의 제한을 정당화할 수 있는 근본적인 근거는 역

---

21) 최초의 『저작권법』으로 꼽히는 1710년의 영국의 『앤여왕법(Statute of Anne)』의 경우, 14년의 저작권 유효기간을 가지고 있었고, 그 기간이 경과했을 때, 저작자가 생존해 있을 경우, 한 번 갱신이 가능해서 총 28년의 보호가 가능했고, 1710년 이전에 간행된 저작물의 경우 21년의 보호기간을 정하고 있었다. 자세한 내용은 Lyman Ray Patterson, *Copyright in historical perspective*, Nashville: Vanderbilt University Press, 1968, pp.144~146.
22) 예를 들어 25세에 저작물을 창작한 저작자가 만약 65세까지 생존한다면, 그 저작물의 보호기간은 현행법제로도 총 90년에 달하고, 만일 한미 FTA협상의 결과가 반영된다면, 보호기간은 최소 110년에 달하게 된다. 토지를 제외하면 일반적인 유체물에 대한 물권의 존속기간이 50년 이상이 되기란 쉽게 예상하기 어렵다는 사실을 고려하면, 과연 저작권의 보호기간이 한정되어 있는가에 대한 의구심을 떨칠 수가 없다.
23) 송영식·이상정·황종환, 앞의 책, 59~60면.

시 이미 살펴 본 바 있는 정보의 본질적인 '공공성'에 기반한 '정보이용의 활성화'라고 할 것이다.24) 그 밖에도 특히 거래비용의 관점에서 그 근거를 찾는 견해들이 있다.

1) 정보이용의 활성화

공정이용 등을 통해 지적재산권을 제한하는 이유로는 문화와 과학은 특정인의 뛰어난 독창성이나 천재성에 의해서 발전하기도 하지만, 인류역사의 경험에 비추어보면 선조들의 문화유산 또는 발명을 토대로 해서 그 위에 누적적으로 약간의 창작을 보태어서 문화와 과학의 발전을 이룩해왔다고 볼 수 있기 때문에, 이러한 문명의 변화와 발전의 경험을 고려해 볼 때, 한편으로는 저작권의 보호에 의해서 저작물의 창작을 유인함으로써 문화의 발전을 도모할 필요가 있지만, 다른 한편으로는 저작권의 제한에 의해서 저작물을 널리 이용할 수 있도록 허용함으로써 문화산물의 양적 증가와 누적적 창작의 기반을 제공하고 궁극적으로 문화의 발전을 도모할 수도 있음을 우선 들 수 있다. 아울러 저작물 이용의 활성화는 이용허락에 관한 사적인 계약에 의해서도 이루어질 수 있지만 저작권의 제한에 의한 법규정에 의해서 보다 효율적으로 달성될 수 있다는 점이 제시되고 있다.25)

---

24) 한승헌, 『정보화시대의 저작권』, 서울: 나남, 1996, 71면.
25) 정상조, 앞의 책, 364면 이하. 다만 저작권의 보호와 저작물 이용의 활성화는 문화발전이라고 하는 법목적을 달성하기 위하여 채택한 두 가지의 수단으로서 동등한 지위를 가지는 것이므로, 저작권의 보호가 저작물 이용의 활성화를 저해해서도 아니되고 저작물 이용의 활성화를 위한 저작권 제한은 저작권자의 이익을 심각하게 침해하지 않는 범위내에서만 인정되어야 하기 때문에 저작권법은 저작권의 제한에 관한 규정을 두면서 동시에 '저작재산권자의 이익을 부당하게 침해하지 않을 것'을 요구하거나(개정 『저작권법』 제23조) '정당한 범위 안에서만' 저작물을 이용할 수 있다는 점을 명시적으로 규정하고 있고(개정 『저작권법』 제26조, 제28조 등), 그러한 명시적인 규정이 없어도 동일한 한계를 전제하고 있다고 해석해야 한다면서 이러한 의미에서 저작권의 제한에 관한 법규정은 저작권자의 이익과 일반 공중의 이익 사이의 적절한 균형을 통해서 전체이익의 극대화, 즉 문화의 효율적

2) 거래비용의 감소

한편 이 같은 예외규정들이 경제학적으로는 '거래비용(transaction cost)'을 낮추기 위한 것으로 설명되기도 한다.26) 이는 특히 강제실시권의 존재를 설명하는 데 유효하다고 할 수 있다.27) 저작권을 중심으로 이를 살펴보면, 저작권 제한에 관한 『저작권법』 규정은 모든 경우에 저작권자의 사전허락을 받도록 요구하는 경우에 저작물의 인용 등에 수반될 수 있는 상당한 거래비용의 부담을 없애줌으로써 문화산업 전체의 총이익을 극대화해 줄 수 있다는 점에서 정당화될 수 있다는 것이다. 만약 연구나 교육 등을 위한 저작물의 일부이용에 대해서 언제나 저작권자의 허락을 요구하고 저작물 이용료의 지급을 요구한다면, 저작권자와 이용자가 모두 부담해야 할 거래비용은 전체적으로 보면 엄청난 규모에 달할 것이다. 그런데 저작물의 극히 작은 일부를 인용하거나 이용하는 경우에는 저작권자의 저작물 총판매량에 아무런 영향을 미치지 아니하지만 그러한 이용행위에 대해서도 저작권자의 허락을 요구한다면 저작권자의 허락을 받기 위하여 소요되는 거래비용은 저작물 전체를 복제하기 위한 허락을 얻는 경우에 소요되는 거래비용에 비하여 결코 커다란 차이는 없을 것이다. 따라서 저작권 제한에 관한 저작권법 규정은 이러한 거래비용을 없애고 저작권자의 손실이 없는 한도 내에서 저작물 이용자가 저작물을 이용함으로써 새로운 창작과 문화산업에의 기여를 할 수 있도록 하기 위한 제도인 것이다. 다시 말해서 저작권의 보호는 일반적으로 저작물의 이용을 위해서는 저작

인 발전을 추구하기 위한 규정이라고 한다.

26) 정상조, 앞의 책, 364~365면. 김정호와 이완재 역시 저작권에 대한 제한을 거래비용의 감소라는 측면에서 파악하고 있다. 김정호·이완재, 『사이버공간의 법경제학』, 서울: 법문사, 2004, 445면 이하. 많은 사람들이 저작권을 인정함으로 인해 발생하는 비용의 하나로 이용자의 숫자가 줄어든다는 것을 지적한다. 그러나 이것은 저작권의 본질일 뿐 문제가 아니고, 진정으로 중요한 문제는 거래비용이 늘어 창작행위 자체가 줄어드는 경우이다. 이럴 경우에는 공정이용의 보장이 필요하다는 것이다. 같은 책, 447~448면.

27) 그 밖에도 반경쟁행위의 성격을 띠는 지적재산권 남용에 대한 규제를 위해서도 강제실시권의 존재가 긍정될 수 있다. 박세일, 앞의 책, 181면.

자의 허락을 구해야 하기 때문에, 거래비용의 증가라는 원치 않는 결과를 가져온다. 뿐만 아니라 저작권의 인정은 창작자 자신들에게도 거래비용의 상승을 통한 창작비용의 상승을 유발하는 측면이 있는 것이다. 이러한 맥락에서 소비자의 일상적 복제를 허용하는 것은 저작권의 권리를 포괄적으로 승계함으로써 거래비용을 줄이려는 의도로 이해될 수 있다는 것이다.

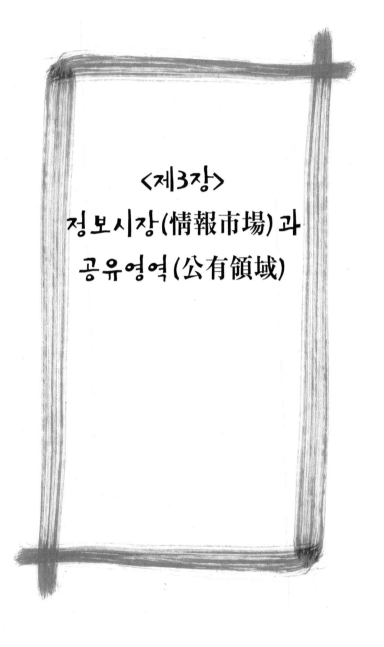

<제3장>

정보시장(情報市場)과

공유영역(公有領域)

정보생산자에 의해 생산된 정보가 정보이용자에 의해 이용되는 방식은 크게 정보시장에서의 정보상품의 형태로 이루어지는 경우와 공유영역에서 자유로운 방식으로 이루어지는 경우로 나누어 볼 수 있다.

본 장에서는 구체적인 문제장소의 분석작업으로, 이러한 정보시장과 공유영역의 의의와 구조, 특징 등을 기존의 논의들을 중심으로 검토하고 양자의 관계 설정에 대한 기존의 논의를 살펴본 후, 현재의 상황의 전개과정을 지적재산권법제를 중심으로 점검한 후 현재의 상황이 형성된 원인들을 검토한다.1)

---

1) 최대권 교수는 "구체적인 문제(사실관계)와 관련하여 추상적·개방적인 헌법조항의 그 문제에 타당할 구체적 의미를 밝히는 것'을 헌법해석의 개념으로 제시하면서, "헌법해석이 요구되는 구체적인 문제상황이 어떠한 무엇이냐 하는 것을 아는 일이 일차적으로 헌법해석에서 대단히 중요하다"고 지적한다. 최대권, 『헌법학강의』(증보판), 서울: 박영사, 2001, 122면.

제1절 정보시장(情報市場; Information Market)

제1항 정보시장의 의의

Ⅰ. '시장(市場)'의 의미

오랜 옛날부터 지금까지 사람들의 삶과 떼어낼 수 없는 한 영역으로 존재해 왔고 앞으로도 변함이 없을 것으로 예상되는 시장은, 우리의 삶과 밀접한 관계를 맺어온 대부분의 포괄적인 개념들의 의미를 밝히기가 쉽지 않듯이, 그 의미를 명확하게 밝히기가 쉽지 않다.

우선 사전적인 의미를 중심으로 살펴보자면,1) 시장은 우선 '모이는 장소'라 할 수 있는데, 함께 참여한 모든 사람들에게 유용한 결과가 있을 것을 기대하며 인적·물적·시간적·공간적 요소들이 한데 모여 자연발생적으로 만들어진 사회적 제도가 바로 시장이다. 이렇게 묘사된 시장은 크게 두 가지로 이해될 수 있는데 그 하나는 물화교역(物貨交易)의 장소를 뜻하는 **구체적 시장(현실 시장)**이고, 다른 하나는 가격형성기능이 강조된 논리적 범주로서 **추상적 시장**이다.

전통적으로 시장을 장(場) 또는 장시(場市), 시상(市上) 등으로 불러왔는데, 이들 모두가 주기적 또는 지속적으로 교역이 이루어지던 한정된 장소, 즉 장

---

1) 시장의 사전적 의미는 ① 여러 가지 상품을 사고 파는 일정한 장소. 수산물 시장/ 농산물 시장/고물 시장/시상이 열리다/시장에서 반찬거리를 사다/우리 동네에 중고차 시장이 들어섰다/텃밭에서 기른 야채를 시장에 내다 팔았다/엄마는 시장을 보러 잠시 다녀올 테니 집 잘 지키고 있어라. ②『경』상품으로서의 재화와 서비스의 거래가 이루어지는 추상적인 영역이다. 국립국어연구원 편, "시장",『표준국어대사전』, 서울: 두산동아, 1999.

터로서의 의미가 강했다. 이러한 장터로서의 국지적 시장개념은 장터들 상호
간의 작용과정에 대한 이론적 관심이 커지면서 점차 일반화되기 시작하였는
데, 교통과 수송수단 그리고 화폐경제의 발달로 한 장터에서 벌어진 교역의
결과가 바로 다른 장터에서의 교역에 영향을 미치게 됨에 따라 장터들 상호간
의 구조적 작용관계를 종합적으로 밝힐 필요가 있게 되어 나타난 것이 일반화
된 추상적 시장개념이다. 이 추상적 시장은 공급과 수요가 (경쟁을 통하여) 상
품의 가격과 수량 및 품질 등을 결정하는 형식적 공간이라 할 수 있다. 그러므
로 장터가 사회·문화·정치 그리고 경제 등 모든 관련분야가 한데 어우러진
열려 있는 삶의 총체적 마당이라면, 추상적 시장은 경제적 합리성만이 극도로
추구되는 비인격적 교환관계의 총체라고 할 수 있다.[2]

이러한 시장을 다루는 대표적인 학문분과가 바로 경제학이라 할 수 있는데,
경제학이 다루는 시장은 주로 추상적 시장에 해당한다고 할 수 있다. 하지만
경제학 분과 내에서도 주류경제학[3]과 마르크스경제학[4]의 입장 차이가 두드러
지기 때문에 각각의 입장을 따로 살펴볼 필요가 있다. 아울러 보다 깊이 있는

---

2) 한국정신문화연구원 편, "시장",『한국민족문화대백과사전』, 성남: 한국정신문화연
   구원, 1991.
3) 신고전파경제학과 케인즈경제학을 망라하는 경제학을 보통 주류경제학(그 외에 정
   통경제학, 근대경제학이라는 명칭도 존재한다)이라 부른다. 이 경제학은 시장의 자
   원배분기능과 자율적 조정기능에 대한 아담 스미스 이래의 굳은 신봉을 특징으로
   한다. 이정전,『두 경제학의 이야기 - 주류경제학과 마르크스경제학』, 서울: 한길
   사, 1993[1994print], 32면.
4) 마르크스(Karl Marx)의 논의를 출발점으로 하는 마르크스경제학은 과거에는 주로
   '정치경제학'으로 지칭되었으나[예를 들어, 김수행,『정치경제학원론』, 서울: 한길
   사, 1988], 요즈음은 '마르크스경제학'이 보다 일반적인 용례인 듯 하다. 이정전,
   위의 책; 김수행·신정완,『현대 마르크스경제학의 쟁점들』, 서울: 서울대학교출판
   부, 2002[2004print]; 김수행,『한국에서 마르크스주의 경제학의 도입과 전개과정』,
   서울: 서울대학교출판부, 2004 등. 한편 정치경제학이라는 명칭은 1870년대의 '한
   계혁명' 이전의 경제학을 지칭하는 용어이기도 했던 바, Karl Marx, *Das Kapital*,
   김수행 역,『자본론 - 정치경제학 비판 제1권 - 자본의 생산과정(상)』(제2개역판),
   서울: 비봉출판사, 2001[2006print] 부제는 '기존의 경제학(정치경제학)에 대한 비
   판'의 의미이다.

이해를 위해서 구체적인 차원의 시장이라 할 수 있을, 실체적인(substantive) 차원에서의 시장까지 염두에 두는 입장인 경제인류학적 입장도 검토해보기로 한다.

1. 주류경제학적 입장

'희소성의 원칙[5])과 '(합리적) 경제인(*homo economicus*)'[6])을 기본 공리로 삼는 주류경제학의 시장개념은 '사고 팔기' 즉 '상품에 대한 유상의 교환'이 가장 중심을 이루는 행위유형이 되기에, 무상으로 이루어지는 증여 등의 기타의 행위유형은 분석에서 배제된다. 결국 주류경제학에 있어서 시장(market)이란 '특정한 재화나 서비스를 사고 파는 사람들의 모임'을 가리킨다거나,[7]) '상품을 팔고 사기 위해 서로 접촉하는 개인들과 기업들의 모임, 즉 상품을 사려고 하는 사람들과 팔려고 하는 사람들의 모임 그 자체'를 말한다고 한다.[8]) 이러한 주류경제학의 입장에 있어서 시장가치의 핵심은 이른바 '수요-공급이론'으로 요약되는 교환과정에 있어서의 가치, 즉 '교환가치'라 할 수 있다. 아

---

5) 사람들의 물질적 욕망은 언제나 충분하게 채워지지 못한 채로 남게 된다는 '자원의 희소성(scarcity of resources)'이 경제학의 출발점이다. 물론 경제학에서도 희소성의 원칙이 적용되지 않는 재화의 가능성을 배제하고 있지는 않아 '자유재(free goods)'라는 개념을 상정하고는 있으나, 경제학의 학문적 대상은 희소성의 원칙이 적용되는 '경제재(economic goods)'에 국한한다. 이준구·이창용, 『경제학원론』(제3판), 서울: 법문사, 2005, 5면.

6) '경제인(homo economicus)'은 '자기 자신의 이익만을 추구하고 이익의 극대화를 위하여 제수단(諸手段)을 합리적으로 사용하는 인간'을 말한다. 정현식·유임수·김강수, 『정치경제학과 경제주의』, 서울: 서울대학교출판부, 1997, 2면. 합리성(rationality)은 경제학에서 추구하는 올바른 선택의 전제조건이다. 다만 합리성이라는 개념은 수단(means)의 합리성을 뜻하는 것일 뿐, 목표 그 자체의 합리성 혹은 윤리성과는 별 관련이 없다. 이준구·이창용, 위의 책, 7면.

7) N. Gregory Mankiw, *Principles of Economics(3rd Ed.)*, 김경환·김종석 공역, 『맨큐의 경제학』, 서울: 교보문고, 2005, 76면.

8) 이준구·이창용, 앞의 책, 16면.

울러, 시장에 대한 관심은 시장자체의 현실적인 측면보다는 원리적인 차원 즉
'시장원리(market mechanism)'에 집중되게 된다.9)

시장의 역할에 대한 주류경제학의 논의는 주로 자원의 효율적 이용과 개인
자유의 신장이라는 두 가지 측면에 집중된다. 특히 완전경쟁시장은 한정된 자
원을 효율적으로 이용하게 하며, 따라서 시장기구에 의존하는 사회는 실현 가
능한 어떤 대안적 사회보다도 빠른 경제성장과 높은 물질적 생활수준을 누릴
수 있게 된다고 주류경제학은 주장한다. 경쟁적 시장이 이 같은 자원의 효율
적 이용을 가능케 하는 요인은 크게 두 가지로 시장이 방대한 정보를 효과적
으로 처리한다는 것과 자원의 효율적 이용에 기여하는 행위가 조장되도록 경
제적 동기를 부여한다는 것이다. 한편 경쟁적 시장은 또한 개인의 자유를 신
장시키는 데 크게 기여한다고 주류경제학은 주장하는데, 경쟁적 시장체제 아
래에서는 모든 사람들은 각자가 원하는 종류의 직장을 골라서 일할 수 있고
각자가 원하는 상품을 마음에 드는 사람으로부터 살 수가 있다는 것이다.10)

그렇지만 주류경제학 내부에서도 시장의 역할에 관하여 의견이 갈리기도
하는데, 이는 시장의 결함, 즉 '시장실패(market failure)'11)에 대한 대응방식의
차이로 나타난다. 즉 이러한 시장의 결함을 강조하는 부류는 케인즈 경제학
(Keynesian Economics)의 전통을 이어받는 학자들로 소위 자유주의자(liberalist)

---

9) 폴라니(Karl Polanyi)에 의하면 시장은 크게 두 가지 의미를 가진다. 하나는 시장은
　　장소라는 것이고, 다른 의미는 시장이란 수요·공급·가격기구 그 자체라고 하는 것
　　으로 그것을 통해서 교역이 이루어지지만 기구 그 자체에는 반드시 특정의 장소와
　　결부되거나 식량의 소매에 한정되거나 하는 것은 아니다. 후자의 의미는 특정한
　　기구(mechanism)로서의 의미로 등장한다. Karl Polanyi, *The Livelihood of Man
　　(I)*, 박현수 역, 『사람의 살림살이 (I) - 시장사회의 허구성』, 서울: 풀빛, 1998,
　　236면. 주류경제학의 경우는 전자의 의미에 대한 비중은 거의 두지 않는다고 할
　　수 있다.
10) 이정전, 앞의 책, 298면. 물론 주류경제학이 이렇게 주장하는 시장은 우리가 실제
　　로 접하는 시장과는 거리가 있을 수 있다고 한다.
11) 시장실패는 시장이 효율적인 자원배분을 가져다 주지 못하는 것을 가리키는 말로,
　　이것의 주요한 원인은 불완전경쟁, 공공재, 외부성 등을 들 수 있다. 이준구·이창
　　용, 앞의 책, 335면.

들이 해당되고, 이와 반대로 시장의 긍정적 측면에 입각하여 시장의 기능에 깊
은 신념을 가지는 부류는 대체로 고전학파 내지는 자유지상주의(libertarianism)
의 전통을 이어받는 학자들로, 소위 보수주의자(conservatist)들이 해당한다고
할 수 있다. 이 두 학파는 현실적인 시장이 완전경쟁시장과 거리가 멀다는 점
그리고 시장의 실패가 있다는 점에 대해서는 인식을 같이하나, 이러한 괴리와
결함 때문에 발생하는 부족을 어떻게 메울 것인가에 대해서는 입장을 달리한
다. 자유주의자들은 그러한 괴리나 결함으로 인한 부족을 정부의 역할로서 메
울 것을 강력하게 주장하는 반면, 보수주의자들은 시장의 활성화 그리고 시장
기능의 확대를 통해서 가능한 한 현실의 시장을 완전경쟁시장의 수준으로 최
대한 끌어올려서 그 괴리를 메울 것을 역설한다.[12]

2. 마르크스경제학적 입장

원래 초기의 사회주의 운동은 봉건사회가 자본주의 사회로 이행하는 과정
에서 발생한 노동의 착취, 이로 인한 노동자 생활의 참상, 목가적 사회분위기
의 파괴 등의 부작용에 대한 반동으로부터 출발하여, 자본주의의 모든 것을
부정하다시피 하였고, 그런 맥락에서 자본주의가 절대적으로 의존하는 시장마
저 부정하고 시장의 기능을 중앙집권적인 계획으로 대체한다는 것이 사회주
의의 전통처럼 인정되어 왔다.[13]

그러나 전통적 사회주의자들과는 달리 마르크스(Karl Marx)는 자원의 효율
적 이용을 가능케 하는 시장의 장점을 높이 샀고, 그리하여 그는 자본주의의
부정이 아니라 자본주의의 장점을 살린 자본주의의 '초월'을 역설하였던 것이
다. 그리하여 그는 주류경제학적 시장의 개념자체는 수용하고 있다. 그렇지만
그는 시장가치의 핵심적인 내용을 주류경제학에서처럼 '교환가치'가 아닌, 상

---

12) 이정전, 앞의 책, 300면.
13) David L. Miller, "Why Market?", Julian Le Grand and Saul Estrin(Eds.), *Market Socialism*, Oxford[England]; New York: Clarendon Press, 1989, pp.25~38.

품의 생산에 투입된 노동의 양에 의해서 상품의 가치가 결정된다는 데 두는 '상품가치설' 혹은 '노동가치설(labour theory of value)'을 주장한다.[14]

다만 마르크스는 자본주의적 시장의 다른 측면, 즉 인간의 소외 현상에 주목한다. 그는 제도적 요인으로 인해서 인간 고유의 잠재력이 발휘되지 못한 결과로 인간이 겪게 되는 상황을 소외(疏外; alienation)라고 하고, 자본주의가 시장을 통해서 구체적으로 어떻게 인간소외를 가져오는가를 밝히기 위해 노력했다.[15]

마르크스경제학에 의하면 시장이 경제적 자유를 가져다줌으로써 개인의 자유 신장에 기여한다는 주류경제학의 주장을 단호히 배격하고, 이러한 주류경제학이 말하는 자유란 핵심이 없는 형식적인 자유에 불과하다고 주장한다. 마르크스는 자본주의에서의 평등과 자유란 상품의 점유와 유통과정에만 국한된 것으로, 상품의 생산과정에서는 생산의 전과정을 자본가가 주도함으로써 노동자가 자본가에 예속되는 상황이 발생하여 결국 자유와 평등이 보장되지 않는다고 한다. 그럼에도 불구하고 자본주의 사회는 교환과정에서의 자유와 평등만을 법적으로 보장함으로써 마치 모든 사람들이 경제적으로 완전히 자유스럽고 평등한 양 오도하고 있으며, 또 그렇게 함으로써 문제의 핵심을 은폐한다는 것이 마르크스가 전달하려고 하는 메시지라 할 수 있다.[16]

3. 경제인류학적 입장: 폴라니(Karl Polanyi)를 중심으로

시장에 대한 보다 균형잡힌 시각을 갖기 위해서는 마르크스경제학과는 다소 다른 이론적 기반에서 주류경제학을 비판하는 경제인류학계의 폴라니(Karl Polanyi)의 견해를 참고해보는 것도 의미가 있을 것이다.[17] 시장경제의 형성과

---

14) 노동가치설의 전반적인 설명은 정운영, 『노동가치이론 연구』(서울: 까치, 1993)를 참조.
15) 이정전, 앞의 책, 299~300면.
16) 이정전, 위의 책, 336~308면.
17) 폴라니의 사상적 배경 및 이론적 의의에 관한 간략한 설명은 백승욱, 『자본주의

관련하여 주류경제학은 시장경제가 인간의 속성에 맞고 그에 따라 진화된 경제체제인 것처럼 생각하고 있지만, 폴라니의 입장에서 볼 때, 시장경제는 인류 역사에서 매우 예외적이고 우연적인 경제체제일 뿐이며, 그것은 국가와 사회 세력, 그리고 그들을 대변하는 이론가들에 의해 일종의 '계획'된 것이었다. 이러한 이유에서 시장경제의 실제적·이론적 전개 과정에 대하여 분석을 행하는 것이, '이중운동(double movement)'[18] 개념에 의하여 시장경제의 내적인 모순을 제기하는 것과 함께 폴라니의 주저(主著)인 『대전환』의 중요한 내용을 이룬다.[19]

폴라니는 이 『대전환』으로 집약되는 초기 연구를 통해 시장경제가 내재적 모순을 가지고 있으며, 그 모순은 이미 20세기 초반에 현실적인 문제가 되었기 때문에, 시장경제에 대한 대안이 마련되지 않으면 안 된다는 결론에 도달하였다. 그러한 까닭에 그의 이후의 작업, 즉 경제인류학 연구들은 시장경제

역사 강의 - 세계체제 분석으로 본 자본주의의 기원과 미래』, 서울: 도서출판 그린비, 2006, 93~125면을 참조.

18) 폴라니에 의하면 시장경제의 등장 이전의 인간 삶에서 경제는 사회적·문화적 관계에 묻혀 있었다. 그에 반해 시장경제에서 경제는 점차 사회적·문화적 맥락(matrix)에서 벗어나게 된다. 나아가 경제체제가 자체의 법칙에 따라 움직이게 되면서 사회적·문화적 관계도 시장의 규칙에 종속되기에 이른다. 이러한 의미에서 자기조정적 시장은 인간과 자연을 절멸시키는 속성을 갖고 있다. 그것은 무엇보다도 이윤 동기와 수요와 공급에 따른 가격 결정을 특징으로 하는 시장경제에서 인간의 사회적 관계가 해체되고, 자연도 삶의 일부가 아니라 생산요소가 되면서 파괴의 대상이 되기 때문이다. 그렇지만 시장의 파괴적 속성에 직면하여 그에 대한 사회적 저항, 즉 자기보호 시도는 자연스런 일이다. 사회의 자기보호 시도는 대내외적으로 각종 개입주의 내지는 보호주의적 조치로 나타난다. 이것은 사회의 자기보호 운동이 시장경제의 결과가 아니라 시장경제의 또 다른 측면에 불과함을 의미한다. 결국 시장경제의 형성은 자기조정적 시장과 더불어 사회의 자기보호라는 이중운동(double movement)의 형태를 띠게 된다. 김영진, 『시장자유주의를 넘어서 - 칼 폴라니의 사회경제론』, 파주: 한울, 2005, 15면.

19) Karl Polanyi, *The Great Transformation -the Political and Economic Origins of Our Time*, Boston: Beacon Press, 1957[1967printing]; 번역본은 Karl Polanyi, *The Great Transformation: the political and economic origins of our time*, 박현수 역, 『거대한 변환: 우리 시대의 정치적, 경제적 기원』, 서울: 민음사, 1991.

이후의 사회(post-market society)에 대한 모색을 궁극적인 목적으로 하고 있다. 이를 위해서 그는 인류 역사에서 다양하게 확인되는 경제형태에 대한 비교분석을 통해 시장경제에 국한된 우리의 시야를 확대하여 새로운 대안의 가능성을 보여주려고 하였다. 궁극적으로 그는, 마르크스의 용어로 말한다면, 교환가치가 중심이 되는 형식적 경제가 아니라 사용가치의 기반으로 하는 소위 '실체적 경제(substantive economy)'로의 회귀(回歸)를 제안하고 있다.[20]

폴라니에 의하면 인간의 경제행위와 제도를 올바르게 이해하기 위해서는 '경제적(economic)'이라는 개념이 갖는 이중적 의미를 구분해야 한다. 그는 그것을 각각 '실체적(substantive)' 의미와 '형식적(formal)' 의미로 구분한다. 실체적 의미의 경제에서 인간의 경제적 행위는 인간의 삶(livelihood)이 자연과 자신의 동료들에게 의존하는 상황에서 인간의 경제적 행위는 물질적 욕구의 충족을 위해 이들과 벌이는 상호작용으로 이해된다. 폴라니는 인간의 삶에 대한 연구는 이러한 실체적 의미의 경제에 관한 연구여야 한다고 강조한다. 그에 반해 형식적 의미의 경제는 목적과 수단의 논리적 관계와 관련된다. 즉 어떤 목적을 달성하기 위해서 제한된 수단을 합리적으로 사용하는 선택 상황을 의미하는 것으로서, '효율적인(economical)' 또는 '효율을 높이는(economizing)' 것을 의미하는 것을 말한다. 그러한 수단의 선택을 지배하는 법칙을 합리적 행위의 논리라고 할 수 있는데, 이러한 것이 바로 형식적 경제학의 관심 대상이 된다. 경제적 합리성이나 효율성은 희소한 수단들의 대안적 용도들 사이의 선택을 가리키는 반면, 실체적 경제는 선택이나 희소성을 내포하지 않는다. 따라서 경제가 갖는 형식적 의미와 실체적 의미는 전혀 별개의 것이다.[21]

그런데도 지난 2세기 동안 유럽과 북아메리카에서 형성된 시장경제라는 특이한 경제유형에서는 경제에 대한 두 의미가 서로 혼합되어 있다. 좀 더 정확하게 말한다면, 실체적 의미의 경제는 은폐되고 형식적 의미의 경제만이 관심의 대상이 되고 있다. 이른 바 '한계혁명(Marginal Revolution)'[22] 이래 경제학

---

20) 김영진, 앞의 책, 17면.
21) Karl Polanyi, 주 9)의 책, 60~63, 78~89면.
22) 한계혁명에 대해서는 Phyllis Deane, *The Evolution of Economic Ideas*, 황의각 역,

의 합당한 관심은 부족한 재화의 합리적 배분이라는 명제가 관철되고 있는 것이다. 경제분석자들은 은연중에 경제학의 올바른 주제가 인간의 물질적 욕구의 충족이 아니라 희소한 수단의 합리적 선택이라고 간주한다. 그렇지만 폴라니에 의하면 인간의 경제적 삶은 선택을 필요로 할 수도 있고 필요로 하지 않을 수도 있다. 즉, 관습·전통에 의해 선택 자체가 불필요할 때가 있고, 선택을 한다고 할 경우에도 재화의 희소성 때문에 제약을 받을 필요가 없는 것이다.23)

실체적 경제는 사용을 위한 생산이 이루어지는 경제이며, 이것은 이윤(교환)을 위한 생산과 별개이다. (실체적) 경제는 인간의 물질적 욕구를 충족시키는 상호작용의 제도화된 과정을 의미하며, 그것은 모든 인간 공동체의 중요한 일부이다. 실체적 경제가 없이는 사회가 존재할 수 없다.24) 결국 경제의 실체적 의미만이 인류가 이제까지 경험해 온 모든 경제체제들에 대한 사회과학적 연구에 필요한 개념들을 제공할 수 있다.25)

이러한 맥락에서 폴라니의 시장 개념을 살펴보면, 그는 시장을 제도적인 의미에서 파악한다. 제도적인 의미에서 볼 때 시장이라는 말이 반드시 수요·공급·가격기구를 전제하는 것은 아니다. 시장은 우리가 시장요소라고 부르는 명백한 제도적 특징들의 연결체이다. 그 요소들이란 물리적으로 현존하며 재화를 확보할 수 있는 장소, 공급자, 수요자, 관습 또는 법, 그리고 등가(等價) 등

『경제사상사』, 서울: 우석출판사, 1986[1995print], 137~161면 참조.

23) 폴라니에 의하면 목적이나 수단의 선택은 단순히 경제적으로 합리적인 것에 그치지 않고 도덕적이고 실천적인 요구에 대한 동기나 평가를 내포한다. 그것은 인간이 원래 물질적 동기에 의해서만 경제활동을 하는 것은 아니기 때문이다. 동기는 종교적이거나 정치적이거나 미학적일 수도 있다. 오로지 19세기 이후 시장경제만이 배고픔과 이익이 개인의 경제활동 참여에 대한 효과적인 동기가 되도록 조직되었다. Karl Polanyi, 주 9)의 책, 58면.

24) 실체로서의 경제는 두 개의 차원으로 성립되는데 하나는 인간과 그 환경 간의 상호작용이고 또 하나는 그 과정의 제도화이다. Karl Polanyi, 위의 책, 90면.

25) Karl Polanyi, *Trade and Market in the Early Empires*, 이종욱 역,『초기제국에 있어서의 교역과 시장』, 서울: 민음사, 1994, 316~317면. 폴라니는 형식경제학과 인간경제 사이의 관계란 실로 우연적인 것이라고 한다. 같은 책, 320면 ; 김영진, 앞의 책, 45~47면.

이다. 이와 같이 시장이란 제도적으로 말하면 단순히 교환의 상황을 만들어내는 존재이다. 여기서 말하는 교환이란 결코 이른바 시장경제론적인 것이 아니라 순전히 조작기술상의 행위로서 이루어진다. 관습, 행정, 법에 의해서, 또는 시장제도 그 자체에 의해서 결정되는 교환비율에 따라서 '참가자(hands)' 상호간에 재화가 이동하는 것을 의미할 뿐이다.[26]

경제학적 논의에 있어서의 폴라니의 기여는 비시장경제의 고유한 의미를 인정하고 나아가 그것에 시장경제와 동등한 가치를 부여하려 했다는 데 있다. 이제까지 비시장경제에 대한 경제인류학적 연구는 시장경제를 설명하기 위해서 만들어진 개념이나 이론을 그대로 적용하는 것에 멈추었으나 폴라니는 인류의 역사에서 다양하게 발견되는 각종 시장적·비시장적 경제체제들을 동일한 비교분석의 대상으로 설정함으로써 오늘날 시장경제가 당면하고 있는 문제들의 소재와 해결에 대한 지평을 크게 확대하였다.[27] 다시 말해 현대의 시장경제 위기와 시장경제 이전의 경제체제를 서로 연결하여 보편적인 경제 조직과 발전에 관한 이론을 정립하려 했던 것이다.[28]

결국 폴라니는 비시장사회에도 복잡한 – 오히려 시장사회보다 더 복잡한 –

---

26) Karl Polanyi, 주 9)의 책, 238~239면.
27) Paul Bohannan, "Foreword", Karl Polanyi, *Dahomey and the Slave Trade*, Seattle: The University of Washington Press, 1966, p.vii.
28) 폴라니의 관점에서 비시장적 경제체제들은 시장경제의 축소판 내지는 초기의 종으로 보아서는 안 되며, 그들은 시장경제와 전적으로 다른 경제체제일 수도 있다. 오히려 우리가 시장이라고 부르는 수요·공급에 의한 가격기제는 특수한 구조를 가진 근대적 제도에 불과하다. 폴라니는 시장경제의 특징으로써 다음과 같은 사실에 주목한다. 그것은 무엇보다도 경제행위가 인간의 물질적 필요를 충족시키는 실체적 관계를 벗어나 이윤 획득을 위한 교환적 관계로 전환되었다는 점이다. 시장경제에서는 경제적 생존이 포괄적인 사회관계에서 분리되어 시장 메커니즘에 따라 좌우됨으로서, 사회적 보호망을 상실한 인간의 삶은 매우 불안정하고 불확실해졌다. 이러한 맥락에서 그는 인류 역사에서 풍부하게 확인되는 각종 경제체제들을 비교·연구함으로써 시장경제의 특징과 한계를 규명하고 그 바탕위에서 새로운 대안을 찾으려고 하였다. 역사에 대한 학습은 시장경제의 인식론적 바탕이 되는 경제적 합리주의 내지는 시장 심리를 극복하는 데 중요한 의미를 가진다. 김영진, 앞의 책, 32면.

갈등과 그에 대한 나름대로의 정교한 해법들이 존재하고 있으며, 이것들은 시장사회의 대안과 관련된 문제들에 대한 시사점을 준다고 보았다. 자유와 관료주의의 모순, 또는 계획과 시장 간의 모순은 오늘날의 문제가 아니라 원시사회에도 나타난 문제이다. 이러한 맥락에서 폴라니의 일차적 목표는 19세기에 절정에 이르렀던 시장경제의 사회학적 의미를 밝히는 것이었고, 궁극적으로는 시장경제에 의해 와해된 사회적 유대(cohesion)를 회복하는 일이었다.29)

II. 정보시장의 의미

아담 스미스(Adam Smith) 이래 주류 경제학자들은 인간을 경제적 인간으로 간주해 왔기에, 물질적 이익의 추구는 인간의 자연스런 천성에 속하며, 이를 위해 '거래, 교역, 교환하는(truck, barter, and exchange)' 속성을 갖는다고 보았다.30) 국부론의 논리적 출발점인 노동분업은 (이기적) 이익 추구와 교환적 존재로서의 개인을 상정하고 있기에, 이러한 시각에서는 시장이나 교역은 외부에서 금지하지 않는 한 자연스럽게 출현한다는 논리가 성립한다. 그렇지만 폴라니의 입장에서 볼 때, 이러한 주류 경제이론의 원자주의(atomism) 내지 방법론적 개인주의(methodological individualism)는 시장경제의 산물로서 시장경제에만 해당하며, 모든 사회에 해당하는 것은 아니다. 교환을 통한 이익의 추구는 시장경제가 형성되는 역사적 과정의 전제조건이 아니라, 오히려 그 결과로서 제도적으로 강요된 행동양식이다.31)

---

29) Karl Polanyi, 주 20)의 책의 R. M. MacIver의 서문, 10∼11면; 김영진, 위의 책, 20면.
30) 분업은 인간성의 어떤 성향으로부터 필연적으로 생긴 결과다. 그 성향이란 하나의 물건을 다른 물건과 거래하고 교환하는 성향이다. Adam Smith, *An Inquiry into the Nature and Causes of the Wealth of Nations*, 김수행 역, 『국부론』(상), 서울: 동아출판사, 1993, 21면.
31) J. Ron Stanfield, *The Economic Thought of Karl Polanyi: Lives and Livelihood*, New York: St. Martin's Press, 1986, p.32; 김영진, 앞의 책, 25∼26면. 이러한 주장은 특히 정보시장의 유인설에 대한 설명으로 상당한 의미를 가진다고 할 수 있

이처럼 자유주의 경제이론에서는 인간을 '경제적·합리적 인간'으로 규정하고 그에 기반하여 논의를 전개해 나가지만, 이러한 본질주의적 시각과 달리 폴라니는 '사회(제도)'로부터 논의를 전개한다. 폴라니에 의하면 개개인의 동기나 선호는 사회제도적 근거 없이는 이해할 수 없다. 다시 말해 인간의 경제적 동기나 행위의 근거가 인간의 본성에 따라 주어지는 것이 아니라 외생적으로 주어진다는 것으로, 바로 사회적 제도에 의해 주어진다는 것이다. 나아가 경제는 사회 전체와 분리될 수 없기에 결국 인간의 경제행위는 사회 조직의 다른 측면들과 연관시켜서만 설명할 수 있다. 그 결과 한 사회의 경제현상을 설명하기 위해서는 개개인의 선택이나 선호를 연구하기보다는 그 사회에서 재화의 흐름이 어떻게 조직되는가를 연구해야 한다. 이처럼 개인이 아니라 사회제도에서 출발한다는 의미에서 한 사회의 제도적 구조가 개인의 행위에 큰 영향을 끼친다는 것이 폴라니가 이해하는 사회이론의 기초이다. 이처럼 개인이 아니라 사회제도에서 출발한다는 점에서 폴라니는 자유주의 경제이론의 방법론적 개인주의와 상반된 개념으로써 전체론적(holistic) 입장을 취하고 있다고 할 수 있을 것이다.32) 그렇지만, 사실 그가 제도의 중요성을 강조하는 것은 바로 제도가 인간의 자유를 전제로 하기 때문이다. 그는 제도를 '인간의 의미와 목적의 구현체'로 정의하는 바, 제도는 단순히 인간의 행위를 규정하는 사회적인 환경일 뿐만 아니라 인간은 상황에 대해서 의식적으로 대응하기 위해 제도를 창출한다. 그 결과 인간은 제도를 통해서 자신의 의지를 실현하고 목적을 추구하는 것이다.33)

을 것이다.

32) 김영진, 앞의 책, 36~40면. 일정한 사회적 조건들이 없을 경우 개별적인 경제요소들은 어떤 내적인 응집력이나 구조를 갖지 못한다. 경제의 사회제도적 측면이 매우 중요한 것은 이러한 이유에서이다. 경제과정의 제도화는 그 과정에 통일성과 안정성을 부여하고 일정한 기능을 가진 구조를 형성해 준다. 제도는 한 사회 내에서 경제 과정의 위치를 설정하고 따라서 그것의 역사에 의미를 부여한다. 또한 제도는 가치, 동기, 그리고 정책에 관심을 집중시킨다. 결국 인간의 경제는 제도화된 경제과정이라고 할 수 있다. 같은 책, 49면.

33) 이러한 폴라니의 논의는 명백하게 기든스의 '구조화 이론'에 있어서의 '구조와 행

법학적 관점하에서 사회현상을 취급하는 본 연구에서는 일면적(一面的)인 '경제인'의 가정하에[34] 성립된 추상적 개념이라 할 수 있는 주류경제학적 시장개념을 거부하고, 폴라니적 관점을 수용하여 시장을 기본적으로 '교환의 상황을 만들어내는 공간'이라는 것으로 정의하려 한다.[35] 즉 여기에서의 시장은 주류경제학에서 이야기하는 형식적인 경제의 차원에서가 아니라, 실체적인 경제에서의 차원 즉, '(인간의 삶(livelihood)이 자연과 자신의 동료들에게 의존하는 상황에서) 물질적 욕구의 충족(사용가치의 차원에서)을 위해 이들과 벌이는 상호작용'을 의미하는 것으로서, 교환보다는 사용을 위한 생산을 중시하는 경제의 차원에서 시장을 고려하고자 하는 것이다. 아울러 이러한 실체적 경제

위의 이중성(duality)'을 연상시킨다. 구조화 이론에 대한 논의는 본서의 제1장의 주 41)의 문헌들을 참조.

34) 폴라니에 의하면, 경제적 인간이란 개념을 낳게 한 바 있는 애덤 스미스의 '어떤 물건을 다른 물건과 교역하고 거래하고 교환하려는 인간의 성향'은 어떤 사회에서도 대규모로 나타난 적은 없었고, 기껏해야 경제활동에 부차적인 중요성만을 가질 뿐이었다. '대칭성(symmetry)'과 '중심성(centricity)'이 존재하는 전근대사회에 있어서 호혜와 재분배가 '필요'에 따라 이루어지기에 경제적 동기의 작동은 불필요했다. 이윤의 관념은 금지되고, 흥정은 비난을 받으며, 무상제공만이 미덕으로 갈채를 받는다. Karl Polanyi, 주 19)의 책, 63면 이하, 특히 69면.

35) 여기에서의 공간이란 반드시 구체적인 현실의 장소만을 의미하는 것은 아님을 주의할 필요가 있다. 오늘날의 '공간' 개념은 현대 사회학에서 가장 중요한 의미를 부여 받은 개념들 가운데 하나라고도 할 수 있는 바, 더 이상 공간은 전통적인 물리적 장소의 의미만으로 사용되지 않는다. 공간은 사회적으로 재구성되어 그 의미가 구축되어야 할 개념인 것이다. '장소귀속탈피(disembedding)'를 근대성의 주요 요소로 꼽는 기든스를 비롯하여 마르크스주의적 관점에서 공간의 사회적·경제적 의미에 대한 연구를 지속적으로 진행하고 있는 하비(David Harvey)의 연구들이 참고할만 하다. Anthony Giddens, *The Consequences of Modernity*, 이윤희·이현희 공역, 『포스트모더니티』, 서울: 민영사, 1991, 34면 이하; David Harvey, *The Limits to Capital*, Oxford: Basil Blackwell, 1982; 번역본은 David Harvey, *The Limits to Capital*, 최병두 역, 『자본의 한계—공간의 정치경제학』, 서울: 한울, 1995[1997print]; David Harvey, *Spaces of Capital —Toward a Critical Geography*, Edinburgh: Edinburgh University Press, 2001; David Harvey, *Space of Hope*, 최병두·이상율·박규택·이보영 공역, 『희망의 공간—세계화, 신체, 유토피아』, 서울: 한울, 2001[2006print] 등을 참고.

의 차원에서 볼 때, 시장은 인류의 사회에서 필연적인 현상은 아니라는 점을 분명히 할 필요가 있을 것이다.[36]

이러한 시장개념을 바탕으로 정보시장의 개념을 검토하면, 정보시장이란 '정보의 교환의 상황을 만들어내는 곳'이라 할 수 있다. 이러한 시장에서의 시장주체들은 일면적인 경제인들이 아니며, 경제적 합리성 이외의 다양한 가치들을 추구하는 현실적(現實的)·다면적(多面的)인 인간이다. 아울러 이미 언급한 바와 같이 실체적인 경제를 배경으로 하는 정보시장은 정보상품의 교환에 대한 과정으로 시장의 역할이 종결되는 것이 아니라, 모든 시장주체의 (사용을 통한) 물질적 충족을 위한 상호작용이 이루어지는 공간의 개념을 포함하는 것으로 보아야만 한다. 이러한 포괄적인 의미의 정보시장에서는 모든 종류의 정보, 즉 정보상품 및 정보상품이 아닌 정보가 모두 교환될 수 있음은 물론이다.[37]

다만 이후의 연구의 진행에 있어서는 이러한 시장개념에 다소간의 제한을 가할 필요성이 없지 않다. 이는 이 후에 살펴 볼 공유영역과의 구분을 보다 분명하게 하기 위한 것인데, 정보상품은 물론 정보상품이 아닌 정보의 교환 모두를 아우르는 포괄적인 의미의 정보시장은 이른 바 공유영역까지도 포함하고 있는 개념으로 볼 수 있기 때문이다. 이를 위해서 공유영역에 대비되는 측면에서의 정보시장은 모든 정보의 교환이 아닌 '재산권이 설정되어 있는' 정보, 즉 정보상품의 교환이 이루어지는 공간으로 그 의미를 한정하려 하며, 이후에 언급되는 정보시장의 개념은 바로 이러한 제한적인 의미에서 사용되는 것임을 밝혀둔다.[38]

---

36) 폴라니에 의하면 금전적 사익추구의 동기를 기반으로 한 시장의 현상이 자생적으로 퍼진 것도 아니다. 주지하듯이 서구의 16~17세기 중상주의 시대에 강력한 중앙집권적 정부가 나서서 시장의 현상에 대한 사회적 거부감 그리고 시장확산에 대한 각종 사회적 제동장치들을 타파해줌으로써 시장이 발달할 수 있었다. 시장의 자율과 시장에 대한 정부불간섭을 표방하는 자유방임주의와 이에 입각한 자유경쟁시장의 발달은 자유경쟁을 조장하기 위한 정부의 끊임없는 감시와 보호를 받음으로써 가능했다는 것이다. Karl Polanyi, 주 19)의 책, 85면 이하.
37) 정보와 정보상품의 구분은 제2장 제1절 제2항의 Ⅱ. 정보의 상품성에 관한 논의 참조.

제2항 정보시장의 특성

실물경제와 달리, 정보를 객체로 삼는 정보경제는, 정보 자체가 가지는 특성을 거의 물려받게 되어, 그에 기반한 특징적인 면모를 보유하게 된다. 여기에서는 교역을 중심으로 하는 시장의 차원에서의 특성만을 몇 가지 살펴보기로 한다.

정보시장의 형성은 정보기술의 수준 및 하부구조의 구축상황 즉, 이른바 '정보인프라'의 영향을 많이 받는다. 정보인프라의 건설은 민간경제주체들만의 힘으로는 충분한 공급의 확보가 곤란하기 때문에 정부부문의 역량이 중요한 부분을 차지한다고 할 수 있다. 이러한 측면은 특히 정보시장에 있어서의 '공공성'이 본래적으로 인정될 수 있는 요소로 기능한다고 할 수 있다. 아울러 정보의 교환을 위해서는 표준(standard)의 형성 및 유지도 중요한 관건이라고 할 수 있다.39)

정보시장의 운영에 있어서는 일반적으로는 정보의 초기생산에 들어가는 비용에 비해서, 재생산에 들어가는 비용이 매우 적기 때문에, 다른 상품에 비해서, 가격산정에 있어서, 일반 경제학 원리인 '한계비용가격설정'이론이 적용될 여지가 없다. 그렇기 때문에 정보상품의 가격 산정에 있어 적지 않은 문제점들이 발생한다.

한편 정보의 재생산비용과 관련하여, 정보상품의 가치 유지가 문제된다. 초기생산비용을 들인 최초 생산자에 비해서, 정보상품을 구매한 사람이 재판매

---

38) 다만 이후에 논의되는 정보시장의 특성 등은 포괄적인 의미의 정보시장에 대부분 적용될 수 있는 논의이기 때문에 상당부분 공유영역에도 그대로 적용될 수 있게 됨은 물론이다.

39) 이러한 정보시장의 구축을 위한 토대를 마련하기 위한 법제로, 가장 기본이 되는 『국가정보화기본법』과 각종 표준(standard)의 마련을 위한 『국가표준기본법』,『산업표준법』그리고 기반시설의 구축과 유지를 위한 『정보통신기반보호법』,『정보시스템의 효율적 도입 및 운영 등에 관한 법률』,『정보통신망 이용촉진 및 정보보호 등에 관한 법률』등이 제정되어 시행중이다.

자로 최초 생산자와 경쟁하는 상황이 발생할 경우, 초기 생산자는 초기생산비
용의 회수에 어려움을 겪을 수 있기 때문이다. 결국 이러한 상황에 대한 규율
을 위해서 현재의 법제가 취한 대응책이 바로 지적재산권법제라 할 수 있다.

제3항 정보시장의 구성

이러한 정보시장은 장소로서의 시장, 교역의 주체로 등장하는 시장의 주체
들과 교역의 객체인 정보상품, 그리고 교역의 배경으로서의 기술과 기반시설
로 구성된다.

Ⅰ. 정보시장의 주체

오늘날의 시장은 가계(household), 기업(firm), 정부(government)의 세 주체로
이루어지는 것이 일반적이다.[40] 경제행위가 인간에 의해서 이루어지기 때문
에 각 개인을 경제주체(economic subject)라고 부른다. 또한 경제주체는 반드시
한 개체의 자연인에게만 한정되는 것이 아니라 집단(기업 및 정부 등)도 경제
주체가 된다.[41] 그러므로 개별경제는 가족이나 개인과 같이 그 규모가 작은
것으로부터 대기업, 지방자치단체, 정부와 같이 그 규모가 거대한 것에까지 이
른다. 그리고 한 나라의 국민경제는 이러한 무수한 개별경제에 의해서 형성된다.[42]

---

40) 이준구·이창용, 앞의 책, 15면.
41) 이를 보통 경제단위(economic unit), 혹은 개별경제(individual economy)라고도 한다.
42) 또한 자본주의는 원래 사적 경제주체의 자유로운 활동을 기초로 하고, 정부의 경
   제활동을 극히 제한한다는 원칙에 입각하고 있으나, 자본주의의 발전과정에서 정
   부의 경제활동 비중이 점차로 커져 왔다. 한상완·노영희, 『경제학의 핵심 지식정
   보원』, 서울: 연세대학교 출판부, 2005, 7~8면. 한편 폴라니에 따르면 이러한 상
   황은 인간의 사회적 관계를 해체하고, 자연을 파괴의 대상으로 전환시키는 자기조
   정적 시장의 파괴적 속성에 대한 사회적 저항으로 나타난 자기보호 시도를 정부가

　이러한 일반적인 논의에 기초하여, 정보시장의 주체들 역시, 정보의 생산자, 소비자(이용자), 그리고 정부부문으로 나누어 볼 수 있다. 다만 전통적인 이론에 있어서는 생산부문(기업)과 소비부문(가계)이 비교적 분명하게 구분되는 반면, 정보시장에 있어서는 그 구분이 다소 쉽지 않다는 특징을 갖는 바, 이른바 '생산소비자(prosumer)'라 불리는 생산자와 소비자의 경계가 모호해지는 현상이 무엇보다도 정보시장에서 활발하게 나타날 가능성이 크다는 점은 이미 지적한 바 있다.

　아울러 무형성(無形性)과 상대적으로 수월한 복제·전송가능성으로 인해 정보상품은 다른 시장에 비해 보다 많은 정부의 역할을 요구한다. 즉 전통적인 경제학에서도 정부는 국민경제의 한 축을 이루는 중요한 주체로 등장하지만,[43] 정보경제에 있어서 정부의 역할은, 정보경제상의 시장의 형성 및 존립 그 자체에 결정적인 역할을 한다는 점에 있어서 더욱 중요하다 할 것이다.

II. 정보시장의 객체

　경제주체의 경제행위에 있어서 그 대상이 되는 것이 경제객체(economic object)이다. 이는 인간의 물질적·정신적 욕망을 충족시켜 주는데 직접·간접적으로 기여하는 대상인 것이다. 결국 경제객체는 인간의 물질적, 정신적 욕망을 충족시켜주는 수단이 되는 것으로서 '재화(goods)'나 '용역(service)' 등이 이에 해당된다. 이러한 재화나 용역을 하나로 묶어 지칭할 수 있는 개념이 바로 이미 살펴본 바 있는 '상품(commodity)'이다.

수행하는 것으로 시장경제의 결과가 아닌 시장경제의 다른 측면에 불과하다고 한다. 자세한 것은 본장 주19)의 논의 참조.

43) 국민경제를 구성하는 하나의 요소인 정부는 경제주체로서 여러 가지 재정활동(fiscal activity)을 하는 이외에 민간경제에 대하여 간섭 및 통제를 가하는 경제정책(economic policy)을 취할 수 있다. 그래서 정부는 소비자로서, 생산자로서, 혹은 통제자로서의 경제주체라 할 수 있는데 이를 보통 공공경제(public economy), 공공부문 혹은 정부경제(government economy)라 부른다. 한상완·노영희, 위의 책, 7~8면.

1. 정보상품의 의의

강남훈 교수는 '정보상품(information commodity)'을 정보가 사람이나 기계와 같은 장치에 체화된 형태로서가 아니라 '정보자체가 별도의 상품 형태로 생산되고 유통되는 것을 가리키는 것'으로 정의하며, 이때의 정보는 기술, 자료, 지식등과 구별되는 '좁은 의미에서의 정보'가 아니라, 이 모든 것을 통칭하는 '넓은 의미에서의 정보, 혹은 지식'을 가리킨다고 한다.[44] 본 연구는 이미 살펴본 바와 같이 가장 넓은 의미의 정보의 개념을 상정하고 있으며, 아울러 개념적으로 '정보'와 '정보상품'을 구별하는 입장을 취한다. 즉 정보상품은 정보 가운데에서 상품으로 취급되는, 즉 매매의 형식을 통해 교환되는 것을 지칭하는 개념으로 정보의 특수한 경우라 할 수 있다.

2. 정보상품의 특징

정보상품의 특징도 다양하게 논의되고 있으나,[45] 여기에서는 생산측면과 소비측면에서 살펴 본 정보상품의 특징을 살펴보기로 한다.

먼저 생산측면에서 정보상품의 특징을 살펴보면 보면, 첫째, 대부분의 정보상품은 처음 그것을 발명하기는 매우 어렵지만, 다른 사람의 발명을 모방하는 것은 비교적 쉽다. 즉 모방비용이 생산비용에 비해 상대적으로 작다는 것이다. 결국 많은 정보상품들은 최초의 한 단위를 만드는 데에는 엄청난 비용이 들어

---

44) 강남훈, 『정보혁명의 정치경제학』, 서울: 문화과학사, 2002, 42면.
45) 예를 들어 유지성·최창곤·최동수, 『정보경제』, 서울: 박영사, 1999, 5~6면은 정보상품의 특징으로 ① 어떤 정보는 모든 사람이 자유롭게 소유가능하지만, 정보의 재산권에 대한 경제적·법적 개념이 분명하게 확립되어 있는 경우가 존재하고 최근에는 정보에 대한 재산권이 인정되어 가고 있는 경향이 있다 ② 어떤 정보는 매우 낮은 가격으로 무한히 생산될 수 있는 정보가 있다 ③ 정보는 사용함에 따라 감가상각되지 않는다 ④ 인간으로부터 직·간접적으로 산출되는 서비스와는 달리 정보서비스는 저장될 수 있다는 것을 들고 있다.

가지만 그 다음 단위부터는 만드는데 거의 비용이 들지 않는다. 즉, 주류경제학적인 용어를 빌면, 고정비용은 크고 한계비용은 매우 작은 것이다. 이러한 특징으로 인해서 정보상품의 생산에서는 '규모의 경제(economics of scale)', 혹은 '규모수익체증(increasing returns to scale)' 현상이 나타나게 된다. 두 번째 특징으로는 '범위의 경제(economics of scope)' 현상을 들 수 있는데, 이는 두 종류의 생산물을 각각 생산할 때보다 함께 생산하면 비용이 줄어드는 현상을 말한다. 마지막으로 지적할 수 있는 것은 생산에서의 '외부효과(external effect)'가 크다는 것이다. 일반적으로 한 기업의 정보상품 생산은 다른 기업의 정보상품 생산에 커다란 영향을 끼칠 뿐만 아니라, 대학을 중심으로 하는 교육제도, 과거로부터 축적된 지식의 수준, 지식 노동자의 존재, 학문의 재생산 구조 등에 의해서도 강한 영향을 받는다.[46]

다음으로 소비측면에서의 정보상품의 특징을 살펴 보면, 우선 많은 정보상품은 써 보기 전에는 그 가치를 정확하게 평가하기 매우 힘든 '경험재(experience goods)'의 특성을 가지고 있다.[47] 그리고 정보상품은 소유자에게 아무런 피해 없이 여러 사람이 함께 나누어 쓸 수 있는 성질도 가지고 있는데, 이는 흔히 '비경합성(non-rivalry)'이라고 불리는 성질이다.[48] 한편, 전화나 팩스와 같은 정보상품의 경우는 다수의 사용자가 존재할수록 사용가치가 높아지는 경우가 있는데, 이는 이른바 '네트워크 효과(network effect)'를 말한다. 그 밖에도 정보상품가운데는 한번의 사용으로 그 사용가치가 완전히 소멸하는 것이 있는가 하면(예, 주식시장에서의 기업의 상태에 대한 정보), 어떤 정보상품의 경우는 아무리 소비하더라도 사용가치가 동일하게 유지되거나 심지어 증가하는 경우도 있다(예, 익숙해진 워드프로세서). 특히 후자의 경우는 사용기간이 길

---

46) 강남훈, 앞의 책, 47~48면.

47) 흔히 '불투명성(non-transparency)' 혹은 보다 일반적으로 '불완전정보(imperfect information)'이라 불리는 성질로, 정보상품은 무엇인가에 대한 정보를 제공해 주는 상품인데, 정작 그 상품에 대한 정보는 불완전하게 주어진다는 것은 매우 역설적인 특징이다.

48) 이는 생산구조, 혹은 비용구조에도 영향을 미칠 수 있는데, 생산자는 비경합성으로 인해 특별히 생산비를 늘이지 않아도 다수에게 서비스를 제공할 수 있게 된다.

수록 '전환비용(switching cost)'이 증가하는 '잠김효과(lock-in effect)'49)가 나
타날 가능성이 크다.50)

3. 정보상품의 종류

일반적으로 어떤 '재화'가 상품으로 기능하기 위해서는 재산권의 설정이 우
선되어야 한다.51) 그리고 어떤 객체에 대하여 재산권을 설정하기 위하여는 우
선 그 객체, 즉 보호대상의 경계를 확정하여야 한다. 이 작업은 대단히 중요한
작업이다. 왜냐하면 원칙적으로 보호대상의 경계 안쪽에 있는 부분을 이용하
기 위하여는 재산권자의 허락을 얻어야 하지만, 그 경계 밖의 부분을 이용할
때에는 재산권자의 허락이 필요 없기 때문이다. 결국 이 경계가 곧 상품의 범
위를 결정한다고도 볼 수 있다.

인간의 오감으로 느낄 수 없고, 그 측정단위도 별로 개발되지 아니한 정보
의 경우에는 재산권의 설정을 위한 경계확정 작업이 상대적으로 어렵다.52) 그
러나 추상적이기는 하지만, 각각의 지적재산권법에서는 나름대로 보호대상의
경계확정방법을 개발하여 법제의 서두의 '정의' 부분에서 규정하고 있으며,53)

---

49) 강남훈 교수는 'lock-in'을 '감금'으로 번역하고 있지만, 일반적으로는 '잠김'으로
   번역한다. 강남훈, 앞의 책, 48~50면.
50) 이러한 특징들은 상품화 경향의 상당한 장애가 된다. 이러한 특징들 때문에 정보
   를 상품으로 만드는 것은 쉽지 않은 일이며, 경우에 따라서는 불가능하기도 하다.
   이는 이른바 '상품화 비용(cost of commoditification)'의 문제를 발생시킨다. 상품
   화 비용의 문제에 관해서는 강남훈, 위의 책, 50~56면 참조.
51) 상품의 거래에 언제나 재산권의 설정이 있어야만 하는 것은 아니며, 상품 가운데
   '서비스'의 경우는 기본적으로 재산권의 문제는 발생되지 않을 뿐만 아니라, 법제
   상의 분명한 재산권의 설정없이 거래되는 상품도 존재한다.
52) 주의할 점은 단순히 유체물이라고 하여 재산권의 설정 및 그 이용이 쉽고 무체물
   이라고 하여 어려운 것은 아니며, 재산권의 설정 여부의 결정과 보호대상의 이용
   의 쉽고 어려움은 거래비용에 의하여 결정된다는 것이다. 비용이 감소하여도 관리
   가능성이 커지지만, 효용이 증가하여도 관리가능성이 커진다. 박준우, 『지적재산
   권법』, 서울: 박영사, 2005, 17~18면.

실무 및 학계의 영역에서 그를 보충하기 위한 구체적인 원리들[54]에 대한 논의가 전개되고 있다. 현행 지적재산권법제의 보호대상과 보호요건을 간단히 정리해 보면 아래의 <표 4 지적재산권의 보호대상과 보호요건>과 같다.

〈표 4〉 지적재산권의 보호대상과 보호요건

구 분	보호대상		보호요건	
	대 상	내 용	실체적요건	형식적요건
저작권법	저작물	인간의 사상 또는 감정을 표현한 창작물 (제2조 제1호)	창작성	표현
	저작인접권 실연	저작물을 연기·무용·연주·가창·구연·낭독 그 밖의 예능적 방법으로 표현하거나 저작물이 아닌 것을 이와 유사한 방법으로 표현/ 실연을 지휘, 연출 또는 감독하는 자를 포함(제2조 제4호)	저작물의 실연	표현 (실연)
	음반	음(음성·음향)이 유형물에 고정된 것(음이 영상과 함께 고정된 것은 제외)(제2조 제5호)	저작물의 음반제작	표현 (음반제작)
	방송	공중송신 중 공중이 동시에 수신하게 할 목적으로 음·영상 또는 음과 영상 등을 송신하는 것(제2조 제8호)	저작물의 방송	표현 (방송)
	출판	저작물을 인쇄 그 밖에 이와 유사한 방법으로 문서 또는 도화로 발행하는 것 (제57조)	유효한 저작물/저작권(복제권)자의 허락	설정계약
	컴퓨터프로	특정한 결과를 얻기 위하여 컴퓨터 등	창작성	표현

---

53) 지적재산권법제의 보호대상의 보호요건에 관한 규정들은, 『저작권법』의 '창작성,' 『특허법』의 '진보성,' 『상표법』의 '식별력' 등에서 확인할 수 있듯이, 대부분 '불확정 개념'으로 되어 있다. 이러한 불확정 개념으로 인하여 지적재산권법은 상대적으로 '법적 안정성'이 부족한 것으로 평가된다. 오승종, "저작재산권침해에 있어서 실질적 유사성 요건과 그 판단기준", 매산송영식선생 화갑기념논문집 간행위원회 편, 『(매산송영식선생 화갑기념) 지적재산권법의 제문제』, 서울: 세창출판사, 2004, 586면.

54) 저작권법상의 기본적인 원리들에 대한 고찰은 신재호, "저작권법상의 기본원리에 대한 재조명", 『비교사법』 통권 제26호(2004.9)를 참고.

		그램저작물	정보처리능력을 가진 장치안에서 직접 또는 간접으로 사용되는 일련의 지시·명령으로 표현된 창작물(제2조 제16호)		
		데이터베이스	소재를 체계적으로 배열 또는 구성한 편집물로서 개별적으로 그 소재에 접근하거나 그 소재를 검색할 수 있도록 한 것(제2조 19호)	구축에 상당한 인적·물적 투자	저작권법 제92조에 해당하지 않을 것
산업재산권법	특허법	발명	"발명"이라 함은 자연법칙을 이용한 기술적 사상의 창작으로서 고도한 것(제2조)	산업상 이용가능성/ 신규·진보성	등록
	실용신안법	고안	자연법칙을 이용한 기술적 사상의 창작(제2조 제1호)	산업상 이용가능성/ 완화된 신규·진보성	등록
	상표법	상표	상품을 생산·가공·증명 또는 판매하는 것을 업으로 영위하는 자가 자기의 업무에 관련된 상품을 타인의 상품과 식별되도록 하기 위하여 사용하는 표장[55]	사용의사/ 식별력	등록
		서비스표	서비스업을 영위하는 자가 자기의 서비스업을 타인의 서비스업과 식별되도록 하기 위하여 사용하는 표장(제2조 제1항 제2호)		
		단체표장	상품을 생산·제조·가공·증명 또는 판매하는 것 등을 업으로 영위하는 자나 서비스업을 영위하는 자가 공동으로 설립한 법인이 직접 사용하거나 그 감독하에 있는 소속단체원으로 하여금 자기 영업에 관한 상품 또는 서비스업에 사용하게 하기 위한 표장(제2조 제1항 제3호) * 지리적 표시 단체표장: 지리적 표시[56]를 사용할 수 있는 상품을 생산·제조 또는 가공하는 것을 업으로 영위하는 자만으로 구성된 법인이 직접 사용하거나 그 감독하에 있는 소속단체원으로 하여금 자기 영업에 관한 상품에 사용하게 하기 위한 단체표장(제2조 제1항 제3의4호)		
		업무표장	영리를 목적으로 하지 아니하는 업무를 영위하는 자가 그 업무를 표상하기 위하		

		여 사용하는 표장(제2조 제1항 제4호)			
디자인 보호법	디자인	물품[물품의 부분(제12조57)는 제외) 및 글자체를 포함]의 형상·모양·색채 또는 이들을 결합한 것으로서 시각을 통하여 미감을 일으키게 하는 것(제2조 제1항 제1호)	공업상 이용가능성/ 신규성/창작 비용이성(創 作非容易性)	등록
부정경쟁 방지및영 업비밀에 관한법률	영업 비밀	공연히 알려져 있지 않고 독립된 경제적 가치를 가지는 것으로서, 상당한 노력에 의하여 비밀로 유지된 생산방법·판매방 법 기타 영업활동에 유용한 기술상 또는 경영상의 정보(제2조 제2호)	비밀성/ 경제적 가치성/ 비밀관리	없음
신 지 적 재 산 권 법 / 반도체집 적회로의 배치설계 에관한법 률	반도체집적 회로배치 설계	반도체집적회로를 제조하기 위하여 각 종 회로소자 및 그들을 연결하는 도선을 평면적 또는 입체적으로 배치한 설계(제 2조 제2호)	독창성	설정등록

이러한 지적재산권법제의 보호대상은 그 기능과 형태에 따라 크게 ① 발명·고안·디자인·저작물·프로그램저작물 등의 '창작결과,' ② 실연·음반·방송 등의 '창작결과의 전달 또는 상품화 수단,' ③ 상표·서비스표·단체표장·업무 표장 등의 '식별표장'으로 나눌 수 있다. 여기에서의 '창작결과'는 다시 '창작

---

55) 표장은 기호·문자·도형·입체적 형상·색채·홀로그램·동작 또는 이들을 결합한 것과 그 밖에 시각적으로 인식할 수 있는 것(『상표법』 제2조 제1항 제1호)을 말한다. 2007년 5월 17일 개정(법률 제8548호)에서 표장의 내용에 '홀로그램'이 추가되었다.
56) "지리적 표시"라 함은 상품의 특정 품질·명성 또는 그 밖의 특성이 본질적으로 특정 지역에서 비롯된 경우에 그 지역에서 생산·제조 또는 가공된 상품임을 나타 내는 표시(『상표법』 제2조의 제1항 3의2)를 말하고, 한편 "동음이의어(동음이의 어) 지리적 표시"라 함은 동일한 상품에 대한 지리적 표시에 있어서 타인의 지리 적 표시와 발음은 동일하지만 해당 지역이 다른 지리적 표시(『상표법』 제2조의 제1항 3의3)를 말한다.
57) 『디자인보호법』 제12조(한 벌의 물품의 디자인) ① 2 이상의 물품이 한 벌의 물품 으로 동시에 사용되는 경우 당해 한 벌의 물품의 디자인이 한 벌 전체로서 통일성 이 있는 때에는 1디자인으로 디자인등록을 받을 수 있다.

의 내용'에 따라 '기술적 사상'의 창작인 발명·고안과 '표현'의 창작인 디자인·저작물·컴퓨터프로그램저작물로 나눌 수 있다. 그 밖에도 각 지적재산권법의 목적에 따라 '산업발전'을 목적으로 하는 발명·고안·디자인·상표·서비스표·단체표장·업무표장과 '문화의 향상발전'을 목적으로 하는 저작물·실연·음반·방송으로 나누어 볼 수 있다.58)

    비록 정보상품의 재산권설정에 있어서 가장 중요한 부분을 지적재산권법제가 담당하고 있는 것은 사실이지만, 이러한 지적재산권법제의 규율범위 밖에 존재하는 정보상품도 얼마든지 존재할 수 있다. 이는 정보의 상품화의 경향의 진전을 지적재산권법제가 완전하게 반영하지 못하는 데에서 그 이유를 찾을 수 있을 것이다. 반면 시장에서 실질적으로 거래가 이루어짐에도 불구하고, 지적재산권법제가 아예 규율하지 않는 정보상품의 분야도 있는데, 대표적인 예는 바로 '점괘'와 같은 비과학적 정보라 할 수 있을 것이다.

제4항 정보시장의 형태

Ⅰ. 시장주체의 상호작용유형에 의한 분류

    이러한 정보시장은 현재까지의 정보기술의 발전상을 고려해볼 때 정보주체의 상호작용유형에 따라서 크게 현실시장(Off-Line Market)과 가상시장(On-Line Market)으로 구분해 볼 수 있을 것이다.

1. 현실시장(Off-Line Market)

    '현실시장'이란 정보가 특정한 매체에 담겨 일정한 외피를 갖추고 있어, 하나의 상품으로 직접적으로 거래되는 시장이라 할 수 있다. 예를 들어 기존의

---

58) 박준우, 앞의 책, 21~22면.

서점이나 화랑(畵廊), 음반판매점등과 같은 전통적인 형태의 시장들을 생각해 볼 수 있다. 이러한 현실시장에서는 정보주체들간의 정보상품의 거래가 '통신 망'59)을 거치지 않고, 즉 대면적(對面的)으로 이루어지게 된다.

일반적으로 현실시장에서 거래되는 정보상품들은 대부분 아날로그 형태를 띠고 있게 되나, 디지털 정보 역시 매체에 담겨 거래되는 경우에는 현실시장 에서 거래될 수 있다.

2. 가상시장(On-Line Market; Cyber Market)

가상시장은 온라인 음악 사이트 등 새롭게 등장하고 있는 형태의 시장들로 정보주체들간의 정보상품의 거래가 통신망을 통해 비대면적(非對面的)으로 이 루어지는 시장을 말한다. 컴퓨터 네트워크를 통해 가상시장에서 거래되는 정 보상품들은 대부분의 경우 디지털의 형태를 띠고 있게 되나, 네트워크의 개념 을 '디지털 방식'에 국한시키지 않은 바 있는 본 연구에서는 아날로그 방식의 비대면거래(예를 들면 전화를 이용한 컨설팅과 같은)도 역시 가상시장에서의 정보상품의 거래로 취급할 수 있게 된다. 결국 현실시장과 가상시장을 구분하 는 중요한 기준은 바로 주체들간의 상호작용의 방식일 뿐, 디지털이냐, 아날로 그이냐는 중요한 기준이 될 수 없다.

이러한 가상시장의 출현 및 활성화는 정보시장에 새로운 국면을 가져 왔다. 유체물과는 달리, 전달가능성을 지닌 무체물인 정보는 가상시장에서 완전한 거래가 이루어질 수 있기 때문에 가상시장에 가장 적합한 상품이라 할 수 있 다. 일반적으로 가상시장의 발전은 정보시장의 확대로 이어져, 정보상품의 가 치의 증대와 유통량의 증대에 기여하게 될 것이나, 다른 한편 생산에 비해 복 제에는 거의 비용이 들지 않는다는 정보상품의 특성에 비추어, 정보상품의 가 치를 유지하는 측면에서는 적지 않은 위험을 초래할 수도 있다. 특히 후자의

---

59) 여기에서의 통신망은 디지털과 아날로그를 막론하고 비대면 커뮤니케이션을 가능 하게 해 주는 모든 커뮤니케이션 매체를 의미한다.

측면은 최근의 지적재산권법제에서 크게 우려하고 있는 사항으로 가상시장에
서의 지적재산권의 보호를 위한 수 많은 논의들을 이끌어내고 있다.60)

  그렇지만, 또 다른 측면에서는 기술적인 토대에 의존하여 형성되는 가상시
장은 정보상품의 유통과 관련한 거의 모든 부분을 '기술적으로' 통제할 수도
있기 때문에, 오히려 과거보다 더 지적재산권의 보호에 유리해진 상황이라 평
가해 볼 수도 있기에, 가상시장에 대한 지나친 규율은 정보의 자유로운 교환
질서에 장애로 등장할 수도 있음을 우려하는 목소리도 커지고 있다.61)

II. 시장내의 경쟁유형에 의한 분류

1. 일반적인 시장의 경쟁유형

  시장의 형태에 관한 일반적인 논의는 주류경제학의 논의가 가장 참고할만
하다.62) 주류경제학에 있어서 시장형태의 구분 기준은 판매자수, 개별 기업이
가격에 영향을 미칠 수 있는 능력, 상품의 동질성 여부, 진입장벽(entry barrier)의
존재 및 비가격경쟁의 존재여부를 들 수 있으며, 이러한 기준들에 의하여 시장

---

60) 정보통신정책연구원, "디지털 지적재산권 보호를 위한 법제도 연구", 수원: 한국전
    산원, 2002 등.
61) 레식(Lawrence Lessig) 교수는 이러한 가능성을 대표하는 요소로 '코드(Code)'를
    제시하고 있다. 컴퓨터에서 정보를 표현하기 위한 기본적인 약속이라 할 수 있는
    이 코드는 가상공간(Cyberspace)의 구조원리로서 기능하며, 가상공간의 규제원리
    로도 작용가능하다. Lawrence Lessig, *Code and other laws of cyberspace*, New
    York: Basic Books, 1999, Ch.1, Ch.5; 번역서는 Lawrence Lessig, *Code and other
    Law of Cyberspace*, 김정오 역, 『코드: 사이버 공간의 법이론』, 서울: 나남, 2002,
    제1장, 제5장.
62) 마르크스경제학은 불완전경쟁의 형태를 여러 가지로 나누지 않고 경쟁이 불완전
    한 상황을 포괄적으로 '독점'이라는 용어로 나타낸다. 마르크스 경제학자들은 오
    늘날의 자본주의가 자유경쟁과는 거리가 멀 뿐만 아니라 점차 자유경쟁으로부터
    더 멀어지면서 독점화가 심해지는 방향으로 이행한다고 본다. 이정전, 앞의 책,
    184면.

은 완전경쟁시장(perfect competition)·독점시장(monopoly)·과점시장(oligopoly)·독점적 경쟁시장(monopolistic competition)의 네 가지 유형으로 분류된다.[63]

완전경쟁시장은 ① 많은 수의 판매자와 구매자가 있어, 모두가 가격을 주어진 것으로 받아들이고 있어야 하고 ② 시장에서 거래되는 모든 상품이 동질적이어야 하며, ③ 자원의 완전한 이동성(mobility)이 보장되어야, 즉 이 시장으로 진입하는 것과 이로부터 이탈하는 것이 완전히 자유로워야 하며, ④ 이 시장에 참여하는 모든 경제주체가 완전한 정보를 갖고 있어야 한다.[64]

반면 불완전 경쟁시장은 ① 규모의 경제 ② 정부의 정책 ③ 경쟁전략(공격적인 광고, 차별화된 상품, 부당염매행위(약탈적 가격설정: predatory pricing), 유휴시설) ④ 정보의 부족 등을 원인으로 발생하게 되는데,[65] '독점'은 판매자가 하나만 있어서 이 판매자가 가격을 결정하는 시장을 말하고, '과점'은 소수의 판매자들이 서로 그다지 치열하게 경쟁하지 않으며 공존하는 시장을 말하며, '독점적 경쟁시장'은 약간씩 다른 재화를 판매하는 다수의 판매자로 구성된 시장을 가리킨다.[66]

2. 정보시장의 경우

정보시장의 경우는 정보 자체에 본질적으로 내재되어 있는 이질성(異質性)과 정보상품의 특성, 특히 생산측면에서의 규모의 경제 및 범위의 경제와 소비 측면에서의 네트워크 효과 및 잠김효과 등의 요인으로 인해 대개 독점적

---

63) 이준구·이창용, 앞의 책, 158~160면.
64) 이준구·이창용, 위의 책, 160~162면. 한편 N. Gregory Mankiw, 앞의 책, 77면은
① 판매되는 재화들이 동일하며 ② 소비자와 판매자의 수가 너무 많아서 각 소비
자와 판매자는 시장가격에 영향을 미치지 못한다는 두 가지 조건을 만족하는 시장
을 완전경쟁시장이라 하여 다른 조건들을 배제하면서 완전경쟁시장에서는 소비자
나 판매자들이 시장에서 결정되는 가격을 받아들여야 하므로 이들을 '가격수용자
(price taker)'라고 한다는 것을 덧붙이고 있을 뿐이다.
65) 이준구·이창용, 위의 책, 176~180면.
66) N. Gregory Mankiw, 앞의 책, 77면.

경쟁시장의 형태를 띠게 된다. 즉, 정보시장은 '약간씩 다른 재화'를 판매하는 '다수의 판매자'로 구성된 시장을 형성하게 되는 것이 일반적인데, 이 경우에는 가격경쟁보다는 제품, 유통, 광고 등의 수단으로 경쟁하는 비가격경쟁이 위주가 된다. 아울러 이러한 비가격경쟁의 결과 우위에 점하는 기업은 다소간의 시장지배력도 행사할 수 있게 된다.

하지만, 독점적 경쟁을 발생시키는 요인들이 강화될 경우에는 정보시장이 독점시장으로 변질될 가능성도 적지 않은데, 정보상품의 경우 현재의 지적재산권법제가 정부 정책적으로 '인위적인 독점권'을 설정하는 방식을 취하고 있기 때문에 이러한 위험은 더욱 더 커진 상태라고 할 수 있다.[67]

---

67) 독점시장의 특징으로는 ① 단 하나의 공급자 ② 대체재가 존재하지 않음 ③ 완전한 진입장벽의 세가지를 꼽을 수 있는데, 이준구·이창용, 앞의 책, 180면. 인위적으로 설정된 독점권은 이러한 독점시장의 모든 요소들을 충족시켜 줄 수 있는 가능성을 열어 준다.

제2절 공유영역(公有領域; Public Domain)

이미 언급한 바와 같이 본 연구에서 사용하는 '공유영역'이라는 개념은
'public domain'을 번역한 것이다. 일반적으로 'public domain'의 번역어로는
'공유,'[1] '만인의 공유,'[2] '공유물,'[3] '공유영역,'[4] '일반공중의 자유로운 사용
의 대상,'[5] '공공영역' 등이 논자에 따라 사용되는데, 이러한 용어사용의 불명
확성에서도 미루어 짐작할 수 있겠지만, 그 의미에 대한 분명한 합의는 존재
하지 않은 상황이다.

제1항 공유영역의 의의

사실상 공유영역은 유사 이래 언제나 존재해 왔지만, 지적재산권법제가 지
적재산권에 대한 한정된 기간을 부여함으로써 비로소 본격적인 인식의 대상
이 되었다고 할 수 있다.[6] 공유영역은 사유영역(私有領域; private domain)에
대비되는 개념으로서 공개성(公開性)과 공중(公衆)이라는 개념이 중심이 되며
여기에 소유(ownership) 및 이용(use)이라는 개념이 부가되어 있다. 공유영역
으로 쉽게 언급되는 대상은 바로 공원, 박물관 등으로 이곳은 특정인에게 소

---

1) 송영식·이상정·황종환, 『지적소유권법(상)』(제9판), 서울: 육법사, 2005, 171면; 정
   상조, 『지적재산권법』, 서울: 홍문사, 2004, 219면.
2) 오승종·이해완, 『저작권법』(제4판), 서울: 박영사, 2005, 45면.
3) 정상조, "정보화시대의 소유권개념의 재조명", 『민법학논총 2: 후암곽윤직선생 고
   희기념 논문집』, 1995, 48면.
4) 이대희, 『인터넷과 지적재산권법』, 서울: 박영사, 2002, 562면.
5) 정상조, 앞의 책, 7면.
6) Tyler T. Ochoa, "Origins and Meanings of the Public Domain", 『28 U. Dayton
   L. Rev. 215』, 2002, p.215.

유되어 배타적인 이용권이 행사되지 않고, 그 지역에 사는 모든 이들이 찾아
갈 수 있는 공유지의 성격을 지닌다. 이곳에서 지불하게 되어 있는 요금은 소
유주에게 이용에 대한 대가를 지불한다는 의미보다는 공유영역을 유지하기
위한 비용이라는 성격이 강하다. 이와 마찬가지로 지적재산에 있어서의 공유
영역이란 해당 지적재산이 공중에게 개방되어 있고 이용하고 싶은 사람은 누
구나 자유롭게 이용할 수 있는 공동소유재산임을 의미한다.[7]

제2항 공유영역 이론의 전개

정보시장의 맥락에서 살펴보면 공유영역은 정보가 특정인의 소유권 하에
놓이지 않은 채 존재하는 영역으로, 공유영역에 있는 정보는 누구나 자유롭게
사용할 수 있다는 특징을 가진다. 이러한 공유영역의 존재에 대한 이론적 고
찰은 주로 경제학과 지적재산권법제를 둘러싼 논의들에서 진행된다.

Ⅰ. 경제학

경제학에서의 공유영역은 '재산권(財産權)이 확립되어있지 않은 영역'을 의

---

7) 이순이, "문화창작물의 공적 영역과 저작권법: 공적영역의 지형의 변화를 중심으
로", 서강대학교 문학석사학위논문, 1997, 10~11면. 한편 정보통신영역에서는
"누구든지 자유로이 복사하거나 개작(수정)할 수 있고 어떠한 방법이나 목적으로
도 사용할 수 있는 것. 원어의 public domain은 저작권이나 기타 재산권을 소유자
가 포기(relinquish)하거나 일반 대중에게 기증(donate)하여 누구든지 자유로이 사
용할 수 있게 공개되어 있는 상태를 가리키기도 하고, 그러한 상태의 저작물(창작
물)을 가리키기도 한다. 인터넷상의 많은 정보, 문서 및 소프트웨어는 공개 저작물
이다. 그러나 회사나 개인이 저작권 또는 기타 재산권을 소유하고 있는 사유(私有)
저작물은 인터넷에 올려져 있어도 공공 영역 또는 공개 저작물이 아니다"라고
공유영역을 정의한다. 한국정보통신기술협회, "공공영역", 『정보통신용어 사전』
(http://word.tta.or.kr). 정보통신영역에서는 '공공영역'이 표준적인 용어로 사용되고
있다.

미하기에, 기본적으로 재산권 이론의 일환으로 논의가 이루어진다. 일반적으로 재산권이 완벽하게 확립되지 못할 때 경제적 재화의 소유권이 공유영역에 속할 확률이 높아지게 되는데, 그 결과 모든 사람들이 미처 확립되어 있지 못한 부분만큼의 재산권을 먼저 확보하려고 애쓰는 상황이 전개된다. 경제학에서의 재산권이론의 중요성은 이 과정이 어떻게 전개되는가에 대한 설명을 제시할 수 있을 뿐만 아니라 그 경쟁과정이 종결되었을 때 최종재산권은 어떤 식으로 수렴되는가를 예측할 수도 있게 해 주기 때문이다. 한편, 현재의 세계적인 차원의 경제체제의 출현과 발전 속에서 시장을 중심으로 한 과도한 사유화의 진행이 이루어짐에 따라 인간다운 삶의 실현을 위한 방편으로 다시금 경제학 분야에 있어서도 공유영역에 대한 관심이 높아지고 있는 추세라 할 수 있다.[8)

일반적으로 특정 시기의 재산권의 결정요인으로는 ① 현재산권자의 자기 재산권을 보호하기 위한 노력 ② 이 재산권을 이전받으려고 하는 타인들의 노력 ③ 재산권을 보호하려는 정부(입법, 사법, 행정부를 모두 포함)의 노력 등을 들 수 있기 때문에, 재산권은 절대적인 안정성을 갖고 있다고 할 수 없으며, 경제에 속해 있는 각 민간주체들 및 정부의 행위에 의해 안정성이 변화하게 마련이다.

이러한 재산권과 거래비용은 상호내생적(相互內生的; endogenous)인 인과관계를 갖게 되어 재산권의 설정은 거래비용에 따라 결정되는 동시에 거래비용의 규모에도 영향을 미친다. 일반적으로 거래비용이 높을수록 재산권설정이 힘들어지는 반면, 일단 재산권이 설정되면 거래비용이 낮아지는 경향을 갖는다. 이러한 거래비용의 대표적 발생요인 가운데 하나로는 '측정비용'이 있는데 거래에 필요한 정보를 측정·획득하는데 드는 비용이라 할 수 있다. 이러한 측정비용이 존재할 때는 거래되는 재화가치의 일부분이 공유영역으로 들어가기도 한다. 예를 들면 과일가게의 주인이 자신이 파는 과일의 질을 보증하기

---

8) 예를 들어 Daniel Drache(ed.), *The Market or the Public Domain? — Global Governance and the Asymmetry of Power*, London; New York: Routledge, 2001 참조.

위해 시식을 허용하는 경우라 할 수 있다. 한편 재화가 공유영역에 포함될 때 발생하는 현상가운데 하나로 경제주체들의 전유를 위한 노력이 발생할 수 있는데, 이는 포획(capture)노력이라 할 수 있다. 아울러 정부정책 역시 공유자원을 만들어낼 소지가 큰데, 정부의 특정목적을 달성하기 위한 고유정책(소득재분배정책 등)이나 특정 재화가 갖고 있는 고유속성(공공재 등)으로 인해 공유영역이 필연적으로 발생할 수도 있다.

   이러한 공유영역의 재화에 대한 재산권을 확립시키는 방법으로는 '대기배급(rationing by waiting)', '선착순(first-come first-served)' 등이 있는데, 이러한 방법의 효과는 기본적으로 재산권 설정방식을 어떻게 하느냐에 따라 크게 달라지게 된다.9)

II. 지적재산권법학

   지적재산권법학에서의 공유영역 논의 역시 기본적으로는 실제의 '재산권(real property)'과 관련된 경제학계의 논의에 기반하고 있다고 할 수 있다. 물론 지적재산권의 맥락에 있어서의 공유영역이란 '사적 소유에 부적합한 진정한 공유물'을 가리킨다는 견해도 없지 않지만,10) 국제지적재산권기구(WIPO)의 "'public domain'이란 보호기간이 만료되었거나 외국저작물의 경우에 저작권보호를 확보하는 국제적인 협약이 적용되지 않는 경우에 저작권자에 의한

---

9) 김일중, 『규제와 재산권 − 법경제학적 시각으로 본 정부 3부의 역할』, 서울: 자유기업센터, 1995[1998print], 67∼68면.

10) Jessica Litman, "The Public Domain", 『39 Emory L.J. 965』, Fall, 1990, p.975. 그 밖의 지적재산권법 영역에서의 공유영역에 대한 논의는 Edward Samuels, "The Public Domain in Copyright Law", 『41 J. Copyright Soc'y U.S.A. 137』, Winter, 1993; Rousas J. Rushdoony, "The Private and the Public Domains", 『71 Notre Dame L. Rev. 631』, 1996; Edward Samuels, "The Public Domain revisited", 『36 Loy. L.A. L. Rev. 389』, Fall, 2002; Mark Rose, "Nine-Tenths of the Law: The English Copyright Debates and the Rhetoric of the Public Domain", 『66-SPG Law & Contemp. Probs. 75』, Winter/Spring, 2003 등을 참조.

사용허락을 받지 않고도 누구나 이용할 수 있는 저작물의 모든 영역을 말한다"
는11) 정의가 지적재산권법학계에 일반적으로 통용된다고 할 수 있을 것이다.

이러한 공유영역의 의미를 현행 『저작권법』을 중심으로 보다 구체적으로
살펴보면 우리 법제상 공유영역에 속하는 저작물들은 ① 『저작권법』 제7조에
서의 보호가 배제되는 저작물, ② 저작권 보호기간이 만료된 저작물, ③ 보호
요건 미달의 저작물, ④ 저작물 중 원천적인 만인공유의 요소, ⑤ 저작재산권
이 제한되는 경우, ⑥ 기타 사유로 보호가 종료 또는 제한된 저작물 등으로
나누어 볼 수 있다12)

Ⅲ. 정보공유론

공유영역은 '정보의 공유(公有)'를 주장하는 '정보공유운동' 진영에서도 활
발하게 다루어진다. 사실 정보공유운동 진영이 말하는 공유영역은 지적재산권
법학에서 말하는 공유영역과 동전의 양면과도 같은 위치에 놓인다고 할 수 있
다. 즉 정보공유론에서의 공유영역은 지적재산권법학의 그것과 거의 동일한
것이라 보아도 무방하지만, 다만 지적재산권법학이 지적재산권이 보호되는 영
역을 중심으로 고찰하는 반면, 정보공유론자들은 공유영역을 중심으로 놓고자
하는 것이라고 정리해 볼 수 있을 것이다.13)

이러한 정보공유론의 입장에서 볼 때는 새로운 지적재산의 인정으로 말미암
아 공유재산에 대한 공중의 개별적이고 집단적인 권리(individual and collective

---

11) WIPO, *Glossary of Terms of the Law of Copyright and Neighboring Right*, WIPO,
    1980, p.203.
12) 최정환, "Public Domain의 새로운 이해", 『계간 저작권』 제39호, 2005, 2면.
13) 정보공유론에 입각한 공유영역에 대한 보다 자세한 논의는 Pamela Samuelson,
    "Mapping the Digital Public Domain: Threats and Opportunities", 『66-SPG Law
    & Contemp. Probs. 147』, Winter/Spring, 2003; A. Samuel Oddi, "The
    Tragicomedy of the Public Domain in Intellectual Property Law", 『25 Hastings
    Comm. & Ent. L.J. 1』, Fall, 2002 등을 참조.

rights)가 퇴색되고 밀려나게 된다. 이와 같이 어느 일방에의 권리부여는 다른 일방의 권리를 제약하게 되는데, 지적재산권과 경쟁분야에서 어느 한 그룹의 필요에 응하여 보호의 기준을 확립하는 것은 이들 법의 기능을 왜곡하는 것이 된다.[14] 반면 저작권이나 특허권과 같은 지적재산권에는 권리보호요건, 보호 기간의 한정 등과 같은 내재적 한계가 설정되어 있는데, 이러한 내재적 한계들, 가령 저작권에 있어 그 보호 기간의 한정, 창작성 요건, 아이디어와 표현의 이분법 등은 공유영역을 유지·확보하는 데에 기여를 한다고 할 수 있다.[15]

제3항 소결(小結)

이상의 논의들을 종합하면 결국 공유영역이라는 용어는 '소유권 혹은 기타 지배권이 설정되지 않아 공중(公衆)의 자유로운 이용이 가능한 영역'으로 정의해 볼 수 있을 것이다. 그러므로 이른 바 재산권의 설정이 공유영역의 존재의 계기를 만들어 낸다고도 할 수 있을 것이기에, 비단 정신적 창작물의 경우에만 공유영역이 문제되는 것은 아니고, 일반적인 물건의 영역에서도 공유영역의 문제가 생겨날 수 있음은 물론이다.

이러한 공유영역의 의미를 문화산업에서의 측면에서 검토해 보면, 일정한 수요가 있는 경우에 법의 제정이나 해석을 통해서 일정한 경제적 관행이 창작자의 권리를 법으로 승인되는 경향을 볼 수 있다. 즉 문화적 수요로 인해서 일정한 경제적 관행이 재산적 권리로 승격되고, 이러한 과정에서 공유영역의 대상이라고 인식되어온 문화의 일부가 배타적 지배의 대상인 사적 재산 (private property)으로 바뀌게 되는 것이다. 그렇지만, 다른 한편으로 그러한 사적재산 자체가 문화의 일부임에는 변화가 없는 것이고 장래에는 공공영역의 대상으로 될 가능성을 내포한 사적재산이라는 점에서 공유의 대상으로서

---

14) 박성호, "지적재산권과 정보공유", 방석호·정상조 편저, 『정보통신과 디지털법제』, 서울: 커뮤니케이션북스, 2004, 88면.
15) Jessica Litman, 앞의 글, p.975.

의 문화와 배타적 지배의 대상으로서의 지적재산과의 사이에는 순환적인 상호공급관계에 있는 것으로 볼 수 있다.

이러한 관점에서 보면, 저작권은 문화적 산물을 확보해 주고 문화형성에 중요한 역할을 수행하기도 하지만 동시에 저작권 자체가 문화적 소산이라고도 말할 수 있다. 그리고 공유의 대상으로 된 문화적 소산에 대해서도, 현재와 같은 주권국가 중심의 국제질서 속에서는 각국이 자국의 문화적 소산의 국외유출을 방지하기 위한 각종 법적 규제를 함으로써 문화적 소산의 보호를 꾀하고 있는 실정이다.16)

---

16) 정상조, 앞의 책, 219면.

제3절 정보시장과 공유영역의 관계설정

여기에서는 정보시장과 공유영역의 관계에 관한 기존의 논의들을 정보시장의 역할을 강조하는, 보다 정확하게는 정보의 사유화의 중요성을 강조하는 정보사유론과 공유영역의 역할을 강조하는, 즉 정보의 과도한 사유화를 경계하는 정보공유론으로 나누어 살펴본다.[1)]

제1항 정보사유론(情報私有論)

I. 정보사유론의 의의

정보사유론은 기존의 자본주의 경제체제의 정보경제 영역에의 확장이라 할 수 있다. 즉, 정보의 사유화를 바탕으로 시장에서의 자유로운 경쟁 속에서, 정보상품의 생산, 유통, 소비가 이루어지는 체제를 옹호하며, 이러한 체제 속에서는 정보가 정보의 생산자에게 귀속된다. 이러한 정보의 특정인에게의 귀속은 정보의 이용에 있어서의 특성상, 초기 생산비용에 비해 추가 재생산에는 거의 비용이 들지 않는다는 측면이 존재하기 마련이다. 그 결과 정보사유론은 사람들이 정보의 생산보다는, 유통과정에 참여하거나 이용하는 데에만 관심을 기울일 것을 염려하여, 정보의 생산자에게 정보 생산을 위한 유인을 제공하기

---

1) 이 절의 논의는 기본적으로 홍성태, "정보화 경쟁의 이데올로기에 관한 연구 – 정보주의와 정보공유론을 중심으로 –", 서울대학교 사회학박사학위논문, 1999의 논의에 기초하고 있다. 다만 홍성태 교수는 '정보주의'와 '정보공유론'의 대립구도로 사태를 파악하고 있으나, 본 연구에서는 '정보공유론'에 대응하는 개념으로 정보주의 보다는 '정보사유론'이 보다 직관적이라 판단하여, '정보사유론'과 '정보공유론'의 대립구도로 설정하였다.

위해 정보의 사유를 보장하기 위한 체제 — 지적재산권체제 — 를 강화하는 경향
을 띠게 된다.

II. 정보사유론의 이론적 배경

여기에서는 정보사유론의 이론적 구성을 크게 정보사회론과 소위 '신경제
론'2)에 의해 이루어지는 것으로 파악하고자 한다. 정보화에 따라 체제모순을
극복한 새로운 사회로서 정보사회가 등장한다는 것이 정보사회론의 핵심주장
이라면, 이에 비해 정보화는 필연적으로 자본주의를 요청한다는 것이 신경제
론의 핵심주장이라고 할 수 있다.

1. 정보사회론

정보사회론은 근대 이래의 과학주의를 배경으로 자본주의 정보화를 역사필
연적인 것으로 합리화한다. 정보사회론은 정보에 대한 새로운 과학적 인식에
바탕하여 새로운 사회구조의 형성 및 사회변동의 논리를 제시한다. 즉 정보사
회론을 통해 정보패러다임은 정보주의로 변모한다. 새로운 과학적 세계관으로
서 정보패러다임이 정보사회론을 통해 신자유주의적 정보화경쟁의 지배이데
올로기로 변모하는 것이다. 요컨대 정보사회론은 과학기술의 발달에 따른 사
회변화를 설명하는 이론에 그치는 것이 아니라 이른바 '예측'의 형태로 정보
화의 전개방식과 목표를 특정한 방향으로 유도하는 기능을 수행한다. 이러한
정보사회론은 다시 '물질폐위론,' '탈산업화론,' '문명전환론' 등으로 나뉜다.3)

---

2) 여기에서의 '신경제론'은 지식정보경제, 디지털경제 등의 정보를 중심에 두는 새로
  운 형태의 경제이론들을 총칭하는 말로 사용된 것이다.
3) 자세한 논의는 홍성태, 앞의 논문, 64~81면 참조.

2. 신경제론

신경제론의 전제는 정보사회가 더 이상 미래의 사회상이 아니라 지금 우리가 살아가는 현실을 의미하게 되었다는 것이다. 기술적으로 그것은 지구적으로 구축된 각종 정보통신망으로 나타나며, 경제적으로 그것은 바야흐로 이른바 '디지털 경제' 혹은 '지식경제' 등의 이름을 통해 제도화되고 있다. 신경제론은 이 같은 과정을 통해 새로운 경제질서가 형성되고 있으며, 그 핵심은 '정보의 상품화'와 그에 바탕한 기술혁신과 경쟁원리의 확대강화에 있다고 주장한다. 이러한 점에서 신경제론은 신자유주의의 타당성을 입증해주는 것으로 주장된다. 이러한 신경제론은 다시 '신성장론,' '디지털경제론,' '지식경제론'으로 나뉜다.4)

Ⅲ. 정보사유론의 전개

이러한 정보사유론은 각국의 치열한 정보화 경쟁을 통해 현실적인 체제로 기능하고 있다고 평가할 수 있다. 우선 정보사회론이 제시하는 미래의 모습을 현실화 하기 위해 각국은 정보 인프라의 구축에 막대한 예산을 투자하고 있으며, 정보산업의 발전에 총력을 기울이는 한편 신경제론의 지도하에 각종 기술투자, 무역장벽의 철폐, 자본시장의 자유화 등의 무한경쟁시대로 치닫고 있다. 이러한 상황을 법제의 차원에서는 지적재산권체제의 확대·강화로 규범적인 뒷받침을 하고 있는 실정이다.

이러한 정보사유론의 근원에는 '정보자원론' 혹은 '지식자원론'이라는 뿌리 깊은 관념론이 자리잡고 있다. 즉 정보가 정보시대의 주요 상품이자 경제적 엔진으로 산업재화를 대체한다는 주장이 근저에 자리잡고 있는 것이다. 그렇지만 한정된 자원을 가지고 최대한의 이윤을 얻기 위해 경쟁하는 자본주의의 경제원리는 여전히 변화하지 않고 있음은 주목할 필요가 있다. 과거 사회적

---

4) 자세한 논의는 홍성태, 위의 논문, 81～96면 참조.

시장경제의 출현을 가져왔던 자본주의의 근본적인 모순이 다시 재현될 수도 있는 위험이 여전히 상존함을 잊어서는 안될 것이다.

제2항 정보공유론(情報公有論)

I. 정보공유론의 의의

정보사유론의 강화에 대한 비판적 대응으로 생겨난 정보공유론은 정보상품의 강한 공공재적 성격에 주목하여, 정보경제에 기존의 자본주의 경제체제의 원리를 적용하지 말 것을 주장한다. 즉, 정보공유론은 정보에 대해 특정인의 재산권을 인정하는 것을 부정하며, 자유로운 정보의 이용 속에서도 정보의 확대재생산이 가능하다는 입장을 취한다.

정보공유론은 정보는 다른 유형의 물질재와 달리 그 특성상 그 이용에 배타성이 없기 때문에 배타적 절대권으로 확립될 수 없다는 데 근본적인 기초를 두고 있으며, 정보사유론의 강화 경향, 즉 모든 가치를 경제적 가치로 환원하는 경제주의를 거부한다.

II. 정보공유론의 이론적 배경

정보공유론의 이론적 배경은 크게 두 가지 전통 속에서 파악할 수 있다. 그 하나는 사회주의 전통이고, 다른 하나는 자유주의의 전통이다.

1. 사회주의 전통

사적 소유 일반을 부정하는 사회주의 체제에서 정보와 지식은 당연히 공공재이며, 공유될 수밖에 없다. 그 결과 사회주의 체제에서 저작권은 기본적으로 문화분야를 관리하는 도구로 이용되었고, 인센티브는 저작자의 창작을 촉진하기 위한 보조적인 수단일 뿐이었다. 이러한 방식은 자본주의와는 크게 다른 것이다. 이런 점에서 1990년대에 새로운 지적재산권체제가 형성될 수 있었던 배경에는 현실 사회주의체제의 몰락도 한 요소로 자리잡고 있는 것으로 분석된다. 새로운 지적재산권체제의 형성은 현실 사회주의체제의 몰락에 따른 자본주의의 지구화가 관철되는 하나의 구체적인 양상이기도 한 것이다. 이러한 정보공유론에 있어서의 사회주의 전통은 현재의 정보사회에 대한 인식과 정보공유의 방식에 따라 전통적 마르크스주의적 입장과 사이버 사회주의론으로 구분해 볼 수 있다.[5]

2. 자유주의 전통

자유주의는 자본주의의 사적 소유권에 기반하면서도 정보의 특수성을 강조하는 입장으로 정보의 공공재적 특성을 강조하며, 이에 따라 정보의 자유로운 흐름을 주장한다. 이처럼 '정보의 자유'를 최상의 원리로 삼는 정보자유주의는 토마스 제퍼슨(Thomas Jefferson)의 정치이념과 정보·지식론에 기반을 두고 있다. 제퍼슨은 거대한 중앙권력을 거부하고 분산된 지방정부를 강조했으며, 정보와 지식은 소유될 수 있는 것이 아니고 촛불처럼 확산되는 것이라고 보았다.[6] 제퍼슨은 미국헌법 제정에 있어서 진보조항에 '독점 제한을 명백히

---

5) 자세한 내용은 홍성태, 앞의 논문, 143~148면 참조.

6) "내 초에서 불을 붙여가는 사람은 내 초의 불빛을 조금도 약화시키지 않고서도 자신의 초에 불을 밝힐 수 있다. 인간에 대한 상호간의 도덕적 교화와 환경 개선을 위해 아이디어는 서로에게 자유롭게 전지구로 퍼져가야 한다는 생각은 자연에 의해 특히 자연스럽게 기획된 듯하다. 자연이 그 운명을 조금도 약화시킴 없이 불과 같은 것을 온 세상 속으로 퍼져가게 만들고 그 속에서 우리가 숨을 쉬고 움직이고 우리의 육체적 존재를 형성하는 공기 같은 것을 제한할 수 없게, 혹은 배타적으로 전유할 수 없게 만들 때처럼 말이다." 이는 토마스 제퍼슨의 편지의 내용으로, John Perry Barlow, 여국현 역, "아이디어의 경제(The Economy of Ideas: A Frame

규정할 것'을 요구한 것으로도 알려져 있으며, 비록 그 자신이 특허청장이 된 이후에는 독점권은 인정하게 되었지만, 무제한의 독점은 변함없이 반대했다고 한다.[7]

이러한 주장의 연장선상에 서 있는 '정보자유주의'는 개입주의적 국가권력에 저항하며, 다른 한편 정보사유론을 강화하는 시장자유주의에도 맞서야 하는 이중의 과제를 안고 있다고 평가된다.[8]

III. 정보공유론의 전개

정보공유론은 제도적인 차원에서는 주로 지적재산권에 대한 저항의 모습으로, 사회운동의 차원에서는 1960년대 서구에서 비롯된 대항문화운동에 그 뿌리를 두고 있다. 이러한 정보공유론은 특히 컴퓨터 소프트웨어 분야에서 활발하게 전개되고 있다. 이는 원래 정보공유에 기초해서 발전했던 해커주의의 문화적 전통과 밀접한 연관을 맺고 있다.[9] 이 운동은 1980년대 초에 '누(GNU)'라는 이름의 새로운 운영체계 개발 프로젝트로 출발하였으며 그 뒤 많은 해커들의 동참 속에 '자유소프트웨어 운동'으로 발전하였다.[10] 이 운동에 참여해온 일단의 해커들이 기존의 운동방식에 문제를 제기하며 분기한 것이 '공개 소스 소프트웨어 운동'[11]이라 할 수 있다.

---

for Rethinking Patterns and Copyrights in the Digital Age)", 홍성태 편, 『사이버공간·사이버문화』, 서울: 문화과학사, 1996, 42면에서 재인용한 것이다.

7) Fred Warshofsky, *The Patent Wars —The Battle to Own the World's Technology*, 특허청 특허분쟁연구회 역, 『특허전쟁』, 서울: 세종서적, 1996, 60면.

8) 자세한 내용은 홍성태, 앞의 논문, 148~153면 참조.

9) 해커주의의 주장에 대해서는 McKenzie Wark, *A Hacker Manifesto*(Cambridge, Mass.: Harvard University Press, 2004)를 참조.

10) FSF와 GNU Project에 대해서는 Joshua Gay (Ed), *Free Software, Free Society — Selected Essays of Richard M. Stallman*(Boston MA: GNU Press, 2002)를 참조. '일반공중라이선스(General Public License: GPL)' 및 Linux를 필두로 한 GPL을 따르는 다양한 소프트웨어들이 GNU Project의 가장 중요한 산물이라 할 수 있을 것이다.

11) 보통은 '공개 소스(Open Source)'라고만 지칭되는 '공개 소스 소프트웨어(Open

제3항 평가(評價)

비록 정보공유론을 주장하는 진영이 사회적인 활동을 통해서 정보사유론에 대항 이데올로기를 제공하고 있기는 하지만, 그 세력은 정보사유론을 주장하는 진영에 비할 바가 아니며, 실질적인 국가의 정책이나 법제는 정보사유론의 영향 하에서 운용되고 있다고 보아도 틀리지 않을 정도이다. 즉 현실적으로는 대부분의 선진제국이 정보화 경쟁에 매진하고 있을 만큼, 정보사유론이 득세하고 있는 실정이다.

특히 이러한 경쟁 속에서 나타나는 지적재산권체제의 재편을 통한 정보의 사유화 경향은, 공유영역의 축소, 혹은 자유문화의 쇠퇴라는 우려를 자아낼만큼 강력한 형태를 띠고 나타나고 있기도 하다.

Sources Software) 운동'에 대해서는 Chris DiBona, Sam Ockman, and Mark Stone, *Open sources — Voice from the Open Source Revolution*, 송창훈·이기동·이만용·최준호 공역, 『오픈소스』, 서울: 한빛미디어, 2000; Chris DiBona, Danese Cooper, and Mark Stone, *Open sources 2.0: The Continuing Evolution*(Beijing Sebastopol, CA: O'Reilly, 2006)을 참조.

제4절 정보시장의 규율현황

제1항 현행법제의 변화상:『저작권법』을 중심으로

개별적인 지적재산권 사이에 조금씩 차이가 존재하기는 하지만, 동일한 문제가 모든 지적재산권법제에서 제기되고 있다. 그 문제는 바로, 지적재산권의 보호의 범위와 보호기간은 어느 정도로 해야 할 것인가이다.[1] 여기에서는『저작권법』을 중심으로 이 문제가 어떻게 다루어져 왔는가를 살펴보고 그 결과를 검토해 보기 위해 먼저 우리나라의 저작권법을 중심으로 살펴보고, 비교법적인 관점에서 미국의 경우를 간략하게나마 살펴보도록 하겠다.

I. 우리나라의『저작권법』

우리나라의 저작권제도는 구한말 선진문물이 도입하기 시작하자 융희(隆熙) 2년(1908년)에『한국저작권령』(칙령 제200호)이 공포되어 1908년 8월 16일 당시 일본 저작권법이 한국에 의용되게 되었는데, 이때를 우리나라의 저작권제도의 탄생으로 보는 것이 일반적이다. 저작물에 대한 법적 보호가 본격적으로 시작된 것은 한일합방에 의하여 1910년 8월 29일부터『저작권을 조선에서 시행하는 데 관한 건』(칙령 제338호)에 의하여 일본 저작권법이 시행되게 된 후부터인데 일본 저작권법은 일제시대와 미군정을 거쳐 대한민국 정부수립 초기까지 그대로 시행되게 되었고, 1957년 1월 28일에 이르러서야 우리나라의『저작권법』이 제정·공포되었다. 당시『저작권법』은 대체로 대륙법 계통을 이

---

1) Jeffrey L. Harrison, *Law and Economics in a Nutshell(3rd ed.)*, 명순구 역,『법경제학』, 서울: 세창출판사, 2006, 276면.

어 베른협약의 체제에 따라 제정된 일본 『저작권법』을 모체로 하였지만 일본 법에 비하여 새로운 사조를 많이 받아들여 진보적인 내용을 갖추었던 것으로 평가받는다.2)

1. 1957년 『저작권법』

우리나라 최초의 『저작권법』인 1957년의 『저작권법』의 보호영역은 저작물은 "본법에서 저작물이라 함은 표현의 방법 또는 형식의 여하를 막론하고 문서, 연술, 회화, 조각, 공예, 건축, 지도, 도형, 모형, 사진, 악곡, 악보, 연주, 가창, 무보, 각본, 연출, 음반, 녹음필림, 영화와 기타 학문 또는 예술의 범위에 속하는 일체의 물건"을 의미하였고(제2조), "번역, 개작 또는 편집"을 통한 2차적 저작물도 보호하고 있었다(제5조).3) 한편 보호받지 못하는 저작물로는 "① 법률, 명령과 관공서 문서의 본문 (단 내비중인 것은 예외로 한다) ② 시사보도 ③ 신문 또는 잡지에 게재된 잡보 ④ 공개한 법정, 국회, 지방의회에서의 연술"을 열거하고 있었다(제3조).

저작권은 "저작자가 그 저작물위에 가지고 있는 일체의 인격적 재산권리"로 규정되어(제7조) 저작인격권과 저작재산권의 분리도 이루어져있지 않았고 저작인접권의 개념도 아예 규정되어 있지 않았으며, 귀속권, 공표권, 원장유지

---

2) 법제처, 『대한민국법제50년사』(하), 서울: 법제처, 1999, 1727~1728면; 윤선희, 앞의 책, 24면.

3) 다만 당시 법문에는 2차적 저작물이라는 표현은 사용되지 않았다. 한편 미국의 경우 2차적 저작권의 부여는 1870년부터였으며, 당시의 의회는 배타적인 저작권이 원 저작물의 번역과 연극화에도 적용하는 것으로 그 효력범위를 확장하였다. Benjamin Kaplan, *An unhurried view of copyright*, New York: Columbia University Press, 1967, p.32. 카플란 교수(Benjamin Kaplan)는 "우리는 이른바 2차적 저작물이라는 넓은 범위로 저작권의 독점이 확장되는 데 워낙 길들여졌기 때문에 그와 같은 저작권의 팽창을 수용하는 것이 기괴하다는 감각은 더 이상 갖지 않으면서 그저 사고와 표현에 관한 허튼소리만 반복하고 있다"고 지적하고 있다. 같은 책, 56면.

권, 변경권, 발행권, 출판권, 공연권, 연술권, 방송권, 실시권, 전람권, 번역권, 개작권 등이 병렬적으로 나열되어 있었다(제14조~제27조). 저작권의 보호기간은 귀속권, 공표권, 원장유지권, 변경권은 '영구히' 존속하는 것으로 규정되어 있었고(제29조),[4] 생존간 및 사후 30년간이 원칙이었으나(제30조 등), 예외적으로 사진저작권은 10년간 존속하는 것으로 규정되었다(제35조). 그 밖에 출판권 및 공연권(제49조, 제59조)[5]이 규정되어 있었는데, 출판권의 존속기간은 3년이고, 공연권의 경우는 1년이었다(제54조, 제61조).

저작권의 침해에 대해서는 손해액의 추정 규정이 마련되어 있었고(제63조, 출판물의 경우, 3천부), 침행행위의 의제(제65조) 등과 함께 벌칙규정으로 저작인격권의 침해에 대해서는 명예 훼손의 경우, 6월 이하의 징역 또는 10만환 이하의 벌금을(제69조), 부정발행의 경우 50만환 이하의 벌금(제70조), 부정출판공연의 경우 1년 이하의 징역에 50만환 이하의 벌금이 병과가능했고, 유정배포자(有情配布者)의 경우 6월 이하의 징역 또는 20만환 이하의 벌금이 처해지는 등(제71조)의 벌칙이 규정되어 있었다.

한편 오늘날의 저작권 제한규정인 비침해행위에 대한 규정(제64조)도 마련되어 있었는데 그 요건으로는 "① 발행할 의사 없이 기계적 또는 화학적 방법에 의하지 아니하고 복제하는 것 ② 자기의 저작물 중에 정당한 범위 내에 있어서 절록인용(節錄引用)하는 것 ③ 교과용도서의 목적을 위하여 정당한 범위 내에서 발췌수집하는 것 ④ 학문적 또는 예술적 저작물의 문구를 자기가 저작한 각본에 삽입하거나 악보에 충용하는 것 ⑤ 학문적 또는 예술적 저작물을 설명하는 자료로써 학문적 또는 예술적 저작물을 삽입한 것 ⑥ 회화를 조각물모형으로 제작하고 또는 조각물모형을 회화로 제작하는 것 ⑦ 각본 또는 악보를 교육을 목적으로 하여 공연하거나 또는 공연을 방송하는 것 ⑧ 음반, 녹음필름 등을 공연 또는 방송의 용에 공하는 것"이 규정되어 있었으며, "본

---

4) 이러한 권리들은 오늘날의 '저작 인격권'에 해당한다고 볼 수 있을 것이다.
5) 1957년 『저작권법』에는 '공연권'이라는 제하의 규정이 제20조와 제59조에 두 번 나오는데, 전자는 저작권자 자신이 공연할 권리인 반면, 후자는 타인에게 공연을 하게 할 권리로, 출판권에 유사한 성격을 가지는 것이었다.

조의 경우에 있어서는 그 출소를 명시하여야 한다. 단 전항 제3호의 경우에는 예외로 한다"는 규정이 마련되어 있었다.

2. 『저작권법』의 개정

제정 이후 거의 30년 가까운 시간이 흐른 뒤의 첫 번째 개정이었던 1986년 『저작권법』은 저작물의 예시에 "컴퓨터 프로그램 저작물"을 추가하였고(제4조 제1항 9호), '2차적 저작물'6) 및 '편집저작물'을 별도로 추가하였다(제5조, 제6조). 보호받지 못하는 저작물로는 "① 법령 ② 국가 또는 지방공공단체의 고시·공고·훈령 그 밖의 이와 유사한 것 ③ 법원의 판결·결정·명령 및 심판이나 행정심판절차 그 밖의 이와 유사한 절차에 의한 의결·결정 등 ④ 국가 또는 지방공공단체가 작성한 것으로서 제1호 내지 제3호에 규정된 것의 편집물 또는 번역물 ⑤ 사실의 전달에 불과한 시사보도 ⑥ 공개한 법정·국회 또는 지방의회에서의 연술"로 항목은 늘어났으나, 기존의 열거항목들을 좀 더 명확하게 구분하여 규정한 것일 뿐만 아니라, 시사보도의 제외범위가 '사실의 전달에 불과한' 것으로 축소되어, 전체적인 외연은 오히려 줄어들었다고 보아도 무방할 것이다.

저작권이 저작인격권(공표권, 성명표시권, 동일성 유지권: 제11~13조)과 저작재산권(복제권, 공연권, 방송권, 전시권, 배포권, 2차적 저작물 등의 작성권: 제16~21조)으로 분리 구분되었으며, 저작재산권의 제한규정이 독립된 절로 규정되었다(제6절). 출판권은 큰 변화 없이 유지되었으나, 출판권과 함께 규정되어 있던 공연권은 삭제되고, 저작인접권이 별도로 규정되어 실연자·음반제작자·방송사업자의 권리가 별도로 보장되었으며, 그 존속기간은 20년이었다(제4장). 일반적인 보호기간의 경우 저작인격권은 일신전속권으로 단축되었지만(제14조), 저작재산권은 기본적으로 생존하는 동안과 사망 후 50년으

---

6) 1957년 『저작권법』에 비해 '번역·편곡·변형·각색·영상제작 그 밖의 방법으로 작성한 창작물'이라는 포괄적인 범위로 확대되었다.

로 확대되었고(제36조), 단체명의저작물의 보호기간이 공표 후 50년으로 신설
되었으나(제38조), 사진저작물의 단기보호기기간은 삭제되었다.

저작권의 제한 사유는 '재판절차 등에서의 복제, 학교교육목적 등에서의 이
용, 시사보도를 위한 이용, 공표된 저작물의 인용, 영리를 목적으로 하지 않는
공연·방송, 사적이용을 위한 복제, 도서관 등에서의 복제, 시험문제로서의 복
제, 점자에 의한 복제, 방송사업자의 일시적 녹음·녹화, 미술저작물 등의 전시
또는 복제'가 규정되어 있었으며(제22～32조), 출처의 명시 조건과 함께(제34
조), 저작인격권에는 적용되지 않음(제35조)이 규정되어 있었다. 한편 저작물
이용의 법정허락이 추가되어(제9절) 저작재산권자 불명인 저작물의 이용방법
과, 방송·번역·음반제작 등에 있어서 적용 가능한 방법이 도입되고, 영상저작
물의 특례가 규정되기도 하였다(제5장).

침해에 대한 배상원칙은 크게 변한 바 없으나, 피해액의 산정이 500부로 확
대되고 음반이 추가되어 1만 매가 인정되었고(제94조), 명예회복의 청구가 가
능해지는 (제95조) 등 다소 강화된 보호가 신설되었고, 벌칙 역시 법정형이 3
년 이하로 상향되는 등(제98조) 일정부분 강화되었다. 그 밖에도 저작권위탁
관리업이 규정되어(제6장) 저작권의 집중관리가 가능해졌으며, 저작권에 관한
심의 및 분쟁의 조정을 위한 저작권심의조정위원회도 설치되었다(제7장).

이후 『저작권법』은 큰 변화 없이 유지되다가, 1994년 개정에서 음반의 대
여권제도가 도입되고(제65조의 2), 저작인접권의 보호기간도 50년으로 연장되
었으며(제70조), 저작권을 침해한 물건을 그 정을 알면서 배포할 목적으로 소
지하는 행위도 권리의 침해행위로 보고(제92조), 법정형의 상향 조정과 벌금
액을 현실화하는 등 저작권침해 등에 대한 벌칙이 상향조정되었고(3년·3천만
원: 제98조 등), 저작권위탁관리업 중 대리·중개만을 하는 경우 허가제에서 신
고제로 변경(제78조)되었고, 뒤이은 1995년 개정에서는 WTO협정의 내용을
반영하고, 베른협정 가입에 대비하기 위하여 외국인 저삭물의 보호 강화(제3
조), 단체명의저작물의 발표기간 유예 삭제(제38조), 번역권에 대한 강제허락
제도의 폐지(제49조 삭제), 실연자의 복제권 신설(제63조, 기존에는 녹음·녹화
권이었음) 등의 변경이 있었다.

2000년에는 멀티미디어 디지털기술의 발달과 새로운 복사기기의 보급확대로 인하여 저작자의 권리침해가 날로 증가함에 따라 저작자의 권리보호를 강화하고 저작물의 이용관계를 개선하는 한편, 저작권의 불법침해로부터 저작자를 보호하기 위하여 저작권침해에 대한 벌칙을 강화하여 저작권 보호의 실효성을 높임으로써 급변하는 국내외의 저작권 환경변화에 효율적으로 대처하기 위해 컴퓨터통신 등이 급속히 발전됨에 따라 컴퓨터통신 등에 의하여 저작물을 전송하는 경우에도 저작자의 이용허락을 받도록 하기 위하여 '전송권'의 신설(제2조제9호의2 및 제18조의2 신설), '공중용 복사기'에 의한 복제의 제한(제27조제1항 단서 신설), 전자도서관 구축사업을 지원하기 위하여 도서관이 도서 등의 저작물을 컴퓨터 등으로 복제하여 당해 도서관 및 다른 도서관의 이용자가 열람할 수 있도록 전송하는 경우에는 저작자의 이용허락을 받지 아니할 수 있도록 하고(제28조제2항 신설), 저작물에 대한 권리관계를 명확히 하기 위하여 저작자 등이 등록할 수 있는 사항을 확대하고, 등록된 저작권 등을 고의 없이 침해한 자에 대한 손해배상청구에 있어서는 그 침해행위에 과실이 있는 것으로 추정하도록 하며(제51조제1항 및 제93조제4항) 저작재산권침해에 대한 벌칙을 상향조정(제97조의5)하는 등의 변경이 있었다.

2003년의 개정에서는 지식정보사회의 진전으로 데이터베이스·디지털콘텐츠 등에 대한 수요가 급증함에 따라 데이터베이스의 제작 등에 드는 투자노력을 보호하고(제2조제12호의5 및 제73조의2 내지 제73조의9 신설), 저작권자 등이 불법복제로부터 자신의 권리를 보호하기 위하여 행하는 기술적 보호조치 및 저작물에 관한 권리관리정보를 다른 사람이 침해하지 못하도록 보호하는 등 디지털 네트워크 환경에서의 저작권보호를 강화하며(제92조제2항 및 제98조제5호 신설), 인터넷을 통한 제3자의 저작권 침해시 온라인서비스제공자가 일정한 요건을 갖춘 경우에는 면책 받을 수 있도록 하는 등 그 책임범위를 명확히 하여 온라인서비스제공자가 안정적인 영업활동을 도모할 수 있는 제도적 기반을 마련하고(제77조 신설), 그 밖에 기존 제도의 운영과정에서 나타난 일부 미비점을 개선·보완하였으며, 2004년의 실연자(실연자) 및 음반제작자에게 그의 실연 및 음반에 대한 전송권을 부여함으로써 인터넷 등을 활용한

실연 및 음반의 이용에 대한 권리를 명확히 하기 위한 개정 등을 거쳐, 2006
년 12월 전면개정된 바 있다.

　2006년의 개정에서는 저작권 보호를 위한 일정한 침해 방지 및 저작물 등
의 공정한 이용을 도모하기 위한 사항을 규정하여 문화발전의 향상을 도모하
고, 문화관광부장관에게 저작권 인증과 권리관리정보 및 기술적 보호조치에
관한 정책을 수립·시행할 수 있도록 하여 우리 저작물의 국외 진출을 돕고 저
작물의 원활한 이용을 도모하여 문화산업의 발전을 촉진하기 위한 개정취지
하에, 우선 저작물의 개념을 포괄적으로 수정하였고(제2조 제1호: "저작물"은
인간의 사상 또는 감정을 표현한 창작물을 말한다), 보호대상도 일부 확대하
였다.[7] 반면 저작재산권의 제한사유로 정치적 연설 등의 이용을 추가하고(제
24조), 고등학교 이하의 학교 수업을 위하여 저작물의 전송이 이루어지는 경
우에는 보상금을 지급하지 않도록 하되, 복제방지장치 등의 조치를 하도록 하
였으며(제25조 제4항 및 제10항), 신문, 인터넷 신문 및 뉴스통신에 게재된 시
사적인 기사나 논설을 해당기사 등에 이용 금지 표시가 있는 경우를 제외하고
는 다른 언론기관이 자유롭게 복제·배포 또는 방송할 수 있도록 했다(제27조).
한편 저작물 등의 안전한 유통을 보장하여 건전한 저작권 질서를 유지하기 위
하여 저작권 인증제도가 도입되었고(제2조 제33호 및 제56조), 아울러 기존의
저작권심의조정위원회의 명칭을 저작권위원회로 개칭하고, 저작권위원회의
업무에 저작물의 공정 이용 업무, 저작권 연구·교육 및 홍보, 저작권 정책수립
지원 기능, 기술적 보호 조치 및 권리관리정보에 관한 정책 수립 지원, 저작권

---

　7) 구체적으로는 대한민국이 가입 또는 체결한 조약에 따라 보호되는 음반으로서 음
　　반제작자가 체약국의 국민인 음반을 이 법의 보호대상에 포함하도록 하고(제64
　　조), 실연자에게 인격권인 성명표시권 및 동일성유지권을 새로 부여하여 일신에
　　전속시키고, 그 밖에 실연 복제물의 배포권, 배타권 대여권, 고정되지 않은 실연을
　　공연할 권리, 디지털음성송신보상청구권을 실연자의 저작인접권으로 정하였으며
　　(제66~76조), 음반제작자에게 배타적 대여권, 디지털음성 송신보상청구권을 새로
　　부여하고(제80조 및 제83조) 아울러 저작인접권의 발생시점과 보호기간 기산시점
　　을 분리하고, 음반의 보호기간 기산점을 "음반에 음을 맨 처음 고정한 때"에서 "음
　　반을 발행한 때"로 변경하였다(제86조).

정보제공을 위한 정보관리시스템 구축 및 운영 등을 추가하고(제112조 및 제
113조), 저작권 분쟁을 효율적으로 조정하기 위하여 저작권 위원회에 1인 또
는 3인 이상의 위원으로 구성된 조정부를 두도록 하였으며(제114조), 문화체
육관광부장관은 저작물 등의 권리관리정보 및 기술적 보호조치에 관한 정책
을 수립·시행할 수 있도록 하고(제134조), 저작권위탁관리업자가 저작재산권
자 등으로부터 받는 수수료와 이용자로부터 받는 사용료의 요율 또는 금액을
승인할 때 저작권위원회의 심의를 거치도록 하고, 필요한 경우 기간을 정하거
나 신청내용을 변경하여 승인할 수 있도록 하며, 저작재산권자의 권익보호나
저작물 등의 이용편의를 위하여 승인 내용을 변경할 수 있도록 하였다(제105
조제6항 및 제8항). 그리고 온라인 서비스제공자에게는 권리자의 요청에 따라
저작물 등의 불법적 전송을 차단하는 기술적인 조치 등의 필요한 조치를 할
의무(제104조제1항)가 추가되었다. 한편 저작권 침해에 대한 구제조치로는 문
화관광부장관, 시·도지사 또는 시장·군수·구청장은 불법 복제물 등을 수거·
폐기할 수 있고, 온라인상 불법 복제물의 삭제를 명령할 수 있으며, 동 삭제명
령을 이행하지 않는 자에 대해서는 1천만원 이하의 과태료를 부과할 수 있도
록 하고(제133조 및 제142조), 영리를 위하여 상습적으로 저작재산권 등을 침
해한 행위 등을 친고죄에서 제외하여 권리자의 고소가 없어도 형사처벌이 가
능하도록 함(제140조) 등을 두었다.

이후의 주요한 개정으로는, 2009년에만도 저작권 보호정책의 일관성 유지
와 효율적인 집행을 도모하기 위하여 일반 저작물 보호 등에 관한 『저작권법』
과 컴퓨터프로그램저작물 보호 등에 관한 『컴퓨터프로그램 보호법』을 통합하
는 한편, 온라인상의 불법복제를 효과적으로 근절하기 위하여 온라인서비스제
공자 및 불법 복제·전송자에 대한 규제를 강화하려는 취지의 개정과 함께,[8]
정보기술의 비약적 발달에 따라 지식정보의 생산 및 이용 환경이 온라인으로

---

8) 법률 제9625호, 2009.4.22, 일부개정. 이 때 『저작권법』의 목적조항에서의 "문화"
   가 "문화 및 관련 산업"으로 변경된 바 있으며, 그 밖에도 한국저작권위원회의 설
   립(법 제112조 및 제112조의2) 및 온라인상 불법복제 방지대책 강화(법 제133조의
   2 및 제133조의3 신설)를 위한 규정들이 마련되었다.

급속히 확산되고 있으나 온라인 자료에 대한 관리가 미흡한 실정이므로, 국립
중앙도서관으로 하여금 온라인 자료를 체계적으로 수집·관리하도록 복제근거
를 마련하고, 판매용 음반을 이용하여 공연하는 경우에는 이로 인해 경제적
손실을 입게 되는 실연자와 음반제작자에게도 상당한 보상금을 지급하도록
하여 저작인접권자의 권리를 보호하기 위한9) 두 차례의 개정이 이루어졌고,
2011년에도 6월에『대한민국과 유럽연합 및 그 회원국 간의 자유무역협정』을
이행하기 위하여 저작권의 보호기간을 연장하고(저작자 사후 50년에서 70년
으로, 법 제39조), 일정한 범위에 한하여 방송사업자의 공연권을 인정하며, 온
라인서비스제공자의 면책범위를 유형별로 세분화하고, 기술적 보호조치를 무
력화하는 행위를 금지하기 위한 개정이 이루어 진 뒤, 동년 12월에도『대한민
국과 미합중국 간의 자유무역협정 및 대한민국과 미합중국 간의 자유무역협
정에 관한 서한교환』의 합의사항에 따른 개정이 추가적으로 이루어졌으며, 이
때 개정된 법이 현재까지 시행중이다.

3. 현행『저작권법』

현행『저작권법』은 2011년 체결된『대한민국과 미합중국 간의 자유무역협
정 및 대한민국과 미합중국 간의 자유무역협정에 관한 서한교환』의 합의사항
에 따라서 일시적 저장의 복제 인정, 저작물의 공정한 이용제도 도입, 위조라
벨 배포행위 등 저작권자 권리침해 행위 금지 및 법정손해배상제도의 도입 등
협정의 이행에 필요한 관련 규정을 개정함으로써 저작권자의 권리 보호와 저
작물의 공정한 이용을 도모하는 한편, 그 밖에 현행 제도의 운영상 나타난 일
부 미비점을 개선·보완하기 위한 규정들을 두고 있다.
현행『저작권법』의 주요내용을 좀 더 살펴보면, 정보이용자의 측면에서는
우선 디지털 환경에서 저작권자의 권리를 균형 되게 보호하기 위하여 일시적
저장을 복제의 범위에 명시하되, 원활하고 효율적인 정보처리를 위하여 필요

---

9) 법률 제9529호, 2009.3.25, 일부개정.

하다고 인정되는 범위에서 일시적으로 복제하는 경우 등은 허용하였고(제2조
제22호, 제35조의2 및 제101조의3제2항), 특히 저작물의 통상적인 이용방법과
충돌하지 아니하고 저작자의 정당한 이익을 부당하게 해치지 아니하는 경우
에는 저작재산권자의 허락을 받지 아니하고 저작물을 이용할 수 있도록 하고,
공정한 이용에 해당하는지를 판단하는 기준으로 이용 목적 및 성격 등을 규정
하여 저작물의 공정한 이용제도를 도입한 것(제35조의3 신설)은 높게 평가해
줄 수 있을 것이다.

정보생산자의 측면과 관련해서는 우선 출판권과 프로그램배타적발행권의
경우에만 인정되고 있는 배타적 권리를 모든 저작물의 발행 및 복제·전송에
설정할 수 있도록 하고, 배타적 발행권에서 출판권을 제외하여 배타적 발행권
과 출판권의 관계를 명확히 하였고(제7절(제57조, 제58조, 제58조의2 및 제59
조부터 제62조까지), 제7절의2(제63조 및 제63조의2) 신설), 방송을 제외한 저
작인접권의 보호기간 역시 2013년 8월 1일부터 50년에서 70년으로 연장하였
다(제86조제2항).[10)

온라인서비스제공자가 저작권 등의 침해에 대한 책임을 지지 아니하는 요
건으로 저작권 등을 침해하는 자의 계정을 해지하는 방침을 채택하고 합리적
으로 이행한 경우 등을 추가하였고(제102조제1항제1호 다목 및 라목 신설),
권리주장자가 소 제기 등을 위하여 온라인서비스제공자에게 복제·전송자에
관한 정보를 요청하였으나 거절당한 경우에는 문화체육관광부장관에게 해당
온라인서비스제공자에 대하여 그 정보의 제공을 명령해 줄 것을 청구할 수 있
도록 하는 복제·전송자에 관한 정보제공 청구제도 도입하였으며(제103조의3
신설), 저작권자의 권리침해를 방지하기 위하여 암호화된 방송 신호를 무력화
하는 행위, 위조라벨을 배포하는 행위, 영화상영관 등에서 저작재산권자의 허
락 없이 영상저작물을 녹화·공중송신하는 행위 및 방송 전 신호를 제3자에게

---

10) 이와 함께 저작인접권 보호의 공평성을 회복하고, 관련 국제조약 규정을 충실하게
    이행하기 위하여 1987년 7월 1일부터 1994년 6월 30일 사이에 발생한 저작인접권
    의 보호기간을 발생한 때의 다음 해부터 기산하여 50년간 존속하도록 하는 저작인
    접권 보호기간의 특례 역시 규정한 바 있다(안 부칙 제4조 신설).

송신하는 행위 등을 금지하였다(제104조의4부터 제104조의7까지 신설).

또 지금까지는 불법행위에 대하여 실손해(實損害) 배상 원칙만을 적용하고 있으나, 신속한 손해배상을 위하여 실손해 배상과 법정손해배상 중 선택적으로 청구할 수 있도록 하고, 법정손해배상액은 실제 손해액 등을 갈음하여 침해된 각 저작물 등마다 1천만원 이하의 범위에서 상당한 금액으로 하도록 하는 법정손해배상제도 도입하였다(제125조의2 신설).

한편 법원은 당사자의 신청에 따라 증거를 수집하기 위하여 필요한 경우에는 다른 당사자에게 그가 보유하고 있는 불법복제물의 생산 및 유통 경로에 관한 정보 등을 제공하도록 명할 수 있고, 다른 당사자는 영업비밀 보호를 위한 경우 등에는 정보제공을 거부할 수 있도록 하는 정보제공 명령제도 도입하였고(제129조의2 신설), 그 밖에도 제출된 준비서면 등에 포함되어 있는 영업비밀이 공개되면 당사자의 영업에 지장을 줄 우려가 있는 경우 등에는 법원이 당사자의 신청에 따라 결정으로 해당 영업비밀을 알게 된 자에게 소송 수행 외의 목적으로 영업비밀을 사용하는 행위 등을 하지 아니할 것을 명할 수 있으며, 이러한 비밀유지명령 신청 및 취소와 관련된 절차 등을 규정하는 비밀유지명령제도를 도입한 바 있다(제129조의3부터 제129조의5까지 신설).

II. 미국의 저작권법

미국은 헌법제정시부터 지적재산권에 대한 조항을 두고 있었다. 즉, 이른바 '진보조항(Progress Clause)'이라 불리는 미연방헌법 제1조 제8절 제 8항이 "작가들과 발명가들에게 작품과 발명에 관한 배타적인 권리를 일정한 기간 동안 보장함으로써 과학과 유용한 예술(useful arts)의 진보를 촉진하는 것"을 미국 의회의 임무로 규정하고 있다.[11]

---

11) Article 1. Section 8. (8). (The Congress shall have power) To Promote the progress of science and useful arts, by securing for limited times to authors and inventors the exclusive right to their respective writings and discoveries. 이 조항과 관련한

이러한 헌법의 규정 하에서 1790년 저작권법이 제정되었는데, 처음에는 책·지도(地圖)·해도(海圖)만을 저작물로 보호하였으나, 이후 음악·연극·사진 등이 저작물에 추가되었다. 이 후 1909년과 1976년 두 차례에 걸친 전면개정이 있었는데, 특히 1976년 법은 미발행저작물에 대한 연방법의 보호를 확대하고, 매체에 고정되지 않은 저작물에 대한 주법(州法)상의 보호를 제한하며, 저작권의 보호기간을 국제적 추세에 맞추어 저작자의 생존기간 및 사후 50년으로 확대하는 등 사회의 변화에 대응하여 왔다. 한편 미국은 1988년 베른협약에 가입한 이후, WTO설립을 계기로 저작권 보호 관련 국제규범들을 자국민들의 저작권 보호를 위한 도구로 적극 활용하였다.

이러한 측면은 1993년 클린턴 정부의 국가정보기반시설(National Information Infrastructure, NII) 구상에서 본격적으로 구체화되기 시작하여,[12] 1993년 2월 정보기반시설연구반(Information Infrastructure Task Force, IITF)을 설치하고, 1993년 9월 NII 자문이사회 구상을 위한 대통령 행정명령을 발령하는 동시에 NII를 위한 행동계획(Agenda for Action)을 발표하였다. 이 연구반은 1994년 7월 예비보고서를 발표하였고, 1995년 9월 최종보고서인 백서(White Paper)를 제출하였다.[13] 이 보고서는 정보의 디지털 환경에서 저작권자의 권리보호를 어떻게 강화할 것인가가 주요 의제로(이른바 '디지털 의제'), 이러한 권리 강

논의들은 Malla Pollack, "What is Congress supposed to promote?: Defining "Progress" in Article I, Section 8, Clause 8 of the United States Constitution, or Introducing the Progress Clause", 『80 Neb. L. Rev. 754』(2001)을 참조.

12) NII에 관한 자세한 내용은 조형제, "미국 클린턴 행정부의 '국가정보기반(NII)' 정책", 조형제 외, 『정보고속도로와 정보기술산업 — 미국의 질주와 동아시아의 추격』, 서울: 서울대학교출판부, 1996[1997print], 57면 이하.

13) 백서의 자세한 내용은 Information Infrastructure Task Force, "Intellectual Property and the National Information Infrastructure: The Report of the Working Group on Intellectual Property Rights", http://www.uspto.gov/web/offices/com/doc/ipnii/ (accessed July 14, 2007); 번역본은 Bruce A. Lehmann, *Intellectual Property and the National Information Infrastructre: the Report of the Working Group on Intellectual Property Rights*, 임원선 역, 『초고속통신망과 저작권』, 서울: 한울아카데미, 1996.

화의 수단으로서 기존의 여러 가지 법원칙들을 재조명하고, 통신망의 보급과 함께 지적재산권의 보호에 중요한 역할을 하고 있는 통신망 사업들에게 새로운 책임을 부과함으로써 저작권을 보호하고자 하는 논의를 하고 있었다.

이러한 배경하에 미국은 1992년의 개정(the Audio Home Recording Act: 17 USC §1008)과 1995년의 개정(the Digital Performance Right in Sound Recording Act: 17 USC §106(6), 114) 및 1998년의 개정(the Digital Millennium Copyright Act: Pub. L. 105 304, Oct. 28, 1998, 112 Stat. 2860)을 통해 디지털 환경 하에서의 저작권자의 권리를 강화하는 방향으로 변화하였다. 이러한 변화를 간단하게 살펴보면 저작권 부여방식에 있어서의 형식주의에서 비형식주의로 전환, 각종 저작권 보호영역의 확장 및 저작권 보호기간의 연장,14) 공유 영역에 속해있었던 외국저작물의 저작권 회복, 저작권의 세계적 확장, 암호기술의 발전, 암호침해행위의 불법화와 민사 및 형사책임부과 등이 이루어졌다. 또한 전통적으로 창조적 저작물에 대한 공중의 접근을 부당하게 제한하는 것을 방지하기 위하여 많이 원용되어 온 '공정이용원칙(Fair Use Doctrine)'이 디지털 환경에서 제한되는 방향으로 규정되기도 했다.15)

---

14) 저작권의 보호기간은 1998년에 통과된 소니 보노 저작권기간 연장법(Sonny Bono Copyright Term Extention Act; CTEA)에 의해 법인 저작자의 경우는 75년에서 95년까지, 자연인 저작자의 경우는 저작자의 생존기간 및 사후 50년에서 생존기간 및 사후 70년까지 늘어났다. 손수호, "디지털 환경과 저작권 패러다임의 변화에 대한 연구", 『한국출판학연구』통권 제51호, 2006.12, 222면. 1790년의 미국저작권법의 저작권 보호기간은 14년 이었고, 14년 이후에도 저작자가 생존해 있을 경우 추가로 14년을 연장할 수 있었다. 이와 관련한 보다 자세한 논의는 Lawrence Lessig, *Free Culture*, 이주명 역,『자유문화: 인터넷 시대의 창작과 저작권 문제』, 서울: 필맥, 2005, p.292.

15) 보다 자세한 내용은 이재곤, "과학기술의 발달과 지적재산권의 대응",『과학기술법연구』제5집, 한남대학교, 1999, 20면을 참조.

Ⅲ. 평가: 정보의 사유화 경향

우리『저작권법』의 개정과정을 살펴보면, 미국의『저작권법』의 개정과정의 고찰 결과도 별반 다르지 않지만, 정보생산자의 권리의 보호영역이 꾸준하게 확장되고, 보호기간이 지속적으로 연장되고 있음을 우선 확인할 수 있으며, 그 밖에도 저작권 침해에 대한 제재가 강화되고 있음을 확인할 수 있다. 이는 곧 정보에 대한 개인의 지배력은 확장되어 가는 것을 의미하는 것으로 볼 수 있을 것으로, 이러한 경향을 정보의 사유화 경향으로 지칭해 볼 수 있을 것이다.

반면 정보의 사유화 경향에 반해, 정보의 공공성은 점차 축소되는 경향을 띤다고 할 수 있을 것인바, 지적 재산권의 제한에 관한 조항들은 큰 변화가 없거나, 언론기관이나 정치인들이 이용할 수 있는 제한요건들 정도가 증가되었을 뿐 일반인들에게 도움이 될만한 저작권의 제한사유는 추가된 바 없으며, 특히 기술의 발전으로 어느 정도 구현이 가능하고, 정보의 공공성의 실현에 큰 도움을 줄 수 있을 전자도서관의 경우, 저작권의 제한은 거의 유명무실할 정도이어서, 과연 저작권법이 문화의 향상발전이라는 본연의 목표에 얼마나 관심을 기울이고 있는지 의구심이 들 정도이다. 이러한 경향의 긍정적·부정적 측면을 좀 더 살펴보기로 한다.

1. 정보의 사유화 경향의 긍정적 측면

1) 정보경제의 비중 증가

오늘날 전체산업 내에서의 '정보경제' 혹은 '정보산업'의 비중이 증가하면서 새로운 일터 및 소득을 제공하는 기회를 확장시키고 있다.[16] 한국은행에 따르면, 2010년의 GDP성장률은 6.2%인데 비해, 정보통신산업의 성장률은

---

16) 그렇지만 이러한 '정보산업' 등의 개념이 확실한 외연(外延)을 가지고 사용되는 것은 아니며, 보통 '정보통신산업', 'IT산업' 등의 다양한 명칭으로 불리고 있다.

13.7%이고, 정보통신산업대 GDP 비중은 8.6%에 이르며, 정보통신산업의 GDP에의 성장기여율은 1.1%로 추정된다고 한다.[17] 이러한 정보경제의 국가 경제상의 비중 증가는 상당부분 정보의 사유화에 의한 독점이익의 보장에 힘입은 바 있다고 할 수 있으며, 아울러 지적재산권법제상의 정보의 사유화 경향을 촉진시키는 요인으로 작용하기도 하는 것으로 평가된다.

2) 정보공급의 활성화

일반적으로 정보의 사유화 경향은 일반적으로는 다종·다양한 정보의 공급을 초래하여, 정보시장의 확대를 가져온다고 평가된다. 이는 지적재산권법제의 존재이유 가운데 하나인 '유인론'의 근거로 작용하게 된다. 그렇지만 분명 근래에 들어 폭발적으로 정보량이 늘어난 것은 사실이지만, 이것이 과연 지적재산권법제의 사유화 경향에 기인한 것으로 원인을 돌릴 수 있을지에 대해서는 의문의 여지가 없지 않다. 오히려 정보기술의 발전이 정보공급의 활성화에 보다 직접적인 영향을 미쳤다고도 볼 수 있기 때문이다.

2. 정보의 사유화 경향의 부정적 측면

1) 공유영역의 쇠퇴

저작권의 보호영역 확대 및 보호기간의 강화는 필연적으로 공유영역의 축소를 가져오게 된다고 할 수 있다. 즉 기존에는 지적재산으로 인정되지 않거나, 보호기간이 만료된 창작물들은 공유영역에 속하게 되는데, 보호영역의 확대와 보호기간의 강화는 모두 공유영역에 속했거나, 아니면 속하게 될 지적재산의 공유영역으로의 편입을 막는 결과를 초래할 것이기 때문이다. 새로운 정보의 창출은 상당부분 기존 정보의 이용에 기반하여 이루어지기 때문에 이러한 공유영역의 쇠퇴현상은 기존 정보의 이용에 적지 않은 장애로 등장할 우려가 없지 않다.

---

17) 한국은행, 『2010년 국민계정(잠정)』(서울: 한국은행, 2011.3), 10면.

2) 독점시장의 문제

(1) 지적재산권의 독점성

오늘날 정보의 사유화 경향의 대표적인 구현형태인, 정부가 지적재산권을 부여해 독점적으로 사용할 권리를 주는 것이 비효율성의 원인이 될 수도 있다. 앞에서 말했듯 지적생산물은 공공재의 성격을 갖기 때문에 가능한 한 많은 사람들이 이를 소비할 수 있게 만들어주는 것이 효율적이다. 따라서 지적재산권제도를 설계할 때는 새로운 아이디어를 촉진한다는 목표와 많은 사람들이 이를 소비할 수 있게 만들어야 한다는 목표 사이에서 적절한 타협이 필요하게 된다.[18]

어떤 것을 발명한 사람에게 특허권(patent)을 부여하는 것을 내용으로 하는 특허제도는 분명 발명을 촉진한다는 사회적 편익을 가져올 수 있다. 반면에 이 제도는 다음과 같은 사회적 비용을 초래하기도 한다. 첫째로 특허권을 가진 경제주체가 독점체제를 구축함으로써 소비자가 더 높은 가격을 지불해야 하는 결과가 나타난다는 문제점을 지적할 수 있다. 둘째로는 특허권을 얻기 위해 여러 경제 주체가 동시에 노력하여 '중복투자' 혹은 '과다투자'가 이루어질 가능성이 있음도 지적할 수 있다.[19]

지적재산권법학계의 논의에서도 특허권을 비롯한 지적재산권이 권리보유자에게 독점에 의한 시장지배를 가능하게 해준다면 자원배분의 왜곡과 경제적 효율성의 저하를 초래하는 역기능을 가질 수 있음을 고려는 하고 있지만, 현실적으로는 지적재산권이 경제학적인 의미에서의 독점을 초래하는 경우는 아주 드물다고 한다. 즉, 경제학적인 의미의 독점이란 특정기업이 공급량 또는 가격을 일방적으로 조정할 수 있는 상태를 뜻하는데, 대부분의 경우에 지적재산권자가 그러한 지위에 있는 경우는 드물고 지적재산권자가 공급량이나 가격을 일방적으로 변경하더라도 소비자들은 대체재 또는 경쟁적인 상품이나 서비스를 선택할 수 있기 때문에 시장전체에서 공급량이나 시장가격은 아무

---

18) 이준구, 『미시경제학』(제4판), 서울: 법문사, 2002, 611면.
19) 이준구, 위의 책, 611~612면.

린 영향을 받지 않기 때문이라는 것이다.

물론 예외적으로 특허발명의 기술적 진보가 아주 뛰어난 것이거나, 아주 널리 알려진 저작물이 당시의 유행을 지배하고 있거나 또는 저명한 상표에 관한 반복적인 광고로 인하여 소비자에게 선택의 여지를 주지 않는 예외적인 경우에는 당해 지적재산권의 보유자가 공급량이나 가격을 일방적으로 조정할 수 있는 독점적 지위에 있을 수도 있다. 그러나 그러한 독점적 지위의 형성이나 남용에 대해서는 독점규제법이 적용됨으로써, 그 독점의 폐해가 시정될 수 있고 의약품과 같이 정부에 의한 가격통제가 이루어지는 경우도 있기 때문에 독점의 가능성만으로 지적재산권의 기능을 부정적으로 보거나 지적재산권법 폐지론의 근거로 삼을 수는 없다는 것이다.[20]

그렇지만 소프트웨어, 특히 운영체제 소프트웨어(OS)와 같은 분야에 있어서는 제품의 특성상 특히 크게 발휘되는 '네트워크 효과'와 '잠김효과'로 인해 상대적으로 쉽게 독점의 성격을 띠게 된다고 볼 수 있다. 전세계 PC시장을 거의 장악하고 있는 '마이크로소프트(Microsoft)'社가 독점력을 행사하고 있지 않다는 주장도 없지는 않지만,[21] 필자가 보기에 마이크로소프트사는 실제로 시장지배력을 행사하는 가격설정을 하고 있는 것으로 판단된다. 필자가 2006년 9월, 미국과 영국 그리고 국내에서 판매되는 마이크로소프트사의 소프트웨어의 가격을 조사한 바에 따르면, <표 5 '마이크로소프트'사의 패키지 소프트웨어 가격>과 같다.[22]

〈표 5〉 '마이크로소프트'사의 패키지 소프트웨어 가격

	프로그램명	형 태	Amazon.com($)	Amazon.uk(£)	국내소비자가격(원)
OS	XP Home	New	199.99	176.99	341,000
		Upgrade	99.99	94.99	174,900

---

20) 정상조, 앞의 책, 9~10면.

21) 예를 들어, 이완재, "소비자이익에 부합하는 소프트웨어 끼워팔기", 김정호 편, 『자유민주주의와 시장경제』, 서울: 자유기업원, 2005, 162면 이하.

22) 국내소비자가격은 http://www.softwarecatalog.co.kr의 2006년 9월 21일자, 홈페이지상의 표시가격이다. 표에서 '한글' 표기가 없는 것은 영문소프트웨어이다.

	XP Pro	New	299.99	289.99	506,000
		Upgrade	199.99	193.99	288,200
응용소프트웨어	Office Pro 2003	New	499.99	459	869,000
		Upgrade	329.99	299.99	463,100
	한글 Office Pro 2003	New			701,800
		Upgrade			480,700
	Word	New	229	199.99	404,800
			109	89.99	139,700
	한글Word	New			187,000
		Upgrade			46,200
	Excel	New	229	199.99	404,800
		Upgrade	109	89.99	184,800
	한글 Excel	New			404,800
		Upgrade			184,800
	Outlook	New	109	89.99	
		Upgrade			170,500
	Powerpoint	New	229	199.99	404,800
		Upgrade	109	89.99	193,600
	한글 Powerpoint	New			404,800
	Access	New	229	205.99	
		Upgrade	109	89.99	
한글2007		New			214,500
		Upgrade			154,000

이를 살펴보면, 미국과 영국에서의 소프트웨어 판매가격은 일정한 비율을 유지하고 있음을 확인할 수 있는 반면, 우리나라에서의 소프트웨어 판매가격에 있어서는 몇몇 분야에서 유독 특이한 점을 발견할 수 있는데, 바로 한글 Word의 가격이 비정상적으로 낮다는 것이다. 이는 바로 한글과 컴퓨터사의 한글2007의 존재로 인한 약탈적 가격설정의 예라 추측해 볼 수 있을 것인데, 이러한 추측은 우리나라에서의 영문Word의 가격과 비교를 해보면 더욱 분명하게 드러난다고 할 것이다. 아울러, Word, Excel 등의 개별 응용프로그램과 패키지 응용프로그램인 오피스의 가격을 살펴보아도 마이크로소프트의 끼워팔기정책을 확인할 수 있을 것이다.

이러한 마이크로스프트사의 독점력에 관해서는 다양한 문제가 제기되어 온 바 있지만, 유럽이나 한국정부의 판단과는 달리, 미국 정부는 마이크로소

프트에 대한 독점규제정책을 적용하고 있지 않음은 언급해 둘 필요가 있을 것이다.23)

(2) 독점시장의 문제점

일반적으로 독점기업은 시장지배력을 사용하여 가격을 한계비용보다 높게 설정하기 때문에 독점도 세금과 비슷한 괴리를 유발한다. 독점과 세금 모두 가격과 한계비용의 괴리 때문에 생산량이 사회적 최적보다 적게 되지만, 한 가지 중요한 차이는 세금의 경우 수입은 정부의 몫이지만, 독점의 경우 수입 은 독점기업에게 귀속된다는 점이다.24) 즉 독점기업은 자신들의 시장지배력 덕택에 높은 이윤을 얻을 수 있다.

그렇지만 독점에 대한 경제학적 분석은 독점이윤 그 자체가 반드시 문제는 아니라는 것을 보여주기도 한다.25) 즉 독점시장의 경제적 후생도 다른 시장과 마찬가지로 소비자와 생산자의 후생을 포함하게 되는데, 독점기업의 시장지배 력을 통한 독점이윤의 취득으로 인해 소비자에서 생산자로 부(富)가 이전되어 도 사회적으로 총잉여의 합은 변하지 않게 되기 때문이다. 다시 말해 독점이 윤의 존재 자체로 인해 사회적 파이(pie)의 크기가 작아지는 것은 아니고, 사 회적 파이를 생산자가 소비자보다 많이 가져간다는 것을 의미할 뿐이다. 결국, 경제적 효율성의 차원에서 살펴볼 때는 독점이윤의 존재 자체는 사회적으로 문제가 되지 않는다고도 할 수 있다.26)

---

23) Microsoft의 시장지배력과 관련한 문제점들에 대해서는 이상승·장승화, "공정거래 법상 컴퓨터 소프트웨어의 끼워팔기 규제 - 윈도우 XP와 윈도우 메신저의 통합이 경쟁에 미치는 효과에 관한 법경제학적 분석 -",『서울대학교 법학』제43권 제3 호, 2002.9; 이철남, "소프트웨어시장에서의 시장지배적지위 남용행위의 규제 - 미 국·유럽연합에서의 MS사례를 중심으로 -",『기업법연구』제19권 2호(2005.6)를 참조.

24) N. Gregory Mankiw, 앞의 책, 372면.

25) Richard A. Posner, "The Social Costs of Monopoly and Regulation",『The Journal of Political Economy』Vol. 83, No. 4, Aug., 1975; 이준구·이창용, 앞의 책, 184면.

26) 효율성(efficiency)이란 '사회구성원이 누리는 총잉여를 극대화하는 자원배분의 속

경제적 효율성의 차원에서 제기되는 독점의 진정한 문제는 독점기업이 사
회적 최적생산량보다 낮은 수준에서 생산함으로써 경제적 총잉여가 극대화되
지 못한다는 데 있다. 즉, 독점 때문에 경제적 순손실이 발생했다는 것은 독점
때문에 경제적 파이가 작아졌다는 뜻이다. 이 비효율은 본질적으로 독점 가격
이 높기 때문에 발생한다. 소비자들이 한계비용보다 높은 가격으로 인하여 수
요량을 줄이기 때문이다. 그러나 가격이 높아져 증가된 이윤 때문에 경제적
비효율이 발생하는 것은 아니다. 문제는 생산량이 비효율적으로 낮다는 데 있
다. 다시 말해서 높은 독점가격에도 불구하고 수요량이 전혀 변하지 않는다면,
소비자 잉여의 감소분은 생산자 잉여의 증가분과 같고, 따라서 독점에 의한
자원의 낭비는 발생하지 않는다.

그럼에도 불구하고 이 경우 자원의 낭비가 전혀 없다고는 할 수 없다. 만약
독점 기업이 자기의 독점적 지위를 유지하기 위하여 정부와 국회에 로비를 하
는 등 추가적인 비용을 지불해야 한다면, 독점기업은 이윤의 일부를 이런 노
력에 소모할 수 밖에 없다. 이런 경우 독점의 사회적 비용은 가격이 한계비용
을 초과하여 발생하는 잉여의 순손실에 더하여 이런 노력에 투입된 자원까지
포함해야 한다.[27] 이러한 진입장벽 형성을 위한 낭비 외에도 비경쟁적인 상황
으로 인한 생산비 절감압력 등을 포함한 생산효율성 추구 유인이 감소할 수
있다는 것 역시 독점의 비효율적인 측면으로 지적된다.[28]

그렇지만 경제적 효율성의 차원을 넘어서 '공평성'의 차원까지 고려해 본다
면,[29] 한 사회에서 소득이나 부가 소수의 수중에 집중되는 것은 바람직한 일
이 아니라는 데 사회 일반적인 합의가 존재한다고 할 수 있을 것이다. 그렇다

성'으로 정의될 수 있다. N. Gregory Mankiw, 앞의 책, 170면.

27) N. Gregory Mankiw, 앞의 책, 372면.

28) 이준구·이창용, 앞의 책, 183면.

29) '공평성(equity)'은 '사회구성원들 간에 공정한 경제적 후생의 배분'을 의미한다.
공평성을 평가하는 것은 효율성을 평가하는 것보다 어렵다. 효율성은 실증적 분석
을 토대로 평가할 수 있는 객관적인 목표인 반면, 공평성은 경제학의 범위를 넘어
정치철학의 영역에까지 연결되는 규범적 판단을 요구하기 때문이다. N. Gregory
Mankiw, 앞의 책, 170면.

면 독점체제가 분배에 대해 미치는 영향은 부정적으로 평가될 수밖에 없다. 독점이윤을 통해 축적된 부로 인해 한 사회 안의 부가 소수의 수중에 편중되는 결과를 낳기 쉽다. 독점기업의 소유가 광범하게 분산되어 있다면 문제가 다르겠지만 현실은 결코 그렇지 않다. 어떤 사회든 분배의 상층부를 구성하고 있는 사람들은 독점이윤을 통해 부를 축적한 경우가 대부분인 것을 보게 된다.[30]

일반적으로 이윤은 자본주의 경제를 움직이게 하는 기본적 원동력이라 할 수 있다. 바로 이윤에 대한 기대 때문에 기업들이 열심히 혁신을 하려고 하는 것이며, 그 결과 경제가 성장하게 되기 때문이다. 이윤의 매력이 전혀 존재하지 않는 사회는 정체상태를 면할 수 없다. 이윤은 생산자원이 여러 용도 사이에서 배분되는 것과 관련한 효율성을 제고하는 역할도 수행한다. 어떤 산업에서 많은 이윤이 생긴다는 것은 그 산업의 규모가 확장되는 것이 바람직하다는 뜻이다. 이윤은 새로운 기업들이 그 산업으로 진입하게 만드는 유인으로 작용한다. 뿐만 아니라 이미 그 산업 안에서 활동하고 있는 기업은 축적된 이윤을 통해 생산능력을 확장할 수 있는 여유를 얻게 된다. 이에 따라 이윤이 많이 나오는 산업은 자동적으로 그 규모가 확대되는 결과가 나타난다.

정부의 정책이 기업가적 노력에 찬물을 끼얹는 결과를 가져오지 않도록 배려할 필요가 있다. 그러나 이것은 '진정한' 기업가적 노력의 경우에만 적용될 수 있는 말이다. 단지 이권의 추구에 불과한 기업의 노력을 부추기기 위해 아까운 국민의 세금을 쏟아 붓는다면 그것은 엄청난 사회적 낭비가 아닐 수 없다.[31]

이러한 독점시장의 문제점은 결국, 독점적 정보시장의 경우에도 상당부분 타당하게 될 것으로 예상되는 바, 어떤 것을 발명한 사람에게 인위적 독점권을 부여하는 것을 내용으로 하는 지적재산권제도는 지적재산의 생산을 촉진한다는 사회적 편익을 가져올 수 있는 반면에 다음과 같은 사회적 비용을 초래하기도 한다. 첫째로 인위적 독점권을 가진 경제주체가 독점체제를 구축함으로써 소비자가 더 높은 가격을 지불해야 하는 결과가 나타난다는 문제점을 지적할 수 있고, 둘째로는 인위적 독점권을 얻기 위해 여러 경제 주체가 동시에 노력하여 중복투자 혹은 과다투자가 이루어질 가능성이 있음도 지적할 수 있다. 인위적 독점의 획득을 위한 노력이 중복될 경우 이로 인해 지적재산의 생산 시기가 얼마간 앞당겨질지 모르지만 그 이득이 그리 크지는 않을 것이다.[32]

3. 정보이용의 불평등과 위축

정보의 사유화 경향이 진전되면서 일반적으로는 정보이용의 비용이 증가하게 되리라 예상해 볼 수 있다. 특히 정보의 사유화가 정보의 상품화로 이어지게 되면, 정보이용의 비용의 증가는 보다 분명한 현상으로 등장하게 될 가능성이 높다. 가장 단순하게 생각해보아도 지적재산의 보호기간의 확대는, 보호기간의 확대로 인한 가격의 인하가 없다면, 늘어난 기간만큼 추가적인 비용의 부담을 발생시키기 때문에, 정보이용의 비용증가는 쉽게 예상할 수 있는 상황이라 할 것이다.

이러한 정보이용에 있어서의 비용의 증가는 특히 사회적 약자의 정보이용을 위축시키게 될 가능성이 매우 높아 이른바 '정보격차'의 문제를 야기시키며, 때로는 기술개발에 있어서의 비용증가를 통해 기술발전의 장애가 되는 경우까지도 생겨날 수 있다.

---

32) 이준구, 앞의 책, 611~612면. 따라서 중복투자로 인한 낭비를 막기 위해 지적재산권을 매우 이른 단계(예컨대 상업적으로 개발할 수 있는 시점 이전)에 부여하는 정책을 채택하는 것이 보통이다. 또한 일정 기간만 유효한 인위적 독점권을 부여해 그 가치를 줄임으로써 이를 획득하기 위해 투입하는 자원의 양을 줄이게끔 유도하기도 한다. 지적재산권의 유효기간, 즉 권리의 보호기간을 짧게 만드는 것은 지적재산권을 통한 독점체제 때문에 소비자에게 돌아가는 손해를 줄이는 데도 효과를 발휘할 수 있다.

4. 정보자체의 품질 저하

이미 언급한 바와 같이 어떠한 객체를 보호대상으로 하여 재산권을 부여하여도 그로부터 생산된 재산을 활용하여 효용을 증가시킬 수 있는 시장이 없으면 재산권은 그 기능을 다하지 못하게 되며, 역시 재산권의 일종인 지적재산권도 지적재산권자가 배타적 재산권을 활용하여 지적재산의 생산에 투하된 자본을 회수할 수 있는 시장이 존재하지 아니하면 그 기능을 다할 수 없다. 그 결과 시장에서 교환이 이루어질만한 정보만이 생산되고, 시장성이 적은 정보는 생산이 이루어지지 못하게 된다.

비록 정보의 양적인 측면에 있어서의 폭발적인 증가가 발생한 것은 사실이지만, 증가한 정부의 내용을 검토해보면, 대중적·소비적 정보의 산출량의 상대적 증가가 컸음을 확인할 수 있어, 정보의 품질에 대한 우려가 없지 않을 뿐만 아니라, 쓸모 없는 정보의 생산이 늘어남에 따라 이른바 '정보공해'의 문제가 제기되고 있다. 물론, 앞에서 언급한 바와 같이, 이러한 경향이 반드시 정보상품의 사유화 경향의 결과인 것은 아닐 수 있음은 유념해야 할 것이다.

5. 부정이용의 취급문제

오늘날 가장 흔하게 범하는 지적재산권의 침해는 컴퓨터 소프트웨어의 불법복제와 음악, 영화의 불법적인 복제 및 공유라고 할 수 있을 것이다. 소프트웨어 불법복제율은 그 개념 및 산정방법 자체를 둘러싼 논의가 없지 않으나, 일반적인 논의에 따르면 우리나라의 소프트웨어 불법복제율은 미국 소프트웨어업체들의 이익단체라 할 수 있는 BSA(Business Software Alliance)의 조사에 의하면 2007년을 기준으로 43%에 달하며, 우리나라의 컴퓨터프로그램보호위원회(Korea Software Copyright Committee; SOCOP)의 조사에 의하더라도 23.4%에 달한다.[33]

---

33) http://www.socop.or.kr/06information/06information_03.jsp(accessed February 26,

이러한 과도한 부정이용은 결국, 대다수의 국민들을 범죄자로 만드는 결과를 가져올 수밖에 없는 바, 본질적으로 공공성을 갖는 지적재산의 이용이 과연 형법적 제재까지 필요한 수준의 불법행위 요건인가에 대해서는 진지한 의문을 제기하지 않을 수 없다. 더구나 정보상품의 사유화 경향이 늘어날수록 공유영역의 축소로 인한, 정당한 무상사용의 가능성이 줄어드는 반면, 무임승차의 욕구는 그다지 줄어들 가능성이 적기 때문에, 부정이용의 취급문제가 보다 증가할 가능성이 크다고 하겠다.[34]

제2항 현행 지적재산권법제의 분석

이미 언급한 바와 같이 현행 지적재산권법제는 전반적으로 권리자의 이익을 강화하는 추세에 있다고 할 수 있다. 그러한 경향이 가장 두드러지는 영역이 바로 저작권법제이기 때문에, 여기에서는 저작권법제를 중심으로 논의를 진행해 나간다.[35] 먼저 이러한 경향의 정치적·경제적 배경을 고찰해 보고, 상정 가능한 지적재산권의 보호모델 및 재산권설정의 유인을 고찰한 후, 정보상품의 가격설정이론과 보호기간 강화경향에 대한 이론적인 설명을 제시해 보고자 한다.

2008). BSA와 SOCOP의 전신인 프로그램심의조정위원회(PDMC)의 불법복제율 조사 방법 및 개선방안에 관한 자세한 논의는 박종선, "SW 불법복제율 조사방법론 개선에 관한 연구", 프로그램심의조정위원회 연구보고서, 서울, 프로그램심의조정위원회, 2004 참조.

34) 소프트웨어를 중심으로 한 불법복제의 문제를 경제학적으로 분석해 본 논의로는 강성룡, "불법복제 소프트웨어 단속에 대한 경제학적 접근 - 소프트웨어 산업의 특성과 재산권제도를 중심으로 -", IPLeft 편, 『왼쪽에서 보는 지적재산권』, 2003, http://www.ipleft.or.kr/maybbs/view.php?db=ip&code=pds1&n=456&page=1(accessed July 15, 2007)을 참조.

35) 이하에서는 비록 『저작권법』을 중심으로 논의를 전개하지만 대부분의 경우는 대체로 지적재산권 일반으로 확대해도 큰 무리가 없으리라 본다.

Ⅰ. 법제형성의 정치·경제적 배경

정보기술의 발전이 초래하는 사회적 변화의 양상들을 경제의 차원에서 개념설정하기 위한 도구로 '지식기반경제', '신경제', '디지털경제', '인터넷경제' 등의 다양한 개념들이 마련되었고, 각각의 개념 하에서 다양한 논의들이 전개되어 왔다.36) 이러한 개념들의 출현에는 사회학 혹은 경제학 분야의 연구성과에 힘입은 바가 적지 않지만, 그에 못지않게 정보화 정책 혹은 관련 경제정책의 추진이라는 차원에서 '특정한 의도를 지닌 채' 규정된 측면도 무시할 수 없다. 이러한 측면을 염두에 둔 채, 현재의 주요 국가의 정치·경제 정책의 주류를 형성하고 있는 '신자유주의'에 관하여 정리해 보고, 아울러 정보를 중심으로 현재의 경제상황을 규정하는 주요한 개념들 가운데에서 '지식기반경제론(論),' '디지털경제론', 그리고 '신경제론'을 소개한다.

1. 신자유주의(新自由主義)

신자유주의(neo-liberalism)은 국가권력의 개입증대라는 현대 복지국가의 경향에 대하여, 경제적 자유방임주의 원리의 현대적 부활을 지향하는 사상적 경향을 말한다. 개개인의 지식과 창의를 최고도로 발휘케 하는 시장기구의 경제적 효율과 사회적 의의를 강조 한 하이예크(Friedrich A. Hayek)의 사상과, 경제적 효율이라는 견지에서 경쟁기구의 제도를 가능한 한 넓은 범위로 확충해서 개인의 자유를 옹호하려고 한 시카고학파의 경제사상이 이러한 범주에 든다고 할 수 있다.

---

36) 김범환, 『(인문사회분야 학생을 위한) 정보통신경제론 – 디지털 경제론』, 서울: 청목출판사, 2001, 32~38면; 김민정·김성숙, 『디지털 경제와 소비자』, 대구: 태일사, 2005, 37면은 디지털 경제, 인터넷 경제, 웹 경제, 지식기반경제 등의 다양한 개념들의 의미를 구분하여 설명하고 있는데, 얼마나 실제적인 의미가 있는지는 의문이다.

제1차 세계대전 이후 세계적인 공황을 겪은 많은 나라들의 경제정책에 케인스경제학이 이론적 기초를 제공하여, 미국과 영국 등 선진국가들은 케인스 이론을 도입한 수정자본주의를 채택하였는데, 그 요체는 정부가 시장에 적극적으로 개입하여 소득평준화와 완전고용을 이룸으로써 복지국가를 지향하는 것이다.

케인스 이론은 이른바 '자본주의의 황금기'와 함께하였으나, 1970년대 이후 세계적인 불황이 다가오면서 이에 대한 반론이 제기되었다. 장기적인 스태그플레이션은 케인스 이론에 기반한 경제정책이 실패한 결과라고 지적하면서 대두된 것이 바로 신자유주의 이론이다. 시카고학파로 대표되는 신자유주의자들의 주장은 닉슨 행정부의 경제정책에 반영되었고, 이른바 레이거노믹스 (Reaganomics)의 근간이 된 바 있다.

이러한 신자유주의는 자유시장과 규제완화, 재산권을 중시한다. 곧 신자유주의론자들은 국가권력의 시장개입을 완전히 부정하지는 않지만 국가권력의 시장개입은 경제의 효율성과 형평성을 오히려 악화시킨다고 주장한다. 따라서 '준칙에 의한' 소극적인 통화정책과 국제금융의 자유화를 통하여 안정된 경제성장에 도달하는 것을 목표로 한다. 또한 공공복지 제도를 확대하는 것은 정부의 재정을 팽창시키고, 근로의욕을 감퇴시켜 이른바 '복지병'을 야기한다는 주장도 편다.

신자유주의자들은 자유무역과 국제적 분업이라는 말로 시장개방을 주장하는데, 이른바 '세계화'나 '자유화'라는 용어도 신자유주의의 산물이라 할 수 있다. 이는 세계무역기구(WTO)나 우루과이라운드 같은 다자간 협상을 통한 시장개방의 압력으로 나타나기도 한다. 신자유주의의 도입에 따라 케인스 이론에서의 완전고용은 노동시장의 유연화로 해체되고, 정부가 관장하거나 보조해오던 영역들이 민간에 이전되었다.

이러한 신자유주의는 일반적으로 자유방임경제를 지향함으로써 비능률을 해소하고 경쟁시장의 효율성 및 국가 경쟁력을 강화하는 긍정적 효과가 있는 반면, 불황과 실업, 그로 인한 빈부격차 확대, 시장개방 압력으로 인한 선진국과 후진국 간의 갈등 초래라는 부정적인 측면도 있다고 평가된다.[37)]

2. 정보중심 경제정책론

1) 지식기반경제론

지식기반경제(knowledge-based economy) 개념의 본격적인 확산은 무엇보다도 1990년대 중반 이후, 경제협력개발기구(Organization for Economic Cooperation and Development; 이하 OECD)에서의 관련 논의의 본격화에 기인한다.[38] OECD는 OECD국가들의 경제가 지식의 생산과 분배, 그리고 사용에 크게 의존하고 있음에도 불구 그에 대한 인식이 부족했음을 지적하면서, 경제활동에 있어서의 지식의 중요성 및 고용과의 관계, 국가정책에 대한 방향을 탐구하고, 지식기반경제의 지표들(indicators)을 개발하고 개선시키는 작업을 통해 지식기반경제에 대한 논의를 진행시킨 바 있다.[39]

지식기반경제는 '지식과 정보의 창출, 확산, 활용이 모든 경제활동의 핵심이 될 뿐만 아니라 국가의 부가 가치 창출과 기업과 기업의 경쟁력의 원천이 되는 경제'를 말하며 끊임없이 새로운 지식의 영역 개척과 외부로부터의 활발한 지식 획득과 함께 모든 경제 활동에 있어 여러 형태의 지식과 정보를 최대한 효율적으로 생산, 확산, 활용함으로써 경제 전반의 생산성과 생활수준을 지

---

37) 신자유주의에 대한 비판적인 논의는 Chris Harman, *Economics of the Madhouse - Capitalism and the Market Theory*, 심인숙 역, 『신자유주의 경제학 비판』, 서울: 책갈피, 2001; 김수행·정병기·홍태영, 『제3의 길과 신자유주의 - 영국·독일·프랑스를 중심으로』(제1개정판), 서울: 서울대학교출판부, 2006 등을 참조.

38) 이선 外 4인, 『지식기반경제의 이론과 실제』, 서울: 을유문화사, 2000, 26면.

39) OECD, *The Knowledge-Based Economy*, Paris: OECD, 1996. 한편, OECD는 지식기반경제 이외에도 '정보사회의 경제학(the Economics of the Information Society)'에 대한 공동연구도 1995년 이래 지속적으로 수행하고 있다. 이러한 공동연구는 2회차(이스탄불, 1995)부터 "OECD Workshops on the Economics of the Information Society"로 공간(公刊)되었고, 3회(도쿄, 1996), 4회(헬싱키, 1996), 5회(서울, 1996), 6회(런던, 1997)까지 진행된바 있다. 각각의 보고서들은 http://www.oecd.org/find Document/0,2350,en_2649_33757_1_119681_1_1_1,00.html(accessed June 17, 2007)에서 확인 가능하다.

속적으로 확산 활용함으로써 경제 전반의 생산성과 생활수준을 지속적으로
향상시키는 동시에 세계 시장에서의 경쟁력을 확보해 가는 경제를 의미한다
고 할 수 있다.[40]

　OECD의 논의에 있어서 지식은 크게 4가지로 구분된다.[41] 첫째, 어떤 사실
에 관한 지식(know-what), 둘째, 기술혁신에 있어 기반이 되는 사물의 이치나
현상의 원인에 대한 과학적 지식(know-why), 셋째, 주어진 일을 효율적으로
처리하는 기능을 의미하는 노하우(know-how), 마지막으로 누가 무엇을 알고
누가 어떤 기술과 능력을 가지고 있는가에 대한 지식을 지칭하는 사람에 관한
지식(know-who)가 그것이다. 특히 사람에 관한 지식은 사람들간의 능력의 다
양한 편차로 인해서, 조직의 운영에 있어서 그 중요성이 크며, 사회변화의 속
도가 증대함에 따라 중요성은 점점 증가하고 있다.

2) 디지털경제론·인터넷경제론

　지식기반경제론이 OECD를 중심으로 진행되었다면, 디지털 경제론은 미국
상무성(Department of Commerce)의 보고서로부터 촉발되었다고 할 수 있다.[42]
이 보고서를 통해 미 상무부는 디지털 경제란 정보의 처리와 유통과정이 디지
털화되고 네트워크화되면서, 이에 의존한 재화·서비스의 생산, 분배, 소비활동

---

40) 이선 外 4인, 앞의 책, 24면; 박우희, 『경제학의 기본원리 ─ 과학, 철학, 예술과 경
　　제원리의 발견』, 서울: 서울대학교출판부, 2005, 759면.
41) OECD, 앞의 책, p.12. OECD에 따르면, 모든 지식은 코드화되어 정보로 변형될
　　수 있다고 한다. 즉 정보는 '코드화된 지식(codified knowledge)'라고 정의할 수 있
　　고, 이는 기본적으로 '전달가능성'으로 특징지어진다고 할 수 있을 것이다. 같은
　　책, p.13.
42) Lynn Margherio, *The Emerging Digital Economy*, Washington, D.C.: U.S.
　　Department of Commerce, 1998. 미상무부는 1999년 5월 25～26일에 디지털 경제
　　에 관한 학술대회를 갖은 바 있고, 그 결과는 Erik Brynjolfsson and Brian
　　Kahin(Eds.), *Understanding the Digital Economy ─ Data, Tools, and Research*,
　　Cambridge, Mass.: MIT Press, 2000로 출간된 바 있다. 아울러, 미상무부는 매년
　　디지털경제에 관한 연차보고서를 발간하고 있다.

이 이루어지는 경제를 의미하며, 미국 산업경쟁력의 회복이 인터넷으로 대변되는 정보통신산업의 발전에 기인한다고 결론지은 바 있다. 그 후 디지털 경제는 정보사회에 있어서의 경제체제론으로 쉽게 수용되어, 다양한 정책논의에 있어서의 논제설정양식으로 등장했다.

일반적으로 디지털 경제는 인터넷경제와 크게 다르지 않은 것으로 취급되며, 보통 인터넷을 비롯한 정보통신산업을 기반으로 이루어지는 모든 경제활동을 가리키는 용어로 사용된다.[43] 산업혁명을 계기로 시작되었던 산업사회의 경제와는 달리, 디지털 경제에는 인터넷을 주요 기반으로 하는 사업인 전자상거래나 인터넷 쇼핑몰, 검색 서비스 등이 포함된다. 이러한 사업들은 디지털 기술의 발달로 세계적인 네트워크를 통해 생산과 소비, 유통의 새로운 질서를 확보함으로써 시·공간을 뛰어넘는 새로운 경제 패러다임으로 확산되고 있다. 특히 소비자는 인터넷을 통해 공급자 및 상품에 대한 정보를 무한정 얻을 수 있어, 아날로그 경제 시대와 달리 판매자와 소비자 간의 힘의 역학관계에서 우위를 차지하게 되었다. 또한 온라인을 통해 거래되는 상품의 유형도 유형의 제품에서 무형의 서비스에 이르기까지 폭이 넓어졌다. 1994년 300만 명이던 인터넷 이용자가 2005년에는 10억 명이 될 것으로 추산되고 있으며, 이와 함께 1997년 연간 80억 달러에 불과했던 전자상거래 시장도 급속도로 성장할 전망이다. 이렇게 경제 패러다임이 급격하게 변함에 따라 국내외 기업들과 정부, 공공기관, 연구소 등은 디지털 경제에 맞추어 가지 못할 경우 도태된다는 위기의식을 가지게 됨에 따라 새로운 경제 시스템을 구축하기 위해 전력을 다하고 있다.

3) 신경제론

좁은 의미에서의 '신경제(New Economy)'론은 지식기반경제나 디지털경제에 비해 보다 정치적이고 이데올로기적인 색채를 띤다고 판단된다. 정보기술이 초래한 새로운 경제환경을 맞이하여 구(舊)경제학의 종식을 선언하는 이

---

43) 박기홍 外 4인, 『디지털경제와 인터넷 혁명』, 서울: 산업연구원, 2000; 박우희, 앞의 책, 758면은 인터넷경제를 디지털경제의 일부분으로 파악한다.

이론은 주로 언론과 정부, 정보통신주 투자자들로부터 만들어진 말이다. 하지만 이데올로기적 색체에 크게 구애되지 않고, 지식기반경제나 디지털 경제와 별 차이 없이 사용되기도 한다.

인터넷 등 컴퓨터 분야를 비롯한 정보통신산업 기술 혁신이 생산성 향상을 초래해 경제성장을 가져온다는 이론이 신경제이론이다. 즉 정보통신산업을 중심으로 한 전자·정보기술의 발전과 확산에 의해서 새롭게 등장한 경제분야와 경제패러다임의 변화 속에서 생산성이 지속적으로 향상되고 장기적으로 지속되는 현상을 일컫는 말이다. 신경제의 가장 큰 특징 중 하나는 규모수익체증 현상이 발생할 가능성이 매우 높다는 것이다. 규모수익체증 현상이란 특정 상품을 추가로 생산할 경우 이에 대한 단위당 비용(한계비용)이 감소하기 때문에 생산을 늘릴수록 수익규모가 점차 커지는 현상을 가리킨다. 컴퓨터 소프트웨어가 그 대표적인 사례다. 소프트웨어를 처음 고안, 생산할 때는 거액의 연구개발비가 필요하지만 추가 생산의 경우에는 소액으로도 대규모 생산이 가능하기 때문이다.44)

e-비즈니스가 앞장 선 신경제는 온라인 경제가 아니라, 자가 프로그램이 가능한 노동력에 의존하며 컴퓨터 네트워크를 중심으로 조직되었고 정보기술의 힘으로 움직이는 경제이다. 이런 것들은 노동생산성 성장의 원천이 되며, 따라서 정보시대 부의 근원이 되는 것으로 보인다. 하지만 노동의 생산성이 원천이라면, 노동의 창조력과 비즈니스 조직의 효율성은 결국 혁신에 달려 있다. 혁신은 고도로 숙련된 노동의 기능이며, 존재하는 지식 창조 조직들의 기능이다. 혁신과정은 또 e-경제에서 변모되고 있다. 그 까닭은 인터넷 사용이 혁신을 성취하는 데 근본적인 역할을 수행하기 때문이다.45)

신경제는 높은 생산성 성장의 근원으로서 리스크가 높은 혁신에 자금을 대

---

44) 박우희, 위의 책, 759면은 그 밖에도 '네트워크 내부효과'를 디지털 경제와 전통 경제를 구분짓는 중요한 특징으로 제시하고 있다.

45) Manuel Castells, *The Internet Galaxy —Reflection on the Internet, Business, and Society*, 박행웅 역, 『인터넷 갤럭시 – 인터넷, 비즈니스, 사회적 성찰』, 파주: 한울, 2004, 141면.

는 고도로 민감한 주식시장에 의해 구동된다. 신경제는 위험성이 높은 경제이다. 즉 고성장과 엄청난 부의 창출은 잠재적인 부의 붕괴와 밀접한 관계가 있다. 시장 가치평가 메카니즘이 하향곡선을 그릴 때 불경기는 단순히 가격 메카니즘에 의해 중단될 수 없다.

신경제는 그 근저에 있어서 문화에 기초를 두고 있다. 즉 혁신의 문화, 위험의 문화, 기대의 문화, 궁극적으로는 미래에 대한 희망의 문화에 근거하고 있다. 이런 문화가 산업시대 구경제의 반대자들을 이기고 살아남기만 하면 신경제는 다시 번창할 것이다. 그러나 이런 부 창조 과정의 허약성과 지식은 우리가 신경제의 제2단계를 살아가는 방식에 있어서 새로운 인생관을 도출할 것이라는 것이다.46)

II. 정보에 대한 재산권설정의 유인

정보에 대한 재산권 설정이 이루어지는 유인(誘因)을 알아보기 위해 먼저 재산권제도의 의미와 기능을 고찰하고, 이러한 재산권 제도의 출현을 설명하는 강력한 이론 가운데 하나라 할 수 있는 코즈 정리에 대해서 살펴보기로 한다.

1. 재산권제도

1) 의의

재산권제도란 희소성이 있는 경제적 재화를 둘러싼 사람들 사이의 관계에 대한 것으로, 특정의 경제적 재화에 대한 배타적·독점적 권리가 누구에게 귀속되는가를 확정함으로써 개인의 자유로운 활동영역의 범위를 결정하는 제도이다. 아울러 이와 동시에 경제적 재화의 사용·수익·처분을 둘러싸고 일어날 수 있는 각종의 분쟁을 사전에 해결하는 방식이라 할 수 있다. 따라서 재산권제도

---

46) Manuel Castells, 위의 책, 156면.

란 어떤 행위는 할 수 있고 어떤 행위는 할 수 없음을 규정하는 일종의 사회적 행위규범(behavioral rule), 즉 '경제적 재화를 둘러싼 사회적 행위규범'이라고 볼 수 있다. 일반적으로 재산권제도는 희소성이 존재하는 경제재(economic goods)에만 국한되는 권리이므로, 예컨대 공기 등과 같이 희소성이 존재하지 않는 소위 자유재(free goods)의 경우에는 재산권 제도는 처음부터 문제가 되지 않는다.

이러한 재산권제도에는 기본적으로 두 가지 특징이 있어야 한다. 하나는 권리자가 자신의 재산권을 행사할 수 있는 자유도, 아니할 수 있는 자유도 있어야 한다. 즉 법률이 권리자의 권리행사 내지 불행사를 강제할 수 없어야 한다. 둘째는 권리자의 권리행사를 제3자가 침해해서는 아니 된다. 개인에 의한 침해뿐 아니라 국가에 의한 침해도 있어서는 아니된다. 따라서 여기서의 제3자란 개인뿐 아니라 원칙적으로 국가도 포함된다. 이상의 두 가지 특징을 한 마디로 요약하면, 재산권이란 결국 '사적 자치의 영역', 환원하면 '경제재에 대한 개인적 자유의 영역'을 확정하는 제도라고 볼 수 있다.[47]

2) 기능

일반적으로 공유제를 피하고 배타적 지배권을 설정하는 데는 두 가지 큰 경제적 이익이 있기 때문이다. 하나는 동태적 이익이고, 다른 하나는 정태적 이익이다.[48] 동태적 이익이란 시간개념이 들어간 이익으로서 장기에 걸친 자원을 효율적으로 활용할 수 있게 되어 발생하는 이익이다. 환언하면 배타적 지배권이 설정되므로 생산적 자원에 대하여 효율적 투자유인을 제공할 수 있게 되어 얻는 이익이라고 볼 수 있다.

자원에 대한 배타적 지배권을 설정하는 정태적 이익으로서는 소위 '외부효과의 내부화(internalization of externalities)'가 있다. 본래 외부효과는 개인 활

---

47) 박세일, 『법경제학』(개정판), 서울: 박영사, 2000, 119~120면.
48) Richard A. Posner, *Economic Analysis of Law —Part Ⅰ*, 정기화 역, 『법경제학』 (상), 서울: 자유기업원, 2004, 60~65면.

동의 '사회적 수익률(social rate of return)'과 '사적 수익률(private rate of return)' 간의 괴리를 의미한다고 볼 수 있다. 환언하면 개인의 활동을 사회적으로 바람직한 방향으로 유도하는 노력이 곧 외부효과의 내부화이고 그것의 제도적 표현이 바로 배타적 재산권제도의 도입이라고 볼 수 있다. 외부효과를 내부화하면 자원의 과다사용 내지는 과다착취를 막을 수 있어 결국 자원의 효율적 활용을 촉진하게 된다. 이처럼 소위 '공유의 비극'을 종식시키려는 노력, 즉 외부효과를 내부화시키려는 노력이란 곧 개인의 활동을 사회적으로 바람직한 방향으로 유도하려는 노력의 하나라고도 볼 수 있다는 것이다. 그리고 나아가 이러한 노력은 결국 행위자에게 자기행위의 모든 결과에 대하여(외부효과까지도 포함하여) 책임을 지게 하는 자기책임원리의 확립을 의미한다고도 볼 수 있다.

이상의 논의를 정리하면 재산권제도(비공유제)의 경제적 기능 내지 효과는 우선 동태적으로는 자원에 대한 효율적이고 적정한 투자의 유인을 제공함으로써 자원에 대한 과소투자 경향을 막고 적정투자를 유도하여 장기적 관점에서의 자원의 효율적 활용에 기여하는 데 있다고 볼 수 있다. 또한 정태적으로 보면, 외부효과를 내부화함으로써 자원에 대한 과다사용 내지 과다착취를 막아 기존자원의 효율적 활용에 기여하는 데 있다고 볼 수 있다. 결국 재산권의 경제적 기능은 한 마디로 자원의 효율적 활용, 자원배분의 효율성 제고에 있다.[49]

3) 형성원리

자원의 효율적 활용, 자원배분의 효율성 제고라는 재산권제도가 가지는 경제적 기능에도 불구하고, 모든 경제재에 대하여 재산권제도가 수립되어 운용되고 있지 못한 까닭은 재산권제도의 도입에는 일정한 비용이 든다는 사실에서 찾을 수 있다. 즉, 재산권제도가 도입되면 효율성의 제고라는 이익이 발생하는 것은 틀림없으나 재산권제도의 도입에는 일정한 비용이 들기 때문에 결국 재산권제도는 제도의 도입의 정태적 이익과 동태적 이익이 그 제도 도입의 비용보다 커질 때에만 등장한다고 볼 수 있다.

---

49) 박세일, 앞의 책, 126~130면.

일반적으로 재산권 설정의 비용으로는 합의 내지 교섭비용(negotiating cost), 감시비용(policing cost) 등이 있게 되는 데, 재산권 제도의 등장에는 도입과 관련된 비용－편익비율(cost-benefit ratio)이 존재하고 이 비용－편익 비율의 변화에 따라 특정의 재산권제도가 등장하기도 하고, 소멸하기도 한다고 볼 수 있다. 한마디로 비용－편익비율(비용/편익)이 1보다 크면 재산권제도는 등장하지 않거나 또는 이미 기존의 재산권제도가 있으면 그 재산권제도가 소멸하고, 비용－편익비율이 1보다 작으면 새로운 재산권제도가 등장한다.

이러한 비용－편익비율의 결정요인으로는 우선 기술변화와 새로운 시장의 개척이 있는데, 기술의 변화나 새로운 시장의 확대 등은 재산권설정의 이익과 비용 양 측면에 모두 영향을 주어 새로운 재산권제도의 등장에 기여하게 된다. 그 밖에도 자원의 상대적 희소성의 변화 및 국가의 성격과 능력 역시 비용－편익비율을 결정하는 데 중요한 의미를 가진다고 할 수 있다.

재산권의 확정은 곧 특정재화에 대한 배타적·독점적 지배권을 인정하는 것이 되므로 거기에는 항상 어떤 형태로든 공급제한이 따르기 마련이고 그 결과 '지대(地代; rent)'가 발생하게 된다. 왜냐하면 지대란 희소성이 존재하거나 공급제한이 존재하는 경우 항상 발생하는 이익이기 때문이다.[50] 사실은 이렇게 재산권 제도의 도입으로 발생된 지대를 소유자인 개인과 국가가 함께 나누어 가진다고 볼 수 있고, 이 중 국가로 가는 몫이 곧 국가의 재정수입의 원천이 되는 조세라고 볼 수 있다.

그렇다면 국가는 보다 많은 지대를 발생시킬 수 있는 방향으로 재산권의 내용을 확정하려 노력할 가능성이 크다. 왜냐하면 보다 많은 지대를 발생시킬수록

---

50) 광의로 이해하면 지대(rent)란 본래 토지·노동·기계·아이디어·돈 등의 생산재 자원을 사용하고 지불하는 사용료이다. 따라서 이자·로열티·임금 등도 광의의 지대이다. 그러나 본문에서 말하는 지대는 엄밀히 이야기하면 준지대(準地代; quasi-rent) 내지는 경제적 지대(economic rent)를 의미한다. 준지대와 경제지대는 생산적 자원이 공급 자체가 제한된 상황에서 발생하는 사용료의 크기를 의미한다. 사용료가 커져도 공급증가가 불가능한 경우가 경제지대이고, 공급증가가 단기적으로는 불가능하나 장기적으로는 가능한 경우가 준지대이다. 어느 경우든 공급이 제한된 상황에서 발생하는 생산적 자원의 사용료이다.

보다 큰 조세수입을 얻을 수 있기 때문이다. 일반적으로 장기적인 관점에서 '효율적인 재산권제도,' 즉 '재산권제도의 동태적 이익과 정태적 이익을 극대화할 수 있는' 재산권제도일수록 지대의 크기는 커진다고 볼 수 있다. 따라서 국가는 자신의 조세수입의 극대화를 목적으로 재산권보호의 비용에 큰 차이가 없는 한 보다 효율적인 재산권제도의 확정에 노력하게 되고 국가의 이러한 노력과 능력 여하에 따라 새로운 재산권 제도가 발생하기도 하고 소멸하기도 한다.[51]

2. 코즈 정리

1960년 "사회적 비용의 문제(the Problem of Social Costs)"라는 논문을 통해서 코즈(Ronarl H. Coase)는 경제를 규율하는 법제도는 기본적으로 경제적 효율성을 달성시키기 위한 제반 권리들을 설정하는 데 그 목적이 있으며, 이 과정에서 '거래비용(transaction costs)'[52]을 다각적으로 파악해야 한다는 관점을 제시하면서, 방목장에서 길을 잃은 소들이 인근 농부의 작물에 대해 손해를 야기시키는 사례를 들어 당사자간의 거래(bargaining)나 계약(contract)의 성질을 고려하는 데 있어서 거래비용이 중요함을 논증하였다. 이러한 코즈의 견해는 후에 스티글러(George Stigler)가 코즈 정리(Coase Theorum)라는 명칭으로 사용하면서부터 현대경제학 분야에서 핵심적인 용어로 부각되었다.[53]

---

51) 박세일, 앞의 책, 131~134면.

52) 거래비용(transaction cost)이란 이해당사자들이 협상을 통해 합의에 도달하는 과정에서 부담하는 비용을 말한다. N. Gregory Mankiw, 앞의 책, 241면.

53) R. H. Coase, *The firm, the market and the law*, Chicago London: University of Chicago Press, 1988, Ch.5; 국내 번역본은 Ronald H. Coase, *The Firm, the Market, and the Law*, 김일태·이상호 역, 『기업, 시장, 그리고 법』, 광주: 전남대학교 출판부, 1998, 제5장 '사회적 비용의 문제' 참조. 오늘날 대부분의 법경제학 교과서들은 기본적으로 코즈 정리를 다루고 있다. 박세일, 앞의 책, 66면 이하; Richard A. Posner, *Economic Analysis of Law -Part Ⅰ*, 정기화 역, 『법경제학』(상), 서울: 자유기업원, 2004, 25면 이하; Robert Cooter and Thomas Ulen, *Law and Economics(2nd ed.)*, 이종인 역, 『법경제학』, 서울: 비봉출판사, 2000, 108면 이하; Jeffrey L. Harrison, *Law and Economics in a Nutshell(3rd ed.)*, 명순구 역, 『법경제학』, 서울: 세창출판사,

1) 의 의

코즈 정리는 다음과 같이 요약될 수 있다. 거래비용이 0인 경우에는, 누구에게 재산권이 배분되더라도 이해 당사자간의 자발적 거래를 통해 자원의 효율적 이용이 달성된다는 것이다. 따라서 코즈는 만약 경제내에 거래비용이 존재하지 않는다면, 정부가 해야 할 일이란 모든 경제자원에 대하여 경제주체들 중 누구에게든지 재산권만을 확립시켜 주면 된다고 주장한다. 왜냐하면 경제주체들끼리의 자발적인 조정(adjustment)에 의하여 그 자원을 가장 필요로 하는 쪽으로 재산권의 교환(exchange)이 일어날 것이고, 따라서 사회 전체의 후생이 증가할 것이기 때문이다.

예를 들어, 갑(공장주인)과 을(피해주민)이 서로 갈등을 빚고 있을 때, 서로 거래하는데 비용이 들지 않는다면, 공해권(갑) 또는 환경권(을)을 누구에게 주어도 경제효율성에는 변화가 없게 된다. 즉 만약 공장 생산활동의 가치가 주민이 환경에 부여하는 가치보다 크다면, 설사 환경권을 주민에게 주더라도 서로 협상하여 결국 공장이 가동될 것이다 (왜냐하면 두 사람이 협상하는 데 비용이 들지 않으므로). 이 상황에서 정부가 해야 할 일은 각종 환경규제를 만들기 보다는 갑 또는 을에게 확실히 권리를 부여해 주는 일로 충분하다. 따라서 이러한 경우에 재산권의 확립 이외에 다른 형태로 정부가 민간의 경제활동에 개입할 소지가 별반 없게 된다. 이는 경제활동에 외부효과가 발생할 경우 정부가 개입하여 사회비용(또는 편익)과 사적비용(또는 편익)을 일치하도록 조정해야 한다는 당시 피구(Arthur Cecil Pigou)의 후생경제학적 사고방식에 대변혁을 몰고 온 것이나 다름 없었다.[54]

그렇지만 비록 코즈 정리가 이론상 명쾌하기는 하지만, 현실에서는 민간주체들 스스로 외부효과 문제를 언제나 해결할 수 있는 것은 아니다. 코즈 정리

2006, 65면 이하; Steven Shavell, *Foundations of economic analysis of law*, Cambridge, Mass: Belknap Press of Harvard University Press, 2004, pp.83~84 등.
54) 김일중,『규제와 재산권 ─ 법경제학적 시각으로 본 정부 3부의 역할』, 서울: 자유기업센터, 1995[1998print], 37~38면.

는 이해당사자들이 협상을 통해 합의에 도달하고 이 합의를 이행하는 데 아무
런 문제가 없을 때만 성립한다. 그러나 현실에서는 양자에게 모두 이득이 되
는 합의가 가능하더라도 협상이 항상 성립되는 것은 아니다. 때때로 거래비용
때문에 이해당사자들이 합의에 도달하지 못하는 경우가 발생하기도 하고, 어
떤 때는 협상 자체가 결렬되는 수도 있다. 더욱 복잡한 문제는 사람들이 더
좋은 협상 결과를 얻기 위해 고집을 부리는 경우가 있다는 점이다. 결국 협상
당사자들이 많은 경우, 의견조정에 많은 비용이 들기 때문에 효율적인 협상
결과를 달성하기가 더욱 어려워진다. 이렇게 민간주체들 간에 자발적인 협상
이 불가능할 때, 정부가 일정한 역할을 할 수 있다. 정부의 제도적 기능 중 하
나가 바로 집합적인 행동(collective action)을 취하는 것이다.55)

결국 코즈의 진정한 공헌은 정작 거래비용이 없다는 가정을 없앴을 때 경제
내에 발생하는 여러 문제들을 어떻게 해결해 나갈 것인가에 대하여 경제학자
들로 하여금 심각하게 연구토록 한 데 있다. 거래비용이 존재하는 상황에서도
역시 재산권의 설정이 제일 중요한 관건인데, 다만 이때는 정부가 어떤 식으
로 재산권을 설정하는가에 따라서 효율성에 상당한 영향을 미친다는 것이 코
즈의 시각이다.

이 같은 시각은 거래비용이 존재하더라도 경제주체들이 각자 부의 극대화
를 위해 부단히 노력한다는 인식에 바탕을 두고 있다. 교역으로 인한 부가가
치가 어떻게 분배되는가를 재산권과 거래비용의 틀 속에서 살펴보면, 일단 교
역이 일어났을 때 협상 당사자들은 경쟁하는 과정에서 발생할 수 있는 자원의
낭비를 극소화하기 위해 뭔가 새로운 계약형태를 찾고자 자체적으로 부단히
노력한다는 것이다. 이는 효율적이지 못한 정부의 개입이 있을 때에는 민간경
제주체들의 끊임없는 적응행위로 그 개입의 목적이 무산될 수 있음을 암시하
고 있다. 예컨대 코즈는 시장과 기업, 그리고 정부가 문제의 해결형태를 잘 파
악하기 위해서는 무엇보다도 거래비용이 속성을 살 파악해야 하며, 일단 제반
거래비용이 파악된 후에는 향후 거래가 일어날 때 장애가 발생되는 정도를 극

---

55) N. Gregory Mankiw, 앞의 책, 241～242면.

소화시킬 수 있는 방향으로 재산권을 설정해야 한다고 주장을 전개하고 있다. 즉 거래비용이 존재하더라도 그것을 가능한 최소화시켜 민간 경제주체들끼리의 재산권거래를 용이하게 할 수 있도록 경제학자 및 정책입안가는 고민해야 한다는 것이다.56)

이러한 논의를 정리해 보면 모든 정책을 입안할 때 재산권을 제대로 설정하는 것이 가장 중요하며, 그 과정에서 거래비용을 다각적으로 파악해야 한다는 것으로 코즈 정리는 ① 특정 자원에 대한 민간의 재산권이 뚜렷하게 확립되어 있고, ② 계약이나 그 밖의 권리집행을 위한 제반 거래비용이 존재하지 않는다면, 어떤 식으로 해당자원에 대한 재산권이 분배되더라도(중립성 주장) 경제효율성은 극대화(효율성주장)된다는 것이다. 즉, 거래비용이 존재하지 않는다면, 정부의 역할이란 모든 경제자원에 대하여 경제주체들 중 누구에게든지 재산권만을 확립시켜주면 된다. 거래비용이 존재하더라도 그것을 가능한 최소화시켜 민간 경제주체들끼리의 재산권거래를 용이하게 할 수 있도록 해야 한다. 거래비용이 없다는 가정을 없앴을 때, 경제 내에 발생하는 여러 가지 문제들을 어떻게 해결해 나갈 것인가에 대하여 경제학자들로 하여금 심각하게 연구하게 해 주었다.57)

2) 코즈 정리의 지적재산권법제에의 적용

코즈 정리의 함의를 고려해 본다면, 거래비용의 유무에 따라 기존의 지적재산권법제의 인위적 독점권 설정방식은 그 의미를 잃게 될 가능성이 높다. 즉 거래비용이 극히 적은 경우에는, 코즈 정리에 따라서, 재산권의 대상의 경계만을 확정해주면, 굳이 인위적 독점을 설정하지 않아도, 그 재산권자가 누구인가에 상관없이 생산자와 이용자가 적절한 교섭을 통해 비용을 보전하고 이익을 향유할 수 있기 때문에 계속적인 저작물의 창작이 가능해질 것이기 때문이다.58)

---

56) 김일중, 앞의 책, 38~43면.
57) 코즈정리의 타당성을 법경제학적으로 검토하고 있는 국내문헌으로는 이재우, "코즈 정리의 법경제학적 쟁점 연구", 『경제연구』제21권 제2호, 2003.6 참조.

비록 이론적인 차원의 논의이긴 해도, 거래비용이 극히 적을 경우에는, 이처럼 지적재산권제도가 존재하지 아니하는 경우에도 이용자들의 합의에 의한 자발적인 비용분담이 가능하며, 창작자는 그에 따라서 자신이 투입한 노력과 자본에 대한 보상을 받게 되고, 이용자들에 의한 비용보상이 창작에 도움이 되는 경제적 인센티브로 작용하게 될 것이다. 그러나 이용자들의 수가 많아지면 비용분담의 원칙에 합의에 도달하는데 소요되는 소위 거래비용도 많아져서 심각한 장애물로 될 수 있고, 합의에 참여하지 아니한 이용자에 대한 아무런 제재조치도 없고 각 이용자는 다수의 이용자 가운데 자신의 불참이 아무런 영향을 미치지 아니할 것이라고 생각하게 되어서, 이용자에 대한 자발적인 비용보상은 거의 불가능해지고 따라서 창작에 필요한 경제적 인센티브로 없는 상태로 될 것이다.

현실의 지적재산권법제는 이와 같이 다수의 이용자를 전제로 해서, 이용자에 의한 자발적인 비용보상을 대체할 수 있는 배타적 권리가 지적재산권이고, 이러한 배타적 권리자체가 경제적 인센티브이기 때문에, 지적재산권이 인정되어 있는 경우에는 이용자들의 자발적인 보상합의에 의존함이 없이 계속적으로 창작이 이루어질 것을 기대하고 있는 것이라 할 수 있다.[59]

정상조 교수는 이러한 지적재산권법제가 현재로서는 가장 효율적인 경제적 인센티브로서 역할을 하고 있다고 보지만, 이러한 상황이 시대와 사회의 변화에도 불구하고 언제나 타당한 것은 아닐 수 있음을 함께 거론한다. 즉 앞으로 교통과 통신 및 정보처리 기술이 빠른 속도로 발전하게 되어, 거래비용이 점점 낮아지게 된다면, 저작물 이용방법의 변화로 인해서 현재의 배타적 권리로서의 저작권이 상당한 제한과 수정을 받아야 할 것이라고 한다.[60]

---

58) 이러한 논의가 지적재산권의 존재근거를 부인하는 경제학자들에 의해 제기되는 바, 저작물 등의 창작과 소비도 일반 시장의 공급과 수요의 조절기능에 맡기는 것이 더욱 효율적인 자원이용을 달성할 수 있다는 것이다. 즉 지적재산권제도가 없더라도 창작자와 이용자와의 사이의 적정한 합의에 의해서 이용자가 창작자에게 일정한 비용을 지급하도록 함으로써 계속적으로 저작물이 창작할 수 있다는 것이다. 정상조, "법경제학의 동향과 쟁점", 한국법철학회 편, 『현대 법철학의 흐름』, 서울: 법문사, 1996, 408면.
59) 정상조, 앞의 논문, 410면.

III. 정보상품의 가격설정이론

현실의 정보시장은 지적재산권법제가 정보생산자에게 배타적 독점권을 부여하는 방식을 취함에 따라 필연적으로 독점적 성격을 띠기 때문에 완전경쟁시장에서와는 달리 정보상품의 가격결정이 정보생산자의 비용구조와 밀접한 관계를 맺게 된다.

1. 주류경제학적 접근

1) 정보상품의 비용구조와 가격설정

정보상품의 가장 중요한 특성 중의 하나는 애당초 이를 생산하는 데 상당한 비용이 들지만, 일단 생산이 시작되면 추가적 생산비용이 거의 들지 않는다는 점이다. 이와 같은 성격은 모든 정보상품의 공통된 특징이다. 바꿔 말하면 정보상품을 생산하는 데 많은 고정비용이 들지만 한계비용은 매우 낮다는 뜻이다. 나아가 정보상품 생산에 드는 고정비용은 거의 전적으로 매몰비용(sunk cost)의 성격을 갖는다.[61] 한편 정보상품 생산에 드는 한계비용은 그 절대적 수준이 매우 낮을 뿐 아니라 계속 일정한 수준에 머문다는 특징이 있다. 다시 말해 앞에서 본 것처럼 생산수준이 높아짐에 따라 한계비용이 더 커지지 않는다는 뜻이다.

비용구조에 이런 특성이 있기 때문에 정보시장에서 경쟁체제가 성립하기 어렵게 된다. 고정비용이 많이 드는 데다가 한계비용이 낮고 일정하다는 것은 생산수준이 올라감에 따라 평균비용이 계속 떨어진다는 것을 뜻한다. 일반적

---

60) 정상조, 위의 논문, 410~412면. 정상조 교수는 현재상태의 대안 가운데 하나로, 판매 총액 등에 비례한 일정한 이용료를 지적재산권자 단체 등에 지급하기만 하면 어떠한 창작물이든 자유로이 이용할 수 있도록 하는 일종의 법정이용허락제도를 도입하는 것을 제안하고 있다.

61) 이천우, "지적재산권 보호에 대한 경제적 접근", 『경제학논집』 제7권 제3호, 1998, 164면.

으로 이런 비용구조하에서는 자연적으로 독점화의 경향이 발생한다. 뿐만 아
니라 정보상품의 특성상 여러 생산자가 완전하게 동질적인 상품을 생산할 수
없기 때문에 완전경쟁이 이루어질 수 없는 측면도 있다. 각기 다른 경제주체
가 똑같은 책, 똑같은 영화를 만들어낸다는 것은 생각할 수 없는 일이다.

  결국 정보상품의 생산자는 시장에서 주어진 가격을 그대로 받아들이는 것이
아니라 자신이 가격을 설정하게 된다. 그리고 독점시장의 경우, 이윤 극대화의
관점에서 설정된 가격은 한계비용을 크게 웃돌게 된다. 예를 들어 마이크로소
프트사의 운영체제 프로그램인 윈도우XP(Windows XP)의 CD하나를 더 구워
내는 데 드는 비용은 천원도 채 되지 않지만, 이것에 붙여진 가격은 몇 십 만원
이나 되는 현상이 나타나는 것이다. 이는 책이나 영화 같은 다른 정보상품의
경우에도 그대로 들어맞는 말이다.62) 이러한 논의를 의약품시장의 비용구조
와 가격설정 과정을 그림으로 나타내 보면 다음의 <그림1>과 같다.63)

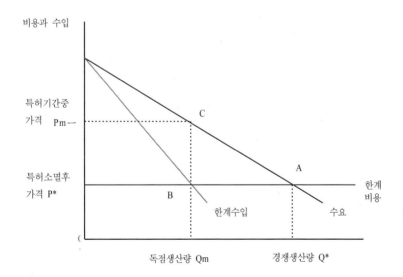

〈그림 1〉 의약품시장의 비용구조와 가격설정

---

62) 이준구, 앞의 책, 603~604면.
63) N. Gregory Mankiw, 앞의 책, 368면.

만약 어떤 약품의 제약회사가 특허권을 가지고 있다면, 그 기업은 한계비용을 초과하는 독점가격을 설정한다. 즉 한계비용과 수요의 일치점이 아닌 한계수입과 한계비용의 일치점에서 생산량(Qm)을 결정하고, 이때의 가격은 생산량과 수요곡선이 만나는 Pm에서 결정된다. 특허권이 소멸되면 새로운 기업들이 이 약품을 제조하기 시작하고 경쟁이 심화된다. 그 결과 생산량은 늘고 (Q*), 가격은 독점가격에서 한계비용 수준(P*)으로 떨어진다. 결국 독점적 시장 하에서의 사회적 후생은 △ABC만큼의 감소를 보이게 된다.

2) 정보상품 가격결정 과정의 특징

한편 정보상품의 가격이 설정되는 과정에서는 공급측면 못지않게 수요측면도 중요하게 고려된다는 특징이 있다. 앞에서 설명한 것처럼 정보상품의 생산 초기에 투입되는 막대한 고정비용은 거의 전적으로 매몰비용의 성격을 갖는다. 합리적 선택의 원칙은 매몰비용이 얼마가 들었든 가격 결정과정에서 전혀 고려에 넣지 않아야 함을 요구한다. 더군다나 한계비용이 매우 낮아 거의 0에 가깝기 때문에 이윤극대화를 추구하는 생산자는 실질적으로 수입을 극대화하는 관점에서 가격을 결정하게 된다. 독점자의 한계비용곡선이 수평축과 일치하는 경우에는 한계수입이 0일 때 이윤이 극대화된다.

수입을 극대화시키려 한다면 비용조건을 고려할 필요 없이 수요조건만 고려하면 된다. 수요곡선만 알고 있으면 그 위의 어느 점에서 수입이 극대화되는지 바로 찾아낼 수 있기 때문이다. 물론 현실에서 정보상품 생산의 한계비용이 0에 가까울 뿐이지, 정말로 0은 아니다. 앞에서의 설명은 한계비용이 0에 가까워지면서 비용조건, 즉 공급측면에 대한 고려의 필요가 급격히 감소한다는 것으로 해석되어야 한다.

정보상품의 가격 설정과 관련해 자주 눈에 띄는 또 하나의 특징은 가격차별이 광범하게 이루어진다는 점이다. 똑같은 내용의 책인데도 천으로 제본된 것과 종이 표지를 붙인 것을 따로 만들어 각기 다른 가격에 파는 경우가 많다. 컴퓨터 소프트웨어의 경우에도 내용은 거의 대동소이(大同小異)한데 전문가용이라고 해

서 일반용보다 더 높은 가격에 판다. 이와 같은 가격차별 사례는 여러 가지 정보
재와 관련해 광범하게 존재하고 있다. 일반 상품에 비해 정보재의 경우에서 가격
차별이 특히 자주 이루어지고 있는 데는 여러 가지 이유를 생각해 볼 수 있다.

우선 정보재의 경우에는 소비자들의 가치평가가 특히 다양하다는 점을 들
수 있다. 예를 들어 게임 소프트웨어의 경우에는, 그것이 없으면 못산다고 할
정도로 높이 평가하는 사람이 있는가 하면 아무짝에도 쓸모가 없다고 생각하
는 사람도 있다. 쌀이나 옷 같은 경우라면 이런 극단적인 가치평가의 차이를
보기 힘들다. 그렇기 때문에 정보재의 경우에는 소비자들이 낼 용의가 있는
금액이 크게 다르고, 이에 따라 가격차별의 유인도 커지게 된다. 다음으로 정
보재의 유통과정에 새로운 정보기술이 적용될 수 있어 가격차별이 그만큼 용
이해진다는 점도 들 수 있다. 똑같은 책을 온라인판으로 만들어 다른 가격에
파는 것은 그 기술이 없었다면 불가능했을 일이다.

정보재의 가격설정과정에서 또 하나 특징적인 점은 전략적인 고려가 매우
중요한 위치를 차지한다는 사실이다. 특히 네트워크효과나 잠김효과의 존재는
전략적인 관점에서 가격을 결정해야 할 중요한 이유를 제공한다. 새로운 정보
재를 시장에 내놓는 기업으로는 빠른 시간 안에 수요자의 기반을 확충하는 일
이 무엇보다 시급한 과제가 된다. 일단 그 상품을 쓰기 시작한 소비자는 잠김
효과 때문에 계속 충실한 수요자로 남을 뿐 아니라, 네트워크효과를 통해 더
많은 수요자를 끌어들이는 역할을 하기 때문이다. 무료견본(free sample)이라
든가 한정판매(introductory offer) 등의 명목으로 새로운 정보재를 아주 싼 가
격에 판매하는 것이 그와 같은 전략적 가격 설정의 좋은 예가 된다.[64]

2. 법경제학적 접근

랜디스(William Landes)와 포즈너(Richard A. Posner)는 지적재산권법제에
대한 법경제학적 접근을 시도하는 대표적인 학자들로, 정보상품의 가격 및 보

---

64) 이준구, 앞의 책, 604~605면.

호기간의 결정에 관한 흥미 있는 이론들을 전개한 바 있다. 이하에서 간략히 살펴보기로 한다.

1) 랜디스-포즈너(Landes-Posner)의 가격결정모형

랜디스와 포즈너는 기본적으로 저작권을 재산권의 일종으로 보고, 만약 저작권 보호를 하지 않는다면 저작물의 시장가격은 궁극적으로 복제의 한계비용까지 내려가게 될 것인데, 이렇게 되면 저자와 출판업자는 자신들의 창조비용을 회수하지 못하게 되기 때문에 애초에 창작이 이루어지지 않을 것이라 가정하고 논의를 전개한다.[65]

이러한 가정하에서의 저작권법의 목적은 저작권법의 운용으로 발생되는 순편익의 극대화에 있을 것인데, 여기에서의 순편익은 저작권보호를 통한 추가 저작으로부터 발생하는 편익에서 복제를 못함으로써 발생하는 편익의 손실과 저작권법 집행비용을 차감한 것이 될 것이다. 한편 보다 정확한 모형을 위해서는 저작물의 생산비용 또한 정형화해야 한다. 저작물에 따라 생산비용의 형태 역시 다양할 것이지만, 일반적으로 볼 때 저작물의 생산비용은 표현(또는 창작)비용(cost of expression)과 인쇄비용(cost of printing)으로 구분할 수 있다. 전자에는 저작료, 후자에는 기술개발비용, 판촉비용 등이 포함될 것이다. 고로 개별 저작물의 '(기대수입 – 인쇄비용) ≥ 표현비용'일 때 그 생산이 결정될 것이다. 이 경우 저작물의 보호강도가 기대수입의 산정에 있어서 중요한 변수로 작용하게 된다.[66]

2) 랜디스-포즈너(Landes-Posner)의 보호기간결정모형

한편 랜디스와 포즈너는 1992년까지 등록 및 갱신제도를 취하고 있는 미국

---

65) Williams Landes and Richard A. Posner, "An Economic Analysis of Copyright Law", 『18 J. Leg. Stud. 325』, 1989, p.328. 이 논의는 저작권을 중심으로 이루어지고 있지만, 지적재산권 일반으로 확대시켜도 큰 문제가 없을 것이다.
66) Williams Landes and Richard A. Posner, 위의 논문, p.334～335.

저작권법제도의 등록실적들을 검토하여 등록수수료와 등록실적간의 일정한
관계를 확인할 수 있었다고 한다. 즉 매우 낮은 수수료를 조금 인상하더라도
많은 저작자가 등록하는 것을 저지하기 때문에, 대부분의 저작권은 무시할 수
있는 기대가치를 갖고 있다는 것이다. 이러한 점은 갱신등록의 경우에도 마찬
가지인데 수수료 변동에 매우 민감하다는 것이다. 심지어 인플레이션을 감안
하여 갱신등록 수수료를 10%인상하는 것은 2.2%의 갱신등록 건수의 감소를
결과한다고 한다.[67]

　　이러한 결과는 곧 대부분의 저작권은 최초등록 후 매우 적은 경제적 가치를
갖고 있음을 암시하고 있다. 즉 갱신등록을 할 것인가의 의사결정은 저작권으
로부터의 미래 기대수입의 할인된 가치와 갱신에 필요한 모든 소요비용에 견
준 비교에 의존하기 때문에 만약 비용이 가치를 초과한다면 갱신등록을 하지
않을 것이고 가치가 비용을 초과한다면 갱신등록을 할 것이다.[68]

　　한편 이러한 저작권 최초등록 통계와 갱신등록 통계에 의하여 저작물의 연간
가치하락율을 산출할 수 있었는데[69] 이러한 가치하락율은 점차 감소하는 추세
를 보인다고 한다.[70] 이러한 가치하락율의 역수가 바로 저작물의 '평균기대수명
(average expected life)'으로서 저작자가 저작물에 대해 기대하는 가치의 수명을
의미한다. 일반적으로 저작물은 창작이 이루어진 이래 지속적으로 가치가 떨어
지게 마련이므로, 저작물의 유지비용과 가치가 교차하는 지점이 발생하게 되고,
이때가 바로 기대수명이 다한 시기로 평가할 수 있다. 그렇지만 저작물간에 가치
하락율의 차이가 존재할 수 있기 때문에, 저작물마다 그 평균기대수명, 상업적
기대수명도 차이가 존재하게 마련이다. 결국 이 같은 차이점에도 불구하고 전체
저작물에 대해 동일한 보호기간을 적용하는 것은 문제점이라 하지 않을 수 없다.

67) Williams Landes and Richard A. Posner, "Indefinitely Renewable Copyright", 『70 U. Chi. L. Rev. 471』, Spring 2003, p.513.
68) Williams Landes and Richard A. Posner, 위의 논문, p.500.
69) Williams Landes and Richard A. Posner, 위의 논문, p.501~502.
70) 그 이유는 다소 불분명하다고 하는데, 가치하락율 감소의 이유로는 장시간 재생가능한 녹음기, 라디오, 텔레비전 등의 신기술이 저작권의 경제적 수명을 연장시킨 것이 꼽힌다.

3. 마르크스 경제학적 접근

정치경제학의 상품가치이론의 중핵을 이루는 '노동가치설'은 정보상품에 대해서도 적용이 가능하다.[71] 물론 일부의 정보상품은 자본에 의하여 생산되고, 재생산되면서도 노동이 전혀 투입되지 않는 것처럼 보이기도 하고, 보다 역설적인 상황으로서, 일부 정보상품의 경우, 사용가치가 투하노동에 반비례하는 경우도 없지 않다.[72] 그렇지만 노동가치론에서 상품의 가치는 과거에 투하된 노동량에 의해서 결정되는 것이 아니라 현재 투하되는 노동량, 보다 정확하게 말하자면 현재 재생산을 하기 위하여 투하되는 노동량에 의해 결정되므로, 노동가치설로도 한계비용이 0에 가까운 상품의 생산이 이루어지는 기제를 설명할 수 있다는 것이다.[73] 특히 정보상품의 경우 버전(version)과 카피(copy)를 구분할 수 있는데[74] 개발비를 제대로 회수할 수 있느냐의 여부는 한 카피의 가격이 얼마냐에 의해서가 아니라, 한 카피의 가격에 판매량을 곱한 값이 얼마냐에 의해서 결정된다. 이렇게 분석해 보면 정보상품은 카피가 단위가 아니라 버전을 단위로 보아야 한다는 것을 알 수 있고 이와 같이 버전을 단위로 보면 가치법칙을 정보상품에 적용하는 데 별다른 문제가 없다고 한다.

---

71) 강남훈, 앞의 책, 96~112면.
72) 흔히 소프트웨어를 개발할 때 가격차별을 위해 전문가용과 일반용을 구분하는 경우가 있는데, 이러한 것들은 기본적인 기능은 같으나, 고급 기능에 있어서만 차이가 나는 경우이다. 그런데 이러한 소프트웨어를 개발할 때에는 가장 고급의 기능을 가진 소프트웨어를 먼저 개발하고 나서 추가적으로 노동을 투입하여 기능이 낮은 소프트웨어를 개발하는 경우가 종종 있다. 있는 기능을 삭제하는 것이 없는 기능을 추가하는 것 보다 훨씬 용이하기 때문인데, 이런 경우에는 노동이 더 많이 투하된 제품이 사용가치가 더 낮고 따라서 가격도 더 싸게 된다.
73) 강남훈, 앞의 책, 98면.
74) 예를 들어보면, 마이크로소프트사의 윈도우 XP 프로그램 자체는 하나의 '버전'이고, XP 프로그램이 담긴 CD 등은 '카피'이다.

4. 평가(評價)

기본적으로 현재의 지적재산권법학계의 정보상품 가격설정이론은 정보상품의 생산유인으로서의 가치를 확보하는 데 주안점을 두고 있다고 할 수 있다. 비록 구체적으로 정보상품의 가격이 어떤 방식으로 결정되는가에 대한 구체적인 논의가 제시되지는 않고 있지만, 이러한 맥락에서 살펴볼 때, 지적재산권법학은 주류경제학의 정보상품에 대한 독점적 가격설정방식을 인용하는 것으로 판단된다. 기본적으로 이러한 논의는 다음과 같은 형태로 진행된다.[75]

> 정보상품의 연구개발비는 '막대하지만' 반복적인 생산에 소요되는 한계비용은 상대적으로 경미한 것이다. 정보상품의 이러한 특징만을 고려해서, 정보상품의 가격이 그 한계비용에 상응한 가격으로 아주 낮게 책정되어야 자원의 효율적인 배분과 이용이 이루어질 수 있다고 주장하는 견해도 있을 수 있다. 그러나 통상의 경제재의 경우와 마찬가지로 정보상품의 추가적인 생산 또는 추가적인 복제 및 제본에 소요되는 비용만을 기준으로 해서 한계비용을 산정한다면, 그들 정보상품의 가격이 지나치게 낮은 가격으로 되어서, 무단복제의 필요성은 없어질 것이고, 소비자들은 시장에서의 구입으로 만족하게 되겠지만, 창작 등의 지적 노력을 한 사람들은 자신의 지적 노력에 대한 충분한 보상을 받을 수 없게 되고, 특히 창작 등에 소요된 실제 경비마저도 회수할 수 없게 되며, 따라서 더 이상의 지적 노력이나 투자를 계속하려고 하지 아니할 것이다. 물론 아주 헌신적인 저작자나 기업의 경우에는 아무런 보상을 염두에 두지 않고 창작활동에 전념하는 경우도 없지 않겠지만, 대부분의 창작자의 경우, 특히 영리법인이 문화상품의 제작을 기획하는 경우에는 법인 자신의 일정한 창작에 관한 노력과 자본의 투입에 대한 보상이 전혀 없다면 그러한 노력과 자본의 투입을 억제하고 장기적으로는 완전히 포기하게 될 것이다.

> 따라서 지적재산권의 보호는 한편으로는 타인의 무단 복제를 방지함으로써 **정보상품의 시장가격을 그 한계비용보다 높은 가격으로 결정되도록 허용하여 야기되는 경제적 손실**과 다른 한편으로는 **지적 노력과 투자를 한 자에 대한 충분한 경제적 유인을 줌으로써 발명과 창작을 장려함으로써 얻어지는 경제적 이익**을 비교하여, 후자의 경제적 이익이 전자의 경제적 손실보다 많도록 하기 위한 법제도로 파악될 수 있다. 결론적으로 말해서, 지적재산권법이 문화산업에 미치

---

75) 정상조, 앞의 책, 221면.

는 영향은 지적재산권의 구체적인 권리범위와 그 제한 등에 관한 제도가 어떠한
경우에 문화산업의 발전에 가장 효율적인 기여를 했는지 분석함으로써 그 해답
을 찾을 수 있게 될 것이다(강조는 필자).

이러한 배경하에서 형성된 현행 지적재산권법제의 인위적 독점권의 부여방식
은 인위적 독점권의 부여로 인한 사회적 차원의 경제적 손실과 정보생산자에게
부여된 경제적 유인에 기반한 경제적 이익의 비교형량에 의해 적절하게 운영되
어야 함에도 불구하고, 현재의 정보상품의 가격결정은 결국 정보생산자 측의 비
용구조에 따라 전적으로 결정되는 상황이라 평가할 수 있을 것이다. 이러한 상황
은 특히 정보생산자의 비용구조에 대한 정보가 충분하게 공개되어 있지 않은 상
황 하에서 진행된다는 점에 기인하는데, 이는 일종의 비대칭적 정보(asymmetric
information)상황을 형성하게 마련이며, 정보보유자 측의 도덕적 해이(moral hazard)
의 발생우려가 없지 않다. 이준구 교수 등에 따르면 이른바 '약품의 경제학'에서
이러한 현상을 발견할 수 있다고 하며 그 내용은 다음과 같다.76)

> 최근의 추세를 보면 약품 가격의 상승속도는 일반적인 물가의 상승속도를 훨
> 씬 뛰어넘는 것으로 나타나 있다. 그렇지만 약품의 적정 가격이 어느 수준인가
> 는 선뜻 대답하기 힘든 문제다. 제약업계의 특성상 보통의 상품처럼 단지 수요
> 와 공급이 맞아 떨어지는 수준이 적정한 가격이라고 말하기 힘든 측면이 있기 때
> 문이다. 새로운 약품의 개발에는 많은 연구개발비가 들어가는 것이 보통이고 약
> 품의 가격은 일정한 기간 내에 이를 회수할 수 있는 수준이 되어야 한다. 바로
> 이 점이 약품의 적정가격이 무엇인지 알기 힘들게 만드는 요인이라고 할 수 있다.

> 미국의 제약협회(Pharmaceutical Manufacturing Association)가 제시한 자료에
> 따르면, 새로운 약품을 개발하기 위해 필요한 연구개발비용의 규모가 약품 한 가
> 지 당 2억 3천 1백만 달러에 달한다고 한다. 실제로 연구와 개발노력에 직접 투
> 입한 비용은 1억 1천 4백만 달러인데, 연구 개발비를 그 금액의 거의 두 배나 되

---

76) 이준구·이창용, 앞의 책, 134면. 제약회사들의 이윤창출을 위한 도덕적 해이의 다양한 사례들은
   Marcia Angell, *The Truth about the Drug Companies −How They deceive Us and What to do
   about It*, 강병철 역, 『제약회사들은 어떻게 우리 주머니를 털었나』(서울: 청년의사, 2007)을
   참조

는 크기로 산정한 근거로, 그 금액을 제약회사가 연구개발투자에 쏟아 붓지 않고 은행에 예금했다면 10년에서 12년에 걸치는 기간 동안 얻을 수 있는 이자수입을 비용에 포함시켰기 때문이다. 그 금액은 1억 1천 7백만 달러로 계산되어 나왔는데, 이를 포함한 2억 3천 1백만 달러를 연구개발비용으로 산출했던 것이다.

이와 같은 방식으로 연구개발비용을 산출하는 것은 경제학에서 말하는 기회비용의 개념과 일관된다는 점이기는 하지만, 문제는 이와 같은 비용 산출의 방식을 다른 산업에서는 거의 찾아볼 수 없다는 데 있다. 제3자의 입장에서 보면 제약회사들이 연구개발비용을 일부러 불려서 발표한다는 의구심을 갖기 십상이다. 세계 굴지의 제약회사들은 여기에서 그치지 않고 좀 더 적극적으로 경제학의 이론을 활용하여 자신의 이익을 좀 더 크게 만들려는 노력을 기울이고 있다. 말하자면 그들은 더 큰 이윤을 위해 '약품의 경제학(pharmoeconomics)'이라는 새로운 경제학의 분야를 개척하려고 노력하는 셈이다.

그런데 그들의 내세우는 약품의 경제학을 보면, 논리적 근거가 매우 박약한 부분도 눈에 뜨인다. 예를 들어 그들은 새로운 약품의 가격을 정당화시키는 근거로 앞에서 말한 연구개발비 이외에도 고통의 감소의 가치라든지 환자에게 주는 행복감의 가치 같은 것까지 들고 있다. 이와 같은 것들은 환자가 약품을 사용함으로써 얻는 편익으로 비용과 엄격히 구분되어야 한다. 그리고 어떤 상품의 생산비용에다 그것의 소비에서 나오는 편익까지 포함시켜 그것의 가격을 정당화시켜서는 안 된다. 예를 들어 TV를 만드는 데 드는 비용에다 사람들이 그것을 시청하는 데서 얻는 즐거움까지 포함시켜 가격을 매긴다면 지금보다 훨씬 더 높은 가격을 매겨야 할 것이다. 그들이 표방하는 소위 '약품의 경제학'이란 것이 실상은 자신의 이익을 챙기기 위한 아전인수의 논리에 지나지 않을지 모른다.

이러한 지적은 비단 제약업계에만 해당되는 것은 아닐 가능성이 농후하다. 결국 현재의 지적재산권법제가 부여하는 인위적 독점권이 이처럼 정보생산자의 과도한 이윤추구의 기제로 기능하지 않도록 그 제도의 운영에 있어서 세심한 주의가 필요하다 할 것이다.

IV. 정보상품의 보호기간 강화경향

이미 살펴본 바와 같이 『저작권법』은 저작권의 보호기간을 지속적으로 연

장해 왔다. 이하에서는 우선 정보상품의 최적 보호기간 결정을 위한 이론을
살펴보고, 저작권 보호기간의 확장에 대한 원인을 검토해 보기로 한다.

1. 정보상품의 최적 보호기간 결정모형

일반적으로 정보상품의 추가생산에 있어서의 한계비용은 0에 가깝지만, 정
보의 무소모성과 비배제성으로 인해 정보상품의 보호기간이 길어질수록 관리
비용이 늘어날 수 있으므로, 한계비용은 체증하는 형태를 띠는 반면, 무임승차
행위의 발생 등으로 인해 보호기간이 길어질수록 한계수익은 체감하는 형태
를 띠게 된다.[77] 이러한 맥락에서 일반적으로 상정할 수 있는 정보상품의 최
적보호기간은 <그림 2>와 같은 형태로 결정되게 된다.

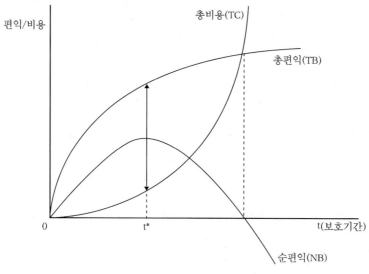

〈그림 2〉 지적재산권의 최적보호기간

---

[77] 사회적 비용과 편익의 차원에서 같은 맥락의 설명을 하고 있는 논의는 박세일, 앞
의 책, 179면.

즉 정보상품의 보호기간에 따른 관리비용의 증대로 인하여 점증적으로 우상향하는 총비용곡선과 점차 감소하면서 우상향하게 되는 총편익곡선이 나타나게 되는데, 비록 총비용곡선과 총편익곡선이 만나는 시점까지는 어느 정도의 편익이 창출되기는 하지만, 이러한 편익은 상대적으로 과도한 비용의 지출을 감수하며 얻어진 것이라 할 수 있을 것이다. 결국 정보상품의 최적보호기간은 순편익을 극대화할 수 있는 t*에서 이루어지는 것이 가장 바람직하다고 할 수 있을 것이다.[78]

2. 보호기간확장의 원인: 지대추구(Rent-Seeking)

정보상품을 규율하는 지적재산권의 보호기간은 전반적으로 확대되는 경향을 보인다. 그렇지만, 이러한 경향은 특히 저작권에 있어서 두드러진다고 할 수 있다. 특히 현재의 연장된 저작권의 보호기간은 다른 지적재산권법제, 특히 산업재산권법제의 보호기간의 거의 3배 이상이라 평가할 수 있는데, 이러한 보호기간이 과연 정당화될 수 있는 것인지는 의문을 제기하지 않을 수 없다.

우선 보호기간의 연장의 목적이 진정으로 창작의 유인을 위한 것이라면, 이는 장래 창작될 저작물의 저작자에게 해당되는 것이라 이해해야 할 것이다. 이미 창작이 이루어져 있는 기존 저작물에 있어서는 소급적으로 보호기간을 연장하는 것이 창작의 유인으로서의 효과를 보기는 어려울 것이기 때문이다. 그렇지만 기존 연구에 의하면 장래 창작될 저작물의 보호기간을 연장해 준다고 해도 장래의 저작자에게 창작의 유인의 효과는 미미한 것으로 분석되고 있다.[79] 결국 이러한 경향을 가장 적절하게 설명하는 이론으로는 공공선택이론

---

78) 이준구, 앞의 책, 613면. 한편, 최적보호기간을 한계비용곡선과 한계수익곡선으로 분석한 결과는 Robert Cooter and Thomas Ulen, 앞의 책, 157~159면 참조.
79) 구체적인 논의의 내용은 이영록, "저작권 보호기간의 헌법적 한계에 관한 연구 - 미국의 저작권 보호기간 연장과 그 영향을 중심으로 - ", 연세대학교 법학박사 학위논문, 2004, 185면 이하.

에서의 '지대추구행위론'이라 할 수 있을 것이다.

지대(rent)는 원래 토지서비스의 사용에 대한 대가를 뜻하는 말이었다. 그런데 토지는 공급이 고정되어 있는 생산요소라는 점에 착안해 지대를 다음과 같이 일반화한 개념으로 사용할 수 있다. 즉 어떤 생산요소든 그 공급이 고정되어 있는 것에 대한 보수를 모두 지대라고 부를 수 있는 것이다. 한 걸음 더 나아가, 공급이 완전히 고정되어 있지는 않은 생산요소에도 적용될 수 있도록 지대의 개념을 한층 더 일반화할 수 있다. 어떤 생산요소의 공급이 고정되어 있다는 것은 아무런 보수를 지급하지 않아도 다른 곳에 고용되기 위해 옮겨갈 수 없음을 뜻한다. 바로 이 사실에 착안해 지대의 개념을 일반화한 경제적 지대(economic rent)를 정의할 수 있는 것이다. 경제적 지대는 생산요소의 공급이 비탄력적이기 때문에 추가로 지급되는 보수라고 해석할 수 있다.[80]

지대추구(rent-seeking)행위는 자원의 소유자가 그 기회비용을 초과하는 이윤을 추구할 때 발생한다. 다수의 이익집단들이 정부의 공사발주를 따기 위해, 규제 또는 법규의 이점을 이용하여 초과이윤을 얻고자 뇌물을 관료에게 줌으로써 특혜를 얻고자 할 때 발생하는 것을 확인할 수 있다. 이는 툴럭(Gordon Tullock)에 의해 최초로 주장된 이론이다.[81] 이러한 이권추구를 위한 기업의 비용은 대체로 법률가-로비스트(lawyer-lobbyist)에게 치러지며 따라서 법률가는 경제성장에 사회후생에 負의 효과를 가져오고 있다. 툴럭은 이와 같은 이권추구행동은 사회후생을 감소시킬 뿐 아니라 소비자들의 효용을 탈취해가는 '도둑질'과 같은 행동으로 비유하고 있음은 매우 흥미롭다.[82]

지적재산권의 보호기간의 연장과 관련한 상황에 이러한 지대추구행위론을 적용해 보면, 지적재산권의 보호기간의 연장의 이익의 수혜자가 상대적으로 소수인 지적재산권자, 특히 지적재산권을 활용하는 기업법인에 집중되게 되고, 저작물을 이용하는 다수의 사회구성원들에게 상대적으로 적은 비용이 부

---

80) 이준구·이창용, 앞의 책, 253~254면. 지대의 개념과 관련한 보다 자세한 논의는 소병희, 앞의 책, 218~219면을 참조.
81) Gordon Tullock, *Rent Seeking*, Aldershot: Edward Elgar, 1993.
82) 이필우, 앞의 책, 146~148면.

과되는 전형적인 상황이 연출되기 때문에, 지적재산권의 보호기간 연장을 위한 일부 기업들의 노력은 전형적인 지대추구행위라 평가해 볼 수 있을 것이다.83)

---

83) 소니보노저작권기간연장법(CTEA)의 시행이후, 시민운동단체인 이글포럼(Eagle Forum)의 슐래플리(Schlafly) 대표는 CTEA를 통과시킨 의원들 가운데, 디즈니의 정치헌금을 받은 의원들의 이름을 열거하면서 "디즈니에게 미키마우스를 통제할 수 있는 기간을 20년 더 부여한 것은 정의가 아니라 돈이었다"고 폭로하면서, 유효기간을 연장하는 것은 창작의 유인을 키우는 것이 아니라 지대추구에 불과하다는 주장을 폈다고 한다. 손수호, 앞의 논문, 222~223면.

<제4장>

정보시장의 균형을 위한

헌법이론의 모색

본 장에서는 정보의 공공성을 감안하는 가운데, 정보시장의 균형을 달성하기 위한 헌법이론을 모색하고자 한다. 이를 위해서 우선 정보시장에 있어서의 균형의 의미를 고찰해 보고, 현재의 정보시장의 사유화 경향에 대한 균형을 회복하기 위한 방안으로, 사회적으로 활발히 논의되고 있는 정보공유론[1]의 정책적 입론 가능성을 검토한 후, 현실적으로 실행 가능한 범위 내에서의 정책적인 수단들을 검토해 보기로 한다.

---

[1] 법학에서와는 달리 사회학, 정치학 등의 사회과학 분과에서는 비교적 정보공유론에 입각한 논의들이 많이 제기되었다. 홍성태, "정보화 경쟁의 이데올로기에 관한 연구 – 정보주의와 정보공유론을 중심으로 –", 서울대학교 사회학박사학위논문, 1999 ; 전상국, "정보화사회에서의 소유에 관한 연구 – 정보사유론과 정보공유론을 중심으로 –", 고려대학교 정치외교학 박사학위 학위논문, 2004; 권기욱, "정보사회 담론 분석과 정보사회 비판: 정보 정치경제학적 관점을 중심으로", 경북대학교 사회학박사 학위논문, 2005 등. 법학적인 차원에서는 이영록, "저작권 보호기간의 헌법적 한계에 관한 연구 – 미국의 저작권 보호기간 연장과 그 영향을 중심으로 –", 연세대학교 법학박사 학위논문, 2004이 저작권 보호기간의 연장상의 한계에 관한 논의를 다루고 있고, 신동룡, "저작권법제도의 정당성에 대한 비판적 고찰 – 미하일 바흐친의 대화주의를 중심으로", 연세대학교 법학박사 학위논문, 2005이 저작권제도의 정당성에 대한 일관된 비판을 가하고 있으나 양쪽 모두 정보공유론의 입론을 검토하지는 않고 있으며, 한현수, "정보공유의 관점에서 본 저작권법제의 재조명", 한남대학교 석사학위 학위논문, 2002 등의 석사논문들이 이 문제를 다루고 있는 바, 조만간 보다 활발한 논의가 이루어질 것으로 기대된다.

제1절 정보시장의 균형

이러한 의도를 명확하게 하기 위해서는 '정보시장의 균형'이 의미하는 바를 보다 분명하게 제시할 필요가 있다. 정보시장의 개념은 이미 앞에서 살펴보았기 때문에 여기에서는 '균형'의 개념을 중심으로 살펴본 후, 정보시장의 균형 개념을 제시해 보기로 한다.

제1항 균형의 의의

'균형(均衡; equilibrium or balance)'[1]은 경제학에 있어서 가장 중요한 개념 가운데 하나이다.[2] 그렇지만 비단 경제학에서뿐만 아니라 일상생활에서도 우리에게 너무나도 친숙한 이 용어의 의미는 생각보다 그리 명확하지만은 않다. 경제학에서도 미시경제이론에서의 '시장균형'에서의 균형의 개념과 거시경제 이론에서의 '균형성장'에서의 균형의 개념이 다소 차이를 보이며,[3] 미시경제학

---

1) 일반적으로는 균형을 'equilibrium'의 의미로 이해하고 있으나, 'balance'의 의미도 무시할 수 없다. 양자의 차이는 이 후에 논한다.

2) 이준구 교수와 이창용 교수는 경제학에 대한 완전한 이해에 도달하기 위해서는 우선 균형의 개념을 정확하게 파악하고 있어야 한다는 점을 강조하고 있다. 이준구·이창용,『경제학원론』(제3판), 서울: 법문사, 2005, 65면. 특히, 미시경제이론에 있어서는 개별 상품시장에서 이루어지는 균형이 주요한 관심의 대상이 된다. 이준구,『미시경제학』(제4판), 서울: 법문사, 2002, 7면.

3) 미시경제이론(microeconomics)은 자원배분과 분배의 문제에 관심의 초점을 맞추고 있다. 이런 문제를 다룰 때는 개별 시장 혹은 개별 경제주체의 차원에서 일어나는 일들이 주요 관심사가 된다. 그러므로 미시경제이론에서의 분석은 국민경제의 각 부문을 하나씩 세밀하게 들여다보는 방식으로 진행된다. 한편 거시경제이론 (macroeconomics)은 경제의 안정과 성장의 문제를 주요한 탐구대상으로 삼는다. 안정과 성장은 국민경제 전체의 관점에서 볼 때 비로소 의미를 갖는 개념이기 때

에 있어서도 '부분균형'과 '일반균형'의 용례에서의 개념의 외연적 차이를 보이고 있을 만큼, 개념의 사용에 있어서 적지 않은 주의를 기울일 필요성이 있다.

한편 이 '균형'의 개념은 우리 헌법상에 이미 수용되어 있음을 주목할 필요가 있다. 즉 건국헌법 제84조에서 "대한민국의 경제질서는 모든 국민에게 생활의 기본적 수요를 충족할 수 있게 하는 사회정의의 실현과 균형있는 국민경제의 발전을 기함을 기본으로 삼는다. 각인의 경제상 자유는 이 한계 내에서 보장된다"라고 규정된 이래로,[4] '균형'은 우리 헌법상의 경제질서의 규정에서, 국민경제의 발전에 있어 가장 중요한 가치로 등장했다고 평가할 수 있고, 또 그 중요성은 점점 증가하고 있다고도 할 수 있다.[5]

문에, 경제의 전반적 흐름에 관심의 초점을 맞추어야 한다. 이준구, 위의 책, 7면.

4) 이 조항은 1962년 헌법 제111조 "① 대한민국의 경제질서는 개인의 경제상의 자유와 창의를 존중함을 기본으로 한다. ② 국가는 모든 국민에게 생활의 기본적 수요를 충족시키는 사회정의의 실현과 균형 있는 국민경제의 발전을 위하여 필요한 범위 안에서 경제에 관한 규제와 조정을 한다"의 변화를 거친 후, 1980년 헌법 제120조 "① 대한민국의 경제질서는 개인의 경제상의 자유와 창의를 존중함을 기본으로 한다. ② 국가는 모든 국민에게 생활의 기본적 수요를 충족시키는 사회정의의 실현과 균형있는 국민경제의 발전을 위하여 필요한 범위 안에서 경제에 관한 규제와 조정을 한다. ③ 독과점의 폐단은 적절히 규제·조정한다"의 규정을 거쳐, 현행헌법 제119조 "① 대한민국의 경제질서는 개인과 기업의 경제상의 자유와 창의를 존중함을 기본으로 한다. ② 국가는 균형있는 국민경제의 성장 및 안정과 적정한 소득의 분배를 유지하고, 시장의 지배와 경제력의 남용을 방지하며, 경제주체 간의 조화를 통한 경제의 민주화를 위하여 경제에 관한 규제와 조정을 할 수 있다"로 이어지고 있다.

5) 이는 헌법상 '균형'이라는 개념의 용례가 조금씩 늘어나고 있다는 데서도 확인할 수 있다. '균형'이라는 용어는 건국헌법에서는 제84조, 단 한 곳에서만 사용되었으나, 1972년 헌법에서 제117조 "① 광물 기타 중요한 지하자원, 수산자원, 수력과 경제상 이용할 수 있는 자연력은 법률이 정하는 바에 의하여 일정한 기간 그 채취·개발 또는 이용을 특허할 수 있다. ② 국토와 자원은 국가의 보호를 받으며, 국가는 그 균형있는 개발과 이용을 위한 계획을 수립한다"와 제120조 "① 국가는 농민·어민의 자조를 기반으로 하는 농어촌개발을 위하여 계획을 수립하며, 지역사회의 균형있는 발전을 기한다. ② 농민·어민과 중소기업자의 자조조직은 육성된다"의 조항이 신설되어 약간의 수정만을 거친 채 현재에 이르고 있고, 1980년 헌법에서는 제123조 "국가는 농지와 산지 기타 국토의 효율적이고 균형있는 이용·

이러한 현행헌법상의 '균형'의 맥락을 살펴보면 대부분, 거시경제학적인 차원에서의 '경제 성장 혹은 경제개발'에 있어서의 정책적 목표로서 단독으로, 혹은 '효율성'과 함께 제시되고 있는 것으로 보인다.6) 다만 예외적인 경우는 제123조 제4항의 "농수산물의 수급균형"이라 할 수 있는데, 이 경우는 미시경제학적인 차원의 용례로 볼 수 있다.7) 결국, '균형' 개념에 대한 명확한 이해는 단순한 학문적 흥미의 차원을 넘어 실정법의 해석 및 정부의 정책에 대한 평가에도 연결되는 의미 있는 작업이라 할 수 있을 것이다.

I. 사전적 의미

균형(均衡)의 사전적 의미는 "어느 한쪽으로 기울거나 치우치지 아니하고 고른 상태"로서 "균형 있는 발전, 균형 잡힌 몸매, 균형을 깨뜨리다, 균형을 유지하다, 균형을 이루다, 균형을 잃다" 등의 용례를 보인다.8) 사전상으로는

개발과 보전을 위하여 법률이 정하는 바에 의하여 그에 관한 필요한 제한과 의무를 과할 수 있다(1972년 헌법에서는 "효율적인 이용·개발"로 규정되어 있었던 것에 "균형있는"을 추가한 것이다.)"의 규정이 추가되어 현재에 이르고 있으며, 현행헌법에서도 제123조 "④ 국가는 농수산물의 수급균형과 유통구조의 개선에 노력하여 가격안정을 도모함으로써 농·어민의 이익을 보호한다"의 규정이 추가된 바 있어, 현행헌법상 '균형'이라는 용어의 사용은 모두 다섯 곳으로 늘어나게 되었다.

6) 제119조 제2항 "균형있는 국민경제의 성장 및 안정," 제120조 제2항 "균형있는 개발과 이용," 제122조 "국토의 효율적이고 균형있는 이용·개발과 보전," 제123조 제2항 "지역간의 균형있는 발전" 등이 그러한 예이다.

7) 한편 헌법 이외에도 『지역균형개발 및 지방중소기업 육성에 관한 법률』, 『국가균형발전 특별법』에서도 사용되고 있는 '균형'의 개념은 "국가의 균형발전과 국가경쟁력의 강화에 이바지함을 목적으로" 했던 『신행정수도의건설을위한특별 조치법』 및 『신행정수도 후속대책을 위한 연기·공주지역 행정중심복합도시 건설을 위한 특별법』을 둘러싼 법적분란의 출발점이 되기도 했다. 헌법재판소 2004. 10. 21. 2004헌마554등, 판례집 16-2하, 1면 이하; 헌법재판소 2005.11.24, 2005헌마579, 판례집 17-2, 481~543면. 이 판결들은 단지 국가가 새로 건설하려는 도시의 성격이 '수도'인가 아닌가를 놓고 판결이 갈리는 외형을 띠고 있으나, 본질적으로는 국토의 균형개발에 대한 시각의 차이에서 비롯된 논란이라고 볼 수 있을 것이다.

'상태'라는 표현을 사용함으로써 다소 정태적인 느낌을 주고 있지만, 우리말의 용법 가운데 '균형있는 발전'의 예에서 볼 수 있듯이 동태적인 측면에서의 고찰도 얼마든지 가능함을 알 수 있다.

　이러한 차이는 영어권의 'equilibrium'과 'balance'의 차이를 살펴봄으로써 보다 분명하게 확인할 수 있다. 'equilibrium'과 'balance'는 보통 동의어로도 사용되기도 하지만, 엄밀하게는 다소간의 차이를 보이는 것으로 확인된다. 즉 equilibrium은 '상반되는 힘(세력)들 사이의 균형의 상태, 상황 혹은 조건(the condition of equal balance between opposing forces; the state of equal balance between powers of any kind)'[9]을 의미하는 데 비해, balance는 '균형을 잡는 것 혹은 균형을 산출하는 것(that which balances, or produces equilibrium),' '균형의 조건 혹은 상태(a condition in which two(or more) opposing forces balance each other; equilibrium),' '여러 체제들의 세력들 사이에서 지배적인 균형을 통해 얻어진 안정(stability of steadiness due to the equilibrium prevailing between all the forces of any system)'[10]을 의미한다. 결국 equilibrium이 정태적인 측면이 강한 반면, balance는 정태적인 의미뿐만 아니라 동태적인 의미도 포함하고 있다고 볼 수 있다.

II. 경제학적 의미

　균형의 개념을 가장 중시하는 분야는 역시 경제학이라 할 것인 바, 균형에 대한 이해는 경제학의 이해의 기본으로 평가되며 특히 미시경제이론에서 그

---

　8) 국립국어연구원 편, "균형", 『표준국어대사전』, 서울: 두산동아, 1999.
　9) "equilibrium", *The Oxford English Dictionary. 2nd ed.* 1989. OED Online. Oxford University Press. http://dictionary.oed.com/cgi/entry/50077253(accessed June 20, 2007).
10) "balance", *The Oxford English Dictionary. 2nd ed.* 1989. OED Online. Oxford University Press. http://dictionary.oed.com/cgi/entry/50016789(accessed June 20, 2007). balance는 원래 '저울, 천칭'의 의미에서 출발하여, 은유적, 추상적인 의미로 확대된 것이다.

중요성이 가장 강조된다. 이때의 균형은 'equilibrium'의 의미로, 상반된 힘이 맞아떨어진 상태를 의미하며, 다른 교란요인이 없는 한 그 상태가 그대로 유지되려는 경향이 나타나게 된다고 한다.[11] 일반적으로는 시장에서의 균형이 중시되기 때문에, 균형은 수요량과 공급량을 일치시키는 가격에 도달한 상태로 설명되기도 한다.[12] 미시경제이론에서는 이러한 균형의 달성은 가격기구(price mechanism)에 의해 이뤄진다.[13] 한편 이러한 균형의 개념은 시장의 범위를 제한하느냐, 아니면 경제전체로 확대하느냐에 따라서 '부분균형(partial equilibrium)'과 '일반균형(general equilibrium)'으로 나뉘기도 하는데, 경쟁적 상황에서의 일반균형 상태는 각 경제주체가 자신의 이익만을 좇아 경제활동을 영위할 때 각자의 상충되는 욕구가 '시장의 힘'에 의해 조화를 이루게 된다는 것을 의미하며, 이 시장의 힘이 신고전파 주류경제학을 받쳐주는 이념적 기초가 되고 있다고 한다.[14]

한편 거시경제이론에 있어서의 균형개념은 경제발전론 가운데 성장의 유형으로 논의되는데, 바로 '균형성장(balanced growth)'과 '불균형성장(unbalanced

---

11) 이준구·이창용, 앞의 책, 65면. 균형 개념은 '안정성(stability)'의 개념과 구분할 필요가 있는데, 균형은 안정적일 수도, 불안정적일 수도 있다. 아울러, 균형은 '유일성(uniqueness)'의 차원에서 살펴볼 때, 단 하나만 존재할 수도 있지만 반드시 그렇지는 않으면 다수일 수도 있음도 고려해야 한다. 이준구, 앞의 책, 13~15면.

12) N. Gregory Mankiw, *Principles of Economics(3rd Ed.)*, 김경환·김종석 공역, 『맨큐의 경제학』, 서울: 교보문고, 2005, 89면. 같은 맥락에서 균형가격(equilibrium price)은 수요량과 공급량을 일치시키는 가격을 의미하며 시장청산가격(market-clearing price)이라고도 한다. 아울러 균형거래량(equilibrium quantity)은 균형가격에서의 수요량과 공급량을 의미한다.

13) N. Gregory Mankiw, 위의 책, 98~99면.

14) 한 경제가 '일반균형'의 상태에 있다는 것은, 쉽게 말해 그 경제 안의 모든 시장에서 동시에 균형이 성립하고 있다는 뜻이다. 좀 더 구체적으로 말하면 우리는 다음 네 가지 조건이 충족된 상태를 일반균형의 상태라고 부른다. ① 모든 소비자가 그의 예산제약 하에서 효용이 극대화되는 상품 묶음을 선택하고 있다. ② 모든 소비자가 원하는 만큼의 생산요소를 공급하고 있다. ③ 모든 기업이 주어진 여건 하에서 이윤을 극대화하고 있다. ④ 주어진 가격체계 하에서 모든 상품시장과 생산요소시장에서의 수요량과 공급량이 일치하고 있다. 이준구, 앞의 책, 499면.

growth)'의 대립을 들 수 있다.15) '균형성장론'은 미국의 경제학자 넉시(R. Nurkse)에 의해 주창된 이론으로, 후진국들의 빈곤을 떨쳐내기 위해서는 빈곤의 악순환(vicious circle of poverty)을 단절하는 것이 중요한데, 이를 위해서는 시장의 확대가 가장 중요하다. 일반적으로 시장의 확대를 위해서는 수출시장을 개척하는 방법과 국내시장을 확대하는 방법이 존재하지만, 후진국의 경우 무역을 통한 수출시장의 개척이 쉽지 않으므로, 국내시장에 의존해야 하는 바, 국내시장의 개발·확대를 위해서는 모든 산업에 고르게 투자하여 각 산업의 제품을 서로 구매할 수 있도록 하는 것이 중요하다. 즉 경제의 모든 부문이 골고루 성장하여 상호수요(reciprocal demand) 혹은 보완적 수요(complementary demand)를 일으킴으로써 판로부족으로 인한 산업별의 과부족이 생기는 비효율을 제거하고 시장수요능력과 공급능력의 균형을 유지하는 것이 논의의 핵심을 이룬다. 반면 허쉬만(A. Hirshman)에 의해 제시된 '불균형성장론'은 산업마다 연관효과(linkage effect)가 다르기 때문에, 자본부족에 시달리는 후진국은 특정 산업을 선도산업으로 집중 투자하여 그로부터 발생하는 산업연관효과를 이용하여 역동적인 경제발전을 추구해야 한다는 것이다.16)

이러한 경제학에서의 '균형' 개념의 용례를 검토해 보면, 'equilibrium'과 'balance'의 사전적인 의미가 상당부분 관철되고 있음을 확인할 수 있다. 즉 미시경제이론에서의 균형은 정태적인 성격이 강하고, 거시경제이론에서의 균형은 동태적인 성격이 보다 강조되고 있다고 할 수 있다.17)

---

15) 김대식·노영기·안국신, 『현대경제학원론』(제3전정판), 서울: 박영사, 1994, 1044∼1048면; 임종철, 『경제학개론』(제3판), 서울: 서울대학교출판부, 1998, 375∼377면.
16) 이러한 균형성장론과 불균형성장론은 모두 궁극적으로는 산업의 각 부문이 균형을 이뤄야 한다는 데에는 의견의 일치를 보고 있다. 그렇지만 후진국의 개발초기 단계에는 생산요소들의 부족으로 인해서 균형성장이 불가능할 수 밖에 없다는 점에서 어떤 형태로든 불균형성장으로 출발하지 않을 수 없을 것이다. 결국 경제개발을 수행하는 입장에서 볼 때 불균형성장론에 따라 투자의 우선순위에 따라 집중 투자하되, 균형 성장론의 주장을 따라 산업간의 불균형이 너무 크지 않도록 하여 양자를 조화시킬 필요성이 크다고 할 것이다.
17) 이준구, 앞의 책, 40면. 물론, 이는 일반적인 평가로, 미시경제이론도 동태적 균형을 다루고, 거시경제이론 역시 정태적 균형을 다룬다.

Ⅲ. 사회학적 의미

물론 경제학에서만 균형을 논의하는 것은 아니다. 사회학에서도 균형은 중요한 변수가운데 하나로 취급된다. 사회학에서의 균형은 일반적으로 체제의 균형상태를 의미하며, 내적 균형과 환경과 체제와의 관계의 측면에서 모두 정상적인 상태를 암시하는 것으로 사용된다.18) 이 개념은 원래 물리학으로부터 유래된 것으로 알려져 있으며, 조화 혹은 적응과 같은 용어와 유사하기는 하지만, 비교적 오랫동안 빈번하게 사용되어 온 개념이라 할 수 있다.

사회적 균형상태의 개념을 형성하는데 가장 큰 영향력을 미쳤던 것은 빌프레도 파레토(Vilfredo Pareto)라 할 수 있다. 경제학자이자 사회학자였던 파레토는 균형상태에 있는 사회체계는 "그것이 정상적으로 변화하는 것과는 다른 어떤 인위적인 것으로 수정당하게 될 때 우선 그것을 현실적이고 정상적인 상태로 되돌리려고 하는 경향이 일어나는 반작용이 있다"고 주장한 바 있으며, 균형에 있어서 안정적 균형과 불안정한 균형의 구분을 지었으며, 경제에 미치는 사회적·문화적·정치적 변수들간의 균형이라는 관점에서 사회체계를 이해해야 함을 강조하였다.19)

한편 사회적 균형상태의 개념을 '사회학적으로' 사용한 가장 저명한 인물로는 파슨스(Talcott Parsons)가 꼽힌다. 파슨스의 구조기능분석의 주요 특색은 다음과 같이 요약된다. ① 사회는 반드시 부분들이 결합한 체계이며, 전체적으로 파악하여야 한다. ② 사회체계는 비록 완전한 통합을 이루지 못한다 하더라도 기본적으로 동적인 균형상태에 머물러 있다. 외부변화에 적응할 때에도 체계 내의 변화량을 최소한으로 줄이려는 경향이 있다. 따라서 사회체계는 적응과 사회통제의 구조적 메커니즘을 통해 체계를 유지하고 안정화시키려는

---

18) 고영복 편, "균형상태(equilibrium)", 『사회학사전』, 서울: 사회문화연구소 출판부, 2000.

19) Jonathan H. Turner, Leonard Beeghley, and Charles H. Powers, *The Emergence of Sociological Theory (3rd ed.)*, 김문조 외 8인 공역, 『사회학이론의 형성』, 서울: 일신사, 1997[2004print], 459면.

경향이 강하다. 그러므로 역기능·긴장·일탈(逸脫) 등을 사전에 방지하는 사회화(socialization)와 사후에 통제하는 제재(sanction)가 주요한 통제 메커니즘으로 기능한다. ③ 변동은 일반적으로 점진적 방식으로 일어나며, 급격하고 혁명적인 방식으로 일어나지 않는다. ④ 사회통합을 이루는 가장 기본적인 요소는 가치합의(價値合意)이다.

이러한 맥락 속에서 파슨스는 (사회)구성적 변수간의 결정적 관계에 대한 이론적 체계의 확립을 위해서 사회적 균형의 개념을 사용하였고, 비록 구체적인 사회체계는 결코 완전한 균형상태에 있지는 않더라도, 모든 사회체계는 균형상태에 근접하려는 경향이 있다는 주장을 펼친 바 있다. 하지만 이상과 같은 구조기능분석은 특정 시점에서 사회체계의 상태에 대한 기술(記述)로서는 유효하지만 사회변동의 과정을 분석하는 데에는 한계가 있고, 또한 사회통합과 균형을 강조함으로써 기존체제의 옹호에 치우치게 되며, 나아가서는 보수적 이데올로기로 전락할 위험성이 있다는 등의 비판을 받고 있기도 하다.[20]

그렇지만 이후의 다수의 사회학자들은 인간사회에 균형상태를 적용할 수 있는 가능성에 대해 의구심을 품고 있는데, 이는 기본적으로 사회가 의식하며 행동하는 개인으로 구성되며, 기계적인 반응을 하는 생명이 없는 단위들로 구성되는 것이 아니기 때문이다. 결국 사회학적 차원에서의 균형 개념이란, '(사회)체제의 역할을 정상적으로 수행할 수 있는 구성원들간의 세력이 기울거나 치우치지 않고 고른 상태' 정도의 느슨한 정도의 합의를 넘어서는 완전한 합의를 얻어내지 못한 개방적인 개념으로 남아 있다고 해도 무방할 것이다. 다만 경제학적인 차원에서의 균형개념과는 달리 고려의 대상이 되는 변수가 단순히 시장적인 요소들에 그치지 않고, 사회체제 전반에 걸쳐 있다는 점이 특기할 만 하겠다.

---

20) 파슨스의 사회학에 대한 간략한 소개는 Jonathan H. Turner, *The Structure of Sociological Theory (6th ed.)*, 정태환·한상근·정일준·김윤태·송영민 공역, 『현대사회학 이론』, 서울: 나남출판, 2001[2002print], 64면 이하; Nicholas S. Timasheff and George A. Theodorson, *Sociological Theory –Its Nature and Growth*, 박재묵·이정옥 공역, 『사회학사 –사회학 이론의 성격과 발전』, 서울: 풀빛, 1985, 357면 이하를 참조.

IV. 헌법학적 의미

유감스럽게도 기존 헌법학계에서는 '균형'의 개념에 대해서 그다지 큰 의미를 부여하지 않았다. 대다수의 헌법학 '기본서'들은 헌법 제119조 제2항에 관한 설명을 함에 있어서 그저 조문을 그대로 옮기는 것에 그치거나,21) 아니면 '국가의 개입과 경제촉진 등의 방법을 예정"하고 있다거나,22) '경제의 민주화'에 대한 언급을 추가하는가 하면,23) 아예 그러한 인용조차 없이 경제에 대한 국가의 개입 가능성만을 언급하거나,24) 아니면 바로 시장경제질서에 대한 언급으로 넘어가는 모습을 보이고 있을 뿐이다.25)

다만 '균형'이라는 개념에 적극적인 의미를 부여하고 있는 논의로는 성낙인 교수의 "균형있는 국민경제의 성장 및 안정과 적정한 소득의 분배유지"의 풀이로 "종래의 성장지상주의에 대한 반성적 성찰로서 경제성장의 혜택을 전국민이 고르게 누릴 수 있도록 하기 위하여, 성장·안정·분배의 조화를 도모할수 있게끔 국가적 규제와 조정을 가할 수 있도록 하고 있다. 이것은 곧 경제적측면에서 국민의 실질적 자유와 평등을 보장하려는 헌법적 결단의 표현"이라고 한 것을 들 수 있을 것이다.26) 이는 기존의 불균형 성장론에 대한 반성을

---

21) 허영, 『한국헌법론』(전정8판), 서울: 박영사, 2012, 168면.
22) 김철수, 『헌법학개론』(제18전정신판), 서울: 박영사, 2006, 222면.
23) 권영성, 『헌법학원론』(개정판, 2010년판), 파주: 법문사, 2010, 169면.
24) 정종섭, 『헌법학원론』(제7판), 서울: 박영사, 2012, 226면. 정교수는 헌법 제119조 제2항의 존재의의 자체를 부정하는 입장이다. 즉 시장의 실패에 대한 국가의 개입 규정은 헌법 제37조 제2항으로 충분하다는 것이다. 같은 책, 226~227면. 한편, 홍성방, 『헌법학』(개정3판), 서울: 현암사, 2006, 981면은 "헌법 제119조 제2항의 구체적 의미"라는 제하의 절에서조차, "경제에 관한 규제와 조정을 할 수 있다"라는 부분에만 논의를 진행하고 있다.
25) 헌법 제119조 제2항 이외의 조문들에 사용된 '균형'의 개념에 대한 관심은 아예 없었다는 표현조차 가능할 정도이다. 이는 우리 헌법학계에 과연 우리 헌법에 대한 '문리해석(文理解釋)'이 존재하는가라는 의구심마저 들게 만드는 상황이라 할수 있을 정도이다.
26) 성낙인, 『헌법학』(제12판), 파주: 법문사, 2012, 273면.

포함하고 있는 견해라 할 수 있을 것이다.

한편, '균형있는 국민경제의 발전'이라는 개념에 대한 다른 차원의 해석도 존재하는데, 정순훈 교수는 '균형있는 국민경제의 발전'을 '확충된 효율' 개념으로 이해해야 할 것이라 주장한다. 즉,

> 장기간에 걸친 자원배분의 효율과 경제재뿐만 아니라 자유재도 효율의 대상으로 보아야 할 것이다. 따라서 개별적인 효율에 대해서도 한층 더 철저한 효율 추구의 원칙을 확대해야 하며 거시적인 수준으로 충분한 시간과 공간을 고려해야 하고 일정한 정도 이상의 효율을 실현한 단계에서의 효율의 추구는 가치체계의 우선순위에서 점차 후순위로 이전시켜야 한다. 이렇게 볼 때 우리 경제헌법은 자유의 가치를 가장 기본적이고도 우선적인 가치로 설정하고 이에 평등과 효율의 가치를 부가한 것이라고 볼 수 있겠다.[27]

이라고 하는데, '균형있는 발전'과 '효율'을 연결시키는 해석은 적어도 문리해석상으로는 무리인 것으로 보인다. 일반적으로 '균형'의 개념은 '효율(efficiency)'의 개념보다는 '공평(equity)'쪽에 더 가까운 것으로 보이기 때문이다.[28]

이러한 현재의 학계의 입장과는 달리, 건국헌법의 제정에 가장 큰 영향을 미친것으로 평가되는 유진오 교수는 당시의 헌법(1952년 헌법) 제84조 전문 후단에 대한 설명으로, "우리나라의 경제질서의 대원칙은 균형있는 국민경제의 수립을 기하는 데 있음을 선명한 것이니, 국민경제가 균형있게 발전되지 못하여 소비자재의 생산과, 생산자재의 생산이 균형을 얻지 못한다든가, 일부 산업만이 발전하고 일부 산업이 부진하다든가 부의 편재가 심하다든가 하면 결국에 있어서는 모든 국민에게 생활의 기본적 수요를 충족시킬 수 없음으로

---

27) 정순훈, 『경제헌법』, 서울: 법무사, 1993, 226면.
28) '효율성(efficiency)'은 사회구성원이 누리는 총잉여를 극대화하는 자원배분의 속성인데 반해, '공평성(equity)'은 사회구성원들 간에 공정한 경제적 후생의 배분을 의미한다. 공평성을 평가하는 것은 효율성을 평가하는 것보다 어렵다. 효율성은 실증적 분석을 토대로 평가할 수 있는 객관적인 목표인 반면, 공평성은 경제학의 범위를 넘어 정치철학의 영역에까지 연결되는 규범적 판단을 요구하기 때문이다. N. Gregory Mankiw, 앞의 책, 170면.

각 산업의 균형 있는 발전을 기하고 국민각층의 경제상의 차이를 완화시키기 위하여 필요한 때에는 국가는 적극적으로 국민경제에 간섭하고 그를 조정하여 균형 있는 국민경제의 발전을 기하고저 하는 것"이라고 적고 있음은 특기할 만 하다 하겠다.29) 이러한 유진오 교수의 견해는 정태적·동태적 차원의 '균형'개념은 물론 "국민각층의 경제상의 차이를 완화시키기 위"한 '공정 혹은 형평'의 개념까지 포함하는 넓은 의미의 '균형'을 상정하고 있었던 것으로 보아도 무방할 것이다.30)

생각건대 우리 헌법상의 균형 개념은 그 맥락에서 살펴볼 때, 기본적으로는 경제학, 특히 경제성장론에서 유래된 것으로 볼 수 있을 것이다. 즉 "균형 있는 국민경제의 발전을 기함"은 '균형성장론'의 맥락에서의 균형개념으로 파악하는 것이 가장 적절하다.31) 그렇지만, 단순히 실증적이고, 기계적인 성장이론상의 '균형'의 개념으로 파악하는데 그치는 것 보다는 규범적인 의미를 추가하여 '공평성'의 개념을 추가하는 것이 바람직할 것이다.32) 아울러 여기에서의 균형개념이 단순한 부분균형에 그쳐서는 안 될 것이며, 전체 경제의 차원에서의 일반균형의 수준의 균형에 도달할 수 있도록 노력하여야 할 것이다.33)

---

29) 유진오, 『(신고)헌법해의』, 서울: 일조각, 1957, 257~258면.
30) 물론, 당시 헌법 제84조 전문 전단에는 '사회정의의 실현'의 규정이 있었기 때문에 굳이 '균형'의 개념에 '공평'을 연결시킬 필요는 없었을 것이지만, 오히려 그렇기 때문에, '균형'의 개념에 '공평'의 개념을 연결시키는 것에 큰 문제점을 느끼지 못했을 가능성도 배제할 수 없다.
31) 이는 법제처가 제공하는 헌법의 영문번역본에서 보다 명확하게 확인할 수 있다. 즉 제119조 제2항 등에서는 'balanced growth(development, utiliztation, etc.)'라는 표현을 사용하고 있으며, 제123조 제4항에서는 'equilibrium'을 사용하고 있다. 법제처 세계법제정보센터(http://world.moleg.go.kr/[accessed June 20, 2007])의 대한민국경제법제 (영문)부분 참고.
32) 이는 정의론에 있어서의 평균적 정의와 배분적 정의의 논의를 연상시킬 수 있을 것이다.
33) 독일에서의 논의 가운데에는 독일기본법 제108조 제2항과 관련한 논의에서 "경제 전체의 균형"에 관하여 언급이 이뤄지고 있는데, 여기에서는 1967년의 경제안정법 (BGBl. I S.582) 제1조의 규정이 중심이 되고 있다. 즉 "높은 고용상태, 대외경제의 균형, 그리고 지속적이며 적정한 경제성장과 동시에 물가수준의 안정으로서의

이를 정리하자면 우리 헌법상의 균형개념은 '공평성'이 가미된 규범적 개념으로서, '사회 제세력이 수용할 수 있는 범위 내에서의 고른 상태'[34]로 규정해 볼 수 있을 것이고 이는 일반균형의 차원에서 경제영역의 구체적인 제 분야에서 적절한 세부목표를 수립하는 것으로 구체화할 필요성이 있다고 하겠다.

그렇지만 이러한 헌법상의 '균형' 개념은 그 동안의 국가의 경제정책의 실행에 있어서는 별다른 의미를 부여 받지 못한 채, 헌법규정상으로만 유지되었다고 볼 수 있을 것이다. 즉 일본의 식민지정책에 의해 피폐해진 채로 해방 및 건국을 맞이한 데다 3년에 걸친 한국전쟁의 상처로 인해 낙후된 상태를 벗어나지 못했던 우리나라는 1962년까지는 아예 이렇다 할 경제성장 정책을 추진하지 못하였고, 1962년 이후의 경제성장정책의 수립 및 추진에 있어서도 헌법상의 균형 개념은 적극적으로 적용되지 못하였다고 평가될 수 있다.

1962년부터 시작된 일련의 경제개발계획에서 공업우선의 '불균형성장'을 추진하여 왔다. 이러한 불균형성장에서 해결해야 할 관로문제는 다각적인 수출촉진정책으로 해소하고자 하였고, 그 결과 1980년대까지 연평균 9%에 육박하는 경제성장, 34%에 달하는 수출증가를 기록한 바 있다. 그러나 이 과정에서 공업과 농업간, 도시와 농촌간, 수출산업과 내수산업간, 대기업과 중소기업간에 불균

'마의 사각형'이라는 의미"로 균형이 정의되고 있다. Konrad Hesse, *Grundzüge des Verfassungsrechts der Bundesrepublik Deutschland*, 계희열 역,『통일독일헌법원론』, 서울: 박영사, 2001, 162면. 한편 우리 법제가운데에서는 『국가균형발전 특별법』 제2조 제1호는 "'국가균형발전'이라 함은 지역간 발전의 기회균등을 촉진하고 지역의 발전역량을 증진함으로써 삶의 질을 향상하고 지속가능한 개발을 도모하여 국가경쟁력을 강화하는 것을 말한다"고 규정하고 있다.

34) 이 표현은 '수용가능성'이라는 개념을 통해 롤즈(John Rawls)의 사회정의론의 제1, 2원칙, 즉 "각자는 모든 사람의 유사한 자유 체계와 양립할 수 있는 평등한 기본적 자유의 가장 광범위한 전체 체계에 대해 평등한 권리를 가져야 한다"와 "사회적·경제적 불평등은 ① 그것이 자유로운 저축 원칙과 양립하면서 최소수혜자에게 최대 이득이 되고, ② 공정한 기회 균등의 조건 아래 모든 사람들에게 개방된 직책과 직위가 결부되게끔 편성되어야 한다"의 원칙을 전제하고 있다. John Rawls, *A Theory of Justice, Revised Edition*, 황경식 역,『정의론』, 서울: 이학사, 2003[2005 print], 400면 이하.

형이 지나치게 확대되는 부작용을 낳았다. 특히 공업과 농업간, 도시와 농촌간의 불균형은 아주 심각하여 경제 내에 선진부문과 전통부문이 병존하는 '이원경제 (dual economy)'를 낳았다는 평가를 받는다.[35]

다만 이미 살펴본 경제성장론의 내용에서도 확인할 수 있었듯이, 불균형성 장론 역시 충분한 정책적인 의의를 가질 수 있는 것이기 때문에, 헌법상의 '균 형있는 국민경제의 발전을 기함'이라는 규정을 경제발전 초기에 실현하지 못 한 것을 비판하기는 쉽지 않은 일이다. 그렇지만, 어느 정도의 경제성장을 달 성한 현재에서도 불균형 경제성장을 고집하는 것은 바람직하지 못한 결과를 초래할 우려가 크다. 결국 헌법의 장식화를 막기 위해서도 경제발전정책의 추 진에 있어서는 균형의 개념을 언제나 염두에 두어야 할 것이다. 아울러 헌법 상의 균형 개념을 반드시 경제학적인 맥락에서만 이해하여야 할 것도 아니며, 민주주의적 관점에서 사회의 다양한 입장들을 수용할 수 있는 탄력적인 개념 으로 활용할 수 있어야 할 것이다.

V. 평가(評價)

미시경제이론에서 시장의 균형에 의해 달성되는 시장성과는 자유로운 시장 이라는 조건이 충족될 경우, ① 공급된 재화를 지불용의가 가장 큰 수요자에 게 배분되도록 하고, ② 가장 저렴한 생산비를 가진 공급자에게 수요가 배분 되도록 하며 ③ 생산된 재화의 수량은 소비자잉여와 생산자잉여의 합을 극대 화하는 수량이라는 것으로 나타난다.[36]

그렇지만, 시장에서의 균형이 효율적이라는 결론은 몇 가지 가정 하에 성립 된다. 즉 이 가정들이 성립하지 않을 경우 시장균형이 효율적이라는 결론은 성립하지 않을 수도 있게 된다. 이러한 가정들 중 가장 중요한 두 가지를 살펴 보면, 우선, 시장이 완전 경쟁적이라는 가정을 들 수 있는데, 이론과 달리 현

---

35) 김대식·노영기·안국신, 앞의 책, 1047~1048면.
36) N. Gregory Mankiw, 앞의 책, 171면.

실에서는 경쟁이 완전하지 못한 경우가 오히려 일반적이다. 즉 어떤 시장에서는 하나(혹은 소수)의 공급자나 수요자가 시장가격을 조절할 수 있는데, 이렇게 시장가격에 영향을 미칠 수 있는 능력을 시장지배력이라고 하며, 시장지배력은 가격과 수량을 시장균형에서 이탈하게 하기 때문에 시장성과를 비효율적으로 만들 수 있다. 둘째, 시장성과가 오직 수요자와 공급자에게만 적용된다는 가정을 하고 있지만, 현실세계에서는 수요자나 생산자의 의사결정이 시장에 전혀 참여하지 않는 사람들에게 영향을 미칠 수 있다. 이러한 '외부효과(externalities)'라는 부작용 때문에 경제적 후생은 수요자가 느끼는 가치와 생산자의 비용 외에 다른 요소의 영향을 받게 된다. 그렇지만 수요자나 생산자는 소비량이나 생산량을 결정할 때 이러한 외부효과를 고려하지 않기 때문에, 사회적 관점에서 시장균형은 비효율적일 수 있게 된다.[37]

이러한 시장지배력과 외부효과는 '시장실패(market-failure)'라는 일반적 현상의 일종이다. 이러한 시장실패란 결국 자유방임 상태의 시장이 자원을 효율적으로 배분하지 못하는 현상을 말한다고 할 수 있는데, 이처럼 시장의 실패가 존재할 때 정부는 정책을 통하여 문제를 해소하고 경제효율을 향상시킬 수도 있다.[38] 물론 언제나 정부의 정책이 성공적인 것은 아닐 수 있기에, 시장의 실패에 대한 접근은 매우 신중을 기해야만 한다.

제2항 정보시장의 균형

I. 의 의

'정보시장의 균형'이라는 용어는 일응 미시경제이론에 있어서의 '시장의 균형'을 연상시킬 것이다. 그렇지만, 제2장에서 이미 살펴본 바와 같이 '정보의

---

37) N. Gregory Mankiw, 위의 책, 177면.
38) 오늘날 정부의 역할에 대한 자세한 내용은 조성봉, "정부의 역할, 그 새로운 도전 ―정부역할에 대한 법경제학적인 분석"(서울: 한국경제연구원, 2005)을 참조.

교환의 상황을 만들어내는 곳'을 의미하는, 본 연구에서의 '정보시장'은 주류 경제학의 일면적(一面的) 경제인들의 가정에서 유래된 시장의 개념을 탈피하여, 경제적 합리성 이외의 다양한 가치들을 추구하는 현실적(現實的)·다면적(多面的)인 인간들이 활동하는 실체적인 경제를 배경으로 하는 시장의 맥락에서의 정보시장을 상정하고 있다. 이러한 정보시장은 정보상품의 교환에 대한 과정으로 시장의 역할이 종결되는 것이 아니라, 모든 시장주체의 (사용을 통한) 물질적 충족을 위한 상호작용이 이루어지는 공간의 개념을 포함하는 것이기 때문에, 단순한 시장에서의 수요와 공급의 일치로 이뤄지는 미시경제이론적인 균형개념을 수용하지 않는다.39) 오히려, 경제학적 논의를 위해서 사상(捨象)된 사회적 맥락의 복원을 시도하며, 결과적으로 사회적 의미형성기제의 대표격인 규범적 차원의 개념을 도출하기 위해 노력할 것이다.

그리하여 본 연구에서는 사회학적 수준에서의 개방적인 차원의 균형개념을 기본으로, 헌법학적인 차원의 균형개념을 종합하는 '정보시장의 균형' 개념을 제시하려 한다. 즉 '(사회)체제의 역할을 정상적으로 수행할 수 있는 구성원들 간의 세력이 고르게 유지되는 상태'의 개념을 바탕으로 하며, '공평성'의 개념과 '수용가능성' 명제를 추가한다. 결론적으로 '사회 제세력이 수용할 수 있는 범위 내에서의, 정보시장의 역할을 정상적으로 수행할 수 있도록 제세력들이 고르게 유지되는 상태'를 정보시장의 균형 개념으로 파악하고자 한다.

II. 내 용

이렇게 사회적 맥락을 복원한 정보시장의 균형개념에 있어서는 특히 일반균형의 차원에서의 검토가 의미를 가질 수 있다.40) 즉 실체적인 경제의 맥락

---

39) 특히 정보시장은 이미 살펴본 바 있듯이 정보가 가지는 본질적인 속성인 '공공성'으로 인해 기존 재화와는 다른 취급을 해야 할 필요성이 매우 큰 만큼, 단순한 시장균형의 개념은 충분하지 못하다고 할 수 있다.
40) 물론, 이러한 입장이 부분균형분석을 전적으로 배제하는 것은 아니다. 연구의 구체적인 목적에 따라 얼마든지 분석의 범위를 조정할 수 있게 되는 것이다.

에서 파악되는 정보시장은 단순한 시장 내에서의 정보상품의 교환에만 논의
의 초점을 맞추지 않고, 사회가 원하는 수준에서의 정보의 생산과 이용이 이
루어지는 데까지 관심을 가진다. 아울러, 사회적인 맥락에서는 이러한 경제적
차원에서의 균형에 관한 고찰뿐만 아니라 사회적인 차원에서의 균형 역시 고
려의 대상으로 삼을 필요가 있다. 결국 이러한 작업은 정보시장을 구성하는
각각의 분야들을 검토함으로써 구체화해 볼 필요가 있을 것이다. 이러한 작업
은 정보시장의 균형의 요소 혹은 내용을 검토하는 것이 될 것이다. 이하에서
는 이러한 문제의식 하에 미시경제이론상의 '균형'과는 다른 정보시장의 균형
의 달성을 위해서 필요한 구체적인 목표들을 점검해 보기로 한다.

1. 생산의 측면

일반적인 재화와 마찬가지로 정보상품의 생산 역시 일정한 비용이 소요되
기 마련이고, 이러한 비용은 정보상품의 생산이 아닌 다른 상품의 생산에 사
용될 수도 있음은 물론이다. 기본적으로 정보시장은 정보상품을 생산하고자
하는 사람들에게 적절한 보상을 마련해 줌으로써 자원의 배분이 효율적으로
이루어질 수 있도록 해야 한다. 그렇기 때문에 정보시장에 대한 규율의 마련
에 있어서는 이처럼 사회전체적 차원에서의 적절한 자원의 배분을 기하면서
정보공급의 유인으로서의 기능을 잃지 않도록 적절한 수준을 찾는 것이 가장
중요한 문제라 할 수 있을 것이다. 뿐만 아니라, 단순한 정보의 공급 자체에
그칠 것이 아니라, 공급에 있어서의 효율성 역시 고려의 대상으로 해야 하기
에, 정보시장의 경쟁질서 역시 주의 깊게 점검할 사항이라 할 것이다.

그렇지만, 생산되는 정보의 질적인 측면, 즉 다소 상업성은 떨어지더라도,
필수적인 정보들의 생산을 촉진할 수 있는 측면도 간과해서는 안 된다. 현재
의 지적재산권법제는 기본적으로 시장원리에 입각한 보상을 전제하고 있기
때문에, 나름의 가치를 가지는 비상업적인 정보의 생산의 측면을 어떻게 보전
할 것인가가 정보시장의 균형을 확보하기 위한 생산측면에 있어서의 중요한

문제 가운데 하나라 할 수 있다.

2. 이용의 측면

'실체적인 경제' 개념에 입각하고 있는 정보시장은 정보의 생산에 대한 촉진 못지않게 정보상품을 이용하고자 하는 사람들에게 충분한 이용의 기회를 제공해 줄 수 있어야 함에도 주목한다. 이후에 좀 더 자세히 살펴보기로 하겠지만, 무엇보다도 정보는 인간의 존엄과 가치의 기반을 조성하는 중요한 요소라 할 수 있기 때문에, 각 개인들의 정보에 대한 욕구를 최소한도 이상으로 보장하는 것에 그치는 것이 아니라, 가능한 범위 내에서 최대한도로 충족시킬 수 있는 방안을 강구하는 것 역시 정보시장의 균형 달성에 있어 매우 중요한 부분이라 할 수 있을 것이다. 이러한 정보시장의 균형을 위한 정보이용의 활성화라는 측면에서의 논의가 바로 정보공유론 논의의 출발점을 이룬다고 할 수 있다.

3. 공유영역의 유지

정보시장의 균형과 관련한 논의에 있어서 빠뜨리지 말아야 할 것이 바로 공유영역의 유지라고 할 수 있다. 공유영역은 정보를 생산하고자 하는 사람들에게는 생산재(공유자원)로서의 역할을 수행하고, 정보를 이용하고자 하는 사람들에게는 무상의 소비재(생산이 완료된 공공재)로서의 역할을 수행한다. 결국 이러한 공유영역의 유지는 정보의 생산과 이용 양측에 있어서 긍정적인 역할을 수행한다고 할 수 있기 때문에, 정보시장의 균형의 파악에 있어서 공유영역의 유지는 반드시 고려해야 할 사항 중의 하나라 할 수 있을 것이다.

제2절 정보공유론의 검토

이미 살펴본 바와 같이 '정보사유론'에 바탕하고 있는 현재의 '정보의 사유화 경향'은 정보생산의 측면에 편중된 정책의 실행을 초래하고 있기 때문에, 정보시장의 균형에 상당한 위협으로 등장할 수 있다. 여기에서는 이러한 정보사유론에 대항하여 나름의 논지를 전개하고 있는 '정보공유론'의 현행헌법 하에서의 입론 가능성을 검토한다. 이를 위해 우선적으로 '공유'의 의미를 분명히 하는 작업을 한 후, 정보공유론의 필요성과 헌법적 근거 및 한계에 관해 고찰해 보기로 한다.

제1항 '공유(公有)'의 의미

일반적으로 재산권 제도는 내용에 따라 크게 두 가지로 나누어 볼 수 있다. 하나는 '공유(共有; common property)'이다.[1] 이는 사회구성원이면 누구라도 그 재화를 사용·수익할 수 있는 경우로, 그 누구도 재화에 대하여 배타적 지배권을 주장할 수 없는 경우이다. 이 와는 달리 특정인 내지 특정집단만이 그 재화를 사용·수익·처분할 수 있고 타인들은 이를 할 수 없는 경우가 있는데, 이를 공유(共有)에 대(對)한 개념으로 일응 '비공유(非共有; non-common property)'라 지칭할 수 있을 것이다. 이는 세분하면 개인이 권리의 주체가 되는 '사유(私有; private property)', 국가가 권리의 주체가 되는 '국유(國有; state property)', 그리고 특정의 사회조직이나 특정의 지방자치단체 등이 권리의 주체가 되는

---

1) 여기에서의 공유(共有)는 민법이 규정하고 있는 공동소유의 한 형태로서의 '공유(共有; 민법 제262조)'와는 다른 개념으로서, 오히려 '비소유(非所有)'에 가까운 개념이라 할 수 있다.

'공유(公有; public property)'로 나누어 볼 수 있다. 즉 국유(國有)나 공유(公有)에 대한 일반적인 이미지와는 달리, 엄밀히 이야기할 때 국유나 공유는 사유와 기본적으로 동일한 범주에 속한다고 보아야 함에 유의해야 한다. 이는 국유나 공유의 경우, 그 재화의 사용·수익·처분 등의 의사결정이 결국 국가의사나 공동체 의사를 대변한다고 하는 소수의 자연인(관료나 공동체 대표 등)에 의해 이루어질 뿐, 그 재화에 대하여 특정인들의 의사에 따른 배타적 지배권이 성립한다는 점에서는 사유와 하등 다를 바 없기 때문이다. 요컨대 재산권제도는 배타적 지배권이 존재하지 않는 경우, 환언하면 공유(共有) 내지 비소유(非所有; non-owned property)의 경우, 즉 모든 사람들이 자유스럽게 그 재화의 사용·수익에 참여할 수 있는 경우와 배타적 지배권이 존재하는 경우, 환언하면 '비공유(非共有) 내지 소유(所有; owned property)'의 경우, 즉 일반인들에 의한 당해 재화의 자유로운 사용과 수익이 금지되어 있는 경우로 나눌 수 있다고 하겠다.[2]

반면 이러한 논의에 따를 경우 정보공유론(情報公有論)에서 말하는 '공유(公有)'의 의미는, 오히려 '공유(共有) 내지 비소유(非所有)'에 가깝다고 할 수 있음을 주의할 필요가 있다.[3] 즉 지적 재산에 대한 공동소유권(coownership)과

---

2) 박세일, 『법경제학』(개정판), 서울: 박영사, 2000, 125~126면. 이를 다른 각도에서 살펴보면, 공유(共有)란 한 마디로 자원에 대한 비배타적이고 비양도적인 권리로, 공유의 대상이 되는 재화는 누구든지 자유로이 사용·수익할 수 있으나(비배타성), 아무도 그 재화를 제3자에게 자유로이 양도할 수 없다(비양도성). 반면에 국유(國有)란 재화에 대한 배타성은 있으나 양도할 수 없는 권리로, 국유의 대상이 되는 재화는 국가가 정하는 특정인들에게만 사용·수익하도록 할 수 있으나(배타성), 그 재화를 사용·수익하는 특정인들은 그 재화를 제3자에게 양도할 수 없다(비양도성). 이에 반하여 사유(私有)란 배타성과 양도성을 모두 가진 권리로 사유의 대상이 되는 재화는 그 재화의 소유자가 재화에 대하여 타인의 사용·수익을 배제할 수 있을 뿐만 아니라(배타성), 자유로이 그 재화를 제3자에게 처분할 수 있다(양도성). 재산권구조를 이렇게 공유·국유·사유로 나눌 때, 한 가지 지적해 둘 사실은 동일한 재화라도 경우에 따라서는 공유도 될 수 있고, 국유 또는 사유도 될 수 있다는 사실이다. 같은 책, 167~168면.
3) 이러한 용법이 반드시 문제가 있다고 볼 수는 없는데 공유(公有)를 '공공기관 등의 단체적 소유'로 볼 수 있는 여지도 있기는 하지만, 공(公)·사(私)의 구분에서 보듯,

지적재산의 공공재적 성격에 주목하여 이에 대한 공정한 접근을 보장한다는 차원에서 사회구성원들이 해당 정보에 대해서 갖게 되는 정보공유(Information Sharing)의 양쪽을 모두 포괄하는 것으로 파악된다.4) 다만 공동소유권의 공동소유자의 범위에 따라서 소수의 공유자가 함께 하는 것에서부터 모든 사람의 공유에 이르는 공유영역(public domain)까지의 편차가 존재할 수 있다.5)

제2항 정보공유론의 필요성

이미 살펴본 바와 같이 정책적인 차원에서의 정보공유론의 도입은 기본적으로 정보이용자의 측면에서 정보시장의 균형을 회복하기 위한 것이라 할 수 있을 것이지만, 보다 근본적으로는 정보가 가지고 있는 '공공성'의 성격에 기초하고 있는 것이라 할 수 있다. 이하에서는 이러한 정보공유론의 도입 필요성을 헌법적 차원 및 사회·경제적 차원에서 좀 더 자세하게 살펴보도록 하겠다.

사유(私有)에 대비되는 개념으로 볼 수도 있기 때문이다.

4) 박성호, "지적재산권과 정보공유", 방석호·정상조 편저, 『정보통신과 디지털법제』, 서울: 커뮤니케이션북스, 2004, 88면 이하. 박교수는 이러한 판단의 근거로 정보공유운동 진영에서 '정보공유'라는 용어를 '아이피레프트(IPLeft, Intellectual Property Left)'란 영문을 표기하는 것을 제시하고 있다. 한편 박교수는 "지적재산권과 정보공유운동의 유용한 접점을 모색하기 위해서는, 이러한 의미 이외에도 지적재산권으로부터 자유로운 영역을 확보해야한다는 의미에서의 공유(Public Domain)도 포함되어야 할 것으로 생각한다"고 하고 있으나, 공동소유권과 공유의 영역을 굳이 분리해서 생각해야 할 필요가 있는지는 의문이다.

5) 보다 자세히는 박성호, 위의 논문, 88~89면의 "자유 소프트웨어나 오픈소스 소프트웨어는 저작권이 소멸되거나 포기하되 공유 상태에 놓인 것이 아니므로, 흔히 '퍼블릭 도메인 소프트웨어(Public Domain Software: PDS)'라 불리는, 즉 '저작자가 자신의 저작권을 신중하게 포기한 프로그램'과는 구별되어야 한다. 오픈 소스 소프트웨어에 대하여 공동저작권이 성립하는 경우가 많다고 하겠지만, 전술한 것처럼 저작권을 통하여 저작권을 구속함으로써 결국 GPL모델의 관여자로 하여금 컴퓨터의 운영체계라고 하는 공공재(public goods)에 대하여 지식의 공유, 정보의 공유를 달성하게 한 사례에 해당한다고 할 것"이라는 논의를 참조.

Ⅰ. 헌법적 차원

헌법적 차원에서 정보공유론의 필요성은 우선, 헌법의 최고의 가치라 할 수 있는 인간으로서의 존엄과 가치의 실현에 있어서의 정보의 중요성에서 찾을 수 있을 것이다. 여기에서는 그 외에도 인간의 생명의 보존 유지에 있어서 의약특허를 중심으로 한 지적재산권과의 대립, 그리고 민주주의 원리에 있어서의 정보의 중요성을 함께 살펴보기로 한다.

1. 인간으로서의 존엄과 가치

현행 헌법은 제2장에서 국민의 권리와 의무에 대해 규정하고 있는데 제2장의 첫 번째 조문인 제10조는 "모든 국민은 인간으로서의 존엄과 가치를 가지며, 행복을 추구할 권리를 가진다. 국가는 개인이 가지는 불가침의 기본적 인권을 확인하고 이를 보장할 의무를 진다"라고 규정하고 있는 바,6) 이 조항이 '기본권보장의 대전제를 이루는 것으로 헌법이 보장하는 자유와 권리의 주체인 인간은 인간으로서의 존엄과 가치를 가지는 존재라는 것을 천명하고 있는 것7)이라는 데에는 거의 이견이 없다.8) 이렇게 헌법 제10조가 정하고 있는 인

---

6) 우리나라는 1962년 헌법 제8조에서 처음으로 "모든 국민은 인간으로서의 존엄과 가치를 가지며, 이를 위하여 국가는 국민의 기본적 인권을 최대한으로 보장할 의무를 진다"라고 규정한 이후, 1980년 헌법 제9조 "모든 국민은 인간으로서의 존엄과 가치를 가지며, 행복을 추구할 권리를 가진다. 국가는 개인이 가지는 불가침의 기본적 인권을 확인하고 이를 보장할 의무를 진다"로 수정되어 현행 헌법 제10조에 이르고 있다. 인간의 존엄조항의 성립과 관련한 일반적인 논의는 김병곤, 『인간의 존엄: 헌법이론적연구』, 서울: 교육과학사, 1996, 26면 이하; 정재황, "한국에서의 인간존엄성의 보장", 『세계헌법연구』 제7호, 2003.5, 99면 이하를 참조.

7) 정종섭, 『헌법학원론』(제7판), 서울: 박영사, 2012, 401면.

8) 헌법재판소 역시 "헌법 제10조에서는 … 모든 기본권의 종국적 목적이자 기본이념이라 할 수 있는 인간의 존엄과 가치를 규정하고 있는바, 이는 인간의 본질적이고도 고유한 가치로서 모든 경우에 최대한 존중되어야 한다"고 판시하고 있다. 헌

간의 존엄과 가치는 국가의 존립근거로서, 기본권보장에서의 이념적 기초가 되는 최고의 가치이고 최고원리이기 때문에 어떠한 경우에도 부정될 수 없다.

1) 의 의

이러한 인간의 존엄과 가치의 의미에 관한 기존의 헌법학계의 논의들을 검토해보면,[9] 대부분 '인간의 존엄과 가치'를 '인격(주체)성'으로 치환하는 것으로 논의를 정리하고 있는데, '인격'이라는 개념 역시 '인간의 존엄과 가치'라는 개념 못지않게 구체화를 필요로 하는 불확정 개념이기 때문에,[10] 보다 문리적으로 충실한 해석이 요구된다.

법재판소 2001.07.19, 2000헌마546, 판례집 13-2, 103, 111면.

9) 김성훈, "인간으로서의 존엄과 가치 - 헌법 제8조의 해석을 중심으로", 『제주한라대학 논문집』 제1집, 1975; 김철수, "인간의 존엄과 가치", 『선거관리』 제17집, 1976.12; 곽종영, "인간존엄의 법철학적 배경", 『순천향대학교 사회과학연구』 제3집, 1990; 박종순, "인간의 존엄과 인권보장", 『전주우석대학 논문집』 제12집, 1990; 유시조, "헌법상의 인간관에 관한 일고찰", 『공법연구』 제24집 제2호, 1996; 권영성, 앞의 책, 375면 이하; 김철수, 앞의 책, 401면 이하; 계희열, 『헌법학(중)』 (신정판), 서울: 박영사, 2004, 190면 이하; 허영, 『한국헌법론』(전정8판), 서울: 박영사, 2012, 330면; 성낙인, 『헌법학』(제12판), 파주: 법문사, 2012, 408면 이하; 정종섭, 앞의 책, 401면 이하; 강경근, 『(신판)헌법』, 서울: 법문사, 2004, 512면 이하; 장영수, 『헌법학』(제2판), 서울: 홍문사, 2007, 562면 이하; 홍성방, 앞의 책, 371면 이하 등.

10) 사전적으로 '인격'이란 '사람으로서의 품격'이라는 개념을 필두로, 법학·사회학·심리학·종교·철학 등에서 다양하게 사용되는 개념이다. 즉 '①『법』권리 능력이 있고, 법률상 독자적 가치가 인정되는 자격 ②『법』형사학상, 신체적 특성을 제외한 인간의 정신적·심적 특성의 전체, ③『사』공동생활의 주체로서의 독립적 개인 ④『심』개인의 지적(知的), 정적(情的), 의지적 특징을 포괄하는 정신적 특성. 개인이 자기 자신을 유일한 지속적 자아로 생각하는 작용이다. ⑤『종』신에 대하여 인성(人性)을 갖춘 품격. ⑥『철』도덕적 행위의 주체가 되는 개인. 자기 결정적이고 자율적 의지를 가지며, 그 자신이 목적 자체가 되는 개인을 이른다' 등의 의미를 가진다. 국립국어연구원 편, "인격", 『표준국어대사전』, 서울: 두산동아, 1999.

우선 '인간'이라는 개념부터 구체화를 필요로 하는데, 인간이라는 개념 자체가 생명과학·사회학·철학 등의 제학문분과의 성과를 종합하여 파악해야 할 필요가 있는 복합적인 개념이기 때문이다.[11] 실제로 이러한 인간 개념 규정의 난점을 들어 법은 인간이냐 여부를 결정할 수 없고 인간임을 전제로 출발할 수밖에 없다는 견해도 없지 않으나,[12] 오늘날의 상황은 법학 내에서도 인간이란 무엇인가에 관한 질문을 피할 수 없게 만든다. 즉 역사적으로 보면, 인간존엄성의 요청은 정치권력에 대한 무자비한 행사로부터 개인을 보호하기 위하여 주장되었지만, 오늘날 생명공학이라는 새로운 상황 하에서 인간존엄성은 그 새로운 의미를 얻어가고 있기 때문이다.[13]

---

11) '인간'의 사전적 의미는 '언어를 가지고 사고할 줄 알고 사회를 이루며 사는 지구 상의 고등 동물' 정도이다. 국립국어연구원 편, "인간", 『표준국어대사전』, 서울: 두산동아, 1999. 그렇지만 아직까지 인간이 무엇인가라는 질문에 대한 충분한 답변이 이루어졌다고 보기는 어렵다. 인간의 본질이란 항상 새로운 깊이와 비밀을 보여주며 항상 새로운 물음을 요청하기 마련이기에, 이 물음은 설사 인간 현존재의 전체를 살피는데 있어서 제대로 답을 찾는다 할지라도 결코 목적지에 도달하지는 못할 것이라는 견해도 있다. Emerich Coreth, *Was ist der Mensch? —Grundzüge einer Philosophischen Anthropologie*, 진교훈 역, 『철학적 인간학』, 서울: 종로서적, 1986[1993print], 6면. 인간이란 무엇인가에 관한 우리 학계의 표준적인 논의는 최봉영, "인간이란 무엇인가", 우리사상연구소 편, 『우리말 철학사전1 —과학·인간·존재—』, 서울: 지식산업사, 2001을 참조.

12) 김선택, "헌법 제9조 제1문 전단 '인간으로서의 존엄'의 의미와 법적 성격", 고려대학교 법학석사학위논문, 1984, 15~16면.

13) 요즘 한창 전개되고 있는 대(對)생명공학적 논의의 장에 들어가 보면, 인간존엄성 보장이라는 화두가 생명에 대한 생명공학적 개입행위에 대한 도덕·윤리적 요청으로서 주장되고 있는 것을 자주 접하게 된다. 인간존엄성에 대한 주장은 인간에 대한 생명공학적 기술의 적용과 개입을 인간존엄을 침해하는 행위로 규정하고 이를 금지하려는 데에 그 목적이 있다. 윤리, 도덕, 종교의 영역에서 시작된 존엄성 논의는 궁극에는 법적 영역으로 넘어 들어오고, 생명공학에 대한 법적 규제의 근거로서 대두되고 있다. 강희원, "배아복제와 인간존엄성의 정치학", 『법제연구』 제20호, 2001, 19면. 생명과학과 관련한 사항을 규율하는 법제로는 『생명윤리 및 안전에 관한 법률』(일부개정 2007년 4월 11일 법률 제8366호)이 있으며, 이와 관련한 최근의 우리 학계의 논의들로는 박은정, 『생명공학시대의 법과 윤리』, 서울: 이화여자대학교출판부, 2000; 명재진, "유전공학과 헌법", 『충남대학교 법학연구』 제

한편 '존엄'이라는 개념 역시, 그 사전적인 의미는 '인물이나 지위 따위가 감히 범할 수 없을 정도로 높고 엄숙함'14)으로서, '사물이 지니고 있는 쓸모'를 의미하는 '가치'15)와는 개념적으로 구별이 가능한 용어이기 때문에 양자를 동일시하는 입장은 수용하기 다소 곤란하다 하겠다. 특히 '존엄'은 개념상 존엄하거나 혹은 존엄하지 않거나의 문제만을 발생시킬 뿐, 얼마나 존엄한가가 문제되지 않는 반면,16) '가치'는 얼마나 가치있는가의 판단이 가능한 상대적인 개념이기 때문에 양자의 취급을 달리할 필요성이 없지 않다.

생각건대 헌법 제10조의 '인간으로서의 존엄과 가치'의 문리적인 이해는 '존재론적 차원'에서의 '인간'이 '존엄한 존재'이며, '가치를 가지는(혹은 가질 수 있는) 존재'라는 '규범적 의의'를 확인하는 규정이라 할 수 있다.17) 이는 우리 헌법에 반영된 근대적·자유주의적인 맥락의 '사회계약'18)의 가장 기본

11권 제1호, 2000; 조홍석, "생명복제와 인간의 존엄", 『공법연구』 제30집 제1호, 2001.12; 김명재, "인간복제와 존엄성", 『공법연구』 제30집 제1호, 2001.12; 이금옥, "미국 헌법상 인간복제에 관한 논의", 『공법연구』 제31권 제5호, 2003; 김형성, "생명공학의 헌법적 가능성과 한계", 『공법연구』 제32집 제1호, 2003; 김선택, "출생전 인간생명의 헌법적 보호", 『헌법논총』 제16집, 2005 등을 참조.

14) 국립국어연구원 편, "존엄", 『표준국어대사전』, 서울: 두산동아, 1999.

15) 국립국어연구원 편, "가치", 『표준국어대사전』, 서울: 두산동아, 1999. 그 밖에도 ①『철』대상이 인간과의 관계에 의하여 지니게 되는 중요성 ②『철』인간의 욕구나 관심의 대상 또는 목표가 되는 진, 선, 미 따위를 통틀어 이르는 말 등의 의미를 가진다.

16) 존엄이라든가 신성이라고 하는 말은 본래 종교에서 온 무한의 가치를 가지는 것에 대한 인간의 특별한 감정을 나타내는 말들이다. 유한의 가치를 가지는 것은 아무리 고가라고 하더라도 존엄이라고 하지 않는다. 정기준, "민주주의란?", 『선거관리』 제4집 제1호, 1971.8, 74면.

17) 이 조항은 헌법전에의 규정여부와 무관하게 인정되는, 근대적 사회계약의 전제이자 양보할 수 없는 가치이기에, 헌법전의 규정은 '확인규정'일 수 밖에 없다.

18) 근대적·자유주의적인 맥락의 '사회계약'에 관한 일반적인 논의는 John Locke, *The Second Treatise of Government*, 이극찬 역, 『시민정부론』, 서울: 연세대학교 출판부, 1970[2004print], 125면; Jean-Jacques Rousseau, *Du Contrat social*, 이환 역, 『사회계약론 또는 정치적 권리의 제 원리』, 서울: 서울대학교출판부, 1999[2002 print], 19면 이하를 참조.

적인 조항을 명시한 것으로,[19) 여기에서의 '존엄'은 절대적 평등의 차원에서, '가치'는 상대적 평등의 차원에서 고려 가능한 핵심적인 사항으로, 법체제의 궁극의 이념인 '정의'의 핵심적인 요소로 기능하며,[20) 특히 인간의 존엄은 기본권의 제한에 있어서 모든 기본권의 '본질적 내용'에 해당되는 것이라 할 수 있다.[21)

이를 보다 자세히 설명하면, 우선 헌법 제10조에 있어서의 '인간'의 개념은 결국 규범적으로 판단되어야 할 것이기는 하지만,[22) 이러한 규범적 판단에 앞서 존재론적인 차원의 인간의 개념을 충분히 고찰할 필요가 있다고 할 것이다.[23) 즉 규범적인 인간개념은 생명과학적 차원에서의 인간 개념을 출발점으로 하여, 철학을 비롯한 인문·사회과학적인 인간개념을 고려하여 도출해내야

---

19) 이러한 입장은 '인간의 존엄과 가치'를 주관적 권리로서의 성격을 부여할 필요성을 느끼지 못한다. 우리 헌법상의 열거되지 않은 기본권의 인정은 헌법 제37조 제1항만으로 충분하다고 보기 때문이다. 헌법 제37조 제1항과 관련한 논의는 한상희, "헌법에 열거되지 아니한 권리", 『공법연구』 제27집 제2호, 1999.6 등을 참조.

20) 라드부르흐에 따르면 정의는 두 가지 관점에서 파악가능한데, 첫번째의 정의는 합법성(Rechtlichkeit)의 차원이고, 두번째는 바로 평등(Gleichheit)의 차원인데, 특히 문제가 되는 것은 후자라고 한다. Gustav Radbruch, Erik Wolf und Hans-Peter Schneider(Hrsg.), *Rechtsphilosophie(8 Aufl.)*, 최종고 역, 『법철학』, 서울: 삼영사, 1975[1993print], 64면.

21) 허영 교수는 '인간의 존엄과 가치'가 기본권의 본질적 내용에 해당하는 것으로 보고 있다. 허영, 앞의 책, 336면. 이에 대한 반대의 견해로는 계희열, 앞의 책, 198면. 계교수는 "인간존엄이 곧 이들 기본권의 본질적 내용이라는 것은 아니다. 개별기본권은 각기 고유한 본질적 내용을 갖고 있다"면서 개별기본권규정을 제쳐두고 존엄성규정을 우선 적용해서는 안 되고 보충적으로 적용해야 한다고 주장한다.

22) 주 11)에서 이미 언급한 바와 같이 완전한 존재론적 차원의 인간개념을 확보하기가 곤란하기 때문에, 결국은 규범적인 차원의 개념규정이 필요하게 된다. 특히 출생전의 단계를 인간개념에 포함시킬 것인가의 문제 등에 대한 규범적 판단이 중요한 의미를 가진다.

23) "인간 주체성의 문제는 인간을 인간 이외의 다른 존재로부터 구별하게 하는 인간의 특성이기도 하다"라는 진술(유시조, 앞의 논문, 39면)는 추가적인 검토를 필요로 하기는 하나, 인간의 개념이 '인간 이외의 다른 존재로부터 구별하는 기능'을 수행해야 한다는 중요한 측면을 지적하고 있다 하겠다.

할 것이기에, 상대적으로 존재론적 차원의 개념으로서의 성격이 강하다고 하겠다. 아울러 인간의 존엄과 가치를 보유하는 인간의 범위는 그 정신적·육체적 능력에 관계없이 결정해야 하는 바, 이러한 맥락에서의 '인간'은 현재 수준의 생명과학적인 차원에서 "인간으로 규정되는 생물계의 종(種)"을 중심으로, 사회적인 차원에서 인간이라 규정하는 내용을 수용하는 것이 필요하다고 할 것이다.

이러한 인간개념을 바탕으로 인간의 '존엄'과 '가치'에 관하여 살펴보면, 인간의 '존엄(dignity)'은 모든 국민에게 절대적으로 동등하게 보장되어야 할 가치로서, '인격(주체)성'이나 인간의 본성에 대한 가치평가 등의 특정한 근거에 의해 인정되는 것이 아니라,[24] 맹목적으로, '그저 사회계약의 주체가 인간이기에' 자연스럽게 서로가 인정하게 되는 기본적인 전제라고 볼 수 있다.[25] 즉 존엄이란 인간에 대한 윤리적 평가의 결과이며, 그것은 고유가치로서 인간에게 그 자신(인간이기) 때문에 주어지며, 다른 사물(Güter)이나 목적 때문에 주어지는 것이 아니라는 것이다.[26] 이러한 '인간의 존엄'은 그 개념상 '목적적 존재(目的的 存在)로서의 인간(人間)'으로서의 대우를 함축하는 것이며,[27] 구체적으로는 생명 및 신체의 완전성이라는 생물학적 측면을 기초로,[28] 생명 및

---

24) 이러한 접근은 경우에 따라 인간의 존엄이 부정될 수 있다는 우려가 제기될 수 있을 것이다. 같은 지적은 장영수, 앞의 책, 562면.
25) 장영수, 위의 책, 565면. 이러한 입장은 현대에 들어서 피터 싱어(Peter Singer) 등의 윤리학자들에 의해 인간을 다른 종에 우선시키는 '종차별주의(speciesism)'의 결과라는 비판을 받고 있기도 하다. 이러한 맥락에서 현행 헌법의 '인간의 존엄과 가치'를 중심으로 하는 사회계약은 '근대적인' 성격을 보유하고 있는 것으로 평가할 수 있다. 종차별주의에 관한 논의와 그에 대한 비판은 추정완, "피터 싱어(Peter Singer)의 종차별주의(speciesism) 비판론 연구", 서울대학교 교육학석사학위논문, 2005를 참조.
26) 계희열, 앞의 책, 197면. 바이에른 헌법재판소의 판결에 따르면, "인간적 인격성의 존엄은 인간에게 인간이기 때문에 주어지는 가치 및 존중의 요청인 것이다"라고 한다(BayVerfGH 1, 32; 2,91; 8, 57; 10, 68).
27) 계희열, 위의 책, 198면.
28) 이러한 측면의 구체화를 위해 거론되는 기본권이 바로 '안전권(安全權)'이라 할 수 있을 것이다. 안전권에 관한 기초적인 논의는 송석윤, "기본권으로서의 안전권에

종의 유지에 필요한 생활근거의 확보라는 사회적 차원29) 및 인격형성의 기초가 되는 자아의 형성에 필요한 범위 내에서의 교육 및 문화생활의 향유라는 문화적 차원, 그리고 보통·평등선거 및 평등한 정치참여 등으로 대표되는 정치적 차원 등의 가능한 모든 차원에서 각각 검토되어야 한다.30) 그리고 인간의 '가치(value)'는 '인간의(인간에 대한) 독자적 평가'31)라는 정의를 그대로 수용해도 큰 무리가 없을 것으로, 그 가치에 따른 상대적 취급의 가능성의 근거로 작용한다고 할 수 있다.32)

한편 인간의 존엄 및 가치의 보호의 정도는 각 차원마다 달리 적용되게 되는데, 생물학적·문화적·정치적 차원의 경우는 가급적 완전한 보장이 요구되는 반면, 사회적 차원의 경우는, 현실적인 제약조건으로 인해, 국가의 기본권 보장의무의 심사기준이라 할 수 있는 과소보호금지의 원칙의 적용 하에 보장되지만, 그 기준을 지속적으로 높여나갈 것이 현대 국가의 주요한 목표 가운데 하나로 요구된다.

관한 시론적 연구", 『이화여자대학교 법학논집』 제8권 제1호(2003)을 참조.

29) 인간의 존엄권은 생명권, 생명을 유지할 수 있는 생활근거에 관한 권리 등을 포함한다는 견해도 (비록 권리성 인정 여부에서는 차이가 나지만) 내용적으로는 이와 유사한 입장이라 할 수 있다. 김철수, 앞의 책, 405면.

30) 이러한 필자의 '존엄'의 개념과 가장 유사한 입장은 정종섭 교수의 논의에서 발견된다. 정교수는 "(인간으로서의 존엄과 가치를 human dignity의 의미로 통일적으로 이해하는 가운데) 존엄이란 인간이 지니는 윤리적 가치로서 그 자체 인간이기 때문에 가지는 정체성과 고유한 가치를 의미하며, 인간은 그 자체 목적으로 존재하며 어떠한 경우에도 타자의 수단으로 존재하지 아니한다는 것을 의미한다. 이에 의하여 인간은 자신의 문제를 스스로 결정하는 자율적인 존재이고 자신의 삶을 스스로 영위하는 존재이다. 인간의 존엄은 죽은 경우에도 일정한 영역에서는 인정되지만, 무엇보다 생명을 유지하고 살아 있어야 함을 전제로 한다는 점에서 생명과 생존이 그 바탕을 이루고, 이를 바탕으로 자신의 개성과 인격을 최대한으로 실현하는 삶을 산다는 점이 중요한 의미를 가진다"고 한다. 정종섭, 앞의 책, 402면. 한편 인간의 존엄의 구체적인 침해형태에 대한 논의는 계희열, 앞의 책, 199~200면을 참조.

31) 김철수, 앞의 책, 402면.

32) 이러한 인간의 존엄과 가치의 구체화를 위한 포괄적인 기본권으로 '행복추구권'을 이해한다. 법제처 편, 『헌법연구반 보고서』, 서울: 법제처, 1980, 77면의 논의 참조.

2) 인간과 정보

이처럼 우리 법체제의 근본을 형성하는 헌법이 상정하고 있는 인간상은 생물학적 차원의 인간개념을 기반으로 하되, 자율적·이성적 주체로서의 인간개념과 함께 사회·문화적 차원에서의 인간개념을 종합적으로 고려해야 할 것이다. 인간은 출생 이후, 성장과정을 통해 타인 및 환경과의 유기적이고 연속적인 관계 속에서 동태적으로 파악할 필요성이 크고, 특히 사회적 존재로서의 인간의 인격의 핵심을 이루는 '자아형성'에 있어서의 '학습'의 중심을 이루는 문화적 요소 및 타인과의 커뮤니케이션의 중요성은 새삼 강조할 필요가 없을 정도이기에, 문화 및 커뮤니케이션 과정의 중심을 이루는 '정보'는 '인간상'의 이해에서부터 분리해서 생각할 수 없을만큼 중요한 요소이다. 아울러 '인정욕구'나 '자아실현욕구'의 충족에 있어서도, 정보의 중요성은 절대적으로 중요성을 가지기 때문에, 정보는 곧 인간의 존엄과 가치를 실현하는데 있어 필수적인 요소라 할 수 있을 것이다.

특히 헌법 제34조의 제1항의 인간개념은 존재론적 인간개념을 바탕으로 하는 헌법 제10조의 인간의 개념과는 달리 규범적인 차원의 개념으로 헌법이론적 차원에서 구체화를 요하는 개념이라 할 수 있다.[33] 아울러 헌법 제10조의 규정이 사회계약의 기초로 공동체 형성의 기반으로 기능하는 반면, 헌법 제34조 제1항은 사회적 기본권의 핵심으로, 그 실현여부에 따라서 국가의 목표규정 혹은 헌법의 기본원리로서의 성격을 갖는다. 결국 이러한 규범적 차원의 '인간' 개념은 단순한 생명과학적 차원의 수준을 넘어서는 사회적·문화적 차원의 고려가 적용되는 문화적인 인간상이어야 할 것이다. 한편 현행법제 가운데 『국민기초생활 보장법』은 바로 이러한 문화적인 생활의 보장을 명시적으

---

[33] 권영성 교수는 "건강하고 문화적인 생활수준은 특정의 시점에서 그리고 특정한 국가에서 일단 이론적으로 결정되어야 하며 또 결정될 수 있을 것"이라면서 '재정 경제원·한국은행 등의 생계비지수 등을 참고'할 것을 언급하면서, "그 수준은 결코 예산의 유무에 의하여 좌우될 것이 아니라 그것이 예산편성을 지도하고 지배해야 한다"고 한다. 권영성, 앞의 책, 658면. 이는 홍성방, 앞의 책, 579면에 의해서도 지지되고 있다.

로 규정하고 있기도 하다.[34]

아울러 전근대적인 권위들에 대한 개인의 권리가 보장되는 국가의 건설과 운영을 임무로 삼았던 근대적인 헌법체제와는 달리, 현대적인 헌법체제는 근대적 헌법체제의 임무를 넘어선 사회정의의 실현을 이념으로 삼는 한편, 환경문제를 위시한 각종 사회적 위험이 상존하는 위험사회에 대처해야 하기 때문에, 근대적 헌법체제에 비해 더욱 고양된 차원의 체제구성원을 요구할 수 밖에 없다고 하겠다.

결국 이러한 현대적 헌법의 관점에서의 인간은 개인주의나, 전체주의에 대비되는 형태의 사회체제 내에서의 인간의 의미로서의 '인격주의적 인간상'에 만족할 것이 아니라, 보다 적극적으로 사회·문화적 차원에서의 자아형성 및 실현을 추구하는 '문화적 인간'을 지향해야 할 것이다. 이는 우리 헌법의 제34조 제1항의 적극적 해석의 결과라고 할 수 있다.[35]

---

34) 『국민기초생활 보장법』 제2조 6. "최저생계비"라 함은 국민이 건강하고 문화적인 생활을 유지하기 위하여 소요되는 최소한의 비용으로서 제6조의 규정에 의하여 보건복지부장관이 공표하는 금액을 말한다.
제4조 (급여의 기준 등) ① 이 법에 의한 급여는 건강하고 문화적인 최저생활을 유지할 수 있는 것이어야 한다.

35) 이러한 '문화적 인간'의 모습은 마르크스 등이 꿈꾸었던 이상향인 공산주의 사회에서의 인간의 모습 속에도 반영되어 있음은 주목할만 하다. 즉, "공산주의 사회에서는, 누구도 특정한 배타적인 행위영역만을 갖지 않고 각자가 원하는 어느 분야에서든지 업무를 수행할 수 있으며, 사회가 '일반적 생산(general production)'을 규율하여, 사냥꾼, 어부, 목동, 비평가가 되지 않으면서도, 자신이 하고 싶은 대로 오늘은 이 일을, 내일은 저 일을, 즉 아침에는 사냥하고, 오후에는 낚시하고, 저녁 때는 소를 몰며, **저녁 식사 후에는 비평을 하는(criticize after dinner)** 것이 가능하게 된다(강조는 필자)"는 것이다. Karl Marx and Friedrich Engels, translated by Clemens Dutt, W. Lough and C.P. Magill, 『Karl Marx Frederick Engels Collective Works Vol.5』, New York: International Publishers, 1976, p.47. 이는 『독일이데올로기』의 한 구절로, 한국어 번역은 Karl Marx and Friedrich Engels, The German Ideology, 박재희 역, 『독일 이데올로기』 I, 서울: 청년사, 1988, 64면을 참조. 여기에서의 '일반적 생산'이란 '개별적 생산(individual production)'의 총합으로, 모든 개인들의 소비욕구를 충족시킬 수 있는 생산을 의미한다. Eric Gans, "Marx II: Scenes of Revolution", 『Chronicles of Love and Resentment』 No. 278, 2003,

2. 인간의 생명과 지적재산권

인간의 생명은 인간의 존엄과 가치의 기본을 형성하는 중요한 가치라고 할 수 있다. 비록 인간의 생명이 영원하지는 않지만, 생명이 유지되는 한 가급적 건강한 삶을 살 수 있어야 한다는 것은 인간의 존엄과 가치와의 연관 속에서 생명 못지않은 중요성을 가진다고 할 수 있을 것이다. 그렇지만 생존기간 내내 항상 건강을 유지한다는 것은 거의 불가능하며, 크고 작은 질병의 위험 속에서 의학의 도움을 통하여 건강을 회복·유지하며 삶을 유지해나가는 것이 일반적인 경우라 할 수 있다.

그렇지만 의학 발전 역시 적지않은 비용 투자와 노력에 기반하여 이루어지는 것이기 때문에, 지적재산권에 의한 보호가 일찍부터 이루어져 왔다. 이른바 의약품특허가 이와 관련한 것인데, 이런 의약품특허로 인해 높은 의료비용이 유지되는 경우가 많아, 재산권과 생명권이 충돌하는 양상이 발생하기도 한다.[36]

대표적인 사례가 바로 에이즈(Acquired Immune Deficiency Syndrome: AIDS)의 치료제와 관련한 논란이라 할 수 있는데, 전세계 에이즈 환자의 70% 이상이 아프리카의 가난한 나라들에 살고 있는 현재, 서구의 제약회사가 개발한 치료제는 2001년 현재 500달러에서 1000달러에 육박해, 도저히 정상적으로는 구매할 수 없는 상황에 처해 있다고 한다.[37] 이러한 상황 속에서 서구의 제약회사들은 특허권이 인정되지 않는다면 제약산업이 존재할 수 없다고 주장해 왔고, 에이즈 환자들과 그 지원단체들은 특허권이 생명에 우선할 수 없다고 주장하면서 환자들에게 값싼 치료제를 대량으로 공급할 수 있는 방안을 마련하라고 관련 정부에 촉구해 왔다. 에이즈 치료제의 특허권 분쟁은 의약품의

---

http://www.anthropoetics.ucla.edu/views/vw278.htm(accessed July 10, 2007).

36) 자세한 논의는 Kevin Outterson, "The Vanishing Public Domain: Antibiotic Resistance, Pharmaceutical Innovation and Intellectual Property Law", 『67 U. Pitt. L. Rev. 67』, Fall, 2005.

37) 정의철·안주아, "국제 정보 헤게모니 체제로서의 지적재산권 - 아프리카의 에이즈 위기와 제약특허 문제를 중심으로", 『한국언론학보』 제48권 제1호, 2004, 243～246면.

판매가격이 특허권의 유무에 따라 크게 달라진다는 점을 상징적으로 보여준다. 즉, 의약품에 대한 특허권으로 인해 '건강하게 살 권리'가 크게 위협받을 수 있는 것이다.[38]

이 문제를 해결할 수 있는 방안으로는 '병행수입'이나 '특허권에 대한 강제실시권'의 설정을 들 수 있다. 그렇지만 병행수입은 수입품이 진정상품일 것과 특허권자가 적법하게 임의로 유통시킨 것일 것 등이 전제되어야 하므로, 일반적으로는 강제실시권의 설정이 특히 중요하다. 그렇기 때문에 강제실시권에 대해서는 특허권의 공정한 행사를 촉진하는 중요한 요소로 간주되어 산업재산권의 보호에 관한 파리협약의 개정시에도 개발도상국으로부터 논의가 있었던 것이다. 아울러 WTO/TRIPs 제31조 역시 강제실시권의 성립요건을 엄격히 규정하고 있다.[39] 그렇지만 승인요건의 내용이 애매하고 추상적이어서 달리 해석될 여지가 많을뿐더러, TRIPs가 구축하는 세계시장에서의 경쟁질서 유지를 명분으로 미국정부가 압력을 행사하는 경우가 많아 의약품에 대한 강제실시의 승인은 용이하지 않은 것이 현실이다.[40]

---

38) 의약품 특허와 관련한 우리나라의 사례로는 만성골수성 백혈병 치료제 '글리벡'을 둘러싼 논란을 들 수 있다. 자세한 내용은 이수연, "다국적 제약자본의 지적재산권 보호 대 국민 건강권 보장간의 갈등 - 글리벡 사건을 중심으로", 『사회복지연구』 제23호(2004)를 참조.

39) 보충성원칙(TRIPs 제31조(b)) / 최소실시원칙(TRIPs 제31조(d)) / 한시성원칙(TRIPs 제31조 (g)).

40) 한편 미국은 자국의 이익과 관련된 경우 강제실시에 있어서 정반대의 태도를 취한다. 9·11 사건 이후 미국에서는 탄저병 소동이 벌어진 적이 있는데, 이때 미국 정부는 불과 몇 명 발생하지도 않은 자국민 환자와 앞으로 발병할지 모를 환자들의 치료를 염려하여 독일 바이엘이 개발한 치료약인 시프로(Cipro)에 대해 약품가격의 인하를 요구하는 한편 이를 거부하면 미국 내의 특허권을 무효화할 수 있다고 위협하여 약가 인하 요구를 관철시킨 바 있다. 또한 캐나다는 극도의 긴급사항(a situation of extreme emergency)에 해당한다는 이유로 강제실시권을 발동하여 국내 제약사로 하여금 치료약을 만들 수 있도록 허용하였다. 파이낸셜 타임즈(Financial Times), 2001.10.21., 3면; 동 2001. 11. 6., 4면, 19면; 박성호, 앞의 논문, 70면 주3)에서 재인용. 이에 대해 박교수는 "아프리카 등 제3세계에서 창궐하는 에이즈 환자의 치료약을 값싸게 공급하는 문제를 외면해 온 미국 등 선진제국의 그간의 태

한편, 2001년 11월 14일 카타르 도하에서 발표된 세계무역기구(WTO)의 각
료선언문, 즉 'TRIPs과 공중의 건강에 대한 선언'에는 '공익을 위한 강제실시'
의 관련 내용이 포함되는 등, 미흡하기는 하지만 특허권의 보호강화로 말미암
아 위기에 처해있는 인간의 건강권과 생명권을 보장받기 위한 노력이 지속적
으로 진행 중이라는 사실을 확인할 수 있다. 우리『특허법』제107조도 '통상
실시권 설정의 재정(裁定)'에 관한 규정을 두면서 제1항 제3호에서, TRIPs 제
31조에 따라, '공공의 이익을 위하여 비상업적으로 특허발명을 실시할 필요가
있는 경우'에 특허발명을 실시하고자 하는 자가 통상실시권의 재정을 청구할
수 있도록 규정하고 있다.41)

원래 특허라는 것은 하나의 물건이나 부품에 한정되는 것이므로 특허권 부
여로 인하여 경쟁제한적인 결과가 초래된다 하더라도 특허제도를 통해 보다
많은 발명이 유인·장려되어 사회에 기여한다는 장점이 있는 것이나, 특히 의
약품에 의한 질병의 치료는 인간의 생존권과 직결되는 문제이기 때문에, 가격
이나 비용의 문제와 같은 경제학적 접근방법으로만 논의를 집중해 가는 최근
의 흐름은 우려할 만하다.42) 의약특허에 의해 지지되는 높은 의약품 가격은
구매능력이 없는 환자들의 치료에 아무런 보탬이 되지 못하며, 오히려 환자들
의 건강을 보다 악화시킬 수 있는 모조 의약품(counterfeit medicine)의 제조와
판매의 유인으로도 기능하기도 하기 때문에,43) 의약품 특허에 관한 논의에 있

도에 비추어 볼 때, 극히 이례적인 방향선회라고 할 수 있다. 종래의 태도와는 상
반된 이러한 '이중기준'이 발동된 것은 아마도 자국민의 건강 문제가 관련되었기
때문일 것"이라 평가하고 있다.
41) 박성호, 위의 논문, 70～71면.
42) 박성호, 위의 논문, 73면.
43) 세계보건기구(WHO)와 경제협력개발기구(OECD)의 제약안전연구소(the Pharma-
ceutical Security Institute) 공동의 최신 조사 결과에 따르면, 중남미와 동남아, 사
하라 사막이남 아프리카의 몇몇 지역에서 판매되는 의약품 중 30% 이상이 모조
의약품인 것으로 추산되고 있다. 개도국에서는 그 비율이 10%로 추산되지만, 대부
분의 구 소련 지역에서는 20% 가까이에 이르는 반면, 규제가 강한 선진국들의 경
우에는 모조 의약품은 시장가치의 1% 미만에 그치고 있다는 것이다. 그러나 불법
인터넷 판매를 통한 의약품은 50% 정도가 모조품이라고 이 조사결과는 덧붙였다.

어서 특히 다양한 측면을 염두에 둘 필요성에 있다.

3. 민주주의와 정보

정치적 차원에서도 정보는 중요한 위치를 차지하고 있으며, 특히 우리 헌법의 지도원리 가운데 하나라 할 수 있는 민주주의의 실현에 있어 중요성을 갖는다고 할 수 있음은 이미 정보의 공공성의 여러 차원을 언급하면서 정치적 차원의 정보의 공공성에 관한 논의 통해서 간단히 살펴본 바 있다. 이러한 측면은 우리 헌법재판소에 의해서도 충분하게 인식되고 있기에 이하에서는 민주주의에 있어서의 정보의 의의와 관련한 헌법재판소의 견해들을 중심으로 살펴보기로 한다.

1) 민주주의에서의 정보의 중요성

"통치권자와 피통치자가 이념상 자동적(自同的)인 자유민주주의 체제하에서는 정치지도자들이 내리는 결정이나 행동에 관해서 충분히 지식을 가지고 있는 국민대중을 필요로 하며, 자유스러운 표현체계의 유지는 개인의 자기실현을 확보하고 진리에 도달하는 수단이며 사회구성원의 정치적·사회적인 결단의 형성에 참가하는 것을 확보하는 수단일 뿐만 아니라 사회의 안정과 변혁과의 사이의 균형을 유지하는 수단이기 때문이다. 또한 자유민주주의 사회는 전체주의 사회와 달라서 정부의 무류성(無謬性)을 믿지 않으며 정부는 개인이나 일반대중과 마찬가지로 또는 그 이상으로 오류를 범할 가능성이 있을 뿐만 아니라 권력을 가진 자가 오류를 범한 경우의 영향은 대단히 크다고 하는 역사적 경험을 전제로 하여 정부가 국민의 비판을 수렴함으로써 오류를 최소화할 수 있다는 사고방식을 보편적으로 수용하고 있는 것이다. 표현의 자유가

---

http://www.who.int/mediacentre/news/releases/2006/pr69/en/index.html(accessed November 25, 2006)

다른 기본권에 우선하는 헌법상의 지위를 갖는다고 일컬어지는 것도 그것이 단순히 개인의 자유인데 그치는 것이 아니고 통치권자를 비판함으로써 피치자가 스스로 지배기구에 참가한다고 하는 자치정체(自治政體)의 이념을 그 근간으로 하고 있기 때문인 것이다"44)라는 헌법재판소의 판례는 표현의 자유의 중요성에 대하여 역설하는 가운데, 민주주의에 있어서의 정보의 중요성을 잘 보여주고 있다고 하겠다.

전근대적인 권위들에 대해서 개인의 권리가 보장되는 국가의 건설과 운영을 임무로 삼았던 근대적인 헌법체제와는 달리, 현대적인 헌법체제는 근대적 헌법체제의 임무를 넘어선 사회정의의 실현을 이념으로 삼는 한편, 환경문제를 위시한 각종 사회적 위험이 상존하는 위험사회에 대처해야 하는 과제를 민주주의 원칙에 의해 해결해야 하기 때문에, 근대적 헌법체제에 비해 더욱 고양된 차원의 체제구성원을 요구할 수 밖에 없다고 하겠다. 이러한 상황에 있어서 정보는 체제구성원들의 기본적인 사회화에 있어 중요한 역할을 수행함은 물론, 각종 민주적 의사결정의 기초로 기능하게 될 뿐만 아니라, 정책 수행자의 정책 수행에 대한 평가를 위한 기초로도 기능하는 필수적인 역할을 수행하게 된다. 이러한 맥락에서 정부는 정책수행에 있어서 정당성을 유지하기 위한 기반으로 국민에 대한 충분한 정보를 제공해야 하며, 국정에 관한 국민들의 의사를 적극적으로 반영하기 위한 노력을 게을리하지 않아야 한다.

2) 공론장의 중요성

사회의 공익사항에 대한 다측면적 정보를 전달하면서 동시에 이 공익사항에 관한 발언을 통해 따지고 여론적 압력으로 정부의 정책결정을 통제하고 추적, 폭로, 칭찬과 비판, 책임추궁, 악평과 호평 등에 입각하여 개인들, 사회적 권력자, 국가관리들의 반(反)공익적 권력남용을 제재하는 쟁론적 논의의 장(場)으로 잠정적으로 정의할 수 있는 공론장(public sphere; Öffentlichkeit)은 소식전달의 기능과 아울러 정치적 영향력 또는 권력의 기능을 행하고 또한 국가

44) 헌법재판소 1992. 2. 25. 89헌가104, 판례집 4, 64, 94~95면.

재판소의 심판행위를 전후하여 정치규범적 제재기능(소위 '언론재판')을 수행
하며, 문제와 사안에 따른 다측면적인 논의들(Diskurse)을 담고 있게 된다.

특히 민주주의와 관련한 이러한 공론장의 중요성은 주로 언론·출판의 자유
에 대한 헌법적 중요성에 대한 선언으로 표출된 바 있다. 즉 언론·출판의 자
유는 현대 자유민주주의의 존립과 발전에 필수불가결한 기본권이며 이를 최
대한도로 보장하는 것은 자유민주주의 헌법의 기본원리의 하나이다.45) 이는
기본적으로 사회구성원이 자신의 사상과 의견을 자유롭게 표현할 수 있다는
것이야말로 모든 민주사회의 기초이며, 사상의 자유로운 교환을 위한 열린 공
간이 확보되지 않는다면 민주정치는 결코 기대할 수 없기 때문이다. 따라서
민주주의는 사회내 여러 다양한 사상과 의견이 자유로운 교환과정을 통하여
여과 없이 사회 구석구석에 전달되고 자유로운 비판과 토론이 활발하게 이루
어질 때에 비로소 그 꽃을 피울 수 있게 된다. 또한 언론·출판의 자유는 인간
이 그 생활 속에서 지각하고 사고한 결과를 자유롭게 외부에 표출하고 타인과
소통함으로써 스스로 공동사회의 일원으로 포섭되는 동시에 자신의 인격을
발현하는 가장 유효하고도 직접적인 수단으로서 기능한다. 아울러 언론·출판
의 자유가 보장되지 않는다면, 사상은 억제되고 진리는 더 이상 존재하지 않
게 될 것이다. 문화의 진보는 한때 공식적인 진리로 생각되었던 오류가 새로
운 믿음에 의해 대체되고 새로운 진리에 자리를 양보하는 과정 속에서 이루어
진다. 진리를 추구할 권리는 우리 사회가 경화되지 않고 민주적으로 성장해가
기 위한 원동력이며 불가결의 필요조건인 것이다. 요컨대, 헌법 제21조가 언
론·출판의 자유를 보장하고 있는 것은 이 같은 헌법적 가치들을 확보하기 위
한 전제조건을 마련하기 위한 것이다.46)

---

45) 헌법재판소 1992. 6. 26. 90헌가23, 판례집 4, 300, 306면; 헌법재판소 1999. 6. 24.
   97헌마265, 판례집 11-1, 768, 775~776면. "민주정치에 있어서 정치활동은 사상,
   의견의 자유로운 표현과 교환을 통하여 이루어지는 것이므로 언론·출판의 자유가
   보장되지 않는 상황에서 민주주의는 시행될 수 없으며 표현의 자유가 보장되어
   있지 않은 나라는 엄격한 의미에서 민주국가라 하기 어려운 것이다." 헌법재판소
   1992. 11. 12. 89헌마88, 판례집 4, 739, 758면. 표현의 자유와 민주주의의 관계에
   관한 논의는 박용상,『표현의 자유』, 서울: 현암사, 2002, 21~24면.

한편 언론의 자유는 개인이 언론 활동을 통하여 자기의 인격을 형성하는 개인적 가치인 자기실현의 수단임과 동시에 사회 구성원으로서 평등한 배려와 존중을 기본원리로 공생·공존관계를 유지하고 정치적 의사결정에 참여하는 사회적 가치인 자기통치를 실현하는 수단이기도 하다.47)

이러한 맥락에서 저작권을 확대하려는 노력에 대응하여 비판자들 역시 근본적이고 또한 가장 중요한 공공의 이익으로서 언론의 자유에 기대를 건다.48) 예컨대 벵클러(Yochai Benkler) 교수는 언론의 자유가 저작권의 확대를 제한해야 한다고 주장한다.49) 같은 맥락에서 공유영역 역시 민주주의에 있어서 중요한 의미를 가지게 된다고 할 수 있다.50)

II. 사회·경제적 차원

정보공유론의 사회·경제적 차원에 있어서의 논의는 우선적으로 독점의 문제에 집중될 수 밖에 없다. 현행 지적재산권법제의 현실적인 보호방식이 바로 '인위적 독점권'의 설정방식이기 때문에, 독점의 효율성을 둘러싼 공방을 낳게 마련이기 때문이다. 그렇지만, 독점은 바람직하지 않은 것이라는 일반적으로 인식과는 달리, 독점이 효율적일 수도 있다는 주장도 제기된 바 있기 때문에, 우선 사회적 효율성의 차원에서 논의들을 검토해 보고, 아울러 독점의 문제와 정보격차의 문제를 살펴보기로 한다.

---

46) 헌법재판소 1998. 4. 30. 95헌가16, 판례집 10-1, 327, 338면.
47) 헌법재판소 1999. 6. 24. 97헌마265, 판례집 11-1, 768, 775면.
48) 박성호, 앞의 논문, 79면.
49) Yochai Benkler, "Free as the Air to Common Use: First Amendment constraints on Enclosure of the Public Domain", 『74 N.Y.U. L. Rev. 354』, May, 1999, p.354.
50) Malla Pollack, "The Democratic Public Domain: Reconnecting the Modern First Amendment and the Original Progress Clause(A.K.A. Copyright and Patent Clause)", 『45 Jurimetrics J. 23』, Fall, 2004.

1. 사회적 효율성의 문제

1) 독점의 효율성을 둘러싼 논란

이미 살펴본 바와 같이 일반적으로 독점시장은 적지 않은 문제점을 갖는다. 그렇지만 독점시장이 모든 면에서 문제점만 노출시키는 것은 아니고, 동태적 효율성의 측면에서는 오히려 긍정적인 측면을 갖기도 한다는 주장도 제기된 바 있다. 정보시장의 균형의 달성을 위해서는 효율적인 독점의 경우는 존속을 시켜야 할 필요성도 있기 때문에, 여기에서는 독점의 동태적 효율성을 중심으로 살펴보고자 한다.

(1) 슘페터(Schumpeter) 가설

일반적으로 독점은 많은 폐해를 가지고 있는 것으로 인식되지만, 동태적 효율성의 측면에서는 다소 달리 평가할만한 주장이 제기된바 있다. 즉 슘페터 (Joseph A. Schumpeter)에 의하면 독과점시장이 경쟁시장에 비해 강점을 가질 수도 있다는데,[51] 독과점시장에서는 담합이 용이하기 때문에 가격경쟁이 잘 일어나지 않는 반면, 기술혁신 측면에서는 경쟁시장보다 유리한 점이 많다는 것이다. 기술혁신을 통한 경쟁이 중요한 것은 현재의 시장에 존재하는 경쟁자 만이 아니라 무수히 많이 존재하는 잠재적 경쟁자와의 경쟁에 있어서도 중요 한 의미를 가지기 때문이기도 하다. 한편 기술혁신 자체는 불확실성이 매우 높은 경제활동이기 때문에, 기술혁신의 불확실성에 따른 위험부담을 감내하는 측면에서 독과점 시장이나 대기업이 경쟁시장이나 중소기업보다 유리하다는 결론을 내릴 수 있다고 한다.[52] 즉 독점시장이 기술혁신을 촉발하고 따라서 동태적 효율성의 측면에서 경쟁시장보다도 우월하다는 이러한 주장을 '슘페

---

51) Joseph Alois Schumpeter, *Capitalism, Socialism and Democracy*, 이상구 역, 『자본주의·사회주의·민주주의』, 서울: 삼성출판사, 1982[1983print], 130면 이하.
52) 이원영, "시장구조와 기술혁신", 박우희 編, 『기술경제학개론』, 서울: 서울대학교 출판부, 2001[2002print], 272면.

터 가설(Schumpeterian Hypothesis)'이라고 부른다.

실제로도 시장을 선도하는 기업이 놀라운 효율성을 보여주는 예가 있으며, 이러한 측면의 대표적인 예가 바로 '무어의 법칙(Moore's law)'과 '황의 법칙(Hwang's Law)'이라 할 수 있다. 무어의 법칙은 인텔 창업자인 고든 무어가 1965년에 발표한 것으로, 반도체의 집적도가 1년 6개월마다 2배씩 증가하지만, 가격은 변하지 않는다는 법칙이다.[53] 한편 황의 법칙은 삼성전자가 주창한 메모리 신성장론의 별칭으로, 삼성전자 반도체총괄 황창규 사장이 지난 2002년 국제반도체회로학술회의(ISSCC) 기조연설에서 반도체 메모리의 용량이 1년마다 2배씩 증가한다고 한데서 유래했는데, 실제로 삼성전자는 황의 법칙에 따른 메모리 용량의 증가를 실현해왔다.[54] 이러한 기술혁신은 현행 지적재산권법제하에서의 인위적 독점권이 제공하는 이익을 선점하기 위한 기업들의 노력의 결과로 평가해도 크게 무리가 따르지 않을 것이다.

(2) 경쟁우위론

한편 이러한 '슘페터 가설'에 대한 반대논리로 페르너(W. Fellner)와 쉬어러(F. Scherer) 등에 의해 경쟁우위론이 제기되었다. 이는 경쟁시장이 독과점시장보다도 기술혁신을 촉진하는 면에서 더 유리하다는 가설이다. 페르너는 기술혁신은 기존의 기계 및 장비를 진부화시키기 때문에 독과점 기업은 기술혁신을 늦추려는 경향이 있음을 지적했는데, 기존의 기술체제에서 독과점을 누리며 초과이윤을 얻는 기업은 새로운 기술을 개발할 인센티브가 별로 없을 뿐

---

53) 처음에는 반도체 집적 회로의 성능이 24개월마다 2배로 들어난다고 주장했으나, 이후 18개월로 수정되었다. 이 법칙의 핵심은 반도체 부품의 크기를 줄이는 기술인데, 반도체 부품의 크기를 작게 하면 집적도를 높여, 처리능력을 향상시킬 수 있고 상대적으로 반도체 칩의 크기도 작아져 단가를 낮출 수 있다. 지난 30여 년간 반도체 칩의 개발 속도는 무어의 법칙과 아주 잘 맞았다고 평가된다.

54) 물론 이러한 법칙들은 정보자체가 아닌 정보처리기기를 생산하는 데 있어 적용되는 기술이라는 점에서 정보 자체의 생산에 있어서의 혁신으로 보기는 어려운 감도 없지 않지만, 이렇게 발달된 정보기기를 활용한 정보 자체에 대한 처리 기술은 더욱 더 놀라운 혁신을 보여주고 있음을 부정하기는 어려울 것이다.

만 아니라, 새로운 기술이 기존의 시설과 기계를 못쓰게 한다면, 이 시설과 기계가 노후되어 대체 수요가 발생할 때까지 독과점 기업은 기술혁신을 지연시킬 것이라는 것이 그의 주장이다. 쉬어려는 한계비용이 증가하는 보편적인 생산함수 가정하에서 기술혁신을 통하여 얻을 수 있는 이윤이 독과점 시장보다는 경쟁시장의 경우에 더 크다는 것을 보임으로써 경쟁시장이 독과점시장보다 기술혁신에 더 유리한 환경이라는 점을 시사했다.

아울러, 최근의 금융시장의 발전은 경쟁시장이 기술혁신 측면에서 불리했던 요인을 완화시키고 있으며, 나아가 위험한 사업에 대한 자금공급을 전업으로 하는 벤처캐피털이 발전하여 위험이 높은 기술혁신 관련 투자에 대한 자금기업을 소기업도 용이하게 할 수 있게 해 주므로, 반드시 독과점기업이나 대기업이 아니어도 금융시장을 통한 기술관련투자를 할 수 있게 되었다.[55]

(3) 평가(評價)

이러한 가설들의 검증은 다양한 형태로 시도되었으나, 하나의 통일된 결론을 도출하지는 못하였고, 대체적으로 기술혁신과 시장구조의 관계는 '역U'자의 형태를 보인다는 것이 가장 보편적인 현상으로 제시되었다. 다시 말하면 적당히 과점화된 상태가 기술혁신에 가장 유리하다는 것이다. 경쟁시장보다 과점시장이 기술혁신에 유리하다는 측면에서는 슘페터 가설이 지지된 것으로도 볼 수 있지만, 독점이 심화되면 기술혁신에 오히려 불리하다는 것은 슘페터 가설에 위배된다고 할 수 있다. 결국 기술혁신을 위해서 어떤 시장구조가 바람직한가에 대한 분명한 답을 우리는 갖고 있지 않다고 할 수 있을 것이다. 다만 한 가지 분명한 사실은 독과점은 바람직하지 않은 것이라는 획일적인 판단은 옳지 않다는 사실을 인식할 필요가 있다고 할 것이다.[56]

---

55) 이원영, 앞의 논문, 273~274면.
56) 이원영, 위의 논문, 279~280면.

2) 기술발전의 장애물로서의 지적재산권

한편 독점의 문제와 무관하게, 지적재산권이 기술발전의 장애로 등장하는
경우도 없지 않다. 가장 대표적인 사례 가운데 하나는 바로 DAT(Digital
Audio Tape)의 경우라고 할 수 있을 것이다.[57] 1970년대 개발되어 1976년 상
업화에 성공한 DAT는 기존의 아날로그 방식이 아닌 디지털 방식으로 소리를
녹음할 수 있었기 때문에, CD(Compact Disc)의 음질로 음악을 재생할 수 있을
뿐만 아니라, CD에 수록되어 있는 음악을 동일한 음질로 DAT에 녹음할 수도
있었다. DAT의 크기는 일반 Tape보다도 작았기 때문에 CD에 비해 휴대성도
더 뛰어나다고 평가할 수 있었기 때문에 DAT의 성공가능성은 매우 높았다고
평가할 수 있다. 그렇지만, 완벽한 복사가능성으로 인한 음반판매의 저하를 두
려워한 음반업자들의 반발의 결과로 형성된 '가정에서의 음악 녹음에 관한 법
(Audio Home Recording Act of 1992)'[58]으로 인해 레코더 및 매체마다 로열티
가 부과되어(이른바 DAT Tax), 일반 가정용으로 사용되는 데는 실패했고, 오
늘날에는 방송 등의 전문영역에서만 사용되고 있다.

3) 공유영역에서의 성공적인 정보생산

비록 인위적 독점의 설정이 창작의 유인으로 성공적으로 기능할 것이라는
경제주의적 관점이 지적재산권법제를 지배하고 있지만, 실제의 인간들은 경제
적 유인에만 반응하여 창작을 하지 않으리라는 것은 쉽게 예상할 수 있고, 실
제로도, 지적재산권법제에 의한 유인이 없어도, 보다 더 효율적으로 정보를 생

---

57) DAT에 관한 보다 상세한 설명은 Wikipedia contributors, "Digital Audio Tape",
    Wikipedia, The Free Encyclopedia, http://en.wikipedia.org/w/index.php?title=
    Digital_Audio_Tape&oldid=89547270(accessed November 25, 2006)을 참조.
58) '가정에서의 음악 녹음에 관한 법(Audio Home Recording Act of 1992)'에 대한
    보다 자세한 내용은 Wikipedia contributors, "Audio Home Recording Act",
    Wikipedia, The Free Encyclopedia, http://en.wikipedia.org/w/index.php?title=Audio_
    Home_Recording_Act&oldid=83764693(accessed November 25, 2006)을 참조.

산해 낸 사례가 적지 않다. 여기에서는 이러한 측면의 대표적인 사례랄 할 수 있는 위키피디아 온라인 백과사전을 살펴본다.

2001년 1월 15일에 시작된 '위키피디아(Wikipedia Online Dictionary)'[59]는 온라인 백과사전으로 지미 웨일즈(Jimmy Wales) 등이 설립한 비영리 단체인 위키미디어 재단에서 운영하고 있다.[60] 하와이 말로 '빠르다'는 의미를 가지고 있는 '위키(wiki)'라는 웹 소프트웨어를 이용해 만들어진 위키피디아는 수많은 사용자들이 직접 웹 페이지를 작성하고 편집함으로써 항목들을 채워나간다.

위키피디아의 설립자인 지미 웨일즈는 1998년 처음으로 백과사전의 콘텐트의 세계에 뛰어들어, 뉴피디아(Nupedia)를 설립했었다. 뉴피디아도 위키피디아처럼 누구나 콘텐트를 작성할 수 있는 체제였으나, 위키피디아와는 달리 중앙에서 통제하는 하향식 계급 구조를 취했다. 급여를 받는 주제별 전문가와 학자들이 7단계 공정을 거쳐 콘텐트를 검토하고 승인하는 고된 작업을 해서, 1년 동안 12만 달러를 투입하여 프로젝트를 진행했지만, 뉴피디어의 완성항목은 고작 24개에 불과했고, 웨일즈는 뉴피디아를 폐쇄하기로 결정했다. 그런데, 웨일즈의 직원 중 한 사람이 1995년 워드 커닝험(Ward Cunningham)이 발명한 '위키'를 웨일즈에게 소개시켜 주었고, 웨일즈는 사이트를 훨씬 개방적으로 조직하는 방식을 써서 다시 시작하기로 결정했다. 원하는 사람은 누구나 참여할 수 있다는 원칙하에 출범한 위키피디아는 출범한 지 한달 만에 200개의 항목을 갖출 수 있었고, 1년이 지난 후에는 총 항목수가 1만 8천 개에 이르렀다.[61]

---

59) 위키피디아 영문판의 홈페이지주소는 http://www.wikipedia.org이고, 위키피디아 한글판의 홈페이지 주소는 http://ko.wikipedia.org이다.

60) 위키피디아의 역사에 대한 자세한 내용은 http://en.wikipedia.org/wiki/History_of_Wikipedia(accessed July 18, 2007)을 참조.

61) Don Tapscott and Anthony D. Williams, *Wikinomics —How Mass Collaboration changes Everything*, 윤미나 역,『위키노믹스』, 파주: 21세기북스, 2007, 116~118면. 2007년 7월 현재 영어판 188만여 개, 한국어판 3만 9천여 개를 비롯하여 모두 780만 개 이상의 글이 수록되어 있으며 꾸준히 성장하고 있다. http://ko.wikipedia.org/wiki/%EC%9C%84%ED%82%A4%EB%B0%B1%EA%B3%BC(accessed July

　이러한 위키피디아의 성공은 종종 브리태니커 백과사전에 비견될 정도로,[62] 지적재산권에 의한 유인이 마련되지 않아도 공유영역에서의 성공적인 정보의 생산이 가능할 수 있음을 보여주는 대표적인 사례라고 할 수 있을 것이다.[63] 비록 누구나 참여할 수 있기 때문에 누군가가 악의적으로 잘못된 정보를 입력할 수 있고, 이에 따라 잘못된 정보가 제공될 수 있다는 약점이 제기되기는 하지만, 인간의 지식체계가 언제나 완벽할 수 없다는 사실을 감안하면 이러한 약점은 결정적인 단점이 될 수는 없을 것이고, 또한 위키피디아는 참가자들의 지적과 토론을 거쳐 그 오류들을 시정할 기회를 가질 수 있다는 또 다른 강점을 보유하고 있기도 하다.[64]

2. 인위적 독점의 부정적 측면

　이미 살펴본 바와 같이 독점 자체의 사회적 효율성에 대한 판단은 일률적으로 내리기 곤란하지만, 일반적으로 독점기업은 사회적 최적생산량보다 낮은 수준에서 생산량을 결정하기 때문에, 사회의 경제적 총잉여가 극대화하지 못

　18, 2007). 한편 브리태니커 온라인 백과사전(http://www.britannica.com/; 아카데미버전은 http://search.eb.com/)의 항목수는 73,000개 이상으로 알려져 있다. http://help.eb.com/bolae/index.htm#Getting_Started.htm(accessed July 18, 2007)

62) 한 연구에 따르면, 위키피디아와 브리태니커 백과사전에서 과학분야의 항목 42개를 추출하여 비교 분석한 결과, 오류항목은 위키피디아 4개, 브리태니커 3개로 그 차이는 아주 미미했던 것으로 보고되었다. Jim Giles, "Internet Encyclopaedias go head to head", 『Nature』 438(7070) (Dec. 2005) http://www.nature.com/news/2005/051212/full/438900a.html(accessed July 18, 2007).

63) 물론 위키피디아는 GPL을 따르고 있기 때문에, 저작권 자체를 거부하는 것은 아니지만, 금전적 보상과는 연결되지 않는다는 측면에서는 일반적인 지적재산권법제의 유인이론의 적용범위 밖에 있는 것으로 볼 수 있을 것이다.

64) Don Tapscott and Anthony D. Williams, 앞의 책, 40~55면은 이러한 위키피디아 등이 보여준 대규모 협업의 경제적 의미를 '위키노믹스(wikinomics)'라 칭하면서 위키노믹스의 기본 원리로 '개방성(Being open)', '동등계층 생산(Peering)', '공유(sharing)', '행동의 세계화(Acting globally)'를 제시하고 있다.

한다는 부정적인 측면을 보이기 마련이다. 이는 본질적으로 독점가격이 경쟁가격보다 높기 때문에 발생한다. 아울러 독점기업은 진입장벽의 형성을 위한 지적재산권법제의 강화를 위한 로비활동 등에 소요되는 비용뿐만 아니라, 독점권을 얻기 위해 과도하게 자원을 투입하는 경우를 포함하는, 낭비적 지출을 할 가능성도 높을 뿐만 아니라, 비경쟁적인 상황으로 인한 생산비 절감압력 등을 포함한 생산효율성 추구 유인이 감소할 수 있다는 것 역시 독점의 부정적인 측면으로 지적될 수 있다.

특히 효율성의 차원을 넘어서 '공평성'의 차원까지 고려해 본다면, 한 사회에서 소득이나 부가 소수의 수중에 집중되는 것은 바람직한 일이 아니라는 데 사회 일반적인 합의가 존재한다고 할 수 있을 것이다. 그렇다면 독점체제가 분배에 대해 미치는 영향은 부정적으로 평가될 수 밖에 없다. 독점이윤을 통해 축적된 부로 인해 한 사회 안의 부가 소수의 수중에 편중되는 결과를 낳기 쉽다. 독점기업의 소유가 광범하게 분산되어 있다면 문제가 다르겠지만 현실은 결코 그렇지 않다는데 주목할 필요가 있다.

3. 정보격차의 문제

1) 정보격차의 의의

기존의 연구들이 정의하고 있는 '정보격차(digital divide)'의 개념은 사용자에 따라 조금씩 차이를 보인다. 정보격차의 개념은 원래 1999년 7월 미국 상무성통신정보관리청(the National Telecommunications and Information Administration of the Department of Commerce: NTIA)의 정보부자(information haves)와 정보빈자(information have-nots)간의 격차를 기술하기 위해 사용된 것으로 알려져 있으며,[65] 그 일반적인 의미는 '인터넷 접속의 불평등'을 말하는 것이었다.[66] 한

---

65) NTIA의 정보격차에 대한 조사는 1994년부터 시작되었다고 한다. Benjamin M. Compaine, *The Digital Divide ─Facing a Crisis or Creating a Myth?*, Cambridge, Mass.: MIT Press, 2001, p.3.

펀 브레너먼(Nate Brennaman) 교수는 '정보사회에서의 필수적 도구에 대한 접근이 가능한 자들과 불가능한 자들간의 차이 또는 구분(the differentiation or separation between those with access to the essential tools of the information society and those without such access)'으로 정의하기도 하며,[67] OECD는 "여러 사회 경제적 계층의 개인간, 가정간, 기업간, 그리고 지역간에 나타나는 정보통신기술에 대한 접근기회의 차이 및 다양한 형태의 활동을 위한 인터넷 활용 수준에 있어서의 차이"로 정의한다.[68] 이러한 정보격차의 해소는 단순한 접속상의 불평등을 넘어서, 지배적인 기능과 사회그룹이 점점 더 인터넷을 중심으로 조직되고 있는 사회에서 불평등을 극복하기 위한 전제조건으로까지 평가받기도 한다.[69]

2) 정보격차의 전개

새로운 천년이 시작되었음에도, 전 세계 인구의 절반 가량이 하루 2달러도 안 되는 돈으로 생계를 유지하려 안간힘을 쓰고 있으며, 이런 처지에 있는 사람들의 비율은 10년 전에 비해 오히려 급격하게 증가했다. 한편 20%의 사람들이 전 세계 부의 86%를 장악하고 있다. 이러한 불평등은 젊은이들에게 더욱 심각한 문제이다. 왜냐하면 20세 미만 젊은이 중 5분의 4가 개발도상국에서 살고 있기 때문이다. 아울러 여성들은 가족들의 일상 생존을 떠맡고 있으

---

66) U.S. Department of Commerce, National Telecommunications & Information Administration, "Falling Through the Net: Defining the Digital Divide", July 8, 1999, http://www.ntia.doc.gov/ntiahome/fttn99/contents.html
67) Nate Brennaman, "G8's DOTforce Initiative: Bridging the Digital Divide or Widening It?", 『11 Minn. J. Global Trade 311』, 2002, p.313. DOT force는 Digital Opportunity Taskforce의 약자로 2000년 7월 오키나와에서 열린 서방 선진국(G8) 회담에서 채택한 IT헌장에 포함되어 있던 정보격차해소 방안 가운데 하나이다.
68) OECD, *Understanding the Digital Divide*, Paris: OECD, 2001, p.5.
69) Manuel Castells, *The Internet Galaxy -Reflection on the Internet, Business, and Society*, 박행웅 역, 『인터넷 갤럭시 - 인터넷, 비즈니스, 사회적 성찰』, 파주: 한울, 2004, 328면.

면서 빈곤, 문맹, 건강 문제의 짐을 계속 지고 있다.

전반적으로 1990년대 동안 선진국과 개도국 간 생산성, 기술, 소득, 사회보장 혜택, 생활수준의 격차는 벌어졌다고 할 수 있다. 중국 연안지방의 경제성장, 인도의 하이테크 산업, 칠레의 포도주, 수산물, 과일 판매가 대폭 증대되었음에도 불구하고 격차는 해소되지 않고 더 벌어진 것이다. 환경 여건은 자연자원과 향후 25년간 인구의 절반이 거주하게 될 것으로 예측되는 개발도상국에서 우후죽순으로 늘어나는 도시에 비추어볼 때 상대적으로 악화되었다고 할 수 있다.

이러한 상호적인 관계는 우연하게 이루어지는 것이 아니라는 것은 당연하다. 우리가 살고 있는 세계에서 지배적인 현재의 사회 및 제도적 여건하에서 새로운 기술 경제적 시스템은 불균등한 발전을 초래할 것으로 보이며, 부와 빈곤, 생산성과 사회적 배제를 동시에 증대시켜 그 효과는 세계 각처에, 다양한 사회 계층에 차등적으로 분배된다는 주장이 제기될 수 있다. 인터넷은 조직의 새로운 사회 기술 유형의 심장부에 있기 때문에 불균등한 발전의 이런 지구적 과정은 아마도 디지털 격차의 가장 극적인 표현일지 모른다고 할 수 있을 것이다.[70)]

제3항 정보공유론의 헌법적 근거

앞에서 살펴 본 다양한 차원의 정보공유의 필요성을 전제로 하여, 정보공유론을 현실에 실현하기 위해서는 법치주의의 원칙상, 정보공유론의 헌법적 근거를 확인해 볼 필요가 있을 것이다. 이러한 작업은 헌법 제22조 제2항에 대한 논의에서 살펴보았듯, 저작자 등의 권리를 재산권으로 보느냐 아니면 비재산권으로 보느냐에 따라서 각기 다르게 접근해 볼 수 있다.

---

70) Manuel Castells, 앞의 책, 348~349면.

Ⅰ. 저작자 등의 권리의 재산권성을 부정하는 경우

이미 살펴본 바와 같이 헌법 제22조 제2항은 건국헌법 당시부터 재산권규정과 별도로 존재해온 규정으로, 규정의 논리·체계적 해석을 요한다고 할 수 있다. 특히, 지적재산권의 구성이 단순한 재산권의 속성 외에도 인격권의 속성을 가지기 때문에 제22조 제2항과 제23조의 조항의 관계를 제23조 제1항이 제22조 제2항을 포섭하는 것으로 보기는 어렵다. 오히려, 지적재산권의 영역에 있어서는 제22조 제2항이 일반적인 조항의 속성을 가지고, 제23조 제1항을 포섭하는 것으로 보는 것이 자연스럽다.

결과적으로 저작자 등의 권리는 단순한 재산권이 아닌, 특수한 권리로 해석하는 것이 가능하며, 이러한 해석이 바로 정보공유론을 현실적으로 도입하고자 하는 논의의 출발점이 될 수 있을 것이다.

1. 제한의 근거

1) 정보의 공공성에 기반한 입법형성적 제한

특수한 권리로서의 '저작자 등의 권리'는 헌법 제22조 제2항의 규정에 따라서, 입법자의 광범위한 입법형성권의 행사를 통해 그 실체를 취할 수 있게 된다. 허영 교수에 의하면 이러한 조항에 나타난 '기본권형성적 법률유보'는 기본권을 법률로써 보호하고 더 강화하려는 취지가 헌법조문에 명백히 나타나고 있기 때문에 이들 규정에 관한 법률의 유보는 '기본권 보장적'인 의미가 강한 법률의 유보라고 볼 수 있어, 결국 우리 헌법은 기본권을 실현하기 위해서 '기본권 실현적' 내지 '기본권행사절차적'인 법률의 제정을 예정하거나 기본권의 내용을 강화하는 '기본권보장적'인 법률의 제정을 유보하는 등 여러 가지 형태의 기본권형성적 법률유보를 규정하고 있다고 한다.[71)]

---

71) 허영, 앞의 책, 295~297면. 이러한 입장은 '제도적 기본권이론'에서 특히 강조될

그렇지만 이러한 기본권형성적 법률유보에 있어서의 입법자의 입법형성권도 일정한 한계를 갖는다는 데에는 이설이 없다.[72] 그렇지만 그 한계가 무엇인가에 대해서는 아직까지 확립된 이론은 존재하지 않는 것으로 보이는 바,[73] 결국 입법형성을 요하는 개별적인 기본권의 본질적인 내용에 대한 고려와 입법의 목적 등에 대한 고려를 통해 구체적인 내용을 확정하도록 해야 할 것이다. 아울러 입법자는 인간의 존엄과 가치의 존중을 바탕으로 하여, 헌법상의 기본원리와 국가목표규정을 고려해야 할 것이다.[74]

이러한 맥락에서 정보에 관한 '저작자 등의 권리'는 정보가 가지는 본질적인 측면, 즉 이미 살펴본 바 있는 정보의 공공성에 기반한 제한을 수용할 범위가 일반적인 재산권에 비해 상대적으로 높다고 평가해 볼 수 있을 것이다.

2) 기본권의 충돌

이미 설명한 바와 같이 정보시장에서의 정보생산자와 정보이용자의 권리는

필요성이 크다고 한다. 이덕연, "기본권의 본질과 내용 – 한국 기본권이론의 반성과 과제", 연천허영박사 화갑기념논문집 간행위원회 編, 『한국에서의 기본권이론의 형성과 발전』, 서울: 박영사, 1997, 64면.

72) 이는 주로 재산권과 관련한 논의에서 확인된 바 있다. 예를 들어 헌법재판소는 "물론 헌법이 보장하는 재산권의 내용과 한계를 정하는 법률은 재산권을 제한한다는 의미가 아니라 재산권을 형성한다는 의미를 갖는다. 이러한 재산권의 내용과 한계를 정하는 법률의 경우에도 사유재산제도나 사유재산을 부인하는 것은 재산권 보장규정의 침해를 의미하고, 결코 재산권 형성적 법률유보라는 이유로 정당화될 수 없다"고 판시한 바 있다. 1993. 7. 29. 92헌바20, 판례집 5-2, 36, 44면; 헌법재판소 2000. 2. 24. 97헌바41, 판례집 12-1, 152, 163~164면; 헌법재판소 2000. 6. 29. 98헌마36, 판례집 12-1, 869, 880~881면; 헌법재판소 2001. 6. 28. 99헌바106, 판례집 13-1, 1307, 1316~1317면.

73) 정태호, "헌법재판의 한계에 관한 고찰 – 입법형성의 여지를 규정하는 요인들에 대한 분석을 중심으로", 『공법연구』 제30집 제1호, 2001.12, 244면 이하.

74) 신기하, "헌법상 공공복리에 관한 연구 – 그 개념의 해석과 적용을 중심으로", 한양대학교 법학박사 학위논문, 1993, 101면은 특히 '공공복리'를 기본권형성의 준거로 제시하고 있다.

서로 충돌하는 양상을 빚기 쉬운데, 이의 해결을 위해서는 일반적인 기본권충돌의 해결원칙에 따라 해결할 수밖에 없을 것이다.

다만, 정보생산자와 정보이용자의 기본권충돌의 경우, 양측이 주장할 수 있는 기본권이 동일한 범주에 속하는 경우가 일반적이기 때문에,75) 기본권의 충돌에 대한 판단이 수월하지 않을 수 있다. 그렇지만, 기본권의 출동상황을 엄밀하게 분석해보면, 정보이용자의 정신적 자유권과 정보생산자의 경제적 자유권의 충돌로 구분되는 경우가 일반적일 가능성이 높기 때문에, 정보이용자의 권리보호에 특히 신경을 쓸 필요가 있다고 할 것이다.

2. 지적재산권의 제한가능성

저작자 등의 권리를 재산권이 아닌 '자유권 및 국가목적조항'으로 인정하는 입장에서는 '지적재산권'의 제한에 있어 그 권리 자체의 본질적인 내용에 대한 고려를 우선시할 수밖에 없다. 결국 공공성에 기인하는 공익적 요소와 정보시장의 주체의 사적인 이익들을 형량함으로써 그 제한의 가능성을 개별적으로 검토해야 할 것이나, 일반적으로는 공공성을 강하게 보유하는 정보에 대한 권리라는 측면에서 일반적인 주관적 자유권과는 다소 다른 사회적 제약이 가능할 수 있으리라는 점은 어렵지 않게 예상할 수 있을 것이다. 결과적으로 저작자 등의 권리를 재산권이 아닌 것으로 파악하는 입장에서는 상대적으로 정보의 공공성에 기반한 제한을 허용할 가능성이 높다고 할 수 있으며, 정보공유론의 도입은 이러한 입장에 기반할 때 보다 활발하게 이루어질 수 있을 것이다.

II. 저작자등의 권리의 재산권성을 긍정하는 경우

통설의 입장처럼 저작자 등의 권리의 재산성을 긍정하는 경우에도, 우리 헌

---

75) 본서의 제2장의 제2절 제2항, 제3절 제2항의 논의 참조.

법이 보장하는 재산권은 절대불가침의 권리가 아니라 사회적 구속성을 띠는 권리이기 때문에, 정보가 갖는 '공공성'에 기반한 제한이 가능하다고 할 수 있다. 이하에서는 재산권의 헌법적 보장체제를 간단히 살펴보고, 현행 헌법하에서의 재산권의 제한가능성을 검토한다.

1. 제한의 근거

1) 재산권의 헌법적 보장

(1) 재산권의 의의와 성격

일반적으로 넓은 의미의 헌법상 재산권 개념을 전제로 할 때 헌법이 보장하는 재산권은 '경제적 가치가 있는 모든 공법상·사법상의 권리'를 의미한다.[76] 여기에는 민법상의 물권·채권과 특별법상의 권리 및 자기성취로 얻은 것이나 특별한 희생에 의해 얻은 재산가치 있는 공법상의 권리도 포함한다. 반면, 기대나 기회에 대해서는 일반적으로 재산권 보장성을 인정하지 않는다.[77] 그러나 단순한 개념적 분리는 적절치 못하며 침해행위의 위법적 내용에 대한 고려나 신뢰관계 등을 고려해서 결정해야 할 것이다.[78]

재산권의 보장은 자본주의의 핵심적 법원리라 할 수 있다.[79] 이미 살펴본

---

76) 권영성, 앞의 책, 555면. "우리 헌법이 보장하고 있는 재산권은 경제적 가치가 있는 모든 공법상·사법상의 권리를 뜻한다." 헌법재판소 1992. 6. 26. 90헌바26, 판례집 4, 362, 372면.

77) "이러한 재산권의 범위에는 동산·부동산에 대한 모든 종류의 물권은 물론, 재산가치 있는 모든 사법상의 채권과 특별법상의 권리 및 재산가치 있는 공법상의 권리 등이 포함되나, 단순한 기대이익·반사적 이익 또는 경제적인 기회 등은 재산권에 속하지 않는다고 보아야 한다." 헌법재판소 1998. 7. 16. 96헌마246, 판례집 10-2, 283, 309~310면; 헌법재판소 2000. 6. 1. 98헌바34, 판례집 12-1, 607, 616면.

78) 김형성, "재산권", 『헌법재판연구』 제6권, 1995, 400면.

79) 정태욱, "자본주의와 재산권의 법리에 관한 법철학적 상상", 『민주법학』 제13호, 1997, 323면.

바와 같이 재산권은, 경제적인 차원에서 자원을 효율적으로 사용하도록 하는
유인(incentive)을 부여한다. 재산권이 보호되어야 개인은 자유롭게 생산활동
에 종사할 수 있고, 사회적 생산을 위한 자발적인 협동이 가능하게 된다. 이처
럼 재산권의 보호는 장기적 투자를 가능하게 할 뿐만 아니라 자원배분의 효율
성을 증대시켜 사회적 부를 증대시키고, 결국 사적 재산권제도는 자원사용의
효율성을 증대시키게 된다.80)

  통설적인 견해에 따르면 헌법상 보장되는 재산권은 '권리성'과 '질서성'의
이른바 '양면성'이 특히 부각되는 기본권이다.81) 재산권은 일차적으로 주관적

---

80) 정기화, "경제정의와 재산권 규제", 전남대 지역개발 연구소 편,『사회정의와 사회
  발전』, 광주: 전남대학교 출판부, 2001, 133~134면. 일반적으로 들 수 있는 재산
  권의 기능은 다음의 다섯 가지이다. 첫째, 국가의 재산영역에 대한 침해로부터 방
  어권을 가지는 '방어기능', 둘째, 인간의 생존과 인격발현의 실질적 근거로서 자유
  를 보장하는 '자유기능', 셋째, 노동에 의한 생산물의 보장인 '급부기능', 넷째, 재
  산의 생산과 분배의 결정권능을 국가에 종속되지 않게 함으로써 물질에 대한 국가
  의 권력적 개입과 정치권력의 행사를 제한하게 하는, 즉 재산을 통하여 권력분립
  을 이루게 하는 '권력분배기능', 다섯째, 공동체의 이익과 직접적으로 관련되는 효
  력을 갖는 재산권자 관계를 통하여 사회적이고 공동체이용적인 재산권행사를 배
  우게 하는 '교육기능' 등이다. 이러한 기능들은 재산권자에게 재산객체에 대한 '사
  적유용성의 보장'과 '처분권능의 보장'을 강화하게 하는 것이다. 사적유용성의 보
  장은 재산에 대한 재산권자의 배타적인 사용·이용·수익을 의미하는 것이라면, 처
  분권능은 법률자유의 원칙에 따른 재산객체에 대한 근본적인 처분(매각 또는 매
  입)을 의미하는 것이다. 즉 사적유용성은 재산권자의 재산객체에 대한 지위보장과
  관련되는 개념이고 처분권능은 주로 시장경제질서에서의 재산권실현인 사유재산
  제와 개념적으로 관련되어 있다. 정극원, "헌법의 가치결정과 재산권보장의 규범
  구조",『공법학연구』제5권 제1호, 2004, 149~150면.
81) 헌법재판소에 의하면 "우리 헌법 제23조 제1항은 재산권 보장의 원칙을 천명한
  것으로서 그 재산권 보장이란 국민 개개인이 재산권을 향유할 수 있는 법제도로서
  의 사유재산제도를 보장함과 동시에 그 기조 위에서 그들이 현재 갖고 있는 구체
  적 재산권을 개인의 기본권으로 보장한다는 이중적 의미를 가지고 있으며, 후자에
  따라 모든 국민은 헌법에 합치하는 법률이 정하는 범위 내에서 구체적 재산권을
  보유하여 이를 자유롭게 이용·수익·처분할 수 있음을 의미한다. 위 제2항은 재산
  권 행사의 공공복리 적합 의무 즉 그 사회적 의무성을 규정한 것이고, 제3항은 재
  산권 행사의 사회적 의무성의 한계를 넘는 재산권의 수용·사용·제한과 그에 대한

공권으로서 '개인의 사유재산에 대한 독자적인 사용·수익·처분권과 이에 대한 침해에 대하여 대항하고 방어할 수 있는 권리'이다. 그렇지만 재산권은 주관적인 권리성과 함께 객관적인 가치질서로서의 성격을 동시에 내포하고 있다. 재산권은 우선 개인의 독자적인 생활설계와 자유로운 개성신장의 경제적인 필수조건인 부의 창출·유지 및 그 축적과정의 결과 및 수단에 대한 법적 보장장치로서 경제영역을 포함한 모든 생활영역에서의 실질적인 자유의 전제조건이 된다. 이러한 점에서 개인의 재산권을 보장하는 것은 개인의 능력과 노력에 따른 가치배분을 바탕으로 하는 자유시장 경제질서의 이념적 기초가 된다. 더 나아가서 재산권은 '자율적인 생활설계의 자유'와 함께 모든 국민의 '인간다운 생활'을 추구하는 사회국가 이념의 실현의 조건인 동시에 실현수단이기도 하다.[82)]

이러한 재산권보장의 근거는 여러 측면에서 다양하게 제시되고 있지만, 이를 정리하면 크게 두 가지 방향의 접근을 볼 수 있는데 하나는 ① 재산권의 보장이 일정한 법익을 위해 필요하다는 측면에서 접근하는 입장(인간성 이론, 사회·경제적 효용이론)과 ② 재산권취득의 정당성을 밝혀 이를 통해 간접적으로 사유재산제의 당위성을 밝히는 입장(노동에 의한 소유이론, 선점이론)이 그것이다. 한편 ①에는 다시 재산권자의 자유·생존의 보장이라는 보다 개인

보상의 원칙을 규정한 것"이라고 한다. 헌법재판소 1994. 2. 24. 92헌가15등, 판례집 6-1, 55면.

82) 이덕연, "보상없는 재산권제한의 한계에 관한 연구", 『헌법재판연구』 제9권, 1997. 12, 17면. 헌법재판소에 따르면 "재산권보장은 헌법상의 기본권체계 내에서 각 개인이 자신의 생활을 자기 책임하에서 형성하도록 그에 필요한 경제적 조건을 보장해 주는 기능을 한다. 즉 재산권은 자유의 실현과 물질적 삶의 기초이고, 자유실현의 물질적 바탕을 보호하는 재산권의 자유보장적 기능으로 말미암아 자유와 재산권은 불가분의 관계이자 상호보완관계에 있다. 자본주의적 산업사회의 발전과 함께 개인의 경제적 생활기반이 더 이상 소유물이 아니라, 임금이나 그에서 파생하는 연금과 같이 사회보장적 성격의 권리 등이 되었고, 이로써 필연적으로 헌법 제23조의 재산권의 개념은 자유실현의 물질적 바탕이 될 수 있는 모든 권리로 점점 더 확대되었다"고 한다. 헌법재판소 2000. 6. 29. 99헌마289, 판례집 12-1, 913, 947~948면.

적인 측면에서 접근하는 입장과 사회·경제적 효용이라는 보다 사회적 측면에서 접근하는 입장이 있다.[83]

(2) 재산권의 제한가능성

한때 재산권이 천부의 자연권으로 불가침적인 지위를 누리던 시절이 없지는 않았으나, 현재의 재산권은 불변의 존재가 아닌 역사적 개념으로 그 사회의 역사적 관습이나 법의식, 사회적 상황 특히 그 사회의 생산양식에 의해 결정되는 것으로 생각된다. 따라서 역사적으로 고찰해 볼 때, 봉건제 생산양식에서 자본주의 생산양식으로의 이행은 그 소유권 개념의 변화를 가져왔고 또한 자본주의가 '매뉴팩처(manufacture) 단계'에서 '산업자본주의 단계' – '독점자본주의 단계'로 발전함에 따라 소유권 개념도 이에 대응하여 '자연법적 소유권' 개념에서 '자유방임적·실정법적 소유권개념' – '사회구속적 재산권' 개념으로 변모했다고 평가된다.[84]

우리 헌법 역시 사회국가원리를 채택하고 있기에, 재산권과 관련하여 제 23조를 두어 제1항에서 '모든 국민의 재산권은 보장된다. 그 내용과 한계는 법률로 정한다.'고 규정하고, 제2항에서 '재산권의 행사는 공공복리에 적합하도록 해야 한다'고 규정하며, 제3항에서 '공용필요에 의한 재산권의 수용·사용 또는 제한 및 그에 대한 보상은 법률로써 하되, 정당한 보상을 지급하여야 한다'고 규정하고 있다. 이러한 규정에 기반해서, 재산권의 제한 가능성은 재산권의 형성, 행사의 차원에서 각각 살펴볼 수 있고, 더 나아가 수용의 가능성을 통해서도 검토해 볼 수 있다.

① 재산권의 형성가능성

재산권을 보장하고 그 내용과 한계를 법률로 정한다고 규정하고 있는 헌법

---

83) 자세한 내용은 김문현, 『사회·경제질서와 재산권』, 서울: 법원사, 2001, 111~124면 참조.
84) 김문현, 위의 책, 157면. 헌법의 출현이후의 재산권의 전개양상에 대해서는 박평준, "헌법상 재산권보장의 이론", 『아·태공법연구』 제6집, 1999, 29~33면을 참고.

제23조 제1항을 과거에는 주로 '재산권제한적' 법률유보조항으로 이해했으나, 현재에는 재산권의 구체적인 모습을 형성하는 기능을 가지는 '재산권형성적' 법률유보조항으로 이해하고 있다.[85] 헌법재판소도 "…우리 헌법의 재산권에 관한 규정은 다른 기본권규정과는 달리 그 내용과 한계가 법률에 의해 구체적으로 형성되는 기본권형성적 법률유보의 형태를 띠고 있으므로, 재산권의 구체적 모습은 재산권의 내용과 한계를 정하는 법률에 의하여 형성되고, 그 법률은 재산권을 제한한다는 의미가 아니라 재산권을 형성한다는 의미를 갖는다…"라고 판시함으로써 같은 입장을 취하고 있다.[86]

헌법재판소는 "재산권이 법질서 내에서 인정되고 보호받기 위하여는 입법자에 의한 형성을 필요로 한다. 즉, 재산권은 이를 구체적으로 형성하는 법이 없을 경우에는 재산에 대한 사실상의 지배만 있을 뿐이므로 다른 기본권과는 달리 그 내용이 입법자에 의하여 법률로 구체화됨으로써 비로소 권리다운 모습을 갖추게 된다. 입법자는 재산권의 내용을 구체적으로 형성함에 있어서 헌법상의 재산권보장(헌법 제23조 제1항 제1문)과 재산권의 제한을 요청하는 공익 등 재산권의 사회적 구속성(헌법 제23조 제2항)을 함께 고려하고 조정하여 양 법익이 조화와 균형을 이루도록 하여야 한다"라고 판시하고 있다.[87]

헌법 제23조 제1항 본문은 "모든 국민의 재산권은 보장된다."고 규정하여 재산권을 기본권으로 보장하고 있으나 그 단서에서 "그 내용과 한계는 법률로 정한다."고 하여 법률로 재산권을 규제할 수 있음을 명백히 하고 있다. 이와 같은 재산권에 대한 제한의 허용 정도는 그 객체가 지닌 사회적인 연관성과 사회적 기능에 따라 달라지는 것으로서 그 이용이나 처분이 소유자 개인의 생활영역에 머무르지 않고 일반국민 다수의 일상생활에 큰 영향을 미치는 경우에는 입법자가 공동체의 이익을 위하여 개인의 재산권을 규제하는 권한을 폭

---

85) 허영, 앞의 책, 495면; 권영성, 앞의 책, 566면.
86) 헌법재판소 1993.7.29. 92헌바20, 판례집5-2, 36, 44면.
87) 헌법재판소 1998. 12. 24. 89헌마214등, 판례집 10-2, 927, 944~945면; 헌법재판소 2000. 2. 24. 97헌바41, 판례집 12-1, 152, 163~164면; 헌법재판소 2000. 6. 29. 98헌마36, 판례집 12-1, 869, 881면.

넓게 가질 수 있다고 할 것이다.[88]

② 재산권의 사회적 구속성

역사적 경험을 통하여 재산권제도의 완전한 보장이 사회 정의의 실현에는 이르지 못하게 될 수 있음이 입증되었기에, 이에 대한 대응으로서 이른바 사회국가의 원리에 입각한 재산권제도에 대한 일정한 제한을 가하게 된 바, 이러한 제한을 총체적으로 재산권에 대한 '사회적 구속성(社會的 拘束性)'이라 할 수 있을 것이다. 이러한 재산권의 사회적 구속성은 학자에 따라 다양하게 표현되기는 하지만,[89] 대체로 헌법 제23조 제2항의 조항을 근거로, 법률로써 내용과 한계가 이미 확정된 구체적 재산권의 행사도 공공복리에 적합하여야 할 헌법적 한계를 가진다는 데에 그 내용의 일치를 보고 있다고 하겠다. 일반적으로 '재산권의 사회화'는 사소유를 국유나 공유 등의 공적 소유로 옮겨 놓는 것을 말하는데 반해, 재산권의 사회적 구속성은 그러한 국·공유조치가 아니라 사소유권을 인정·보호하는 가운데 사회전체 이익과의 조화를 위하여 사소유권의 행사를 공법적으로 제한하는 것에 불과하다.

한편, 헌법 제23조 제1항 2문은 재산권의 내용과 한계를 법률로 정하도록 하고 있는데, 재산권의 한계에 대한 내용 역시 사회적 구속성의 헌법적 근거

88) "현실적으로 재산권은 기본권의 주체로서의 국민이 각자의 인간다운 생활을 자기 책임하에 자주적으로 형성하는데 필요한 경제적 조건을 보장해 주는 기능을 한다. 그러므로 재산권의 보장은 곧 국민 개개인의 자유실현의 물질적 바탕을 의미한다고 할 수 있고, 따라서 자유와 재산권은 상호보완관계이자 불가분의 관계에 있다고 하겠다. 재산권의 이러한 자유보장적 기능은 재산권을 어느 정도로 제한할 수 있는가 하는 사회적 의무성의 정도를 결정하는 중요한 기준이 된다." 헌법재판소 1998. 12. 24. 89헌마214등, 판례집 10-2, 927, 945면; 헌법재판소 2001. 1. 18. 99헌바63, 판례집 13-1, 60, 74면.

89) 권영성, 앞의 책, 566면은 '공공복리적합성, 사회적 제약성, 사회적 구속성' 등의 용어를 사용하고, 김철수, 앞의 책, 649면은 '사회적 구속성'을, 허영, 앞의 책, 504면은 '사회기속성'을, 계희열, 앞의 책, 547면은 '사회적 구속성'을, 성낙인, 앞의 책, 690면은 '재산권행사의 공공복리적합의무, 사회적 구속성'을, 정종섭, 앞의 책, 692면은 '사회기속(=사회적 제약=사회적 구속성)의 용어를 사용하고 있다. 여기에서는 가장 일반적인 용어로 판단되는 '사회적 구속성'을 선택하여 논의를 진행한다.

가 될 수 있기에, 재산권의 내용을 규정하는 '내용규정'과 사회적 구속성을 규정하는 '한계규정'이 서로 구별될 수 있는가가 문제된다. 형식논리적으로는 양자의 구별이 불가능한 것은 아니나, 명확한 윤곽을 가지는 대상을 가지지 못하는 재산권의 특수성, 즉 내용의 형성까지 입법권에 부여하고 있는 재산권의 구조적 특수성에 비추어 양자의 구별은 다른 기본권의 제한에 있어 규범영역의 문제와는 다른 특유한 문제 상황을 가진다고 할 수 있어, 이에 관하여 다양한 논의가 이루어져 왔다. 이에 대하여 김문현 교수는 재산권의 내용규정이나 사회적 구속성이나 모두 공공복리에 의해 방향지워지는 동일한 실체의 다른 표현에 지나지 않으며, 시간적으로 상호 구별될 뿐이라는 견해를 제시하고 있다. 결국, 내용규정은 재산권자의 지위를 장래를 향해 규정하고, 제한규정은 종래의 법에 따라 인정된 지위를 제한하는 것이라고 할 수 있다는 것이다.[90)]

헌법재판소는 재산권의 존재목적으로 국민의 인간다운 생활을 들고 있으며, 재산권의 보장을 국민 개개인의 자유실현의 물질적 바탕으로 보고 있다.[91)] 아울러 "재산권에 대한 제한의 허용 정도는 재산권행사의 대상이 되는 객체가 기본권의 주체인 국민 개개인에 대하여 가지는 의미와 다른 한편으로는 그것이 사회전반에 대하여 가지는 의미가 어떠한가에 달려 있다. 즉, 재산권 행사의 대상이 되는 객체가 지닌 사회적인 연관성과 사회적 기능이 크면 클수록 입법자에 의한 보다 광범위한 제한이 정당화된다. 다시 말하면, 특정 재산권의 이용이나 처분이 그 소유자 개인의 생활영역에 머무르지 아니하고 일반국민 다수의 일상생활에 큰 영향을 미치는 경우에는 입법자가 공동체의 이익을 위하여 개인의 재산권을 규제하는 권한을 더욱 폭넓게 가진다"고 판시하여,[92)] 공공성에 의거한 재산권의 제한 가능성을 긍정하고 있다.

---

90) 김문현, 앞의 책, 170～171면.
91) 헌법재판소 1998. 12. 24. 89헌마214등, 판례집 10-2, 927, 945면; 헌법재판소 1999. 4. 29. 94헌바37, 판례집 11-1, 289, 302～303면.
92) 헌법재판소 1998. 12. 24. 89헌마214등, 판례집 10-2, 927, 945면; 헌법재판소 1999. 10. 21. 97헌바26, 판례집 11-2, 383, 406～407면.

③ 공용수용

헌법 제23조 제3항은 "공공필요에 의한 재산권의 수용·사용 또는 제한 및 그에 대한 보상은 법률로써 하되, 정당한 보상을 지급하여야 한다"고 규정하고 있는 바, 이미 살펴본 바와 같이, 재산권의 사회적 구속성은 재산권의 사회적 책임과 공익에 의한 제한을 의미하므로 그런 점에서는 공용수용도 사회적 구속성의 표현이라 할 수 있겠지만, 다른 한편으로 그 제한의 범위라는 측면에서 공용수용에 대한 반대개념으로서의 측면이 있고, 그런 점에서 재산권의 사회적 구속성의 한계가 공용수용에서 발견된다 할 수 있을 것이다.

'공용수용'이란 보통 공익사업 기타 복리목적을 위하여 타인의 특정한 재산권을 법률에 근거하여 강제적으로 취득하는 것으로 이해하여 질서유지목적이나 재정목적을 위한 재산권의 침해 또는 공용사용, 공용제한은 제외하고 있다. 그렇지만, 재산권의 사회적 구속성의 한계로서 공용수용을 논할 경우에는 공용사용, 제한을 제외한 복리행정상의 좁은 의미의 공용수용이 개념이 아니라, 손실보상을 요하는 일체의 재산권 침해라는 의미로 공용수용을 이해하는 것이 타당할 것이라는 주장이 있다.93) 이러한 공용수용과 사회적 구속의 구별은 특히 확장된 공용수용의 개념에 있어서는 매우 애매하여 대상이나 외적 형식, 침해형태, 침해 목적 등의 경우에는 그 구별이 거의 곤란해지는 상황에 처하게 되어, 결국 양자를 구별하는 본질적 표지는 손실보상의 여부에 있다고 한다.94)

헌법재판소는 헌법 제23조 제3항은 "재산권 행사의 사회적 의무성의 한계를 넘는 재산권의 수용·사용·제한과 그에 대한 보상의 원칙을 규정하고 있다. 따라서 공공필요에 의한 재산권의 공권력적, 강제적 박탈을 의미하는 공용수용은 헌법 제23조 제3항에 명시되어 있는 대로 국민의 재산권을 그 의사에 반하여 강제적으로라도 취득해야 할 공익적 필요성이 있을 것, 수용과 그에 대한 보상은 모두 법률에 의거할 것, 정당한 보상을 지급할 것의 요건을 갖추어

---

93) 김문현, 앞의 책, 171~172면.
94) 김형성, "재산권", 『헌법재판연구』 제6권, 1995, 436면.

야 한다"95)라고 판시하고 있으며, 헌법이 규정한 '정당한 보상'이란 "손실보상의 원인이 되는 재산권의 침해가 기존의 법질서 안에서 개인의 재산권에 대한 개별적인 침해인 경우에는 그 손실 보상은 원칙적으로 피수용재산의 객관적인 재산가치를 완전하게 보상하는 것이어야 한다는 완전보상을 뜻하는 것으로서 보상금액 뿐만 아니라 보상의 시기나 방법 등에 있어서도 어떠한 제한을 두어서는 아니 된다는 것을 의미한다고 할 것이다. 재산권의 객체가 갖는 객관적 가치란 그 물건의 성질에 정통한 사람들의 자유로운 거래에 의하여 도달할 수 있는 합리적인 매매가능가격 즉 시가에 의하여 산정되는 것이 보통이다"96)라고 판시하고 있다.

2) 이중기준의 원칙

기본권의 제한에 있어서의 '이중기준의 원칙'은 기본권 가운데 정신적 자유권과 재산적·경제적 기본권을 구분하여, 전자의 가치는 후자의 가치에 우월하는 것이므로 양자에 대한 제한방법 내지 제한기준도 달리해야 한다는 이론이다. 다시 말하면 정신적 자유권은 원칙적으로 제한되지 아니하며, 예외적으로 제한되는 경우에도 그 제한(규제)입법의 합법성 여부에 대한 판단은 경제적 기본권에 대한 그것보다 엄격하지 않으면 안된다는 논리가 이중기준의 원칙이라 할 수 있다.97) 이는 본래 기본권의 제한에 있어서의 심사기준으로 논의되어 온 것이나, 기본권들간의 충돌의 경우에도 정신적 자유권의 우월성을 보여주는 기준으로 사용되어도 무방하다 할 것이다.98)

---

95) 헌법재판소 1998. 3. 26. 93헌바12, 판례집 10-1, 226, 243면; 헌법재판소 2000. 4. 27. 99헌바58, 판례집 12-1, 544, 552면; 헌법재판소 2000. 6. 1. 98헌바34, 판례집 12-1, 607, 617~618면.
96) 헌법재판소 1990. 6. 25. 89헌마107, 판례집 2, 178, 188~189면.
97) 권영성, 앞의 책, 357면.
98) 성낙인, 앞의 책, 557면은 표현의 자유가 여러 가지 사회적 이익과 충돌하는 경우의 해결원칙 가운데 하나로 이중기준의 원칙을 제시하고 있다.

2. 지적재산권의 제한가능성

지적재산권을 재산권의 일종으로 취급하는 입장에서도 재산권제한의 일반적 법리에 따라서, 지적재산권 역시 제한을 가할 수 있게 된다. 이러한 경우 현재의 보호기간의 제한 등의 제한규정들은 재산권 일반에 비해 상대적으로 과중한 제한으로 비춰질 가능성도 없지 않으나, 지적재산권의 공공성에 비추어 보았을 때, 입법자의 입법형성권 범위 내에 있는 것으로 판단할 수 있을 것이다.

정신적 노력에 의해 창출되는 지적재산권은 어떤 원료의 사용이나 생산수단의 활용을 통하여 만들어지는 물적인 것을 대상으로 하는 것이 아니며, 또한 저작자 자신만이 사용할 목적보다는 기본적으로 일반에게 공표함으로써 활용하는 데에 의미가 있는 것이며, 이런 의미가 일반적으로 다른 사람들을 통하여 받아들여짐으로써 그 가치를 얻는 것이기 때문에 원래의 물건을 대상으로 하는 물적재산권과는 그 성질을 달리하며, 이러한 의미에서 저작권자의 사적인 유용성과 임의적인 처분권능의 의미는 불법적인 저작물의 이용을 금지시킬 수 있다는 데에 있는 것이 아니라, 오히려 더 많은 경우에는 그 저작물에 대한 공공의 이해 때문에, 일괄적인 보상을 받음으로써 사회에 양도하는 권리로서의 의미에 국한되는 일종의 사회적 위임의무와 같은 성격을 더 많이 내포하고 있다는 데 있다고 할 수 있다.99)

한편, 이러한 제한에 있어서는, 이미 살펴본 바와 같이 정보시장에 있어서 정보생산자와 정보이용자의 권리가 서로 상충하는 것으로 드러날 경우에는 이중기준의 원칙에 의해서 지적재산권의 제한가능성이 상대적으로 높아질 수 있으리라는 사실도 염두에 둘 필요가 있다.

---

99) 이시우, "지적재산권의 헌법적 의미에 관한 소고", 『계간 저작권』 1996년 여름호, 1996, 12면.

제4항 정보공유론의 한계

정보공유론의 실현은 우선 정보생산자의 권리에 대한 제한의 성격을 띠게 될 가능성이 적지 않고, 특히 저작자 등의 권리를 재산권으로 이해하는 헌법학계의 통설에 의할 경우에는 사유재산제를 중심으로 하는 헌법상의 경제질서에 저촉될 수 있는 부분도 적지 않다.

이러한 차원에서 정보공유론의 실현을 위해 정보생산자의 권리를 제한하는 경우, 기본권을 법률로써 제한하는 경우에도 무한정으로 제한할 수 있는 것이 아니라, 입법자가 지켜야 할 한계가 있음을 주의해야 한다. 기본권을 제한함에 있어서는 개별적 기본권의 특성에 따라 제한과 그 한계에서 차이가 있지만, 공통적으로 요구되는 것은 기본권의 제한이 비례관념에서 과잉제한에 해당되는 것이어서는 안 되고, 기본권의 본질적인 내용을 침해하는 것이 되어서도 안 된다는 점이다. 이는 기본권 제한의 정당화에 있어 실질적 요건에 해당한다.

헌법 제37조 제2항은 '모든 국민의 자유와 권리는 … 필요한 경우에 한하여 법률로써 제한할 수 있으며, 제한하는 경우에도 자유와 권리의 본질적인 내용을 침해할 수 없다'고 정하고 있는데, 이 조항은 바로 과잉금지(Übermaßverbot)의 원칙[100]과 기본권의 본질적 내용 침해 금지의 원칙[101]을 규정하고 있는 것으로 인정되고 있다. 한편 헌법재판소가 지적하고 있듯이 재산권 형성에 있어서의 입법자의 형성권도 일정한 제한을 받게 된다.[102]

---

100) 과잉금지의 원칙이란 국가권력은 정당한 목적을 달성하기 위하여 필요한 범위 내에서만 행사되어야 한다는 내용을 가진 법원리로서 광의의 '비례원칙(比例原則; Verhältnismäßigkeitsprinzip)'이라고도 한다. 이는 기본권의 제한에 있어 국가에게 일반적으로 적용되는 원칙인데, 비례원칙에서 요구되는 과잉제한의 한계가 기본권의 제한에서 구체화되어 나타난 것이다. 정종섭, 앞의 책, 374면.

101) 기본권의 본질적 내용 침해 금지와 관련해서는 과연 그 본질적 내용이 무엇인가 하는 문제에 대해 견해가 갈리는데 본질이라는 개념을 부정하는 견해에서부터 본질을 인정하되 그 개념이 절대적이라고 보는 견해와 상대적이라고 보는 견해가 있다. 계희열, 앞의 책, 160면; 성낙인, 앞의 책, 380면; 정종섭, 위의 책, 384면 이하.

102) 헌법상의 재산권에 관한 규정은 다른 기본권 규정과는 달리 그 내용과 한계가 법률

결국 기본권의 제한의 형태로 실현되는 정보공유론의 입론의 경우에는 저작자 등의 권리의 본질적인 내용에 대한 고찰을 통해, 그 한계가 정해지게 될 것인바, 특히 인격적 부분은 상대적으로 적은 제한만을 가할 수 있을 것이고, 재산적인 부분은 상대적으로 큰 제한을 가할 수 있을 것을 예상할 수 있겠으나, 결국은 개별적인 사안에 따라서 구체적인 형량을 통해 그 한계를 확정해야 할 것이다. 아울러 사회·경제적 차원에 있어서의 정보상품의 중요성을 감안할 때, 정보상품의 생산의 사회적 유인 자체를 유명무실하게 만들 정도의 제한은 불가능하다고 할 것이다.

뿐만 아니라, 이미 세계적인 차원에서 형성되어 있는 자본주의 경제체제 속에서 우리나라에서만 정보공유론을 정책적으로 입론하기란 간단한 문제가 아니다. 즉 경제부문을 중심으로 형성된 '세계체제(World System)' 하에서 지적재산권법제는 선도적인 역할을 수행하고 있다고 볼 수 있기 때문에, 특정한 국가가 지적재산권법제의 세계적인 추세를 거부하는 것에 대해서 미국을 중심으로 하는 세계체제의 선도국가들의 강력한 제재를 예상해 볼 수 있기 때문이다. 힘의 논리가 지배하는 세계체제 속의 이러한 상황에 대한 우리의 자세는, 세계체제의 작동원리에 대한 면밀한 이해를 바탕으로, 주변국가들의 연대를 통한 평화적·민주적 방법을 이용해 선도국가들에 대한 우리의 의견을 관철하는 방법을 모색하는 수 밖에 없을 것이다.

에 의해 구체적으로 형성되는 기본권 형성적 법률유보의 형태를 띠고 있다. 그리하여 헌법이 보장하는 재산권의 내용과 한계는 국회에서 제정되는 형식적 의미의 법률에 의하여 정해지므로 이 헌법상의 재산권 보장은 재산권 형성적 법률유보에 의하여 실현되고 구체화하게 된다. 따라서 재산권의 구체적 모습은 재산권의 내용과 한계를 정하는 법률에 의하여 형성된다. 물론 헌법이 보장하는 재산권의 내용과 한계를 정하는 법률은 재산권을 제한한다는 의미가 아니라 재산권을 형성한다는 의미를 갖는다. 이러한 재산권의 내용과 한계를 정하는 법률의 경우에도 사유재산제도나 사유재산을 부인하는 것은 재산권 보장규정의 침해를 의미하고, 결코 재산권 형성적 법률유보라는 이유로 정당화될 수 없다. 헌법재판소 1993. 7. 29. 92헌바20, 판례집 5-2, 36, 44면; 2000. 2. 24. 97헌바41, 판례집 12-1, 152, 163~164면; 2000. 6. 29. 98헌마36, 판례집 12-1, 869, 880~881면; 2001. 6. 28. 99헌바106, 판례집 13-1, 1307, 1316~1317면.

제5항 비교사례: 토지재산권의 경우

지적재산권과는 다소 다른 차원의 '공공성'에 기반한 재산권의 대표적인 제한사례가 바로 토지재산권의 경우이다. 토지는 비록 비배제성이나 비경합성의 차원에서 인정되는 '공공재'로 보기는 어려운 측면이 있지만, 가치의 산정에 있어서 '외부성'이 존재하는 데다가, 인간의 생존에 지극히 중요한 의미를 가지는 데 비해 공급이 비교적 엄격하게 한정되어 있어 일찍부터 그 사회성 내지 공공성의 측면이 부각되었고, 그에 대한 제한이 논의되고, 또 실제로 정책화되어 제한이 가해진 바 있다. 이러한 토지재산권의 제한과 관련한 사례는 지적재산권의 제한에 있어 특히 그 한계에 대한 시사점을 제공할 수 있으리라 생각한다.

I. 토지재산권의 의의

자본주의체제하에서의 토지소유권은 그 소유자가 토지를 전면적으로 지배하여 그 토지를 사용, 수익, 처분할 수 있는 완전한 권리이다.[103] 다시 말하면 토지소유권은 토지를 객체로 하여 그 토지의 사용가치 및 교환가치를 전면적으로 향유할 수 있는 완전한 물권이다. 우리 민법상의 토지소유권 개념도 역시 이러한 자본주의체제하의 토지소유권 개념에 터잡고 있다.[104] 그러나, 토

---

103) 토지재산권이라 하면 토지와 관련한 다양한 재산권, 즉 소유권을 비롯하여 지역권, 지상권 등의 용익물권과 전세권 등의 담보물권 등을 모두 포함하는 개념이라 할 수 있지만, 여기에서는 가장 대표적인 권리라 할 수 있는 소유권을 중심으로 살펴보기로 한다.

104) 반면 사회주의적 소유권하에서는 토지소유권은 전 인민의 소유이며, 국가가 전 인민을 대표하여 소유하고 있을 뿐이고, 집단농장의 토지소유권에 있어서도 집단농장의 전 구성원을 대표하여 집단농장이 소유하고 있을 뿐이다. 따라서 인민과 집단농장의 구성원은 토지를 이용할 수 있을 뿐이다. 또한 사회주의 체제하에서는 토지의 거래를 용인하지 아니하므로 토지소유권의 관념이 자본주의체제하에서의 그것과는 전혀 다르다. 김상용, 『토지소유권 법사상』, 서울: 민음사, 1995, 31면.

지소유권의 내용은 시대의 변천에 따라 많은 변화를 겪어 왔으며 현재에도 다른 어떠한 재산에 대한 소유권 보다도 더 큰 변화를 겪고 있다.105)

　토지는 인간의 역사를 통하여 인간과 가장 밀착되어 있는 자원이다. 토지는 개인의 소유물이면서, 동시에 국토의 일부이며, 인간생활의 터전이면서 동시에 본원적 생산요소이기도 하다. 이러한 토지는 그 성질, 기능 및 가격형성에 있어서 다른 재화와는 구별되는 특수성을 지니고 있다. 우선 토지는 자연적 재화로, 재생산 불가능하여 그 양이 유한하며, 장소적 이동이 불가능하므로 대체성이 존재하지 않고, 상린성(相隣性), 항구성(恒久性) 등의 자연적 성질의 특수성을 가지므로, 개인이 소유하는 토지도 전체는 국토를 이루고 있으므로 모든 국민은 토지를 소유하였든 소유하지 않았든 토지에 대한 이해관계자이다. 한편, 토지는 어느 시대, 어느 사회에 있어서나 정도의 차이는 있을지라도 '사적재'로서의 성질과 동시에 '공공재'로서의 성질을 보유하고 있었고, 현재도 그러하다. 또 토지는 상품으로서의 성질과 자원으로서의 성질을 겸유(兼有)한다. 한 필지 한 필지의 토지는 매매의 대상으로서의 상품으로서의 성질을 가지나, 또 한편 한 필지 한 필지의 토지가 모여 국토를 이루며, 토지를 가진 자와 토지를 가지지 못한 자가 다 같이 토지 위에서 생활하고 생산이 이루어져야 하므로 토지는 자원으로서의 성질을 함께 가지고 있다. 상품으로서의 토지에 대해서는 소유권에 대한 보호가 이루어지고, 자원으로서의 토지에 대해서는 소유권에 대해 규제가 이루어지고 있다고 할 수 있다.106)

---

105) 김상용, 위의 책, 31~33면. 한편 자본주의적 소유권하에서도 게르만 법과 영미부동산법에서는 토지소유권 개념이 달리 파악되고 있다. 게르만 법에서는 토지소유권은 토지에 대한 제한물권과의 뚜렷한 구별 없이 토지소유권도 하나의 용익권으로서 다른 제한물권과 비교해서 그 용익권이 좀 더 강할 뿐이었던 반면, 영미부동산법에서는 토지소유권을 혼일적 권리로 파악하는 것이 아니라, 사용, 수익, 처분의 '제 권리가 하나로 통합되어 있는 권리(a bundle of rights)'로 파악되는 것으로 토지소유권은 언제나 그 부분적인 권리가 독립된 권리로 분리될 수 있는 것이다.

106) 김상용, 위의 책, 26~28면. 아울러 토지는 기능상의 특수성을 가지는데, 본원적인 생산수단으로서 기능하며, 부의 축적이나 가치의 저장수단으로도 기능하며, 사회적 및 정치적 힘의 원천이 되기도 하고, 경제적 신분의 상징으로도 기능한다. 한편 오늘날은 환경보전을 위한 소비재로서의 기능도 인정되어, 토지의 환경자원으로서

II. 토지재산권의 제한근거

토지는 다른 재화와는 달리 생산과 생활을 위한 제활동의 공통기반임과 동시에 현재 및 장래에 있어 국민을 위한 한정된 자원이고, 토지의 가치는 사회간접시설의 정비 등 외부적 요인에 의해 증대되는 특성을 보유한다. 우리나라는 좁은 국토공간에 밀집하여 사회·경제활동을 영위하고 있을 뿐만 아니라 토지의 희소성으로 인해 급격히 증대되고 있는 수요를 충족할 수 없어 토지의 공급에 한계성을 지니고 있기에 공공복리의 관점에서 다른 재산권보다 강력한 제약이 요청된다.[107)]

이와 같은 특질을 갖는 토지는 본래 국민전체, 즉 인류의 공유재산이라 할 것이다. 그러기에 농지는 농경을 위해 사용되고, 택지는 생활을 위한 주거의 기반으로서 이용에 제공될 때 그 기능을 다하게 된다. 그러나 사유재산제를 기초로 하는 자본주의사회에서는 공공적 성격을 갖는 토지가 법제도상 사적인 권리의 대상으로 되어 사유재산으로서 강하게 보호되고 있다. 그 결과 토지는 이윤추구를 위해 상품화하고, 농지도 경작하기 보다 지가상승을 기대하여 보유하며, 기업은 매점한 토지를 기업자산화하는 경향이 강하게 나타나고 있는 실정이다.

이와 같이 토지는 한편으로 사유재산제도의 체계 속에 구성된 사적 재산으로서의 성격을 가지면서, 다른 한편으로 공공적 성격에 의해 공유재산성이 강조되고 토지 본래의 용법에 따라야 한다는 서로 대립하는 두 가지 측면을 지

의 기능이 강조되고 있다. 이러한 토지의 기능은 복합적인 것으로 토지의 이용에 있어서는 동일한 토지라 하더라도 여러 가지의 기능을 수행한다. 마지막으로 토지에는 가격형성의 특수성이 존재하는데, 수요에 따른 공급 창출이 불가능하기 때문에 투기적 경향이 내포되어 있다.

107) 유해웅, 『토지공법론』(제3판), 서울: 삼영사, 2002, 47면. 유해웅은 "토지가 개인의 재산이지만 태양·물·공기와 같이 어떤 한 사람의 전유물이 될 수 없는 성질의 것임을 생각할 때 고도의 공공성과 사회성을 갖는 것은 두말할 나위없다"고 적고 있으나, 인클로저 운동 이래 자본주의체제하의 토지는 거의 배제성 및 경합성이 인정되는 상황이라고 생각되므로, 성질상 전유가능성이 존재한다고 생각되지는 않는다.

니고 있다. 따라서 토지 소유의 문제는 토지가 갖는 양면성을 어떻게 조정할 것인가에 있는 것이다.[108]

이러한 상황을 반영한 우리 헌법 제122조는 "국가는 국민 모두의 생산 및 생활의 기반이 되는 국토의 효율적이고 균형있는 이용·개발과 보전을 위하여 법률이 정하는 바에 의하여 그에 관한 필요한 제한과 의무를 과할 수 있다"고 규정하여 재산권의 일반적 사회구속성 이외의 규정을 마련하고 있다.[109]

III. 토지재산권 제한의 전개

우리나라에서 토지재산권의 제한은 이른바 '토지공개념'을 중심으로 전개 되었다. 1960년대 처음으로 등장한 토지공개념은 당시의 상황으로 미루어 볼 때 투기억제를 위한 도구개념으로 등장하였다고 볼 수 있으며, 토지시장질서 의 확립을 위한 최고원리로서 생성·발전되어 왔다고 할 수 있을 것이다. 토지 공개념의 도입은 결코 토지소유권 그 자체를 부정하는 것이 아니며, 토지이용 의 공공성과 사회성을 강조한 것으로 비록 자기의 땅이라 하더라도 그 이용만 은 공공복리에 적합해야 한다는 뜻으로 해석하고 있었다.

토지공개념관련 정책은[110] 1967년의 『부동산투기억제에관한특별조치세법』 의 제정을 시작으로, 공한지세제도, 양도소득세제의 강화, 토지거래의 신고 및 허가제, 토지과다보유세제, 공시지가제도의 채택 등으로 지속되다가, 1987년 의 헌법개정에서의 제122조의 수정에 힘입어,[111] 1989년 이른바 3대 토지공

---

108) 유해웅, 위의 책, 102~104면.
109) 헌법 제121조의 농지(農地)에 관한 규정 역시 토지재산권 제한의 근거로 기능할 수 있는 것으로 일반적으로 인정된다.
110) 우리나라 토지법제의 시대구분은 서원우·김상용, "현대 토지법의 재평가(상)－토 지에 관한 사익과 공익의 조정을 중심으로－", 『서울대학교 법학』 제28권 1호, 1987, 118면 이하; 유해웅, 앞의 책, 92~99면 참조.
111) 이 규정은 1962년 헌법 제114조 "국가는 농지와 산지의 효율적 이용을 위하여 법 률이 정하는 바에 의하여 그에 관한 필요한 제한과 의무를 과할 수 있다"로 처음 규정되어, 1972년 헌법 제119조 "국가는 농지와 산지 기타 국토의 효율적인 이용·

개념법이라 지칭된『토지초과이득세법』,『택지소유상한에관한법률』,『개발이익환수에관한법률』의 제정으로 절정에 이르렀으나,112) 1994년『토지초과이득세법』에 대한 헌법불합치결정113)을 시작으로, 1998년의『개발이익환수에관한법률』제10조 제3항 단서의 위헌결정,114) 1999년『택지소유상한에관한법률』에 대한 위헌결정115) 등에 의해 현재는 상당부분 후퇴된 상태라 할 수 있다.

헌법재판소는 토지재산권 제한의 한계로, '재산권의 본질적 내용(사적 이용권과 원칙적인 처분권)의 침해금지, 제한에 있어서의 과잉금지의 원칙(비례의 원칙)을 준수,'116) '사유재산제도의 전면적인 부정, 재산권의 무상몰수, 소급

개발과 보전을 위하여 법률이 정하는 바에 의하여 그에 관한 필요한 제한과 의무를 과할 수 있다" 및 1980년 헌법 제123조 "국가는 농지와 산지 기타 국토의 효율적이고 균형있는 이용·개발과 보전을 위하여 법률이 정하는 바에 의하여 그에 관한 필요한 제한과 의무를 과할 수 있다"를 거쳐, 현행 헌법 제122조에서 "국민 모두의 생산 및 생활의 기반이 되는"의 문구가 추가되는 수정을 거친 바 있다.

112) 각 법률 및 정책에 대한 자세한 내용은 성미소, "현행 토지공법에 있어서 공익과 사익의 조정에 관한 법실증적 연구", 단국대학교 법학박사학위논문, 2001, 99~163면 참조.

113) 헌법재판소 1994. 7. 29. 92헌바49등, 판례집 6-2, 64면 이하. 이후『토지초과이득세법』은 1994년 12월 22일 위헌요소를 삭제한 개정이 이루어졌다. 그러나 토지초과이득세제는 그동안 부동산실명제의 실시, 토지종합전산망의 가동 등 부동산투기를 방지하기 위한 제도적 장치가 마련되어 있고, 또한 전국의 토지가격도 계속 하향·안정세를 유지하고 있어 계속 존치시킬 필요가 없어져, 1998년 12월 28일 이 법이 폐지됨에 따라 토지초과이득세제는 폐지되었다.

114) 헌법재판소 1998. 6. 25. 95헌바35등, 판례집 10-1, 771면 이하. 이후 1998년 9월 19일『개발이익환수에관한법률』은 위헌부분을 삭제하기 위해 개정되었는데, 1999년 12월 31일까지 개발부담금 부과를 면제하고, 2000년부터는 부담금 부과율을 25%로 인하하며, 부담금 납부 연기기간을 3년으로 연장하기 위한 것으로 '사실상 폐지'라는 평가를 받고 있다. 이상영, "토지공개념의 의미와 택지소유상한제법의 위헌결정에 관한 비판",『민주법학』통권 제16호, 1999.8, 333면.

115) 헌법재판소 1999. 4. 29. 94헌바37, 판례집 11-1, 289면 이하.

116) "토지재산권에 대한 제한입법은 토지의 강한 사회성 내지는 공공성으로 말미암아 다른 재산권에 비하여 보다 강한 제한과 의무가 부과될 수 있으나, 역시 다른 기본권에 대한 제한입법과 마찬가지로 과잉금지의 원칙(비례의 원칙)을 준수해야 하고 재산권의 본질적 내용인 사적 이용권과 원칙적인 처분권을 부인하여서는 안 된다.

입법에 의한 재산권 박탈,'117) '토지의 실질적인 사용·수익이 불가능한 경우'118) 등을 제한의 한계로 예시한 바 있다.

IV. 평가

이미 살펴본 바와 같이, 공공성에 기반한 토지재산권의 제한시도는 헌법재판소에 의해 상당부문 좌절된 상태이지만, 사회적 구속성의 차원에서의 재산권의 제한가능성에 대한 여러 가지 요건들과 한계를 공론화하였다는 점에서 적지 않은 의의를 찾을 수 있을 것이다. 즉, 헌법재판소가 설시한 재산권의 한계를 염두에 두는 가운데, 헌법적 정합성을 유지한다면 공공성에 기반한 재산권의 제한이 전혀 불가능한 것은 아니라고 할 수 있을 것이다.

특히 토지재산권의 사회적 의미와 기능 및 법의 목적과 취지를 고려하더라도 당해 토지재산권을 과도하게 제한하여서는 아니 된다. 요컨대, 공익을 실현하기 위하여 적용되는 구체적인 수단은 그 목적이 정당해야 하며 법치국가적 요청인 비례의 원칙에 합치해야 한다." 헌법재판소 1999. 10. 21. 97헌바26, 판례집 11-2, 383, 407~408면.

117) "입법부라고 할지라도 수권의 범위를 넘어 자의적인 입법을 할 수 있는 것은 아니며 사유재산권의 본질적인 내용을 침해하는 입법을 할 수 없음은 물론이다(헌법 제37조 제2항 후단). 토지재산권의 본질적인 내용이라는 것은 토지재산권의 핵이 되는 실질적 요소 내지 근본요소를 뜻하며, 따라서 재산권의 본질적인 내용을 침해하는 경우라고 하는 것은 그 침해로 사유재산권이 유명무실해지고 사유재산제도가 형해화(形骸化)되어 헌법이 재산권을 보장하는 궁극적인 목적을 달성할 수 없게 되는 지경에 이르는 경우라고 할 것이다. 사유재산제도의 전면적인 부정, 재산권의 무상몰수, 소급입법에 의한 재산권 박탈 등이 본질적인 침해가 된다." 헌법재판소 1989. 12. 22. 88헌가13, 판례집 1, 357, 373면; 헌법재판소 1990. 9. 3. 89헌가95, 판례집 2, 245, 256면.

118) "개발제한구역 지정으로 인하여 토지를 종래의 목적으로도 사용할 수 없거나 또는 더 이상 법적으로 허용된 토지이용의 방법이 없기 때문에 실질적으로 토지의 사용·수익의 길이 없는 경우에는 토지소유자가 수인해야 하는 사회적 제약의 한계를 넘는 것으로 보아야 한다." 헌법재판소 1998. 12. 24. 89헌마214등, 판례집 10-2, 927, 952~957면.

제3절 정보시장의 균형을 위한 정책론

기존의 지적재산권제도에 관한 비판적 논의는 대개 거시적 관점에서 추상적으로 진행되었다. 그러다 보니, 법률 자체에 대한 분석은 다분히 도식적이고 간략하게 이루어지는 경우가 많았다. 게다가 법해석론 중심의 미시적 연구가 주류를 형성하는 법학분야에서는 이러한 비판적 논의에는 대부분 눈길조차 주지 않았고, 더구나 지적재산권과 같은 법분야는 과학과 기술의 문제를 단순히 '첨단기술'의 문제로만 보고 이를 뒷받침하는 기능적인 법해석이나 입법론에 치중하는 경향이 있다. 결국 진정한 문제는 이러한 관점의 차이와 상호 한계를 어떻게 극복할 것인가 하는 점이라 할 수 있을 것이다.[1]

이러한 문제의식 하에서 이하에서는 정보시장의 균형을 회복하기 위한 구체적인 정책들을 검토하려 하는 바, 우선 정보상품의 창출을 위한 이론적인 모델들을 검토해 봄으로써, 인위적 독점의 설정방식 이외에도 가능한 정보상품 창출 모델이 존재함을 확인하고, 이러한 대안적 모델들을 염두에 두고, 정보시장의 균형을 확보하기 위한 실질적인 정책들을 구조차원과 행위자의 차원에서 각각 살펴보기로 한다.

제1항 이론상의 정보상품 창출모델

이미 살펴본 바와 같이 정보상품의 생산을 유인하기 위한 방편으로, 지적재산권법제가 마련되어 있고, 현재의 지적재산권법제는 사유재산권설정방식을 취하고 있음은 주지의 사실이다. 그렇지만, 이러한 사유재산권설정방식만이 정보상품의 생산유인으로 작동하는 유일한 해법은 아니다. 이하에서는 정보상

---

1) 박성호, 앞의 논문, 68면.

품 창출을 위한 다양한 모델들의 결정요인을 살펴보고, 상정가능한 구체적인 창출모델들을 각각 검토해보기로 한다.

I. 모델의 결정요인

일반적인 재화의 생산 및 소비의 문제와는 달리 정보상품의 경우는 초기 생산에 드는 비용이 추가 상품의 생산에 비해서 상대적으로 과도한 반면, 비배제성과 비경합성을 가짐으로 인해서 무임승차자의 문제가 발생할 우려가 크기 때문에 사회적으로 과소생산될 위험이 크다고 할 수 있고, 아울러 생산된 정보상품이 다른 정보상품의 생산에 긍정적인 영향을 미칠 수 있는 특징을 가지기 때문에 사회적인 생산요구는 통상적인 생산량을 넘는 것이 일반적이라 할 수 있다. 결국 정보상품이 가지는 과소생산의 위험을 어떻게 해소하고, 적정한 정보상품의 생산을 가능케 할 것인가가 관건인 것이다. 이러한 맥락에서 정보상품의 창출을 위한 기본적인 요소는 정보상품의 비배제성 및 비경합성을 억제하는 것과 다른 한편으로는 외부효과의 내부화를 모색하는 것이라 할 수 있다. 정보의 공공성이라는 본질적 특성을 고려해 본다면 특히 후자의 방식이 중요한 의미를 가진다고 할 수 있을 것이다.

일반적으로 경제주체의 소비행위 또는 생산행위가 다른 소비자 또는 생산자에게 가격기구를 이탈한 외부효과(external effects)[2]를 발생시킬 때, 시장 실패(market failure)가 발생할 가능성이 높아진다. 외부효과의 내부화란 사람들의 유인구조를 바꾸어 자신들의 행동이 초래하는 외부효과를 의사결정에 감안하도록 만드는 과정을 가리키는데, 외부효과 자체가 긍정적이냐, 부정적이냐에 따라서 그 내부화의 방법이 달라지게 된다.[3] 우선 부정적 외부효과가 존재할 경우, 재화생산의 사회적 비용이 사적 비용보다 크기 때문에, 최적생산량

---

2) 이필우, 『재정학 - 재정 및 공공선택이론 - 』, 서울: 법문사, 1995, 77면.
3) 부정적 외부효과의 경우, 각종 세금을 통해 시장성과를 개선하는 것이 이러한 예에 해당한다.

은 시장균형생산량보다 작다(과잉생산). 반면 긍정적 외부효과가 존재할 경우, 재화의 사회적 가치는 사적 가치를 초과하므로, 최적산출량은 시장균형거래량보다 많다(과소생산). 이럴 경우 외부효과의 내부화를 통해 시장균형을 최적 상태로 바꾸려면 긍정적 외부효과에 대해 보조금을 주어야 한다.[4]

요약하자면 부정적 외부효과가 있으면 시장에서 결정되는 생산량이 사회적으로 바람직한 수준보다 많고, 긍정적 외부효과가 있으면 시장균형 생산량이 사회적 최적 수준보다 적게 된다. 이러한 문제를 해결하기 위한 일반적인 방편으로, 정부는 부정적 외부효과를 일으키는 재화에 대해 세금을 부과하고, 긍정적 외부효과를 창출하는 재화에 대해 보조금을 지급하는 방식으로 외부효과를 내부화하면 된다.[5] 이러한 외부효과의 내부화를 위한 방법들에 따라서 다양한 정보상품의 창출모델들을 상정해 볼 수 있다.

II. 정보상품 창출모델

1. 정부의 직접생산

국방이라든가 공원 등의 경우와 마찬가지로 지적 생산물의 경우도 공공재의 성격이 강하기 때문에 민간시장에만 맡겨 놓으면 지적 생산물이 결코 사회적으로 바람직한 수준까지 생산되기 어렵게 될 가능성이 크다. 결국 지적생산물의 과소생산이 초래된다고 볼 수 있게 되기 때문에, 국방 등의 경우와 마찬

---

4) '교육'이 대표적인 예로, 실제로 정부는 공립학교의 운영과 정부 장학금 지급 등을 통해 교육에 대해서 많은 보조금을 지급하고 있다.

5) N. Gregory Mankiw, 앞의 책, 236~237면. 본래 외부효과는 개인활동의 '사회적 수익률(social rate of return)'과 '사적 수익률(private rate of return)'간의 괴리를 의미한다고 볼 수 있는데, 이러한 외부효과를 극복하고, 시장의 올바른 운영을 도모하는 방편이 바로 외부효과의 내부화 작업이다. 환언하면 개인의 활동을 사회적으로 바람직한 방향으로 유도하는 노력이 곧 외부효과의 내부화이다. 그러한 노력의 제도적 표현 가운데 하나가 바로 배타적 재산권제도의 도입이라고 볼 수 있다. 박세일, 앞의 책, 129~130면.

가지로 정부에게 요구되는 정보들을 정부가 직접 정보상품을 생산하는 방식을 취할 수 있게 된다.6) 실제로 일부의 정보상품에 있어서는 이러한 방식이 사용되고 있는데, 각종 기초적인 통계자료, 일기예보 및 교통정보 등이 그러한 예이고 정부가 직접 운영하는 각종 연구소들 역시 이러한 부류에 속한다고 할 수 있을 것이다. 이 경우의 정보상품의 생산유인은 국가(정부)의 존재이유 자체에서 도출되기에 대체적으로 공적인 성격을 띤다. 이러한 방식으로 생산된 정보상품은 무상으로 제공되는 경우가 일반적이지만, 항상 그런 것은 아니다.

2. 사회적 보상방식

이는 창작된 창작물을 사회의 공유물로 귀속시키고, 대신 창작자에게 일정한 보상을 하는 방식이다. 이 경우의 정보상품의 생산유인은 국가적 요구와 일정한 보상이라 할 수 있으므로, 공적인 요소와 사적인 요소가 혼재되어 있으나, 창작물을 사회의 공유물로 귀속시키기 때문에 공적인 요소가 보다 강하다고 평가할 수 있을 것이다. 예를 들자면, 수상조건으로 저작권 등의 이전을 조건으로 하는 공모전의 경우가 이에 해당한다고 할 수 있다. 한편, 사회적 보상을 금전적인 것에 국한시키지 않고, 명예 등의 정신적인 가치까지 포함시킨다면, 공개 소스 소프트웨어 등의 생산방식도 여기에 포함된다고 볼 수 있을 것이다.

---

6) 전력·수도·전화 등 공공재의 특성을 몇 가지로 요약해 보면 먼저 재화 생산을 하는데 고정비용이 가변비용에 비해 매우 많이 든다는 것이다. 둘째, 공공재의 생산구조에는 자연독점의 특성이 내재하고 있고, 그 결과 대부분의 공공재들은 국영기업이나 정부의 규제를 받는 공기업에 의해 생산되고 있다. 셋째, 사기업들은 이윤극대화를 목적으로 하는 반면, 공기업들은 사회적 총효용을 극대화하는 데 목적을 두고 있다는 것이다. 이만우·백승관, "불확실성하에서의 공공재의 적정가격과 적정투자", 『공공경제』 제2권, 1997.11, 20면.

3. 민간영역의 창작활동의 지원

이는 정보상품의 생산 자체는 민간 영역에서 이루어지지만, 정부가 생산비용의 일정부분을 직접적으로 지원해주는 방식의 생산방식을 말한다. 이 경우의 정보상품의 생산유인 역시, 국가적 요구와 일정한 보상이라 할 수 있으므로, 공적인 요소와 사적인 요소가 혼재되어 있다고 할 수 있다. 이러한 방식역시 실제로 이용되고 있으며, 정부출연연구소나 민·관합동연구소가 이러한 부류에 속하며,[7] 전통문화의 계승이나 순수예술에 대한 지원 및 기초과학이나 실험분야에 있어서 비교적 활발하게 적용되고 있다.

4. 인위적 독점권 설정방식

이 경우의 정보상품의 생산유인은 시장에 있어서의 경제적 가치의 독점으로 인해 생기는 경제적인 이익이 주를 이루며, 부수적으로 개인적인 인격적인 가치가 유인으로 등장하게 되며, 사적인 측면이 위주를 이룬다. 이는 현재의 지적재산권법체제와 같이, 창작자에게 인위적 독점권(artificial monopolies)을 설정하여, 스스로 창작물을 관리하게 하는 방식이다. 창작자에게 주어지는 배타적 권리의 향유를 유인으로 창작물의 생산을 유도하게 되며, 얻어질 수익은 한정되어 있지 않으며, 시장상황에 따라 유동적이다.

5. 평가

이상에서 살펴본 바와 같이 정보상품의 생산의 유인은 '인위적 독점'의 설정방식 이외에도 다양한 방식이 존재한다고 할 수 있다.[8] 결국 지적재산권법

---

7) 민관 공동연구개발 결성이 기술개발과 관련한 시장실패를 보정할 수 있음을 이론적으로 뒷받침하려는 논의로는 유평일·최상채, "기술개발관련 정부−민간 공동연구개발의 유인설계에 관한 연구", 『공공경제』 제3권 제1호, 1998.5, 120면을 참조.
8) 현재의 지적재산권법체제 속에서는 이렇게 상이한 유인들로 인해 창출된 다양한

제의 존재이유는 지적재산권이 정보상품의 생산유인임을 밝히는 것으로 종결될 문제가 아니고, 왜 인위적 독점의 방식을 채택해야 하는가에 대해서도 답을 제시해야 하는 것이 과제로 남게 된다고 할 수 있을 것이다. 아울러 인위적 독점이 가져올 수 있는 사회적 비용의 문제에 대한 고찰에 있어서는 인위적 독점의 사회적 이익을 계산하는 것과 함께, 그 밖의 다른 대안들의 존재에 대해서도 고려해 볼 필요성이 있다. 즉 단순히 인위적 독점이 사회적 비용보다 사회적 이익이 크다는 것만으로는 인위적 독점의 정당화가 마무리되는 것은 아니며, 다른 대안들에 비해서도 효율적이라는 사실이 입증되어야만 완전한 정당화가 이루어지는 것이라 할 것이다.

제2항 구조차원의 정책

정보상품의 적절한 생산을 위한 체제를 마련하기 위하여 구조차원에서 고려해 볼 수 있는 정책들은 정보생산자와 정보이용자 양측에 모두 의미를 가지는 정형화된 차원의 정책들이라 할 수 있다. 그렇지만 여기에서의 구조 개념은 기든스의 '이중성'을 고려하고 있기 때문에, 행위자의 차원과의 끊임없는 상호작용 속에서 유동적인 형태를 띠고 있는 것이라 할 수 있음을 염두에 둘 필요가 있다.

I. 형식성(formality)의 강화

1. 형식성의 의의와 내용

오늘날 그 가치가 점점 증대하고 있는 정보상품은, 그 권리관계를 명확하게

정보상품들이 상당부분 지적재산권법체제 속에 편입되어 운용되게 됨을 기억할 필요가 있다. 즉 이상의 논의는 정보상품의 직접적인 생산유인의 차원을 고려한 것임을 염두에 두어야 한다.

알 수 없는 경우가 적지 않기 때문에, 정보상품에 대한 권리라 할 수 있는 지적재산권의 경우 등록제도 등의 권리관계의 공시제도를 마련되어야 한다. 이는 '보다 많은 형식성(more formalities)'을 도입하는 작업이라 할 수 있다.[9] 가장 중요한 형식적 절차는 다음의 세 가지이다. 우선 저작권이 설정된 저작물에 저작권 표시를 하는 것, 저작권을 등록하는 것, 그리고 저작권을 갱신하게끔 하는 것이다.

역사적으로 살펴볼 때 저작권법제의 경우에도 원래 등록제도가 마련되어 있었고, 저작권조약 등에 의하면 최소한의 저작권표시가 저작권 주장의 필수요건이었던 적이 있었다.[10] 그렇지만 이러한 형식적 절차는 별다른 편익을 가져다 주지는 않으면서 저작권의 소유자에게 부담만을 주는 제도로 평가되어 폐지되었고, 이후에는 저작권은 그 어떤 형식적 절차를 준수하든 안 하든 창작과 동시에 자동적으로 주어지게 되었다.[11]

그렇지만 오늘날의 인터넷의 발달은 이러한 상황에 근본적인 변화를 초래한 것으로 평가된다. 오늘날에는 통신망(On-Line)을 통한 등록 등의 상대적으로 간편한 방법을 이용할 수 있기 때문에 형식적인 절차가 정보생산자 등에게 큰 부담을 주지 않게 된 반면, 정보이용자들은 다양한 경로를 통해 정보를 입수할 수 있는 데 비해서 저작권의 표시가 불분명한 경우에는 저작권의 존부 및 저작권자의 확인이 곤란하기 때문에, 기존 정보의 이용에 있어서는 오히려 형식적 절차가 없는 세계가 창조성을 억압할 우려가 있다. 오늘날과 같이 지

---

9) Lawrence Lessig, *Free Culture*, 이주명 역, 『자유문화: 인터넷 시대의 창작과 저작권 문제』, 서울: 필맥, 2005, pp.287~291.

10) 세계저작권조약(Universal Copyright Convention) 제3조. 무방식주의와 등록주의의 절충형으로, 'ⓒ'와 저작자의 성명이나 명칭, 저작물의 최초 제작연도가 표시되어 있으면 등록한 것과 같이 보호하도록 하고 있다. 윤선희, 『지적재산권법』(8정판), 서울: 세창출판사, 2006, 14면 참조.

11) 저작권관련 국제조약인 베른 협약(Berne Convention) 제5조 제2항은 "그러한 권리의 향유와 행사는 어떠한 방식에 따를 것을 조건으로 하지 아니한다. 그러한 향유와 행사는 저작물의 본국에서 보호가 존재하는 여부와 관계가 없다"고 규정하고 있다. 최경수, 『국제지적재산권법』, 서울: 한울 아카데미, 2001, 185~186면.

적재산권의 국제적 보호가 일반화되어 있는 시대에 이처럼 창작만으로 저작권이 성립되고 보호된다면 권리관계의 존부의 확정이 불확실하기 때문에 발생하는 문제들이 적지 않을 것으로 보인다.

이렇게 저작권 표시 및 등록의 필요성이 다시금 증가하고 있는 것은 사실이긴 하지만, 그렇다고 해서 창조적 저작물에 저작권 표시를 하지 않으면 그 저작권은 상실된다고 볼 이유는 없으며, 아울러 저작권 표시의 요건이 모든 미디어에 걸쳐 획일적으로 강요될 필요도 없다. 저작권 표시의 목적은 저작권 표시가 된 저작물은 저작권이 설정된 것이며, 그 저작자는 자신의 권리를 행사하고자 한다는 신호를 대중에게 보내는 것의 역할을 한다. 이러한 저작권 표시는 또한 그 저작물을 이용하기 위한 허가를 얻는 데 필요한 정보인 저작권 소유자의 소재를 쉽게 파악할 수 있도록 해 준다. 이러한 맥락에서 저작권 표시가 없을 경우에는 일률적으로 저작권을 인정하지 않는 것이 아니라 실제 저작자가 자신의 저작물임을 증명하고, 자신이 다른 사람에게 그 이용을 허가하지 않았음을 증명할 경우에는 저작권을 회복시켜주는 방식으로 운영할 수 있을 것이다. 이 경우 저작권의 존재를 모르고 저작물을 이용한 경우에는 저작권 침해를 인정하지 않음으로써 저작권 표시에 대한 강력한 유인으로 기능하게 할 수 있을 것이다.12)

이러한 저작권 표시의 방법은 기술의 발달 추이에 따라서 매체의 특성에 맞게 유연한 방식을 적용해야 할 것이고, 저작권의 등록과정과 연계해서 가급적 원활한 등록이 이루어질 수 있도록 도움이 되는 방향으로 저작권 표시 및 등록제도가 운용되어야 할 것이다.

한편 저작권의 등록과 갱신과정에서 일정한 수수료를 부담하게 하는 것도

---

12) 『저작권법』제53조(저작권의 등록), 제54조(권리변동 등의 등록·효력) 등은 저작권의 등록을 가능하게 하고 있으나, 여기에서의 등록은 성립요건이 아닌 대항요건이다. 그렇지만 우리법제의 구조는 '대항하지 못한다'의 의미가 이러한 공시제도는 단순히 권리관계를 공시하는 대항요건에 그칠 것이 아니라, 성립요건으로 할 필요성이 있다. 실제로 이러한 방식은 산업재산권에는 이미 일반화되어 있는 제도이나, 저작권법제는 대항요건으로서의 등록제도만이 마련되어 있기 때문에 저작권법제에 특히 필요한 제도라 할 수 있다.

필요한데, 이러한 수수료는 불필요한 독점권의 설립·유지행위를 감소시킬 수 있을 것으로 보이며 결국 공유영역의 활성화에 큰 도움을 줄 것으로 예상된다.[13] 헌법재판소역시 이러한 관점에서 『실용신안법』상의 등록료납부제도의 입법목적을 정당한 것으로 평가한 바 있다.[14]

이와 관련하여 랜디스와 포즈너는 1992년까지 등록 및 갱신제도를 취하고 있는 미국저작권법제도의 등록실적들을 검토하여 등록수수료와 등록실적간의 일정한 관계를 확인할 수 있었다고 한다. 즉 매우 낮은 수수료를 조금 인상하더라도 많은 저작자가 등록하는 것을 저지하기 때문에, 대부분의 저작권은 무시할 수 있는 기대가치를 갖고 있다는 것이다. 이러한 점은 갱신등록의 경우에도 마찬가지인데 수수료 변동에 매우 민감하다는 것이다. 심지어 인플레이션을 감안하여 갱신등록 수수료를 10%인상하는 것은 2.2%의 갱신등록 건수의 감소를 결과한다고 한다.[15]

---

13) 현행『저작권법』제56조는 '권리자 등의 인증제도'를 두어 저작물등의 거래의 안전과 신뢰보호를 위하여 인증기관을 지정하고, 인증절차를 마련하도록 하고 있으며, 인증과정에서 일정한 수수료를 거둘 수 있게 규정하고 있다(동조 3항). 기존의 저작권 등록제도(제53조) 외에 인증제도를 다시 두는 것 보다는 등록제도의 성립 요건화가 오히려 더 효과적이지 않을까 생각한다.

14) 구『실용신안법』(2001. 2. 3. 법률 제6421호로 개정되기 전의 것) 제34조는 실용신안권 자가 등록료 납부의무를 이행하지 않는 경우에 실용신안권을 소멸시켜 널리 일반의 공유재산으로 이용하게 함으로써 기술개발을 촉진하고 산업발전에 이바지 하도록 한다는 것으로, 그 입법목적은 정당하고, 이러한 목적을 달성하기 위한 방법도 적정하다고 보인다. 실용신안권의 존속기간이 장기화되는 경우 그 고안은 새로운 고안으로서의 가치가 감소되는 반면, 이를 이용 또는 응용하여 개량 또는 응용고안을 창안하는 사람들에게는 기술개발의 비용을 증가시키게 되므로 실용신안권의 내용을 제한할 공익적 필요가 있다 할 것이고, 그 제한을 어느 정도로 할 것인지는 입법자가 헌법의 취지와 재산권으로서 실용신안권이 충실히 기능하고 보호될 수 있도록 하는 한편, 입법 당시 우리의 기술수준과 산업정책 및 국제조약 등을 고려하여 정하여야 할 것이다. 헌법재판소 2002. 4. 25. 2001헌마200, 판례집 14-1, 382, 390~392면.

15) Williams Landes and Richard A. Posner, "Indefinitely Renewable Copyright", 『70 U. Chi. L. Rev. 471』, Spring 2003, p.513.

이러한 결과는 곧 대부분의 저작권은 최초등록 후 매우 적은 경제적 가치를 갖고 있음을 암시하고 있다. 즉 갱신등록을 할 것인가의 의사결정은 저작권으로부터의 미래 기대수입의 할인된 가치와 갱신에 필요한 모든 소요비용에 견준 비교에 의존하기 때문에 만약 비용이 가치를 초과한다면 갱신등록을 하지 않을 것이고 가치가 비용을 초과한다면 갱신등록을 할 것이다.16)

2. 사례: 저작물 이용관계의 다양성의 반영
- Creative Commons License

현행 저작권법 하에서는 저작자가 쉽사리 자신의 그러한 의사를 대외적으로 밝히기가 쉽지 않다. 게다가 저작권이 성립하는데 어떤 등록절차나 공시절차가 필요하지 않기 때문에 이용자의 입장에서도 저작자가 어떤 의사를 갖고 있는지 확인하기도 역시 어렵고 그렇다고 일일이 저작자와 접촉을 할 수도 없는 형편이다. 이러한 불편을 해결해 줄 수 있는 방법이 바로 크리에이티브 커먼즈 라이센스(Creative Commons License; 이하 CCL)의 사용이다.17)

CCL의 특징은 다음과 같다. 첫 번째, 저작권법에 의한 저작권의 보호가 기본적으로 저작자에게 배타적인 모든 권리를 부여하되 특정 범위 내에서 제3자에게 이용을 허락하는 구조를 취하는 반면, CCL은 원칙적으로 저작물에 대한 이용자의 자유로운 이용을 허용하되 저작권자의 의사에 따라 일정 범위의 제한을 가하는 방식을 채택하고 있다. 이는 기존의 저작권인 'all right reserved'와 완

---

16) Williams Landes and Richard A. Posner, 위의 논문, p.500.
17) CCL은 레식 교수가 주축이 되어, 스탠포드대학을 중심으로 2001년 설립되었고, 유연한 저작권 라이센스의 설정을 통해 저작물의 보호 및 이용 촉진을 위한 방법을 제공하는 것을 목적으로 삼고 있다. CCL에 대한 간략한 설명은 박미성, "오픈액세스를 위한 저작권관리시스템 사례연구를 통한 dCollection 라이선스관리시스템 분석", 한국도서관·정보학회지, 2005.12, 8∼10면; 김병일, 『자유이용저작물의 이용방안에 관한 연구』, 서울: 문화관광부, 2005, 57∼64면을 참조 이하의 설명은 기본적으로 한국 Creative Commons License 공식홈페이지<http://www.creativecommons.or.kr(accesse July 15, 2007)>의 내용에 의거한 것이다.

전한 정보공유인 'no right reserved' 사이에 위치하는 'some rights reserved'로서 저작물의 자유로운 이용을 장려함과 동시에 저작권자의 권리를 보호하는 것을 목표로 한다. 두 번째, CCL은 FSF의 창시자인 스톨먼(Richard Stallman)에 의한 GNU GPL 등과 같이 비배타적이고 공동체적인 가치를 추구하고 있으나 이는 어디까지나 자발적인 의사에 의하며, 소프트웨어만을 대상으로 하는 GPL 등과 달리 저작물을 대상으로 하고 있다. 세 번째, CCL은 전혀 새로운 저작권 체계를 만드는 것이 아니라 어디까지나 현행 저작권법의 틀 안에서 움직이면서 저작물의 이용관계를 더욱 원활하게 만드는 역할을 한다. CCL이 적용된 저작물의 이용자가 그 라이센스에서 정한 이용방법 및 조건에 위반된 행위를 하였을 경우에는 당연히 저작권의 침해에 해당하고 따라서 저작권자는 저작권법에서 규정하고 있는 권리구제방법을 행사할 수 있다. 네 번째, CCL은 무료로 제공된다.18) 다섯 번째, CCL은 전세계적(worldwide)인 라이센스 시스템이다.19)

　　CCL의 구성요소 즉, 이용자에게 부과하고 있는 "이용방법 및 조건"의 구체적 내용은 기본적으로 다음과 같은 4가지이다. 그밖에 저작물의 종류에 따라 sampling, share music, founder copyright, developing nations 등의 새로운 조건들이 고안되고 있지만 다음의 4가지가 핵심 요소이고 한국판 CCL도 현재는 이들만을 채택하고 있다.

---

18) 반면, Creative Commons나 Creative Commons Korea는 Creative Commons License를 제시하기만 할 뿐이지 Creative Commons License 이용관계에 따른 어떠한 법률적 조언이나 보증을 하지 않으며, Creative Commons License의 이행이나 위반행위에 대한 저작권자의 권리구제에 아무런 관여를 하지 않는다.

19) 현재 iCommons(International Commons)의 일환으로 한국, 일본, 대만 등의 아시아 국가, 독일, 프랑스, 이태리 등의 유럽국가, 미국, 캐나다, 브라질 등의 미주 국가 등 14개국이 Creative Commons License 시스템을 완성하여 운영하고 있고, 영국, 중국, 이스라엘 등 10개국에서 준비중에 있다. Creative Commons License는 각 국가마다 그들 고유의 법체계에 따른 몇 가지 수정이나 추가가 이루어지는 외에는 기본적으로 공통된 라이센스 내용과 방식을 갖고 있을 뿐만 아니라 각 국가의 언어와 함께 영문으로 작성되어 게시되므로 자국민이 아닌 자도 그 나라의 저작물에 대한 license를 쉽게 이해하고 그에 맞추어 저작물을 이용할 수 있는 장점이 있다.

〈표 6〉 Creative Commons License의 핵심유형

표 기	의 미	내 용
ⓘ or (BY:)	저작자표시 (Attribution)	저작권법 상 저작인격권의 하나로, 저작물의 원작품이나 그 복제물에 또는 저작물의 공표에 있어서 그의 실명 또는 이명을 표시할 권리인 성명표시권(right of paternity, 저작권법 제12조 제1항)을 행사한다는 의미이다. 따라서 이용자는 저작물을 이용하려면 반드시 저작자를 표시하여야 한다.
Ⓢ	비영리 (Noncommercial)	저작물의 이용을 영리를 목적으로 하지 않는 이용에 한한다는 의미이다. 물론 저작권자가 자신의 저작물에 이러한 비영리 조건을 붙였어도 저작권자는 이와는 별개로 이 저작물을 이용하여 영리행위를 할 수 있다. 따라서 영리 목적의 이용을 원하는 이용자에게는 별개의 계약으로 대가를 받고 이용을 허락할 수 있다.
⊜	변경금지 (No Derivative Works)	저작물을 이용하여 새로운 2차적 저작물을 작성하는 것뿐만 아니라 새로운 저작물의 작성에 이르지 못하는 저작물의 내용, 형식 등의 단순한 변경도 금지한다는 의미이다.
ⓞ	동일조건 변경허락 (Shared Alike)	저작물을 이용한 2차적 저작물의 작성을 허용하되 그 2차적 저작물에 대하여는 원저작물과 동일한 내용의 라이센스를 적용하여야 한다는 의미이다. 즉 비영리 조건이 붙은 원저작물을 이용하여 새로운 2차적 저작물을 작성한 경우 그 2차적 저작물도 역시 비영리 조건을 붙여 이용허락 하여야 한다.

CCL은 위의 4가지 요소 중에 어느 것을 채택하였느냐에 따라 서로 다른 내용의 라이센스가 되는데 성질상 변경금지(nonderivation)와 동일조건이용허락(sharealike)은 동시에 적용할 수 없으므로 논리적으로 가능한 이용허락의 유형은 총 11가지이나 우리나라의 경우 미국이나 일본 등과 같이 저작자표시(attribution)는 모든 라이센스에 기본으로 들어가 있어 실제 운용되는 라이센스는 "저작자표시," "저작자표시 – 비영리," "저작자표시 – 변경금지," "저작자표시 – 동일조건변경허락," "저작자표시 – 비영리 – 변경금지," "저작자표시 – 비영리 – 동일조건변경허락"의 6종류라 할 수 있다.

II. 보호기간의 적정화

지적재산의 보호기간의 연장의 목적이 창작의 유인을 위한 것이라면 이는 장래 창작될 저작물의 저작자에게 해당되는 것이라 이해해야 할 것이다. 소급적으로 기존 저작물의 보호기간을 연장하는 것이 장래의 창작유인의 효과가 있다고 보기는 어려울 것이기 때문이다. 그렇지만 장래 창작될 저작물의 보호기간을 연장해 준다고 해도 장래 저작자에게 창작의 유인의 효과는 미미한 것으로 분석되고 있다.[20] 반면 보호기간의 연장은 불가피하게 이용자의 이용영역을 위축시키는 결과를 가져오기 때문에 보호기간을 적절하게 유지하는 것이 매우 중요하다 할 것이다.

레식 교수(Lawrence Lessig)는 저작권의 유효기간을 5년마다 한번씩 저작권을 갱신하는 조건으로 최장 75년으로 할 것을 제안한 바 있다.[21] 이러한 주장은 당시에는 매우 과격한 것으로 여겨졌으나, Eldred vs. Ashcroft 사건[22] 이후 오히려 보다 과격한 주장들이 제기되어 『이코노미스트(The Economist)』는 저작권의 유효기간을 14년으로 하자는 주장을 지지한 바 있다고 한다.[23]

생각건대, 저작권의 보호기간은 일률적으로 결정하기 보다는 각각의 저작물의 평균적인 기대수명 및 거래관행을 고려해서 결정하는 것이 바람직할 것으로 보인다. 이미 살펴본 바와 같이,[24] 저작권 최초등록 통계와 갱신등록 통계에 의하여 산출한 저작물의 연간가치하락율은 점차 감소하는 추세를 보인다고 하고, 이러한 가치하락율의 역수가 바로 저작물의 평균기대수명(average

---

20) 이영록, "저작권 보호기간의 헌법적 한계에 관한 연구 – 미국의 저작권 보호기간 연장과 그 영향을 중심으로 –", 연세대학교 법학박사학위논문, 2004, 185면 이하.
21) Lawrence Lessig, 앞의 책, pp.251~252.
22) Eldred v. Ashcroft, 122 S.Ct. 1062, 1170, U.S. Feb 25, 2002.
23) "A Radical Rethink", Economist, Jan. 25, 2003; Lawrence Lessig, 앞의 책, p.292. 레식교수는 저작권 보호기간의 원칙으로 단기여야 하고, 단순해야 하고, 살아있어야 하며, 장래를 향한 보호여야 한다는 4가지 원칙을 제시하고 있다. 같은 책, pp.292~293.
24) 본서의 제3장 제4절 제2항 III. 2의 논의 참조.

expected life)으로 저작자가 저작물에 대해 기대하는 가치의 수명을 의미하는
데 미국의 저작권 등록 통계 가운데, 갱신등록 통계를 통하여 분석·도출되는
저작자의 저작물에 대한 평균적인 기대수명은 15년 정도로 분석되고 있다. 그
렇지만 일반적으로 저작물간에 가치하락율의 차이가 존재할 수 있기 때문에,
저작물마다 그 평균기대수명, 상업적 기대수명도 차이가 존재하게 마련이다.
결국 이 같은 차이점에도 불구하고 전체 저작물에 대해 동일한 보호기간을 적
용하는 것은 문제점이라 하지 않을 수 없다. 특히 소프트웨어의 경우 10년 이
상 존속하는 소프트웨어가 거의 없다고 할 수 있는 실정에서,[25] 일반 저작물
과 동일한 보호기간을 보장하는 것은 도저히 이해하기 어려운 과도한 보장이
라 생각된다. 특히 10년 된 소프트웨어에 대한 수요자가 존재할 경우, 그 수요
자는 대개 최신의 하드웨어를 구할 수 없는 처지의 사회·경제적 약자일 가능
성이 매우 높기 때문에, 차라리 지적재산권법제에 의한 보호를 중단시켜 공유
영역으로 보내, 실력 있는 프로그래머들의 자발적인 지원체제하에 속하게 하
는 것이 오히려 바람직한 결과를 창출할 가능성이 크리라 생각한다.

한편 헌법재판소에 의하면 "재산권이 헌법 제23조에 의하여 보장된다고 하
더라도, 입법자에 의하여 일단 형성된 구체적 권리가 그 형태로 영원히 지속
될 것이 보장된다고까지 의미하는 것은 아니다. 재산권의 내용과 한계를 정할
입법자의 권한은, 장래에 발생할 사실관계에 적용될 새로운 권리를 형성하고
그 내용을 규정할 권한뿐만 아니라, 과거의 법에 의하여 취득한 구체적인 법
적 지위에 대하여까지도 그 내용을 새로이 형성할 수 있는 권한을 포함하고

---

25) 마이크로소프트사의 경우 자사의 소프트웨어 지원기간을 10년 미만으로 잡고 있
   다. 실제로 1998년 출시된 Windows 98의 경우, 출시 8년만인 2006년 공식적인
   지원을 중단한 바 있다. 다만 2001년 10월 출시된 Windows XP의 경우는 2004년
   개정된 지원정책에 따라, 2009년까지는 '주력지원(Mainstream Support)', 이후 5년
   간의 연장지원(Extended Support)을 통해 총 13년동안 지원을 하기로 한 바 있는데,
   이것이 마이크로소프트의 최장 지원기간으로 꼽는다. "MS는 왜 윈도XP를 13년 동
   안 지원할까," 세계일보 2007년 1월 29일 기사, http://www.segye.com/Service5/ShellView.
   asp?SiteID=&OrgTreeID=3118&TreeID=1051&PCode=0070&DataID=20070129144
   0001756(accessed July, 15, 2007).

있는 것이다. 이 경우 입법자는 재산권을 새로이 형성하는 것이 구법에 의하여 부여된 구체적인 법적 지위에 대한 침해를 의미한다는 것을 고려하여야 한다. 따라서 재산권의 내용을 새로이 형성하는 규정은 비례의 원칙을 기준으로 판단하였을 때 공익에 의하여 정당화되는 경우에만 합헌적이다. 즉, 장래에 적용될 법률이 헌법에 합치하여야 할 뿐만 아니라, 또한 과거의 법적 상태에 의하여 부여된 구체적 권리에 대한 침해를 정당화하는 이유가 존재하여야 하는 것"이라 판시한 바 있듯이,26) 저작권의 존속기간에 대한 단축이 헌법적으로 문제가 되지는 않을 것으로 보인다.

III. 보편적 서비스

'누구에게나 고른, 평등한 서비스의 제공'을 의미하는 보편적 서비스(Universal Service)의 개념은 19세기 말 교통 부문에서 처음 시작되었고, 통신 부문에서는 미국 AT&T사가 미국 전화 시장의 독점을 정당화하고, 독점 구조 아래 전화망을 전국적으로 확대하며, 적절한 요금을 부과하여 전 국민에게 전화 서비스의 혜택을 제공하겠다는 독점을 전제로 하는 기업 목표에서 본격화되었다. 그러나 현대의 통신 환경은 독점이 끝나고 경쟁이 기본이 되고 있어 이러한 환경에서의 좀 더 나은 고도 보편적 서비스로의 개념 정립과 제도의 개선 작업이 추진되고 있다.27)

헌법 제119조 제2항은 "균형있는 국민경제의 성장 및 안정"을 경제정책의

---

26) 헌법재판소 1999. 4. 29. 94헌바37, 판례집 11-1, 289, 306면.

27) 보편적 서비스에 관한 논의는 James Alleman, Paul N. Rappoport and Dennis Weller, "Universal Service: The Poverty of Policy", 『71 U. Colo. L. Rev. 849』, Fall, 2000; Allen S. Hammond, Ⅳ, "Universal Service: Problems, Solutions, and Responsive Policies", 『57 Fed. Comm. L.J. 187』, March, 2005; Mark Young, "The Future of Universal Service. Does it have one?", 『13 Int'l J.L. & Info. Tech. 188』, Summer, 2005. 특히 지적재산권과 관련한 보편적 서비스에 관한 논의는 Kathleen Q. Abernathy, "Preserving Universal Service in the Age of Ip", 『3 J. Telecomm. & High Tech. L. 409』, Spring, 2005.

목표로 규정하고 있으며, 제123조 제2항에서는 "지역간의 균형있는 발전"을 국가의 임무로 규정하고 있다는 점을 고려하면, 사회국가원리와 결합하여, 국민생활과 경제 활동의 기초가 되는 기본적인 재화 및 용역은 적정한 가격으로 국민 모두에게 적절한 수준으로 공급되어야 한다는 이른바 보편적 서비스의 임무가 국가임무로 규정되었다고 보아야 할 것이다. 그 밖에도 경제조항인 제120조 내지 제127조는, 특정한 경제질서를 명령하고 있지는 않지만, 사회경제 영역에 있어서 국가의 임무들을 규정하고 있다. 이들 조항과 국가구조원리 및 기본권의 종합적·체계적 해석을 통해 일련의 국가임무들을 도출할 수 있다.[28]

보편적 서비스의 보장은 공공성 확보에서 가장 핵심적인 것으로, 특히 정보격차의 문제와 직접적인 관련을 가진다.[29] 이를 위해서는 당해 서비스를 제공하는 민간사업자에 대하여 계약강제가 규정되어야 할 뿐 아니라, 보편적 서비스의 내용과 기준이 결정되어야 한다. 보편적 서비스의 내용과 기준의 결정권한은 일반적으로 주무부서에 유보되는 것이 일반적이지만, 전문가와 이해관계자가 참여하는 심의절차가 마련되어야 한다.

또한 보편적 서비스가 제공되지 못하는 공급부족의 경우를 대비하여, 보편적 서비스의 제공의무를 어떠한 절차를 거쳐 누구에게 부과할 것이며, 그 비용은 어떻게 조달할 것인가에 대하여도 법률로 규정하여야 한다. 비용을 누구에게 부담시킬 것인가와 관련하여, 일반재정에 의할 것인지, 아니면 당해 분야의 사업자들에게 특별공과금의 형태로 부과할 것인지가 검토되어야 한다. 통상적으로 당해 사업자들에게 분담시키는 방식을 취하지만, 이 경우 그 비용이 결국 이용요금을 통해 소비자에게 전가될 것이다. 그렇다면 이는 사실상 소비자에게 간접세를 부과하는 것이 되고, 이는 소득분배에는 역진적 성격을 가지게 될 것이다. 개별 서비스의 성격에 따라 검토를 요구하는 문제라고 본다. 사

---

28) 이원우, "공기업 민영화와 공공성 확보를 위한 제도개혁의 과제", 『공법연구』 제31집 제1호, 2002.11, 39면.

29) 자세한 내용은 Patricia M. Worthy, "Racial Minorities and the Quest to Narrow the Digital Divide: Redefining the Concept of 'Universal Service'", 『26 Hastings Comm. & Ent. L.J. 1』, Autumn, 2003.

업자들에게 부담시키는 경우에는 그 분담비율을 어떻게 할 것인지도 중요한
문제이다. 신규 사업자에게는 비용부담을 할인하여 초기 경쟁질서 형성시 간
접적인 보조금의 효과를 달성할 수도 있으나, 문제된 서비스의 성격과 시장
및 경쟁상황과 평등원칙 등을 고려하여 결정하여야 할 것이다.[30]

IV. 공정한 경쟁질서의 확립

정보통신업 특히 통신망사업은 행정규제에 의해서 금지된 영업을 할 수 있
게 됨으로써 가능한 것이기 때문에 그 출발부터 독과점적 성격을 가지고 있
다. 또한, 통신망 사업은 막대한 초기투자를 필요로 하기 때문에, 관련 시장은
새로운 경쟁업자가 시장에 진입하기 어려운 사실상의 장벽이 존재하는 독과
점 시장을 형성하게 된다. 그러나 정보통신산업에서도 경쟁이 기술발전과 소
비자 후생의 증가에 기여한다는 점이 널리 인식됨에 따라서 새로운 기술과 상
당한 자본을 가진 새로운 경쟁업자가 시장에 진입해서 경쟁을 할 수 있는 방
향으로 행정규제의 내용이 변천해왔다. 특히 새로운 경쟁업자가 통신망에 관
한 중복적인 투자를 한다는 것이 불가능하거나 불필요한 경우가 많기 때문에,
경쟁을 촉진하기 위한 행정규제라고 하는 것은 주로 시장지배적 사업자의 통
신요금과 접속료의 규제 등을 통해서 진입장벽을 낮춰주는 것이다.[31]

지적재산권제도와 관련되는 구체적인 법정책과제 가운데 하나는 특허제도
가 반경쟁적 목적에 이용되는 것을 어떻게 막을 것인가이다. 예컨대 특허를
선반 위에 올려놓고 의도적으로 사용하지 않는 행위(patent shelving) 혹은 타
회사의 사용을 갑자기 중단시키는 행위(patent blitzing) 등을 통하여 경쟁자를
도태시키고 시장의 독점화를 기도하는 경우 이를 어떻게 막을 것인가이다. 이
문제에 대하여는 『독점규제 및 공정거래에 관한 법률』을 통한 규제도 어느

---

30) 이원우, 앞의 논문, 51면.
31) 정상조, "정보는 누구의 소유인가", 방석호·정상조 편저, 『정보통신과 디지털법제』,
    서울: 커뮤니케이션북스, 2004, 4~5면.

정도는 가능하다. 우리나라 독점규제법 제59조를 보면 무체재산권의 권리행사라고 인정되는 행위에 대하여만 동법의 적용을 배제하고 있기 때문에 정당한 권리행사라고 보이지 않는 행위를 규제할 수 있음은 물론이다. 그러나 무엇으로 정당한 권리행사와 부당한 권리행사를 구별할 것인가? 시장결과로 판단할 것인가 아니면 행위자의 의도로 판단할 것인가?

특허제도 내에서 이 문제에 대처하는 법정책을 구상해 볼 수 있다. 하나의 방법은 특허권자에게 매년 일정한 세금 혹은 특허갱신료를 납부하도록 하는 방법이다. 세금이나 갱신료를 납부하지 않으면 특허권을 취소한다. 그리고 특허기간이 장기화될수록 환언하면 법정특허기간의 만기에 가까워질수록 세금이나 갱신료의 금액을 올리는 방법이다. 이렇게 함으로써 특허기간의 효율적 단축을 유도하여 특허란 독점의 일반적·사회적 비용을 줄일 뿐만 아니라 특허를 반경쟁적 목적에 활용할 수 있는 가능성(특허를 장기간 의도적으로 사용하지 않는 행위)을 줄인다.32) 그러면 얼마를 세금이나 특허갱신료의 형태로 납부시키는 것이 바람직할까? 세금 내지 갱신료의 크기는 특허라는 독점의 사회적 한계비용의 크기와 일치시키는 것이 바람직하다.33)

V. 소비자의 보호

공기업이 제공하던 서비스는 필수적 생활수요를 충족시키는 데 불가결한 서비스로서의 성질을 가지는 경우가 많고, 당해 서비스가 공공재적 성격을 가진다거나 당해 산업이 거대한 투자를 요하는 장치산업이어서 독점 내지 과점의 우려가 강한 경우가 많으며, 또한 이용조건에 대한 판단을 위해서는 고도의 전문성을 요하는 경우가 많다. 이러한 상황 하에서는 소비자의 계약의 자

---

32) 이 제도를 활용하고 있는 독일의 경우 실제로 법정특허기간을 모두 채우는 경우는 전체의 8%에 불과하고, 평균특허기간도 실제는 8년이 안 된다. 특허라는 독점의 사회적 비용을 줄이는 데 이 제도가 크게 기여하고 있다. Robert Cooter and Thomas Ulen, 앞의 책, 159면.

33) 박세일, 앞의 책, 180면.

유는 사실상 보장될 수 없다. 따라서 이용약관규제와 같은 강력한 소비자보호
정책이 요구된다. 일반적으로 약관 자체에 대한 통제는 약관규제법에 의하여
공정거래위원회가 담당하지만, 통신사업과 같이 약관심사에 당해 사업분야에
대한 전문성이 요구되는 경우에는 전문규제기관에 의한 규제가 요청된다. 더
욱이 약관위반에 따른 소비자 보호를 위해서는 전문규제기관에 의한 별도의
소비자보호수단이 강구되어야 한다. 예컨대 이용자간 차별금지, 결합판매금지
등의 도입이 고려될 수 있다.[34]

제3항 행위차원의 정책

I. 공급 정책

1. 정부의 직접투자

정보시장의 균형을 달성하기 위한 공급정책 상의 행위자 차원의 정책으로
는 정부의 직접적인 투자를 생각해 볼 수 있다. 이러한 방식의 하나로, 지적
생산물의 과소생산을 막기 위한 정부개입의 방법인 지적 생산에 대한 직접보
상(direct compensation) 내지 포상과 생산물의 공유화 방식을 살펴보도록 하
자. 이는 현행의 지적소유권제도에 대한 비판에서 시작되는 주장이고 모색되
는 대안이라 할 수 있다. 즉 지적생산물에 대하여 재산권을 창설하면 불가피
하게 생산물의 공급이 독점되어 그에 따라 고가격, 제한적 공급 등의 사회적
비용이 수반된다. 그런데 지적생산물이란 많은 사람이 사용하면 할수록 사회적
가치가 증대하는 특징을 가진 재화이므로 실은 가능한 한 많은 사람들이 사용
할 수 있도록 함이 바람직하다. 그런데 그렇게 하지 못하는 주된 이유가 지적
활동에의 투자유인을 제공하기 위해 지적재산권제도를 설정하였기 때문이다.
그렇다면 하나의 대안은 지적 생산활동에 대하여 정부가 직접포상을 함으

---

34) 이원우, 앞의 논문, 52~53면.

로써 지적 활동에의 투자유인을 제공하고 다만 생산된 지적 생산물은 공유화하여 가능한 한 많은 사람들이 적은 비용으로(정보이전비용 정도로) 자유롭게 소비할 수 있도록 해야 한다는 주장이다. 예컨대 특정 발명에 대하여는 그 사회적 가치를 감안하여 정부가 충분한 유인이 될 수준에서(당해 발명자뿐 아니라 여타 경쟁적 연구자들에게도 충분한 유인이 될 수준에서) 발명자에게 직접 포상하고, 일단 발명된 아이디어·정보 등은 누구나 자유롭게 사용하도록 하자는 것이다. 그렇게 하면 발명이나 연구활동을 위한 적정유인을 제공할 수 있으면서도 지적재산권이란 독점적 권리가 가져오는 사회적 비용은 유발시키지 않을 수 있다는 것이다. 이는 특히 독점행위의 사회적 비용이 큰 분야에서는 도입을 심각히 고려해 볼 수 있는 법정책이라고 본다.[35]

2. 정부의 민간지원확대

그렇지만 이렇게 생산된 결과물들의 사회적 혜택은 측정하기가 매우 어렵기 때문에, 정부가 이런 노력을 얼마나 지원해야 하는가를 결정하는 것 역시 어려운 일이다. 일반적으로 시장균형이 사회적 최적생산량과 일치하도록 하려면 보조금은 기술파급효과(technology spillover)의 가치와 같은 금액이어야 한다. 기술파급효과의 크기나 정책적인 의미는, 생활수준의 장기적 향상이 궁극적으로 기술진보에 달려 있기 때문에, 매우 중요하다 할 수 있다. 하지만 이에 대해서는 경제학자들 간에 의견이 일치하지 않는다. 일부 경제학자들은 기술파급효과가 광범위하게 발생하는 현상이므로 정부는 파급효과가 큰 산업을 선택하여 지원해야 한다고 생각한다. 기술개발 촉진효과가 큰 산업을 선별해서 지원하는 정부의 개입을 산업정책(industrial policy)이라고 한다. 다른 경제학자들은 이러한 산업정책에 대해 다소 회의적이다. 기술파급효과가 보편적인 현상이라고 하더라도 산업정책이 성공하려면 정부가 기술파급효과를 정확하게 측정할 수 있어야 한다. 그러나 기술파급효과는 측정하기가 매우 어렵다.

---

35) 박세일, 앞의 책, 181면.

더구나 정확한 측정이 곤란한 경우 정부의 결정이 정치적 고려에 좌우되어 결국에는 긍정적인 외부효과보다 정치적 영향력이 큰 산업을 지원할 가능성이 크다.36)

이러한 민간지원 가운데에는 모든 사람들이 비용의 부담없이 자유롭게 이용할 수 있는 공유소프트웨어의 개발 및 보급도 포함될 수 있을 것이다. 이러한 공유소프트웨어로 흔히 생각되는 '자유 소프트웨어(Free Software)'37)나 '공개 소스 소프트웨어(Open Source Software)'는 저작권이 소멸되거나 포기되어 공유 상태에 놓인 것이 아니므로, 흔히 '퍼블릭 도메인 소프트웨어(PDS)'38)라 불리는 소프트웨어, 즉 '저작자가 자신의 저작권을 신중하게 포기한 프로그램'과는 구별되어야 한다. 일반적으로 오픈 소스 소프트웨어에 대하여 공동 저작권이 성립하는 경우가 많다고 하겠지만, 리눅스의 창작 및 개선작업의 경우와 같은 예는 저작권에 반하는 작업이 아니라, GPL을 통해 저작권을 구속함으로써 결국 GPL모델의 관여자로 하여금 컴퓨터의 운영체계라고 하는 '공공재(public goods)'에 대하여 지식의 공유, 정보의 공유를 달성하게 한 실질적인 사례에 해당한다고 할 것이다.39)

---

36) N. Gregory Mankiw, 앞의 책, 237~238면. 맨큐 교수는 "연구·개발에 대한 정부 예산 지원을 결정하는 국회의원들은 대부분 과학 분야에 문외한들이기 때문에 국회의원들이 어떤 분야에 대한 연구비 지원이 가장 큰 사회적 이득을 낼 수 있을지 결정하는 것은 적합하지 않다"고 주장한다. 같은 책, 260~261면.
37) 자유소프트웨어는 1980년대 중반 스톨만이 설립한 자유소프트웨어재단에 의해 추진되는 것으로, 소프트웨어의 사적 소유 자체를 거부하는 근본주의 혹은 공동체주의적 지향점을 가진다. Chris DiBona, Sam Ockman, and Mark Stone, *Opensources -Voice from the Open Source Revolution*, 송창훈·이기동·이만용·최준호, 『오픈 소스』, 서울: 한빛미디어, 2000, 15면.
38) 퍼블릭 도메인 프로그램은 저작자가 신중하게 자신의 저작권을 포기한 프로그램을 의미한다. 따라서 이것을 라이센스라고 말하기 어렵다. 퍼블릭 도메인 프로그램은 당신의 필요에 따라 사용될 수 있는 모두의 재산이라고도 할 수 있다. Chris DiBona, Sam Ockman, and Mark Stone, 위의 책, 310~311면.
39) 박성호, 앞의 논문, 89면.

3. 수요의 창출: 공공도서관의 확충

공공도서관은 공중에게 자유로운 정보의 전달을 가능하게 만드는 핵심적인 기관이라 할 것이다. 다른 한편 공공도서관은 생산된 정보상품의 수요자로 등장하기도 하는 바, 특히 시장성이 적은 기초연구나, 학술서 등에 대한 구매자로서 정보상품에 대한 기본적인 수요를 충족시킬 수 있는 역할을 수행할 수 있음에 비추어 공공도서관의 확충은 정보시장의 균형과 관련하여 중요한 정책이라 할 수 있을 것이다.

4. 국가 사이트 라이센스 제도

사이트 라이센스(Cite License)는 소프트웨어의 판매방식으로 인정되는 라이센스의 유형이라 할 수 있는데, 일반적으로는 단체사용자가 일정 규모 이상의 라이센스 숫자를 계약함으로써 그 단체 구성원 전체가 그 소프트웨어를 자유롭게 이용할 수 있게 하도록 하는 것을 내용으로 한다. 보통은 일정한 기간의 제한을 두는 것이 일반적이다. 즉 일정기간 동안은 그 단체의 구성원들이 자유롭게 그 정보상품을 이용할 수 있도록 하는 내용의 단체계약이라 할 수 있는데, 일반적으로는 개별적인 라이센스 구매보다 저렴한 가격으로 라이센스를 구할 수 있는 장점이 있다. 판매자 입장에서도 기대수익 이상을 확보할 수만 있다면, 저작권 등의 관리비용을 추가적으로 지출하지 않아도 되는 장점이 있기 때문에, 학교나 기업체 등의 경우 적지 않게 사이트 라이센스 제도를 이용하고 있는 실정이다.

지적재산권법제를 유지하는 가운데 정보의 공급 및 이용을 원활하게 할 수 있는 방편으로 이러한 사이트 라이센스 제도를 국가적 차원에서 활용하는 것도 생각해 볼 수 있을 것이다.

5. 저작권집중관리제도의 개선

정보통신망의 발달로 다량의 정보상품의 생산 및 유통이 이루어지는 현실을 감안할 때 저작권집중관리제도의 이용범위는 더욱 더 확대되고, 활발하게 이용될 것이 예상된다. 특히 멀티미디어 등 기존의 저작물 유형에 쉽게 분류가 불가능한 저작물 등의 출현으로 인해, 기존의 저작권집중관리제도의 문제점이 지적된다. 아울러 저작권집중관리단체 자체가 이익단체화할 가능성도 없지 않기 때문에, 저작권집중관리단체에 대한 국가적 감시와 규제가 게을리 되어선 안 될 것이다.

II. 수요 정책

1. 공정이용의 강화

정보시장의 균형을 달성하기 위한 수요정책의 하나로는, 이미 살펴본 바와 같이 저작권 침해가 되지 않는 이용을 의미하는 공정이용을 좀 더 넓게 인정하고 또 적극적으로 운용할 필요가 있다. 필자가 학위논문을 작성하던 2007년 당시의 『저작권법』은 저작권 제한규정으로서 공정이용에 대한 일반조항을 규정하지 않은 채, 제한 사유를 구체적으로 열거하는 방식을 취하고 있었지만, 이후 2011년 개정을 통해 제35조 3을 신설함으로써 기존의 제한사유에 해당하지 않더라도 "저작물의 통상적인 이용 방법과 충돌하지 아니하고 저작자의 정당한 이익을 부당하게 해치지 아니하는 경우에는 보도·비평·교육·연구 등을 위하여 저작물을 이용할 수 있"도록 규정하면서(동조 제1항), 공정이용에 해당하는지를 판단할 때 사용할 기준으로 ① 영리성 또는 비영리성 등 이용의 목적 및 성격, ② 저작물의 종류 및 용도, ③ 이용된 부분이 저작물 전체에서 차지하는 비중과 그 중요성, ④ 저작물의 이용이 그 저작물의 현재 시장 또는 가치나 잠재적인 시장 또는 가치에 미치는 영향을 제시한 바 있다(동조

제2항). 이러한 개정은 기존의 저작권 제한 사유로서는 해결하기 곤란한 새로운 공정이용 사유의 발생에 유연하게 대응할 수 있는 계기를 마련했다는 점에서 정보시장의 균형의 측면에서 당연히 환영할만한 결과임은 분명하나, 이후의 운영과정에서도 적극적으로 운영하여 정보시장의 균형의 달성할 수 있도록 노력해야 할 것이다.

2. 강제실시권

이미 살펴본 바 있지만, 강제실시(compulsory licensing)는 법원 등이 일정한 수수료지불을 조건으로 제3자에게 지적재산권을 사용할 수 있도록 하는 제도이다. 이러한 강제실시권은 특히 고가의 의약품 등의 경우 도입을 생각해 볼 필요성이 크다고 할 것인 바, 국민의 생존 및 건강의 확보라는 공익적인 견지에서 필요할 경우에 적극적인 도입을 검토해 볼 필요가 있는 반면, 강제실시로 인해 지적재산권에 제한을 받게 되는 자에 대해서도 국가적인 차원에서의 상당한 보상을 할 수 있도록 하는 노력이 수반되어야 할 필요성 역시 존재한다.

3. 가격규제

일반적으로 가격규제의 필요성은 다음의 두 가지 관점에서 요구된다. 첫째, 생존배려를 위한 급부의 제공은 그것이 적절한 가격에 의하여 이루어질 것을 요구한다. 둘째, 소비자보호의 관점에서 가격규제가 요구된다. 소비자가 당해 서비스의 이용을 거부하는 것이 사실상 불가능한 경우 또는 시장지배적 사업자에 의하여 당해 서비스가 공급되는 경우 등의 상황에서는 가격의 형성이 적정한 수준에서 이루어지지 않고 일반적으로 사업자에게 유리하게 결정될 우려가 있다. 따라서 다양한 가격규제수단이 필요하다. 가격규제제도의 유형은 가격의 결정 및 그 시행에 앞서서 이루어지는 사전규제와 일단 유효하게 적용되고 있는 가격에 대하여 사후적으로 가해지는 사후적 규제로 구분할 수 있다.

인위적 독점권의 설정을 기본으로 하는 현행 지적재산권법제 하에서는 필수적으로 소비자보호의 관점에 기반한 가격규제의 필요성이 존재하기 마련이다.

사전규제든 사후규제든, 가격규제를 한다는 것은 적정한 가격의 기준을 공적으로 설정한다는 것을 의미한다. 올바른 가격규제의 관건은 규제기준을 적절하게 설정하는 데 있다. 가격규제 기준의 결정에 대하여는 여러 관계자들이 중대한 이해를 가지고 있다. 피규제사업자는 물론이고, 피규제사업자와 경쟁관계에 있는 다른 사업자, 당해 서비스의 소비자 등이 대표적인 이해관계자일 것이다. 당해 서비스의 가격을 객관적인 방법으로 결정할 수 있다면, 전문가집단의 투명한 절차에 의해 가격결정이 이루어지도록 보장하면 될 것이다. 그러나 대부분의 경우 정확한 비용계산이 쉽지 않기 때문에 객관적인 방법으로 적정한 가격을 일방적으로 결정한다는 것은 매우 어려운 일이다.

따라서 법률상 가격규제의 기준은 불확정개념을 사용하여, 공정하고 투명한 절차에 의하여 효율적인 서비스제공에 따르는 비용을 반영하여 정하여야 한다는 원칙과 이를 구체화하는 기준으로 시장지배력을 사용한 과다요금의 금지, 다른 사업자를 방해하기 위한 과소가격의 금지, 이용자간 차별적 가격의 금지 등을 설정하여야 할 것이다. 이러한 기본원칙을 구체화하기 위한 세부기준은 시행령이나 시행규칙에서 경제학이나 경영학의 발전에 따라 합리적인 계산방법을 규정할 수 있을 것이다.

한편 서비스의 성격상 공공성이 강하고, 가격결정에 있어서 원가산정이 용이하지 않는 등의 사유로 인하여 적정가격이 객관적으로 명확하게 결정되기 어려운 경우, 그리고 다양한 이해관계인의 이익이 충돌하는 경우에는, 가격규제의 공정성과 투명성을 확보하고 분쟁의 소지를 방지하기 위하여 가격규제 절차에 이해관계인의 참여를 보장할 필요가 있다. 따라서 사업자가 가격을 신고하거나 인가를 신청한 경우에 그 타당성을 심사하는 조직과 절차를 규정하여야 할 것이다. 이러한 가격심사절차에는 관계전문가와 당해 사업자 및 경쟁사업자는 물론이고 소비자의 이익을 대변할 수 있는 자, 예컨대 일정한 요건을 갖춘 소비자단체의 참여가 보장되어야 할 것이다.40)

4. 가격차별

가격차별이란 판매원가가 동일한 한가지 품목의 상품을 서로 다른 구매자들에게 각기 다른 가격으로 판매하는 것을 의미하는 것으로 구매자들에 대한 차별은 소득·인종·연령 등의 개인적 특성 또는 지리적 위치를 근거로 할 수 있다. 이러한 가격차별이 성공하려면 우선 다른 기업들이 낮게 책정된 가격의 상품을 사들여 고가시장에서 더 높은 가격으로 다시 파는 일을 할 수 없도록 해야 한다.

실제로 이러한 가격차별은 정보상품의 가격 설정과 관련해 비교적 광범하게 이루어지고 있다고 할 수 있다. 예를 들어, 똑같은 내용의 책인데도 천으로 제본된 것과 종이 표지를 붙인 것을 따로 만들어 각기 다른 가격에 파는 경우가 많다. 컴퓨터 소프트웨어의 경우에도 내용은 거의 대동소이(大同小異)한데 전문가용이라고 해서 일반용보다 더 높은 가격에 판다.

이렇게 일반 상품에 비해 정보재의 경우에서 가격차별이 특히 자주 이루어지고 있는 데는 여러 가지 이유를 생각해 볼 수 있는데, 우선 정보재의 경우에는 소비자들의 가치평가가 특히 다양하다는 점을 들 수 있다. 예를 들어 게임 소프트웨어의 경우에는, 그것이 없으면 못산다고 할 정도로 높이 평가하는 사람이 있는가 하면 아무짝에도 쓸모가 없다고 생각하는 사람도 있다. 이와는 달리 쌀이나 옷 같은 경우라면 이런 극단적인 가치평가의 차이를 보기 힘들다. 그렇기 때문에 정보재의 경우에는 소비자들이 낼 용의가 있는 금액이 크게 다르고, 이에 따라 가격차별의 유인도 커지게 된다.

다음으로 정보재의 유통과정에 새로운 정보기술이 적용될 수 있어 가격차별이 그만큼 용이해진다는 점도 들 수 있다. 똑같은 책을 온라인판으로 만들어 다른 가격에 파는 것은 그 기술이 없었다면 불가능했을 일이다.[41]

이러한 여러가지 측면들을 고려하면 정보상품의 경우 가격책정에 있어서

---

40) 이원우, 앞의 논문, 53~55면.
41) 이준구, 앞의 책, 604~605면.

상업적 용도로 사용되는 경우와 비상업적 용도로 사용되는 경우를 나누어 가격을 책정하는 방식의 도입도 적극적으로 생각해 볼 수 있을 것이다.[42]

---

42) 윤종수, "저작물 공유와 과제", 『제6회 세계지적재산권의 날 세미나』, 서울: 한국 정보 법학회, 2006, 18～21면.

<제5장>
결론(結論)

지금까지 정보시장 및 정보시장과 관련된 제반사항들을 다양한 각도에서 살펴보고, 정보시장의 성립과 운영에 있어 가장 중요한 부분을 담당하고 있는 지적재산권법제를 검토하고, 정보시장의 균형을 달성하기 위해 수행해 볼 수 있는 다양한 노력들을 살펴보았다. 본서의 각 부분의 고찰을 통해 얻어진 결론들을 간략히 요약해서 제시해 보면 다음과 같다.

·정보는 "전달가능한 의미있는 관념"으로 재개념화해 볼 수 있으며, 헌법 제127조 제1항에 규정된 정보의 개발이란 정보의 전달가능성을 높이거나, 의미있는 정보를 증가시키는 것을 의미한다고 할 수 있다. 이러한 정보는 본질적으로 개인의 영역을 넘어서는 '공공성'을 가지나, 경우에 따라 '상품화'의 가능성을 함께 가진다. 정보는 인간에 의해 생산되고 이용되는 것이다.

·정보생산자와 정보이용자의 관계는 일반적인 생산자, 소비자의 관계와는 조금 다른 특성을 갖는데, 정보의 생산을 위해서는 다른 정보를 자료로서 활용하는 경우가 일반적이기 때문에 양자의 구분이 그다지 쉽지 않을 뿐만 아니라, 정보의 소비과정에서 쉽게 재생산 혹은 유통이 가능해지기 때문에, 이른바 '생산소비자(prosumer)'라 불리는 생산자와 소비자의 경계가 모호해지는 현상이 발생할 가능성이 높다. 결국 정보의 무형성과 상대적으로 수월한 복제·전송가능성으로 인해 정보상품은 다른 시장에 비해 보다 많은 정부의 역할을 요구한다.

·시장은 단순히 수요와 공급에 따라 교환이 이루어지는 형식적인 공간이어서는 안 되며, 실체적인 경제의 차원에서 교환이 이루어지는 공간으로, 사회적 요소들이 언제나 고려되어야 한다. 이는 정보시장의 경우에도 마찬가지인데,

현실의 정보시장에는 정보사유론과 정보공유론의 대립이 존재하나, 현재는 정보사유론이 강력한 영향력을 행사하고 있다.

· 정보시장은 헌법을 정점으로 하는 법체제에 의해 상당한 부분까지 규율이 이루어지고 있으며 그 성립과 운영에 있어서 공공성을 확인할 수 있다. 개별 법제들은 상당한 부분까지 헌법에서 그 근거를 찾을 수 있으며, 특히 지적재산권법제의 근거가 되는 헌법 제22조 제2항의 경우, 기존의 재산권설에 의한 해석보다는 '자유권설 및 국가목표규정설'에 입각할 때 보다 나은 지적재산권법제의 근거지움이 가능하다.

· 정보시장의 목표로는 정보생산자와 정보이용자간의 균형을 중심으로, 실체적 경제의 원활한 운영을 가능하게 만들어 주는 차원에서의 '균형'을 제시할 수 있다. 이러한 정보시장의 균형을 달성하기 위해서는 인간의 존엄 및 가치를 비롯한 문화적 권리, 생명권, 민주주의의 차원에 있어서의 정보의 중요성과 사회경제적 차원에 있어서의 제 요소를 고려하여, 지적재산권법제의 과도한 정보생산자 우대 경향을 수정하고 지적재산권법제가 담당할 수 없는 부분에 대한 정책적 배려를 마련하는 작업이 필요하다.

정보의 가치에 대한 중요성의 인식은 사회전반적인 차원을 넘어 전지구적으로 확대되고 있는 것이 오늘의 현실이지만, 반성적(reflexive) 존재로서의 인간의 본질을 고려해 볼 때, 과연 우리의 인식이 올바른 방향으로 향하고 있는가를 점검해 보는 것은 적지않게 의미가 있는 일이라 생각한다. 오늘날의 정보의 가치에 대한 인식이 상대적으로 경제적인 측면에 치우쳐 있기 때문에, 과연 정보의 본질은 경제적인 것인가라는 의문이 제기될 수 있을 것이고, 이러한 의문에 대한 답을 사회학적으로 모색해 보는 가운데, 출발점으로 삼은 것이 바로 우리 법체제의 근본을 형성하고 있는 헌법의 텍스트였다.

하지만 헌법의 본질적 속성인 '개방성'으로 인해 단순한 텍스트의 분석만으로는 충분한 결론을 도출해내기가 곤란하기 때문에, 논의의 출발점은 다시 헌법체제로 향했고, 헌법체제에서 출발하여, 체제내의 의사소통기제의 대표격인 '언어'에 관한 분석과 사회학, 경제학, 인류학적 분석틀을 빌어 정보시장의 실제적인 모습과 그를 둘러싼 사회적 세력의 양상들을 확인해 보았고, 그 결과를 바탕으로 헌법을 정점으로 하는 법체제가 어떻게 정보시장을 구축하고, 운영해 나가는가를 살펴보았다.

그러는 가운데 정보의 본질적 속성은 '공공성'이라는 측면을 확인할 수 있었고, 이러한 정보의 공공성을 유지하기 위한 측면에서 살펴 본 현재의 지적재산권법제에 대한 분석의 결과는 상당부분 정보생산자의 측면에 기울어져 있어 정보시장이 균형을 이루고 있지 못한 것이 아닌가하는 느낌을 지울 수 없게 만들었다. 현재의 지적재산권법제의 과도한 정보의 사유화 경향은 결국, 정보경제의 왜곡을 가져오고, 신규 생산자의 창작의욕을 떨어뜨리는 결과를 초래할 수 있다. 이에 적절한 경제질서를 확립함으로써 정보시장의 균형을 달성하는 정책을 시행하기 위한 헌법의 해석의 뒷받침이 필요하다 할 것이다.

오늘날의 정보 및 그에 관한 가치에 대한 숭배(cult)에 가까운 강조는 필자에게는 마빈 해리스(Marvin Harris)가 언급한 "쇠퇴하는 하부구조의 최종적인 이데올로기적 산물로서 지적하고자 하는 것은, 사회과학이 에틱적 행위적 하부구조의 제원인으로부터 눈을 돌리고 점점 더 사회문화적 현상을 신비화하는 연구전략에 몰두하고 있다는 점"[1]이라는 지적과 같은 맥락으로 볼 수 있

---

1) Marvin Harris, *Cultural Materialism -The Struggle for a Science of Culture*, 유명기 역,『문화유물론-문화과학의 정립을 위하여』, 서울: 민음사, 1996, 163면. 해리스는 관찰자의 관점과 당사자의 관점을 '주관적' 혹은 '객관적'의 용어로 표시하는데 있어서의 혼란을 줄이기 위해 '에믹(emic)'과 '에틱(etic)'이라는 용어를 사용하고 있는데, '에믹적 방법'은 현지제보자(native informants)가 관찰자의 서술 및 분석의 적합성에 대한 최종적인 판단자로 된다는 것'이고, '에틱적 방법'은 '관찰자가 서술 및 분석에서 사용된 범주와 개념에 대한 최종적인 판단자의 지위로 되는 것'으로 구분된다. 이러한 에믹적 방법과 에틱적 방법을 구별하지 못하는 연구전략은 사회문화적 차이점과 유사성의 원인을 파악하는 일관된 이론을 발전시킬 수 없다고 한다. 같은 책, 54면 이하.

을지 모른다는 느낌을 준다. 사회과학이 진리에 대한 탐구라는 과학 본연의
자세를 유지하기 위해서는 사회적 이익에의 종속으로부터 벗어나는 것이 우
선적으로 요청된다.

참고문헌

1. 국내문헌

■ 단행본

강경근, 『(신판)헌법』, 서울: 법문사, 2004.

강남훈, 『정보혁명의 정치경제학』, 서울: 문화과학사, 2002.

강동세, 『지적재산권의 형사적 이해』, 서울: 세창출판사, 2003.

계희열, 『헌법의 해석』, 서울: 고려대학교 출판부, 1993.

_____, 『헌법학(상)』(신정2판), 서울: 박영사, 2005.

_____, 『헌법학(중)』(신정판), 서울: 박영사, 2004.

국순옥, 『자본주의와 헌법』, 서울: 까치, 1987.

국회도서관입법조사국, 『헌법제정회의록: 제헌국회』, 서울: 국회도서관입법 조사국, 1967.

권영성, 『헌법학원론』(개정판, 2010년판), 파주: 법문사, 2010.

김경동, 『현대의 사회학』(신정판), 서울: 박영사, 1997.

김경용, 『기호학이란 무엇인가 – 기호의 우리, 우리의 기호』, 서울: 민음사, 1994.

김광웅, 『방법론강의 – 기초·원리·응용 – 』, 서울: 박영사, 1996.

김문현, 『사회·경제질서와 재산권』, 서울: 법원사, 2001.

김병곤, 『인간의 존엄: 헌법이론적연구』, 서울: 교육과학사, 1996.

김수행, 『'자본론'의 현대적 해석』(제1개정판), 서울: 서울대학교출판부, 2004.

김영수, 『한국헌법사』(수정증보), 서울: 학문사, 2001.

김철수, 『법과 정치』, 서울: 교육과학사, 1995.

김철수, 『헌법학개론』(제18전정신판), 서울: 박영사, 2006.

김호기 편, 『현대 비판사회이론의 흐름』, 서울: 도서출판 한울, 2001 [2002print].

김효전, 『서양 헌법이론의 조기수용』, 서울: 철학과 현실사, 1996.

_____, 『헌법정치 60년과 김철수 헌법학』, 서울: 박영사, 2005.

남효순·정상조 공편, 『인터넷과 법률』Ⅱ, 파주: 법문사, 2005.

문삼섭, 『상표법』, 서울: 세창출판사, 2002.

박세일, 『법경제학』(개정판), 서울: 박영사, 2000.

박용상, 『표현의 자유』, 서울: 현암사, 2002.

박우희, 『경제학의 기본원리 - 과학, 철학, 예술과 경제원리의 발견』, 서울: 서울대
　　　학교출판부, 2005.

박은정, 『생명공학시대의 법과 윤리』, 서울: 이화여자대학교출판부, 2000.

박준우, 『지적재산권법』, 서울: 박영사, 2005.

방석호·정상조 편저, 『정보통신과 디지털법제』, 서울: 커뮤니케이션북스, 2004.

법제처, 『대한민국법제50년사(하)』, 서울: 법제처, 1999.

성낙인, 『헌법학』(제12판), 파주: 법문사, 2012.

소병희, 『공공부문의 경제학』, 서울: 박영사, 2004.

송영식·이상정, 『지적재산법』(7정판), 서울: 세창출판사, 2005.

송영식·이상정·황종환, 『지적소유권법(상)』(제9판), 서울: 육법사, 2005.

오승종·이해완, 『저작권법』(제4판), 서울: 박영사, 2005.

우리사상연구소 편, 『우리말 철학사전1 - 과학·인간·존재 -』, 서울: 지식산업사,
　　　2001.

유지성·최창곤·최동수, 『정보경제』, 서울: 박영사, 1999.

유진오, 『(신고)헌법해의』, 서울: 일조각, 1957.

윤선희, 『지적재산권법』(8정판), 서울: 세창출판사, 2006.

＿＿＿, 『특허법』, 서울: 법문사, 2003.

이극찬, 『정치학』(제6전정판), 서울: 법문사, 1999.

이준구, 『미시경제학』(제4판), 서울: 법문사, 2002.

이준구·이창용, 『경제학원론』(제3판), 서울: 법문사, 2005.

이홍탁, 『사회학원론: 사회학의 제이론 및 방법론』, 서울: 법문사, 1995.

장영수, 『헌법학』(제2판), 서울: 홍문사, 2007.

전광석, 『한국헌법론』(제4판), 서울: 법문사, 2007.

전석호, 『정보사회론: 커뮤니케이션 혁명과 뉴미디어』(개정4판), 서울: 나남, 2004.

정상조, 『지적재산권법』, 서울: 홍문사, 2004.

정종섭, 『헌법연구1』(제3판), 서울: 박영사, 2004.

＿＿＿, 『헌법연구』 5, 서울: 박영사, 2005.

＿＿＿, 『헌법학원론』(제7판), 서울: 박영사, 2012.

정현식·유임수·김강수, 『정치경제학과 경제주의』, 서울: 서울대학교 출판부, 1997.

조성봉, 『정부의 역할, 그 새로운 도전 - 정부역할에 대한 법경제학적인 분석』, 서
　　　울: 한국경제연구원, 2005.

최경수,『국제지적재산권법』, 서울: 한울 아카데미, 2001.

최대권 外 10인,『법사회학의 이론과 방법』, 서울: 일신사, 1995.

_____,『(사례중심) 헌법학』(증보판), 서울: 박영사, 2001.

_____,『헌법학강의』(증보판), 서울: 박영사, 2001.

최동수,『정보사회의 이해』(제3판), 서울: 법문사, 2005.

최송화,『공익론 - 공법적 탐구』, 서울: 서울대학교출판부, 2002[2004print].

한국법철학회 편,『현대 법철학의 흐름』, 서울: 법문사, 1996.

한복희·기민호 편저,『정보사회론』, 대전: 충남대학교 출판부, 1993.

한상완·노영희,『경제학의 핵심 지식정보원』, 서울: 연세대학교 출판부, 2005.

한승헌,『정보화시대의 저작권』, 서울: 나남, 1996.

한정석,『문화철학의 연구』, 서울: 경문사, 1995[1996print].

허 영,『한국헌법론』(전정8판), 서울: 박영사, 2012.

_____,『헌법이론과 헌법』(신3판), 서울: 박영사, 2009.

홍성방,『헌법학』(개정3판), 서울: 현암사, 2006.

홍성태 편,『사이버공간·사이버문화』, 서울: 문화과학사, 1996.

_____,『사이버사회의 문화와 정치』, 서울: 문화과학사, 2000[2001print].

_____,『지식사회비판』, 서울: 문화과학사, 2005.

_____,『현실정보사회의 이해』, 서울: 문화과학사, 2002.

국립국어연구원 편,『표준국어대사전』, 서울: 두산동아, 1999.

한국정신문화연구원 편, 『한국민족문화대백과사전』, 성남: 한국정신문화연구원,
    1991.

Oxford English Dictionary Online <http://dictionary.oed.com>

▪ 논문

강신항, "일본 한자어",『새국어생활』제5권 제2호, 1995.

강희원, "루만의 체제이론과 현대법의 이해", 한국법철학회 편,『현대 법철학의 흐
    름』, 서울: 법문사, 1996.

계희열, "헌법의 해석",『공법연구』제20집, 1992.

곽종영, "인간존엄의 법철학적 배경",『순천향대학교 사회과학연구』제3집, 1990.

권영성, "헌법해석학의 방법론에 관한 연구",『헌법연구』제3집, 1975.

권형준, "자기정보통제권에 관한 고찰",『헌법학연구』제10집 제2호, 2004.6.

김명재, "인간복제와 존엄성", 『공법연구』 제30집 제1호, 2001.12.

_____, "현대헌법해석방법론에 대한 비판적 고찰", 『공법연구』 제29집 제1호, 2000.11.

김배원, "정보기본권(상)", 『고시계』 2002년 9월호, 2002.8.

_____, "정보기본권(하)", 『고시계』 2002년 10월호, 2002.9.

_____, "정보기본권의 독자성과 타당범위에 대한 고찰-헌법개정과 관련한 체계 구성을 중심으로-", 『헌법학연구』 제12권 제4호, 2006.11.

김상겸, "법치국가와 정의", 『헌법학연구』 제6집 제1호, 2000.5.

김선택, "기본권체계", 『헌법논총』 제10집, 1999.12.

김선택, "출생전 인간생명의 헌법적 보호", 『헌법논총』 제16집, 2005.

김성훈, "인간으로서의 존엄과 가치-헌법 제8조의 해석을 중심으로", 『제주한라대학 논문집』 제1집, 1975.

김송옥, "지적재산권의 제한원리", 『중앙대학교 법정논집』 제39집, 2004.

김승환, "정보자기결정권", 『헌법학연구』 제9집 제3호, 2003.10.

김영환, "법의 대상으로서의 정보-소위 '정보법'의 이론적 착안점에 관하여-", 정보통신정책연구원, 『정보사회에 대비한 일반법연구』 Ⅱ, 과천: 정보통신정책연구원, 1998.

김운용, "헌법의 해석-쟁점과 방법", 『성균관법학』 제3권 1호, 1990.12.

김일환, "정보자기결정권의 헌법상 근거와 보호에 관한 연구", 『공법연구』 제29집 제3호, 2001.5.

김종길, "사이버공론장의 분화와 숙의민주주의의 조건", 『한국사회학』 제39집 제2호, 2005.

김철수, "인간의 존엄과 가치", 『선거관리』 제17집, 1976.12.

김형성, "생명공학의 헌법적 가능성과 한계", 『공법연구』 제32집 제1호, 2003.

김호기, "앤서니 기든스: 후기 현대성과 제3의 길", 김호기 편, 『현대 비판사회이론의 흐름』, 서울: 도서출판 한울, 2001[2002print].

명재진, "유전공학과 헌법", 『충남대학교 법학연구』 제11권 제1호, 2000.

박민영, "공법상 지적재산권개념의 재조명", 『청주대학교 법학논집』 제19집, 2002.

박승용, "지적재산권의 보호에 관한 고찰", 『평택대학교 논문집』 제18집, 2004.

박종순, "인간의 존엄과 인권보장", 『전주우석대학 논문집』 제12집, 1990.

배득종, "공유재 이론의 적용 대상 확대", 『한국행정학보』 제38권 제4호, 2004.8.

배 영, "사이버 공간의 공론장과 공익의 증진에 관한 연구", 『사이버커뮤니케이션학보』 통권 제17호, 2006.

백윤철, "헌법상 자기결정권과 개인정보자기결정권", 『헌법학연구』 제9집 제3호, 2003.10.

소영진, "행정학의 위기와 공공성 문제", 『정부학연구』 제9권 제1호, 2003.

_____, "정보사회의 개념정립을 위한 시론", 정보사회학회, 『정보사회의 이해』(개정증보판), 서울: 나남, 1998.

송석윤, "기본권으로서의 안전권에 관한 시론적 연구", 『이화여자대학교 법학논집』 제8권 제1호, 2003.

유사라, "디지털환경에서의 지식재산권 관련 R&D 사업 규정의 실용성 분석", 『한국비블리아학회지』 제16권 제1호, 2005.

유시조, "헌법상의 인간관에 관한 일고찰", 『공법연구』 제24집 제2호, 1996.

육종수, "헌법상 무체재산권의 보장", 『공법연구』 제15집, 1987.8.

윤평중, "'정치적인 것'의 이념과 공론장", 『철학연구』 제53집, 2001.

이광필, "공공성과 형량문제", 『공법연구』 제24집 제2호, 1996.6.

이금옥, "미국 헌법상 인간복제에 관한 논의", 『공법연구』 제31권 제5호, 2003.

이기철, "공공복리 내지 공익의 개념", 『토지공법연구』 제18집, 2003.6.

이명구, "법치국가에 있어서의 법치주의와 법률주의", 『헌법학연구』 제4집 제2호, 1998.10.

이상승·장승화, "공정거래법상 컴퓨터 소프트웨어의 끼워팔기 규제 - 윈도우 XP와 윈도우 메신저의 통합이 경쟁에 미치는 효과에 관한 법경제학적 분석 - ", 『서울대학교 법학』 제43권 제3호, 2002.9.

이수연, "다국적 제약자본의 지적재산권 보호 대 국민 건강권 보장간의 갈등 - 글리백 사건을 중심으로", 『사회복지연구』 제23호, 2004.

이시우, "지적재산권의 헌법적 의미에 관한 소고", 『계간 저작권』 1996년 여름호, 1996.

이인호, "디지털시대의 정보법질서와 정보기본권", 『중앙대학교 법학논문집』 제26집 제2호, 2002.11.

_____, "지적재산권의 헌법적 한계", 『CLIS Monthly』, KISDI, 2003.10.

임규철, "정보화사회에서의 개인정보자기결정권에 대한 연구 - 독일에서의 논의를 중심으로", 『헌법학연구』 제8집 제3호, 2002.10.

임의영, "공공성의 개념·위기·활성화 조건", 『정부학연구』 제9권 제1호, 고려대학교 정부학연구소, 2003.

임현진·서이종, "21세기 한국사회: 지식사회냐 정보사회냐", 『사회와 문학』 제12권 제1호, 2000.12.

장명학, "하버마스의 공론장 이론과 토의민주주의", 『한국정치연구』 제12집 제2호, 2003.

장영수, "헌법의 기본원리로서의 법치주의", 『안암법학』 제2호, 1994.

장 훈, "정보 민주주의론", 전석호 外 10인, 『정보정책론』, 서울: 나남출판, 1997.

정영화, "생성되고 있는 정보기본권에 관한 고찰", 『세계헌법연구』 제7호, 2003.5.

정의철·안주아, "국제 정보 헤게모니 체제로서의 지적재산권 – 아프리카의 에이즈 위기와 제약특허 문제를 중심으로", 『한국언론학보』 제48권 제1호, 2004.

정재황, "한국에서의 인간존엄성의 보장", 『세계헌법연구』 제7호, 2003.5.

조한상, "헌법 제37조 제2항 '공공복리' 개념에 관한 고찰", 『헌법학연구』 제12권 제5호, 2006.12.

_____, "헌법에 있어서 공공성의 의미", 『공법학연구』 제7권 제3호, 2006.

조홍석, "생명복제와 인간의 존엄", 『공법연구』 제30집 제1호, 2001.12.

주선미, "공론장의 정치사회적 함의", 『한국사회와 행정연구』 제14권 제1호, 2003.5.

지성우, "법학적 의미에서의 '공익'개념에 대한 고찰", 『성균관법학』 제18권 제3호, 2006.12.

최대권, "법적 결정과 사회과학: 과외금지조치 위헌결정을 중심으로", 『서울대학교 법학』 제41권 제3호, 2000.

_____, "선한 사회의 조건 – 법치주의를 위한 담론", 『서울대학교 법학』 제40권 3호, 1999.

_____, "입법의 원칙", 『서울대학교 법학』 제25권 4호, 1984.12.

_____, "입법학 연구 – 입법안 작성을 중심으로", 『서울대학교 법학』 제35권 3·4호, 1994.

_____, "입법학연구 – 입법변론을 중심으로", 『서울대학교 법학』 제31권 1·2호, 1990.8.

_____, "헌법학 방법론의 문제 – 그 합리성 모색을 위한 담론 –", 『서울대학교 법학』 제43권 제1호, 2002.

최병규, "디지털도서관의 저작권법상의 문제점", 『계간 저작권』 통권 제54호, 2001년 여름호.

최봉철, "법치주의의 개념에 관한 서설", 『성균관법학』 제13권 1호, 2001.4.

표명환, "독일에서의 헌법해석방법론에 관한 논의", 『헌법학연구』 제9집 제1호, 2003.5.

한병호, "헌법에서의 인간문제에 관한 소고", 『해사법연구』 제5호, 1993.

한상우, "알기 쉽고 친근한 법령 만들기를 위한 노력 - 법제처의『알기 쉬운 법령 만들기 사업』", 『법제』, 2006.10.

한상희, "사회국가의 의의", 『경성법학』 창간호, 1991.12.

_____, "정보화와 인권 그리고 헌법", 『문화과학』 제36호, 2003.12.

_____, "헌법에 열거되지 아니한 권리", 『공법연구』 제27집 제2호, 1999.6.

황태연, "하버마스의 공론장 이론과 푸코 비판", 『문화과학』 통권 7호, 1995.2.

강경선, "헌법해석 방법론에 관한 변증적 연구", 서울대학교 법학석사 학위논문, 1984.

권건보, "자기정보통제권에 관한 연구 - 공공부문에서의 개인정보보호를 중심으로 -", 서울대학교 대학원 법학박사 학위논문, 2004.

권기욱, "정보사회담론 분석과 정보사회 비판: 정보 정치경제학적 관점을 중심으로", 경북대학교 사회학박사 학위논문, 2005.

김경희, "공론장 이론의 정치적 이해 - 아렌트·하버마스·월쩌를 중심으로 -", 서울대학교 정치학 석사 학위논문, 1996.

김도현, "사회학적 법개념에 관한 연구 - 구조차원과 행위차원의 법이중성 -", 서울대학교 법학박사학위논문, 1996.

김선택, "헌법 제9조 제1문 전단 '인간으로서의 존엄'의 의미와 법적 성격", 고려대학교 법학 석사 학위논문, 1984.

김수갑, "헌법상 문화국가원리에 관한 연구", 고려대학교 법학박사학위논문, 1993.

김수용, "해방 후 헌법논의와 1948년 헌법제정에 관한 연구", 서울대학교 법학박사 학위논문, 2007.

박익환, "미국저작권법상 Fair Use Doctrine에 관한 소고", 서울대학교 법학석사 학위논문, 1989.

신기하, "헌법상 공공복리에 관한 연구 - 그 개념의 해석과 적용을 중심으로", 한양대학교 법학박사 학위논문, 1993.

신동룡, "저작권법제도의 정당성에 대한 비판적 고찰 - 미하일 바흐친의 대화주의를 중심으로", 연세대학교 법학박사 학위논문, 2005.

신원일, "공법·사법 이원론의 재검토: 공법·사법 이원론을 대체하는 법해석방법론의 모색과 몇 가지 환경법 문제에의 실험적 적용", 서울대학교 법학석사 학위논문, 2004.

이영록, "유진오 헌법사상의 형성과 전개", 서울대학교 법학박사 학위논문, 2000.

이영록, "저작권 보호기간의 헌법적 한계에 관한 연구 - 미국의 저작권 보호기간 연장과 그 영향을 중심으로 -", 연세대학교 법학박사 학위논문, 2004.

이호홍, "저작권 관련 국제조약상 선진국과 개발도상국의 이해관계 충돌규정에 관한 연구", 동국대학교 법학박사 학위논문, 2004.

장영민, "법발견 방법론에 관한 연구", 서울대학교 법학박사 학위논문, 1990.

전상국, "정보화사회에서의 소유에 관한 연구 - 정보사유론과 정보공유론을 중심으로 -", 고려대학교 정치외교학 박사학위 학위논문, 2004.

추정완, "피터 싱어(Peter Singer)의 종차별주의(speciesism) 비판론 연구", 서울대학교 교육학석사학위논문, 2005.

한병호, "인간다운 생존의 헌법적 보장에 관한 연구 - 구체적 권리로서의 실현가능성을 중심으로", 서울대학교 법학박사 학위논문, 1993.

한현수, "정보공유의 관점에서 본 저작권법제의 재조명", 한남대학교 석사학위 학위논문, 2002.

2. 외국서

■ 단행본

上田修一·倉田敬子, 情報の 發生と傳達, 남태우·최희곤 공역, 『정보의 발생과 전달론』, 서울: 경인문화사, 1998.

栗田昭平, 한국전자통신연구소 기술정보센터 역, 『2000년의 컴퓨터 사회』, 대전: 한국전자통신연구소, 1993.

折笠和文, 高度情報化社會の諸相 - 歷史·學問·人間·哲學·文化, 김재홍 역, 『고도정보화사회의 여러 모습 - 역사, 학문, 인간, 철학, 문화』, 서울: 커뮤니케이션북스, 2004.

片方善治, 高度情報化社會事典, 김병희 편역, 『고도정보화사회사전』, 서울: 통신정책연구소, 1985.12.

Anderson, Charles H. *Toward a new sociology*, 김동식·임영일 역, 새로운 사회학 - 비판적 현실조망을 위하여, 서울: 돌배게, 1986.

Birkinshaw, Patrick, *Freedom of Information: the Law, the Practice and the Ideal (2nd Ed.)*, London: Butterworths, 1996.

Bouchoux, Deborah E., *Intellectual property*, Clifton Park, N.Y: Thomson/Delmar Learning, 2005.

Brown, John Seely and Duguid Paul, *The Social Life of Information*, 이진우 역, 『비트에서 인간으로』, 서울: 거름, 2001.

Brown, S. Whittington, *Legal Terminology*, New York: Thompson Delmar Learning, 2006.

Brynjolfsson, Erik and Brian Kahin(Eds.), *Understanding the Digital Economy-Data, Tools, and Research*, Cambridge, Mass.: MIT Press, 2000.

Campbell, Donald E., *Incentives: Motivation And The Economics Of Information*, Cambridge, England; New York, NY: Cambridge University Press, 1995.

Castells, Manuel, *The Internet Galaxy － Reflection on the Internet, Business, and Society*, 박행웅 역, 『인터넷 갤럭시 － 인터넷, 비즈니스, 사회적 성찰』, 파주: 한울, 2004.

Coase, R. H., *The Firm, The Market And The Law*, Chicago London: University of Chicago Press, 1988.

Compaine, Benjamin M., *The Digital Divide － Facing A Crisis Or Creating A Myth?*, Cambridge, Mass.: MIT Press, 2001.

Coombe, Rosemary J., *The Cultural Life Of Intellectual Properties*, Durham: Duke University Press, 1998.

Cooter, Robert and Thomas Ulen, *Law and Economics(2nd ed.)*, 이종인 역, 『법경제학』, 서울: 비봉출판사, 2000.

Copi, Irving M., *Introduction to Logic*, 민찬홍 역, 『논리학 입문』, 서울: 이론과 실천, 1988.

Coreth, Emerich, *Was ist der Mensch? － Grundzüge einer Philosophischen Anthropologie*, 진교훈 역, 『철학적 인간학』, 서울: 종로서적, 1986[1993print].

Correa, Carlos M., *Intellectual Property Rights, The WTO, And Developing Countries － The TRIPs Agreement And Policy Options*, London, New York [printed in Penang, Malaysia]: Zed Books Ltd. & Third World Network, 2000.

Cotterrell, Roger, *The sociology of law*, 김광수 外 7인 공역, 『법사회학 입문』, 서울: 터, 1992.

Dahl, Robert Alan, *Democracy and its Critics*, 조기제 역, 『민주주의와 그 비판자들』, 서울: 문학과지성사, 1999.

_____, *On Democracy*, 김왕식 외 3인 공역, 『민주주의』, 서울: 동명사, 1999[2004print].

Dan W. Patterson, *Introduction to artificial intelligence and expert systems*,

Englewood Cliffs, N.J.: Prentice Hall, 1990.

Deane, Phyllis, *The Evolution of Economic Ideas*, 황의각 역, 『경제사상사』, 서울: 우석출판사, 1986[1995print].

DiBona, Chris, Danese Cooper, and Mark Stone, *Open Sources 2.0: The Continuing Evolution*, Beijing Sebastopol, CA: O'Reilly, 2006.

_____, Sam Ockman, and Mark Stone, *Open sources −Voice from the Open Source Revolution*, 송창훈·이기동·이만용·최준호 공역, 『오픈소스』, 서울: 한빛미디어, 2000.

Dicey, Albert Venn, *Introduction to the Study of the Law of the Constitution*, 안경환·김종철 공역, 『헌법학입문』, 서울: 경세원, 1993.

Drache, Daniel (Ed.), *The Market or the Public Domain? −Global Governance and the Asymmetry of Power*, London; New York: Routledge, 2001.

_____, and Nirmala Singh, *The Information Commons or The Digital Divide? Taking Hole of The Future −Measuring Inclusion In Public Information And Space In The Western Hemisphere*, Hemispheric Social Inclusion Index, 2001.

Drahos, Peter, *A Philosophy Of Intellectual Property*, Aldershot Brookfield, USA: Dartmouth, 1996.

Elias, Norbert, *Was ist Soziologie? (3. Aufl.)*, 최재현 역, 『사회학이란 무엇인가』, 서울: 나남, 1987.

Fisher, William W., *Promises To Keep*, Stanford, Calif: Stanford Law and Politics, 2004.

Fiske, John, *Introduction to Communication Studies(2nd ed.)*, 강태완·김선남 공역, 『커뮤니케이션학이란 무엇인가』, 서울: 커뮤니케이션 북스, 2001.

Gay, Joshua (Ed.), *Free Software, Free Society −Selected Essays of Richard M, Stallman*, Boston MA: GNU Press, 2002.

Giddens, Anthony, Ulrich Beck, and Scott Lash, *Reflexive Modernization −Politics, Tradition and Aesthetics in the Modern Social Order*, 임현진·정일준 공역, 『성찰적 근대화』, 서울: 한울, 1998.

_____, *Central Problems in Social Theory −Action, Structure and Contradiction in Social Analysis*, 윤병철·박병래 공역, 『사회이론의 주요 쟁점』, 서울: 문예출판사, 1991[2003print].

_____, *Modernity and Self-Identity −Self and Society in the Late Modern Age*, 권

기돈 역, 『현대성과 자아정체성 − 후기 현대의 자아와 사회』, 서울: 새물결, 1997[2001print].

_____, *Nation-state and Violence*, 진덕규 역, 『민족국가와 폭력』, 서울: 삼지원, 1991.

_____, *Sociology*, 김미숙 外 7인 공역, 현대사회학, 서울: 을유문화사, 1992.

_____, *The Consequences of Modernity*, 이윤희·이현희 공역, 『포스트모더니티』, 서울: 민영사, 1991.

_____, *The Constitution of Society*, 황명주·정희태·권진현 공역, 『사회구성론』, 서울: 자작아카데미, 1998.

Greene, Thurston, and Stuart Berg Flexner, *The Language Of The Constitution*, New York: Greenwood Press, 1991.

Gurnsey, John, *Copyright Theft*, Hampshire: Gower, 1995.

Guttenplan, Samuel D. and Martin Tamny, *Logic −A Comprehensive Introduction*, 심철호 역, 『교양논리학』, 서울: 푸른산, 1992.

Habermas, Jügen, *Strukturwandel der Öfentlichkeit*, translated by Thomas Burger[with assistance of Frederick Lawrence], 『The Structural Transformation of the Public Sphere − An Inquiry into a Category of Bourgeois Society』, Cambridge, Mass: MIT Press, 1989.

Hall, Stuart, *Cultural Studies*, 임영호 편역, 『스튜어트 홀의 문화 이론』, 서울: 한나래, 1996.

Hard, Mikael, and Andrew Jamison, *The Intellectual Appropriation Of Technology − Discourses On Modernity, 1900 ∼1939*, Cambridge, Mass: MIT Press, 1998.

Harrison, Jeffrey L., *Law and Economics in a Nutshell(3rd ed.)*, 명순구 역, 『법경제학』, 서울: 세창출판사, 2006.

Harvey, David, *Space of Hope*, 최병두·이상율·박규택·이보영 공역, 『희망의 공간 − 세계화, 신체, 유토피아』, 서울: 한울, 2001[2006print].

_____, *Spaces of Capital −Toward a Critical Geography*, Edinburgh: Edinburgh University Press, 2001.

_____, *The Limits to Capital*, Oxford: Basil Blackwell, 1982.

Information Infrastructure Task Force, *Intellectual Property and the National Information Infrastructure: The Report of the Working Group on Intellectual Property Rights*. http://www.uspto.gov/web/offices/com/doc/ipnii/

Jussawalla, Meheroo, and Helene, Ebenfield, *Communication And Information*

    Economics, North Holland; Amsterdam; New York; Oxford: Elsevier Science Pub. Co., 1984.

_____, *The Economics of Intellectual Property In A World Without Frontiers*, New York: Greenwood Press, 1992.

Kaplan, Benjamin, *An Unhurried View of Copyright*, New York: Columbia University Press, 1967.

Kelsen, Hans, *Allgemeine Staatslehre*, 민준기 역,『일반국가학』, 서울: 민음사, 1990.

Kevelson, Roberta (Ed.), *Peirce and Law: Issues in Pragmatism, Legal Realism, and Semiotics*, New York: P. Lang, 1991.

King, Michael, and Chris Thornhill, *Niklas Luhmann'S Theory of Politics And Law*, Houndmills, Basingstoke, Hampshire: Palgrave Macmillan, 2003.

Knight, Peter, and James Fitzsimons, *The Legal Environment of Computing*, Sydney Reading, Mass: Addison-Wesley Pub. Co., 1990.

Kriele, Martin, *Theorie der Rechtsgewinnung －entwickelt am Problem d. Verfassungsinterpretation*, 홍성방 역,『법 발견론』, 춘천: 한림 대학교출판부, 1995.

Kuhn, Thomas S., *The Structure of Scientific Revolutions(2nd ed.)*, 김명자 역,『과학혁명의 구조』, 서울: 동아출판사, 1992[1995print].

Landes, William M., and Richard A. Posner, *The Economic Structure Of Intellectual Property Law*, Cambridge, Mass: Belknap Press of Harvard University Press, 2003.

Lessig, Lawrence, *Code and other laws of cyberspace*, New York: Basic Books, 2000.

_____, *Free culture*, New York: Penguin Press, 2004.

_____, *The future of ideas*, New York: Random House, 2001.

Locke, John, *The Second Treatise of Government*, 이극찬 역,『시민정부론』, 서울: 연세대학교 출판부, 1970[2004print].

Luhmann, Niklas, *Essays on Self-reference*, New York: Columbia University Press, 1990.

_____, *Soziale Systeme*, translated by John Bednarz, Jr. With Dirk Baecker,『Social Systems』, Stanford, Calif.: Stanford University Press, 1995.

_____, *Soziologische Aufklärung: Aufsätze zur Theorie der Gesellschaft*, translated by Stephen Holmes and Charles Larmore,『The Differentiation of Society』, New York: Columbia University Press, 1982.

Machlup, Fritz, *The branches of learning*, Princeton, N.J: Princeton University Press, 1982.

_____, *The economics of information and human capital*, Princeton, N.J: Princeton University Press, 1984.

_____, *The production and distribution of knowledge in the United States*, Princeton, N.J: Princeton University Press, 1962.

Mankiw, N. Gregory, *Principles of Economics(3rd Ed.)*, 김경환·김종석 공역, 『맨큐의 경제학』, 서울: 교보문고, 2005.

Margherio, Lynn, *The Emerging Digital Economy*, Washington, D.C.: U.S. Department of Commerce, 1998.

Marx, Karl, and Friedrich Engels, translated by Clemens Dutt, W. Lough and C.P. Magill, *Karl Marx Frederick Engels Collective Works Vol.5*, New York: International Publishers, 1976.

_____, *Das Kapital*, 김수행 역, 『자본론 - 정치경제학 비판 제1권 - 자본의 생산과정(상)』(제2개역판), 서울: 비봉출판사, 2001[2006print].

McDonough, Adrian M., *Information economics and management systems*, New York: McGraw-Hill, 1963.

Mills, Charles Wright, *The Sociological Imagination*, 강희경·이해찬 공역, 『사회학적 상상력』(개정판), 서울: 돌베게, 2004.

Müller, Friedrich, Ralph Christensen, and Michael Sokolowski, *Rechtstext und Textarbeit*, 이덕연 역, 『법텍스트와 텍스트작업』, 서울: 법문사, 2005.

Negroponte, Nicholas, *Being Digital*, 백욱인 역, 『디지털이다』, 서울: 커뮤니케이션북스, 1995[1996print].

Novik, I. *Cybernetics - Philosophical and Sociological Problems*, Washington D.C.: Joint Publication Research Service, 1964.

OECD, *The Knowledge-Based Economy*, Paris: OECD, 1996.

Pavel, Silvia and Diane Nolet, *Handbook of Terminology*, 최기선·황도삼 외 10인 공역, 『전문용어학 입문』, 서울: 한국문화사, 2005.

Pierce, John Robinson and A. Michael Noll., *Signals - The Science of Telecommunications*, 변윤식 역, 『IT혁명의 구조』, 서울: 사이언스북스, 2003.

Polanyi, Karl, *Dahomey and the Slave Trade*, Seattle: The University of Washington Press, 1966.

_____, *The Great Transformation - the Political and Economic Origins of Our Time*, Boston: Beacon Press, 1957[1967printing]; Polanyi, Karl, *The Great Transformation: the political and economic origins of our time*, 박현수 역, 『거대한 변환: 우리 시대의 정치적, 경제적 기원』, 서울: 민음사, 1991.

_____, *The Livelihood of Man (I)*, 박현수 역, 『사람의 살림살이(I) - 시장사회의 허구성』, 서울: 풀빛, 1998.

_____, *Trade and Market in the Early Empires*, 이종욱 역, 『초기제국에 있어서의 교역과 시장』, 서울: 민음사, 1994.

Radbruch, Gustav, Erik Wolf und Hans-Peter Schneider(Hrsg.) *Rechtsphilosophie(8 Aufl.)*, 최종고 역, 『법철학』, 서울: 삼영사, 1975[1993print].

Reese Schäfer, Walter, *Niklas Luhmann zur Einführung[4. Aufl.]*, 이남복 역, 『니클라스 루만의 사회사상』, 서울: 백의, 2002.

Rey, Alain. translated by Juan C. Sager, *Essays on Terminology*, 최석두·박우석·남지순·송영빈 공역, 『전문용어학』, 서울: 한국문화사, 2003.

Roszak, Theodore, *The Cult of Information - A Neo-Luddite Treatise on High Tech, Artificial Intelligence, and the True Art of Thinking*, 정주현·정연식 공역, 『정보의 숭배』, 서울: 현대미학사, 2005.

Rousseau, Jean-Jacques, *Du Contrat social*, 이환 역, 『사회계약론 또는 정치적 권리의 제 원리』, 서울: 서울대학교출판부, 1999[2002print].

Salmon, Wesley C. *Logic(3rd ed.)*, 곽강제 역, 『논리학』, 서울: 박영사, 2004.

Schiller, Herbert I., *Communication and Cultural Domination*, 강현두 역, 『커뮤니케이션과 문화제국주의』, 서울: 현암사, 1984.

Shannon, Claude Elwood and Warren Weaver, *The Mathematical Theory of Communication*, Urbana: University of Illinois Press, 1998[originally published 1949].

Shavell, Steven, *Foundations of economic analysis of law*, Cambridge, Mass: Belknap Press of Harvard University Press, 2004.

Shiva, Vandana, *Biopiracy - The Plunder of Nature and Knowledge*, 한재각 역, 『자연과 지식의 약탈자들』, 서울: 당대, 2000.

Smith, Adam, *An Inquiry into the Nature and Causes of the Wealth of Nations*, 김수행 역, 『국부론』(상), 서울: 동아출판사, 1993.

Stanfield, J. Ron, *The Economic Thought of Karl Polanyi: Lives and Livelihood*, New York: St. Martin's Press, 1986.

Sul H. Lee, *Research Collections and Digital Information*, New York: Haworth Information Press, 2000.

Thompson, Edward Palmer, *The Making of the English Working Class*, 나종일·노서경·김인중·유재건·김경옥·한정숙 공역, 『영국 노동계급의 형성』(상·하), 서울: 창작과비평사, 2000[2002print].

Timasheff, Nicholas S. and George A., Theodorson, *Sociological Theory −Its Nature and Growth*, 박재묵·이정옥 공역, 『사회학사−사회학 이론의 성격과 발전』, 서울: 풀빛, 1985.

Toffler, Alvin, *The Third Wave*, 이규행 역, 『(앨빈 토플러) 제3물결』, 서울: 한국경제신문사, 1989.

Tucker, Kenneth H., *Anthony Giddens and Modern Social Theory*, 김용규·박형신 공역, 『앤서니 기든스와 현대사회이론』, 서울: 일신사, 1999.

Tullock, Gordon, *Rent Seeking*, Aldershot: Edward Elgar, 1993.

Varlejs, Jana, *The economics of information in the 1990s*, Jefferson, N.C and London: McFarland & Company, Inc, 1995.

Wallerstein, Immanuel Maurice, *The Modern World-System Ⅰ*, 나종일·박상익·김명환·김대륜 공역, 『근대세계체제 Ⅰ−자본주의적 농업과 16세기 유럽 세계경제의 기원』, 서울: 까치, 1999[2006print]).

_____, *The Modern World-System Ⅱ*, 유재건·서영건·현재열 공역, 『근대세계체제 Ⅱ−중상주의와 유럽 세계경제의 공고화 1600∼1750년』, 서울: 까치, 1999[2003print].

_____, *The Modern World-System Ⅲ*, 김인중·이동기 공역, 『근대세계체제 Ⅲ−자본주의 세계경제의 거대한 팽창의 두번째 시대 1730∼1840년대』, 서울: 까치, 1999[2003print].

Wark, McKenzie, *A Hacker Manifesto*, Cambridge, Mass.: Harvard University Press, 2004.

Webster, Frank, *Theories of the Information Society*, 조동기 역, 『정보사회이론』, 서울: 사회비평사, 1997.

Wiener, Norbert, *Cybernetics: or control and communication in the animal and the machine*, New York: Wiley, 1948.

_____, *The Human Use of Human Beings: Cybernetics and Society*, Garden City: Doubleday, 1954.

WIPO, *Glossary of Terms of the Law of Copyright and Neighboring Right*, WIPO,

1980.

Zippelius, Reinhold, *Einführung in die Juristische Methodenlehre (2. Aufl.)*, 김형배 역, 『법학방법론』(3판), 서울: 삼영사, 1986[1990print].

■ 논문

杉山伸也, "いつでもどこでも福澤諭吉 -『民情一新』と「文明の利器」-", 『福沢諭吉書簡集』第8卷月報, 岩波書店, 2002年6月
　　http://www.econ.keio.ac.jp/staff/sugiyama/fys8-geppo.html(accessed May 30, 2007)

小野厚夫, "明治九年, 「情報」は産聲 - フランス兵書の飜譯に語源 -", 日本經濟新聞(朝刊), 1990年9月15日字
　　http://ccs.cla.kobe-u.ac.jp/Jouhou/kyoukan/Ono/joho_rep/900915.html
　　(accessed February 15, 2007)

Abernathy, Kathleen Q., "Preserving Universal Service in the Age of Ip", 『3 J. Telecomm. & High Tech. L. 409』, Spring, 2005.

Alleman, James, Paul N., Rappoport and Dennis Weller, "Universal Service: The Poverty of Policy", 『71 U. Colo. L. Rev. 849』, Fall, 2000.

Benkler, Yochai, "Free as the Air to Common Use: First Amendment Constraints on Enclosure of the Public Domain", 『74 N.Y.U. L. Rev. 354』, May, 1999.

Durham, Alan L., "Copyright and Information Theory: Toward an Alternative Model of 'Authorship', 『2004 B.Y.U. L. Rev. 69』.

Emerson, Thomas I., "Toward a General Theory of the First Amendment", 『72 Yale L. J. 877』, 1962~1963.

Ernst-Wolfgang Böckenförde, 김효전 역, "헌법해석의 방법 - 재고와 비판 (Verfassungsinterpretation - Bestandsaufnahme und Kritik)", 『헌법학연구』 제8집 제2호, 2002.8.

Gans, Eric, "Marx II: Scenes of Revolution", 『Chronicles of Love and Resentment』 No. 278, 2003.

Günther, Klaus, 박종수 역, "법과 언어", 『법철학연구』 제4권 제2호, 2001.

Hammond, IV, Allen S., "Universal Service: Problems, Solutions, and Responsive Policies", 『57 Fed. Comm. L.J. 187』, March, 2005.

Hardin, Garrett, "The Tragedy of the Commons", Science. New Series. Vol. 162. No. 3859, Dec. 13, 1968.

John Perry Barlow, 여국현 역, "아이디어의 경제(The Economy of Ideas: A Frame for Rethinking Patterns and Copyrights in the Digital Age)", 홍성태 편, 『사이버공간·사이버문화』, 서울: 문화과학사, 1996.

Kaufmann, Arthur, 심헌섭 역, "법과 언어(Recht und Sprache)", 『서울대학교 법학』 제25권 2·3호, 1984.

Landes, Williams and Richard A. Posner, "An Economic Analysis of Copyright Law", 『18 J. Leg. Stud. 325』, 1989.

_____, "Indefinitely Renewable Copyright", 『70 U. Chi. L. Rev. 471』, Spring, 2003.

Litman, Jessica, "The Public Domain", 『39 Emory L.J. 965』, Fall, 1990.

Miller, David L., "Why Market?", Julian Le Grand and Saul Estrin(Eds.), Market Socialism, Oxford[England]; New York: Clarendon Press, 1989.

Niec, Halina, 최순호 역, "문화권: 세계문화발전 10개년을 마치며(Cultural Rights: At the End of the World Decade for Culutral Development)", 『유네스코포럼』 제5호, 1998, 여름.

Oddi, A. Samuel, "The Tragicomedy of the Public Domain in Intellectual Property Law", 『25 Hastings Comm. & Ent. L.J. 1』, Fall, 2002.

Outterson, Kevin, "The Vanishing Public Domain: Antibiotic Resistance, Pharmaceutical Innovation and Intellectual Property Law", 『67 U. Pitt. L. Rev. 67』, Fall, 2005.

Packard, Ashley, "Copyright Term Extensions, the Public Domain and Intertextuality Intertwined", 『10 J. Intell. Prop. L. 1』, Fall, 2002.

Pollack, Malla, "The Democratic Public Domain: Reconnecting the Modern First Amendment and the Original Progress Clause (A.K.A. Copyright and Patent Clause)", 『45 Jurimetrics J. 23』, Fall, 2004.

_____, "What is Congress supposed to promote?: Defining "Progress" in Article I, Section 8, Clause 8 of the United States Constitution, or Introducing the Progress Clause", 『80 Neb. L. Rev. 754』, 2001.

Posner, Richard A., "The Social Costs of Monopoly and Regulation", 『The Journal of Political Economy』 Vol. 83, No. 4, Aug., 1975.

Samuels, Edward, "The Public Domain in Copyright Law", 『41 J. Copyright Soc'y

U.S.A. 137』, Winter, 1993.

_____, "The Public Domain revisited", 『36 Loy. L.A. L. Rev. 389』, Fall, 2002.

Samuelson, Pamela, "Mapping the Digital Public Domain: Threats and Opportunities", 『66-SPG Law & Contemp. Probs. 147』, Winter/Spring, 2003.

Worthy, Patricia M., "Racial Minorities and the Quest to Narrow the Digital Divide: Redefining the Concept of 'Universal Service'", 『26 Hastings Comm. & Ent. L.J. 1』, Autumn, 2003.

Young, Mark, "The Future of Universal Service. Does it have one?", 『13 Int'l J.L. & Info. Tech. 188』, Summer, 2005.

찾아보기

김 주 영

서울대학교 법과대학 사법학과 졸업
서울대학교 대학원 법학과 석사(법사회학 전공)
서울대학교 대학원 법학과 박사(헌법, 법사회학 전공)
공군사관학교 법정학과 전임강사
서울대학교 BK21 사업단 박사후연구원/계약조교수
현, 명지대학교 법과대학 조교수

주요논문 및 저서

현행 실정법체계상의 '인권'개념 – 헌법상의 기본권 개념과의 관계를 중심으로, 명지법
　　　학(2011.12)
현행 재외선거제도에 관한 비판적 고찰, 공법연구(2011.12)
한국헌법상의 '인간' 개념의 검토 – 전문용어학적 접근의 일례, 세계헌법연구(2011.4)
전자주민증 도입에 대한 비판적 검토 – 2010년의 주민등록법 개정안을 중심으로, 공법
　　　연구(2011.2)
미국의회의 입법평가제도에 관한 고찰, 입법평가연구(2010.9)
한국지방자치제도의 입법사적 고찰 – 헌법과 지방자치법을 중심으로, 공법학연구(2010.5)
법학의 과학성에 관한 시론, 서울대학교 법학(2009.3)
현행헌법상의 '국가' 개념에 관한 고찰, 숭실대학교 법학논총(2008.8)
정보시장에 대한 헌법 규정에 관한 소고, Law and Technology(2007.11)
선거운동의 자유와 선거의 공정성(공저), 헌법재판소(2011)
개인정보보호법제에 관한 입법평가(공저), 한국법제연구원(2008)

情報市場과 均衡 －憲法社會學的 接近－

초판 인쇄 ‖ 2013년 1월 21일
초판 발행 ‖ 2013년 1월 31일
지은이 ‖ 김주영
펴낸이 ‖ 한정희
편　집 ‖ 신학태 김지선 문영주 송인선 조연경 김우리
영업 관리 ‖ 하재일 정혜경
펴낸곳 ‖ 경인문화사　　　　　　　　주소 ‖ 서울시 마포구 마포동 324-3
전화 ‖ 718-4831　　　　　　　　　　팩스 ‖ 703-9711
출판등록 ‖ 1973년 11월 8일 제10-18호
홈페이지 ‖ www.kyunginp.co.kr / 한국학서적.kr　이메일 ‖ kyunginp@chol.com

ISBN　978-89-499-0892-2　93360　　　　　값 30,000원